매티 윌콕스 노블(1936)

1913년 두번째 안식년을 맞아 미국으로 돌아갔을 무렵의 노블 부부와 다섯 아이들
(위 왼쪽부터 앨든, 루스, 해럴드, 쌍둥이 글렌과 엠머).

● 1906년 6월 21일 황해도 재령강가에서.

● 1910년 평양의 노블 부부 집에 모인 평양 거주 감리교 선교사들.
오른쪽 맨 앞줄에 쌍둥이를 안고 있는 이가 노블 여사다.

● 1932년 3월 22일 기독교조선감리회 제2회 연회에서 열린
노블 부부의 한국 선교 40주년 기념 축하연.

● 1934년 6월 19~20일 감리교 한국 선교 50주년 기념촬영.
가운데 그룹의 두번째 줄에 노블 부부가 있으며,
왼쪽 그룹에 딸 루스와 사위 헨리 다지 아펜젤러가 보인다.

VICTORIOUS LIVES
OF
EARLY CHRISTIANS IN KOREA

Compiled by
Mrs. W. A. Noble.

승
리
의
생
활

● 노블 여사가 한국 기독교인들의 생애를 정리한 책
《승리의 생활》(1927, 조선기독교창문사)

● 은퇴 후 캘리포니아 주 스톡턴에서 머물 무렵의 노블 부부.

노블일지

미 여선교사가 목격한 한국근대사 42년간의 기록

노블일지
미 여선교사가 목격한 한국근대사 42년간의 기록

초판 1쇄 인쇄일 • 2010년 2월 17일

초판 1쇄 발행일 • 2010년 2월 22일

지은이 • 매티 윌콕스 노블

옮긴이 • 강선미, 이양준

펴낸이 • 김미숙

편 집 • 이기흥

디자인 • 박선옥

마케팅 • 백유창

관 리 • 이생글

펴낸곳 • 이마고

121- 840 서울시 마포구 서교동 408-18 5층

전화 (02)337- 5660 | 팩스 (02)337- 5501

E-mail : imagopub@chol.com | www.imagobook.co.kr

출판등록 2001년 8월 31일 제10-2206호

ISBN 978-89-90429-85-8 03910

978-89-90429-85-8

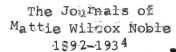

The Journals of
Mattie Wilcox Noble
1892~1934

노블일지

1892~1934

미 여선교사가 목격한 한국근대사 42년간의 기록

매티 윌콕스 노블 지음 | 강선미 · 이양준 옮김

이마고

어느 미국인 여선교사의 한국 생활 42년

이 책은 구한말부터 일제 강점기까지 42년간 한국인들과 더불어 살았던 매티 윌콕스 노블이라는 미국 여성의 일지를 옮긴 것이다. 그녀는 남편 윌리엄 아서 노블과 함께 1892년 내한한 미 감리교의 해외선교사였다.

최근 우리나라의 사가들은 《하멜 표류기》 이후 서구인들이 우리 사회를 어떻게 보고 어떠한 관계를 맺으려 했는지를 탐구하기 시작했지만, 근대 초기 한국을 찾았던 외국인들 중에서도 매우 큰 비중을 차지했던 여성들의 존재를 아는 이는 극히 드물다. 과연 그들은 어떻게 한국에 오게 되었으며, 이곳에서 어떤 경험을 했을까? 우리는 그들에게 어떤 존재였을까?

《노블일지》는 이러한 의문에 답할 수 있는 매우 귀중한 자료다. 미국의 전체 해외선교 활동 자료들 중에서도 여선교사들의 일기나 일지는 좀처럼 구하기 어렵다. 1886년 이화학당을 세운 메리 스크랜턴 여사를 비롯해 해방 전까지 내한했던 거의 800명 정도로 추정되는 서구의 여선교사들이 한국의 여성과 어린이들에 대해 많은 글을 남긴 것은 사실이지만, 그것은 대부분 영문으로 된 잡지 기고문이나 저서이고 더불어 귀국 후 가족들이 소장하고 있던 회고록이나 편지 모음이 몇 권 전해질 뿐이다.

옮긴이가 노블 여사의 일지를 접하게 된 것은 지난 2001년 가을 박사학위 논문을 준비할 무렵이었다. 당시 필리핀에서 열렸던 국제학술대회에서 아시아 여성들의 고등교육이 여선교사들에 의해 시작되었다는 사실을 확인하고 돌아와, 우리나라의 여성교육과 근대적 여성의식 형성에 미친 여선교사들의 영향을 연구하게 된 것이 계기가 되었다. 이 희귀한 자료를 처음 접했을 때의 전율이 아직도 생생하다.

매티 윌콕스 노블은 선교사의 아내이자 일곱 명의 자녀를 둔 어머니로서, 전통적인 남녀유별 문화로 남성들이 여성에게 접근할 수 없던 시절 한국에서 '여성들을 위한 여성의 일'을 전담했던 여선교사였다. 그녀는 일과 가사와 육아를 병행하는 바쁜 일상 속에서도 자신의 전도사업과 생각들을 꾸준히 일지에 담아 나갔다. 때로는 잠시 공백기를 가질 때도 있었지만, 그녀는 시간이 날 때마다 빠진 부분들을 회고담처럼 보충하며 끊임없이 글을 썼다. 그뿐만 아니라 일지의 상당 부분을 남편과 아이들, 가사와 육아를 위해 고용했던 하인들, 동료 선교사들, 한국의 남녀 교인들의 다양한 삶의 측면들을 기록하는 데 할애하고 있다.

이 기록들을 통해 우리는 남편과 함께 하나님의 일을 하는 모범적 기독교 가정을 구현하겠다는 낭만적인 꿈에 부풀어 내한했던 한 여성이 한국이라는 낯선 땅에서 현실적으로 겪어야 했던 고통과 기쁨의 순간들을 느낄 수 있다. 그리고 당시 미국의 전형적 여성상을 대표했던 그녀의 시선을 통해 다양한 한국인들의 삶을 새롭게 경험할 수 있다.

그녀의 일지는 매일의 사건과 생각을 정리하는 일기 형식에 얽매이지 않고 자신의 삶을 자유롭게 기술해간 삶의 기록으로서, 총 6권으로 구성되어 있다. 일지는 대부분 정확한 날짜를 밝히고 그 시점을 전후로 일어난 사건과 생각들을 정리하는 형식을 취하고 있다. 그리고 각 권의 말미에는 자녀들의 시와 그림, 교인들에 대한 통계, 교회주보, 서울의 미국 공관이나 선교부에서 온 주요 전문들, 신문기사 스크랩, 자신의 소장품 목록 등 잡다한 정보들을 모아둔 난을 별도로 두고 있다.

이처럼 방대한 분량의 글을 한 권의 책으로 내기 위해서는 편역이 불가피했다. 번역 초기부터 역자가 세운 이 책의 일차적 목적은 총 6권 분량의 일지를 한 권 분량으로 편집하면서 가능한 한 노블 여사의 삶과 시대적 배경을 최대한 고루 담겠다는 것이었다. 따라서 독자들의 주의를 끌 만한 대목들만을 선별하기보다는 그녀가 모든 면에서 미국과 극한 대조를 이루는 한국사회에 어떻게 적응하면서 미국 중산층 문화를 대표하는 기독교 가정의 모범적 여성상을 구현해 갔는지, 어떻게 새로운 일상을 창조해 갔는지를 보여주는 데 초점을 두었다. 그리고 일자를 상당 부분 건너뛸 경우에는 옮긴이의 요약과 설명을 삽입하여 독자들의 이해를 돕고자 했다.

옮긴이가 이 책이 갖는 사료적 가치나 의의로서 주목하고 싶은 점은 크게 다섯 가지다.

첫째, 그녀는 미국과의 협약에 의해 일본으로부터 일정한 보호를 받는 치외법권을 가졌던 외국인 선교사였으므로, 그녀가 겪은 동학혁명, 청일전쟁, 러일전쟁, 한일병합, 3·1운동, 광주학생운동 등 중요한 정치적 사건들에 대한 기록은 그들만이 접할 수 있었던 역사적 현장과 사실들에 대한 희귀 증언으로서의 가치를 지닌다. 특히 3·1운동과 제암리 학살사건과 관련된 노블 여사의 세밀한 기록들은 한국의 근대사 연구자들이 주목하는 주요 자료다.

둘째, 그녀의 일지는 우리나라의 다양한 생활상을 기록하고 있어 민속사나 풍속사 연구에 좋은 자료가 될 수 있다. 인류학자의 연구노트를 보는 듯한 그녀의 일지에는 당시 한국사회의 무속신앙뿐만 아니라 의식주, 결혼, 가족제도, 부부관계, 육아, 보건, 자녀교육 등과 관련된 흥미로운 기록들이 빼곡히 들어 있다.

셋째, 그녀의 선교 활동에 대한 기록들은 이제까지의 연구에서 간과되거나 모호하게 다루었던 선교사들과 남녀 교인들의 모습을 생생히 기록하고 있다는 점에서 당시의 기독교사 이해에도 많은 도움을 줄 것이다. 예를 들어 평양 초대 교회의 예배 현장이나 1909년 시작된 백만구령운동의 전개 과정, 한일병합 후 학교 건립을 위한 교회의 모금 운동, 3·1운동 직후 유관순의 시체를 인수하여 장례식을 치러주었다는 당시 이화학당장 룰루 프라이의 제암리 시찰과 봉사활동 참여, 전도부인이 된 아내나 어머니의 장기 전도여행을 위해 가사와 육아를 기꺼이 도맡았던 당시 평양의 기독교도 가족들의 변화된 삶의 모습 등은 우리에게 잘 알려지지 않은 내용들이다.

넷째, 여성사적으로 볼 때 축첩 제도, 아내 구타, 과부 보쌈, 여아 방치 살해, 교육 차별 등 가난하고 무지한 여성들이 처했던 부당한 현실에 대한 그녀의 열정적인 관심과 연민 어린 기록들은 그 어디에서도 찾아볼 수 없는 소중한 자료들이다. 당시 한국의 여성들이 선교사들의 개종 권유에 그토록 빠르게 극적으로 삶의 틀을 깨고 나올 수 있었던 이유도 여기에 있지 않았을까?

다섯째, 일과 가사양육을 병행하는 주부로서의 그녀의 일상은 근대 초기 한국의 기독교 여성들이 부러워하고 따르려 했던 '신여성'의 한 전형으로서, 1910년대부터 나타나는 한국 중산층 여성들의 근대적 '현모양처' 가치관과 사회활동 참여 동기 등을 비교 이해할 수 있는 바탕이 된다.

그러나 일반 독자가 아닌 전문 연구자라면 영문 사본을 참조해야 할 것이다. 본 편역서는 그녀의 사적인 가족생활 이야기나 그녀의 가정을 찾았던 방문객들의 명단, 똑같은 패턴으로 반복되는 일부 한국인들의 개종 이야기, 미국에서의 안식년 생활, 역사적으로 중요해 보이지만 판독이 불가능한 일부 기록들, 각 권의 말미에 있는 잡다한 자료 등을 상당 부분 생략했기 때문이다.

한편 옮긴이는 당시의 역사적 배경과 사회 분위기에 대한 독자의 이해를 돕기 위해 필요할 때마다 간결한 설명과 주를 달았다. 군데군데 그녀가 영어로 옮겨놓았던 한국의 인명, 기관명, 지명 그리고 그녀가 직접 써둔 한글 단어 등은 부정확하거나 판독이 불가능하여 번역에 애를 먹기도 했다. 그녀가 오인했던 인명이나 지명은 당시의 사료들을 일일이 찾아 확인하고 수정하였지만, 끝내 확인할 수 없었던 지명이나 인명도 있었음을 밝혀둔다.

최근 나는 한국국제협력단(KOICA)의 지원으로 국제원조에 대한 연구에 참여하면서, 이제 강대국 중심의 발전 논리만으로 밀고갈 수 있는 세상이 더 이상 아니라는 것을 실감했다. 현재 세계 도처에는 이미 선진 한국의 많은 젊은이들이 선교사, 자원봉사자, 개발협력자로 포진하고 있다. 비록 118년의 간극이 있지만, 이 책이 이들의 해외봉사 활동에 조금이라도 도움이 될 수 있기를 바란다.

마지막으로 이 책은 1993년 한국기독교역사연구소에서 자료총서 17집으로 출간한 《The Journals of Mattie Wilcox Noble, 1892~1934》를 연구소의 동의를 얻어 편역한 것으로, 희귀 자료를 입수하여 연구에 많은 도움을 주고 이를 번역할 수 있도록 허락해준 동 연구소 관계자들에게 감사를 표한다. 그리고 42년간의 생활 일지를 타이핑하고 여기저기 서툰 글씨로 써둔 한글 단어와 그림들까지 그대로 옮기는 수고를 한 그 후손들의 어머니에 대한 사랑과 존경이 아니었다면, 감히 이러한 번역을 꿈꾸지 못했을 것이다. 이들의 노고에 깊은 감동과 감사를 표한다. 그리고 이 책을 위해 노블 여사와 가족의 사진들을 이용할 수 있도록 허락해준 배재학당역사

박물관 관계자들에게도 심심한 감사를 표한다.

이마고 출판사의 김미숙 사장을 만나 이 일지를 소개하고 번역 의사를 밝힌 것이 여선교사들의 역사에 대한 새로운 발견으로 여전히 들떠 있던 2004년 봄 무렵이었다. 그러나 학위를 마치고 생활이 바빠지면서 번역 작업은 마냥 미루고만 싶은 해묵은 숙제가 되어버리고 말았다. 지금까지 여러 모로 나를 도와준 친구들의 응원과 김미숙 사장의 인내와 격려가 없었다면 벌써 포기하고 말았을지 모른다. 모든 이들에게 깊은 감사의 마음을 전한다.

2010년 2월

옮긴이 강선미

매티 윌콕스 노블과 그녀의 남편 윌리엄 아서 노블은 1892년부터 1934년까지 서울과 평양에서 살면서 감리교 선교사로 일했다. 그 42년 동안 매티 노블은 아내, 어머니, 주부, 선교사로 일하면서 자신의 삶에서 일어난 일들을 날짜순으로 기록했다. 총 6권으로 이루어진 그녀의 일지는 연필이나 펜 등 손에 잡히는 대로 아무거나 집어 흘려쓴 것이라 해독하기 어려운 부분도 있다. 그녀의 일지에는 여기저기 한글도 눈에 띄는데, 특히 고유명사의 경우에는 한글을 병기해 두었다.

예수님의 말씀을 한 번도 들어본 적이 없는 사람들에게 복음을 전파하는 것이 그녀가 하나님께 받은 개인적 소명이었다. 그러나 이 일지에는 그녀가 살면서 부딪힌 여러 문제들, 기쁨, 좌절, 비극에 대한 그녀의 대답이 들어 있으며, 바로 이 점이 이 기록을 섬세하고도 생생하게 만들고 있다. 그녀는 서구문명이 처음 대면한 당시 한국사회의 문화, 관습, 종교, 여성과 어린이의 처우 등 다양한 주제에 대해 개인적 통찰력으로 수집한 정보를 제공한다. 그밖에도 의복, 음식, 주택, 혼례 그리고 개종한 한국인들이 겪어야 했던 일상적 문제들도 자세히 언급하고 있다. 또한 그녀는 1919년에 있었던 3·1독립운동을 비롯하여 일본의 식민통치 아래서 생활하는 한국인들의 삶을 기록했으며, 특히 그녀가 알고 지내던 한국 기독교인들이 3·1운동 이후 겪어야 했던 고난을 상세히 기록하고 있다.

그녀가 일지를 쓴 목적은 아마도 한국에서의 자신의 삶을 알리고 싶어서였을 것이다. 그러나 일지를 읽어가면서 독자들은 그녀에게 점점 친근감을 느끼게 될 것이다. 1892년 새신랑과 함께 한국에 도착했을 당시 그녀는 겨우 160센티미터, 46킬로그램의 스무 살 난 여자였다. 그전까지 그녀는 고향인 펜실베이니아 주 윌크스배러를 벗어나 본 적이 없었다. 그녀는 열세 남매 중 열한번째였다.

그녀의 모습에서 가장 인상에 남는 것은 맑고 푸른 눈과 밝은 표정 그리고 여든넷의 나이로 생을 마감할 때까지 거의 주름살이 없었던 부드럽고 깨끗한 피부였다. 그녀는 마음이 따뜻하고 열정적이었으며 말할 때나 노래할 때나 전혀 떨림이 없는 우렁찬 목소리를 지니고 있었다. 그녀는 특히 찬송가를 즐겨 불렀고 시 낭송을 좋아하여 자기 아이들에게 어렸을 적부터 율동을 섞어가며 시를 외우도록 가르쳤다. 그녀는 살면서 감정이 고조될 때마다 시를 짓기도 했다.

그녀의 종교적·도덕적 가치관은 확고했으며, 한국인뿐 아니라 자신의 아이들에게도 확신을 가지고 이를 가르쳤다. 그녀는 자신이 알고 있으며, 또 가족과 친구들도 알게 될 아름다운 미래를 믿었다. 그녀는 영리하고, 상상력이 뛰어나고, 독창적이고, 사랑스럽고, 감정이 풍부했으며, 자신의 가족을 매우 자랑스러워했다.

이 일지에는 매티와 아서 부부의 일곱 아이들에 관한 일화와 사건, 즐거웠던 일과 괴로웠던 일이 많이 기록되어 있다. 둘째 시릴과 셋째 메이는 어렸을 적에 세상을 떠나 평양에 묻혔다. 맏딸인 루스는 1894년 서울에서 태어났으며 현재 캘리포니아 주 글렌데일에 살고 있다. 1899년에 앨든, 1903년에 해럴드가 평양에서 태어났으며 1909년에 태어난 글렌과 엘머는 쌍둥이였다. 글렌은 지금 캘리포니아 주 샌루이 오비스포에 살고 있으며, 엘머는 샌타바버라에 살고 있다. 한 가지 주목할 만한 사실은 맏딸 루스 노블이 1885년 한국에 도착한 첫 감리교 선교사 아펜젤러 목사의 아들 헨리와 결혼했다는 것이다. 그들은 결혼 후에도 오랫동안 한국에서 선교사로 일했다.

이 일지는 1956년 그녀가 사망한 후 글렌과 엘머가 함께 보관해왔다. 그러다가 최근 이들 쌍둥이 형제는 노블 가의 유산인 이 일지를 모든 가족이 볼 수 있도록 해야 한다는 사실을 깨달았다. 글렌과 엘머 그리고 글렌의 아내인 나는 그녀의 원고를 가능한 한 정확히 아무런 편집도 하지 않고 타자기로 옮겼다. 그리고 그 사본을 아직 살아 있는 그녀의 세 자녀와 해럴드의 아내, 열다섯 명의 손자손녀들 그리고 성년이 된 증손자들에게 보냈다.

지금까지 이 일지는 미국인들에게만 배포되어 읽혔으나 이제 사본 세 부를 한국에 보낼 것이다. 이화여자대학교의 정의숙 총장, 이화여대 여성학과 그리고 이태희 변호사가 수신인이다. 그들은 이 일지를 꼭 읽어보고 싶다고 했다. 일지 원본과 사본 한 부는 시아버지 윌콕스 아서 노블이 1892년 졸업한, 뉴저지 주 메디슨에 있는 드루 대학교의 문서보관소에 보관될 것이다. 이 대학교는 초기 감리교와 한국에 관한 자료들을 소장하고 있다.

내 시어머님의 가장 뛰어난 점은 일상 속에서 늘 즐거움을 찾아내고 삶을 희망적으로 바라보는 낙천적 성격이었다. 그런 낙관주의는 그녀의 구세주인 예수님에 대한 평생의 믿음에서 비롯한 것이었다. 그녀가 기록한 마지막 구절은 사망하기 8년 전 라디오에서 흘러나오는 찬송가 〈하나님이 나를 돌보시네〉를 들으면서 느꼈던 내용이다.

"마음속에 세월의 슬픔이 가득 차올라 도저히 참을 수 없을 때, 곧바로 조용히 예수님께 도와달라고 기도한다. 그러면 다시 삶은 순조롭게 이어진다. 모든 것이 평안하다."

　매티 윌콕스 노블이, 내 마음속에서 그런 것처럼, 그녀의 일지를 통해서 계속 살아 있기를 바란다.

1986년 10월 29일
캘리포니아 주 샌루이 오비스포에서
며느리 마사 하우저 노블

Contents

옮긴이의 글 _ 어느 미국인 여선교사의 한국 생활 42년   004
머리말   010

제 **1** 권   1892~1896   태평양을 건너 코리아로   017

제 **2** 권   1896~1905   피난을 떠나는 사람들   081

제 **3** 권   1904~1910   빼앗긴 땅의 슬픔   149

제 **4** 권   1911~1919   그날의 만세 소리   191

제 **5** 권   1919~1925   불타버린 마을에서   269

제 **6** 권   1927~1934   승리의 생활   309

옮긴이 주   344

제1권

1892~1896

태평양을 건너 코리아로

#1892.6.30. 결혼식

아서와 내가 와이오밍 신학교에서 처음 만나고부터 날이 지나고 달이 지나서 3년이라는 세월이 흘렀다. 시간은 즐겁고 빠르게 흘러갔다. 우리는 파견 선교사로 임명됐으며, 오는 8월 28일 밴쿠버에서 출발할 예정이다.

매우 염려했던 혼인증서도 받았다. 우리는 고아법원에 가서 그것을 받아왔는데, 내가 성년이 아니었기 때문에 엄마도 같이 가야 했다. 그곳에는 많은 판사들이 있었다. 한 사무관이 아서에게 혼인 사실을 공표하고 싶지 않으면 1달러를 내야 한다고 말했다. 어리석게도 결혼식 전에 졸업식에 참석하고 싶은 나머지 내가 혼인을 발표하지 않기를 바랐기 때문에, 아서는 돈을 지불했다. 그럼에도 불구하고 그날 저녁이나 그 다음 월요일에 우리들의 혼인 사실이 모두에게 알려졌다.

나는 아서와 함께 월요일 오후 웅변대회에 참석했다. 우리는 늦게 갔다가 대회가 끝나기 전에 자리를 떴다. 화요일 졸업 예행연습에는 참석하지 않았다. 그러나 수요일에는 모드 골든이 온다고 해서 그녀를 몹시 보고 싶은 마음에 툴라와 함께 갔다. 미리 축하받는 것이 어색해서 우리는 일찍 자리를 떴다. 릴리 레이스와 찰리 메이저가 나를 보고 축하해주었다. 릴리 레이스는 내 결혼 소식을 신문에서 봤다고 했다. 그러자 기분이 세 배나 나빠졌지만 그런 기분은 이내 사라졌다.

툴라, 윌과 함께 수요일 저녁에 사우스이튼으로 올라갔다. 메이는 토요일에 떠났다. 엘리스 스펜서도 그날 저녁에 왔다. 키티 부처, 거티와 바톤, 해티 랜섬, 에마, 툴라, 벨, 엄마, 아빠 그리고 틸다 아줌마도 그날 밤 거기에 있었다. 여자애들이 그곳을 얼마나 예쁘게 꾸며놨던지! 엄마와 에마와 벨이 다음날을 위해 테이블 세팅을 하고 있었다. 찬방에는 케이크 일곱 개가 있고 부케들이 자리마다 놓여 있었다. 모든 것이 큰 파티를 위해 마련된 것 같았다. 내가 그렇게 말했더니 모두들 그렇다고 하면서 왜 초대도 안 했는데 왔느냐고 했다. 그날 우리는 얼마나 즐거웠던지. 나는 메이, 키티와 같이 잤다. 우리들이 무릎을 꿇고 기도할 때 어린 크리켓이 우리를 대표해서 기도했다.

30일, 그날이 왔다. 아서, 도라, 라이드, 앨든은 9시 기차로 왔다. 엄마는 리의 친구들을 불러 기차마다 마중하게 했다. 약 40명이 사우스이튼에서의 결혼식에 참석했다. 웨딩드레스를 다 입자 아서가 올라왔다. 잠시 후 맥더모트 목사님이 예식에서 우리가 어떻게 행동해야 하는지 설명해주시기 위해 올라오셨다.

평범한 하얀 드레스에 어깨에서 허리까지 붉은 장미 화관을 두른 어린 크리켓이 우리를 이끌고 먼저 계단을 내려가서 현관으로 들어서자 모든 시선이 우리를 향했다. 우리는 고사리 잎과 데이지 꽃으로 장식된 벽난로 선반 앞에 섰다. 목사님의 짧고 진솔한 설교가 끝나자, 크리켓이 내 부케를 받아주고 아서가 소박한 모양의 금반지를 내 손가락에 끼워주었다. 그리고 이어진 목사님의 축도. 이제 아서와 나는 남편과 아내가 됐다. 수많은 사람들이 따뜻하고 애정 어린 마음으로 우리를 축복해주었다. 옆쪽 침실에 놓인 테이블에는 친구들이 준 선물들이 놓여 있었다. 예쁘고 유용한 선물들이 많았다. 집에 다시 돌아가면 그것들을 찬찬히 뜯어보며 즐길 것이다.

오후 3시경 우리는 스크랜턴으로 가는 기차를 타기 위해 투나노크로 갔다. 실링 부인과 맥더모트 부인도 같은 기차로 떠났다. 강 건너 사우스이튼의 고향마을이 보이는 곳을 지날 때 우리는 많은 사람들이 강가에 나와 우리에게 손수건을 흔들어주는 것을 보았다. 사랑하는 이들이 정감 어린 이별을 고하는 너무나 아름다운 광경이었다. 저녁에 아서와 나는 스크랜턴 거리를 이리저리 산책했다. 우리는 새벽 4시 반에 일어나 뉴욕 행 열차를 탔다. 그날 저녁 밸리 호텔에는 작고 아름다운 가정제단이 세워졌다. 그곳에서 사랑하는 두 사람은 언제나 "모든 선한 것의 창조주"를 예배하기 위해 만날 것이다.

1 9 8 2 . 7 . 4 . 마지막 독립기념일

아서와 함께 있으니 너무 행복하다. 우리는 이른 저녁을 먹고 브루클린 다리로 가서 그 거대한 구조물 위를 걸었다. 거기에서 우리는 모든 국적의 사람들을 만날 수 있었다. 우리는 특히 동부 인디언으로 보이는 부부를 보고 재미있어 했다. 그들은 다리 공사 방법에 무척 관심이 많았다. 우리는 브루클린을 산책하고 아이스크림 한 그릇을 사 먹고, 차를 타고 다리를 건너 돌아왔다.

맬컴 박사와 부스티드 박사가 방문했다. 우리는 함께 레스토랑에 가서 저녁식사를 했다. 돌아오는 길에 우리는 저녁 늦게 터뜨리기 위해 폭죽을 사왔다. 맬컴 박사, 아서와 나는 저녁에 엘도라도로 갔다. 우리는 배를 내려서 군중들을 따라 엘리베이터로 갔다. 그 엘리베이터는 내가 이제까지 본 것 중에서 가장 큰 것이었다. 마치 작은 방 같았다. 사람들의 뱃짐을 모두 다 싣고도 넉넉했다. 엘도라도는 높은 곳에 있었으며 매우 어지러운 곳이었다. 아치 모양의 전등이 사방에 있었고, 사람들로 붐볐다. 우리는 즐겁게 이리저리 돌아다녔다. 우리는 축음기 소리를 듣기 위해 어느 건물로 들어갔다. 한 축음기에서 남성 솔로의 〈과부 놀렌〉을 들었고, 다른 축음기에서는 이중창을 들었다. 그러고 나서 뉴욕 앞바다 너머로 거대한 도시의 불꽃놀이를 구경했다. 맬컴 박사와 나는 〈선주여, 나를 강 건너로 데려다 주오〉라는 노래를 비롯해서 여러 곡을 함께 불렀다. 엘도라도에서도 불꽃놀이가 있었다. 집으로 돌아오는 길에 우리는 부스터드 박사의 방 앞에서 폭죽을 터뜨렸다.

아름다운 독립기념일. 이날은 우리가 앞으로 오랫동안 다시 맞을 수 없을 미국에서의 마지막 국경일이 될 것이다.

#1892.7.5. 아서의 안수례

아침 내내 우리는 방에서 쉬었다. 오후에 우리는 안수예배를 보기 위해 선교원 기숙사로 갔다. 굿셀 감독이 예식을 집행했다. 참석자 중에는 볼드윈 박사 부부, 레너드, 펙, 헌트, 여자선교회장 스키모어 부인, N. 테일러 씨, 드루의 학생들 그리고 수많은 유명 인사들이 있었다. 예식은 엄숙했다. 아서는 집사안수를 받고, 다시 장로안수를 받았다. 유명 인사와 감독 여섯 명이 그의 머리에 함께 손을 얹었다. 예배가 끝나자 굿셀 감독이 즉흥연설을 하고, 내게 악수를 청하며 축원했다. 예배 후 볼드윈 박사는 우리를 그의 자매와 딸들에게 소개해주었다. 그의 자매는 볼드윈 박사가 선교지로 갈 때에도 아서처럼 젊었다고 했다. 그들은 우리를 좀 어리게 생각하는 것 같았다. 볼드윈의 자매가 내 나이를 물었다. 그녀는 스키모어 부인이 내가 열아홉 살 정도일 것이라고 생각한다고 말했다. 하지만 나는 스무 살이다.

우리는 거기서 섹멘스 네로 향했다. 그들은 나의 오랜 유대인 친구들인데, 못 본 지 벌써 8년이나 되었다. 그들은 우리를 반갑게 맞이했으며, 내가 아서를 남편이라고 소개하자 놀라워했다. 에바는 집에 없었다. 그들 가족은 무척 행복해 보였다. 어린 플로렌스는 내가 지난번 보았을 때는 아기였는데……. 해티는 별로 달라진 것이 없었다.

#1892.7.10. 선교 헌금

아침에 침례교 목사님의 설교를 듣기 위해 호수로 내려갔다. 목사님은 선교에 관한 설교를 하셨다. 예배 후에 아서가 많은 친구들을 소개해주었다. 아서에게 저녁 설교 부탁이 들어왔다. 그는 고향 친구들에게 작별을 고하는 설교를 했다. 여기에는 감리교회가 없지만 교인들은 모두 아서의 설교를 좋아했다. 마지막에 목사님께서 매우 친절한 말씀을 해주셨고, 우리를 잘 알지 못하는 사람들까지도 선교 준비에 보태라며 헌금을 해주었다. 헌금은 모두 17달러였고, 그 작은 침례교회에서 따로 10달러를 줄 예정이다. 아서는 감리교도다.

#1892.7.13. 시댁에서의 휴식

우리는 지금 조용한 휴식시간을 보내고 있다. 모두가 우리에게 친절하다. 월요일에는 코비와 시어머니가 설거지를 하셨다. 그리고 아서와 나는 딸기를 땄다. 저녁식사로는 닭고기를 먹었으며 야식으로 딸기 쇼트 케이크를 먹었다. 저녁에는 포터, 코비, 델리아, 아서와 함께 호수로 가서 보트를 타고 낚시를 하며 유쾌한 시간을 보냈다. 포터는 델리아의 낡은 챙 달린 모자를 쓰고 있었다. 화요일에는 6쿼트가량의 아이스크림을 만들었다. 수요일에는 다림질을 하고, 저녁에 또 다시 드라이브를 했다. 시아버님 노블은 우리들의 성경책에 가족사를 기록해주셨다.

#1892.7.14. 퀼트 선물

헤이즈 부인 집에서 우리들의 환영회를 겸한 퀼트 만들기 모임이 있었다. 모두 40명이 참석했다. 모두들 우리를 친절히 대해주었다. 우리는 아침에 가서 종일 거기에 있었다. 저녁엔 몇몇 신사 분들이 더 왔다. 조지 힌즈 부인이 퀼트 모임 사람들을 대표해서 그들이 오늘 만든 퀼트를 선물로 주었다. 그러고는 수많은 사람들이 서로 도와 만든 퀼트를 펼치고 큰 조각마다 그들의 이름을 적었다. 힌즈 부인과 그녀의 가족은 아름답게 만들어 더블 아이리시 체인이라 이름 붙인 퀼트를 우리에게 주었다. 아서는 선물에 대한 답사를 했고, 나는 찬송가를 불러달라고 해서 〈너의 사명〉을 불렀다. 밤 10시 30분경 모임을 파하기 전에 그들은 〈블라 랜드〉라는 찬송가를 불렀고, 아서가 기도를 인도했다. 그 후 일부는 자리를 떴다. 하나님은 우리에게 선하시다. 우리는 친구들이 보여준 사랑 어린 동정을 높이 평가한다. 내게는 새로 알게 된 친구들이다.

아서의 몸무게는 55킬로그램, 나는 46킬로그램.

#1892.7.15. 짐 꾸리기

아서와 나는 윌크스배러에 가져갈 물건들을 챙겨 트렁크에 담았

다. 아서는 이제 집에서 가져갈 물건들을 거의 다 정리했다. 리지와 데이지 부트가 야참을 먹으러 왔다. 저녁에는 많은 이웃들이 우리에게 작별인사를 하러 왔다. 친밀하고 정겨운 시간이었다. 저녁 늦게 소나기가 왔다. 그들은 거의 1시가 되도록 가지 않았다. 그들은 내게 찬송가를 부탁했다. 나는 〈아버지 저에게 무슨 일을 맡기시렵니까?〉와 〈최후의 찬송가〉를 불렀다. 우리는 아서의 여러 친구들에게 마지막 작별인사를 했다.

#1892.7.16. 시댁 식구와의 작별인사

짐 싸는 일을 끝냈다. 코비와 나는 집 앞에 있는 언덕으로 올라가서 겨울 채소와 딸기와 베리 등을 따왔다. 시어머니 노블 여사가 친정에 사는 메이와 툴라에게 줄 부케 만드는 일을 도와주셨다. 우리는 시부모님과 함께 몬트로스로 갔다. 코비와 피비 타일러 부부는 마차로 먼저 갔는데, 우리가 거기에 도착하자 역에 이미 나와 있었다. 델리아는 내가 작별인사를 하고 아서의 차례가 됐을 때 울기 시작해서 인사도 제대로 할 수 없었다. 우리가 제시에게 작별인사를 하자 그는 창고로 들어가서 숨었다. 그것이 남자들이 감정을 숨기는 방법이다. 우리는 오후 5시쯤 윌크스배러에 도착했다. 저녁에 도라와 라이드 엘스워드 부부가 방문했다.

#1892.7.23. 아서의 뉴욕 방문

윌크스배러에서의 조용한 하루였다. 아서는 오늘 오후에 몬트로스로 갔다. 그는 내일 배를 타기 전 마지막으로 몬트로스에서 아침과 저녁 설교를 맡았다. 그는 월요일에는 뉴욕에서 한국 선교의 감독인 아펜젤러 씨를 만날 것이다. 그는 거기서 4~5일쯤 보낼 예정이다. 3주 전 목요일부터 우리는 한 시간도 떨어져 본 적이 없다.

1892. 8. 11. 고향을 떠나며

집에서의 마지막 날이다. 시간은 얼마나 빠른가. 분조차 빨리 흐른다. 우리 가족 모두와 모드 굴든, 하우츠 씨가 역까지 나와 우리를 전송했다. 리터가 배웅을 나와서 내게 봉봉사탕 상자를 건네주었다. 곧 우리는 모두에게 작별을 고하고 열차에 탔다. 우리는 용감히 이별하기 위해 애를 썼다. 이윽고 그들이 기쁘게 작별인사를 건네는 동안 열차가 움직이며 우리를 사랑하는 친구들로부터 멀리멀리 떠나오게 했다. 좀 지나서 창밖을 보았지만, 고향 사람들 외에는 아무것도 보이지 않았다.

우리가 고향을 떠난 것은 3시였다. 5시에 우리는 블룸 선착장에 도착했다. 석탄열차 한 대가 탈선해 길옆 물속에 잠겨 있었다. 처음 본 철도 사고의 잔해였다. 강 건너에는 블룸버그가 있다. 여기서 보면 멀리 보통 학교가 보인다. 나는 열차에서 글을 쓰고 있다. 앞으로도 계속 그럴 것이다. 나는 열차에서 쓴 것을 그냥 베껴 둘 생각이다.

월크스배러에서 강을 따라 해리스버그로 내려오는 펜실베이니아의 길. 5시 20분. 덴빌에서 차창 밖으로 정신병원을 바라본다. 강가에 있는 매우 큰 하얀 건물이다. 우리는 해리스버그에서 열차를 갈아탔다. 식당칸에서 1달러짜리 저녁을 먹고 더블침대칸으로 쉬러 갔다. 모든 것이 낯설다. 한 여자 간호사가 머리 위의 침대에서 자고 있었다. 우리는 늦게까지 잠을 자지 않고 때때로 일어나 피츠버그에 도착했는지 확인했다. 불이 환히 켜진 많은 도시를 지나 이윽고 그 매연의 도시에 도착했다. 그곳을 지나면서 우리는 석탄 연기 냄새를 맡을 수 있었다. 열차에는 인도 지역에 선교사로 가는 간호사들이 많이 타고 있었다. 나는 옷을 벗어둘 장소를 발견할 수 없어서 드레스를 입은 채로 잤다. 아침녘에야 옷을 둘 수 있는 작은 그물침대를 발견했다.

#1892.8.22. 뉴멕시코를 지나다

우리는 지금까지 본 것 가운데 가장 흥미로운 지역을 지나고 있다. 바로 뉴멕시코 지역이다. 우리는 대초원을 지나 크고 작은 산들을 가로지른다. 작은 산들의 윗부분은 평평하지만 경사가 가파르다. 어떤 산들은 하얀 돌들이 덩어리로 쌓여 있는 모습이다. 지금 막 붉은 언덕을 넘었다. 여기 흙은 붉은 벽돌색이다.

우리는 수많은 인디언 정착촌을 지났다. 오늘 아침 일찍 100년쯤 된 마을을 지나왔는데, 위그웸[미국 인디언들의 천막식 오두막집]들은 외양만 보아도 금방 알 수 있다. 마을은 바위산으로 둘러싸여 있다. 집들은 모두 낮고 평평한 지붕을 한 진흙 오두막이다. 그곳에서 많은 어린이들이 놀고 있었는데, 일부 아이들은 밝은 붉은색 드레스를 입고 있었다. 작은 인디언 아이들이 기차가 지나가자 손을 흔들었다. 때때로 백인들의 정착촌도 지난다. 진짜 야성적인 인디언들이 열차 옆을 지나갔다. 그중 한 명은 밀짚모자를 쓰고 짧은 가운 같은 것을 걸쳤는데, 얼굴 양옆으로 흘러내린 검은 직모를 뒤로 늘어뜨려 붉은 끈으로 묶었다.

지금 지나는 곳처럼 아름다운 경치는 처음 보았다. 기차의 한쪽은 나무숲이다. 멀리 다른 쪽에는 요정들과 남녀 신들이 사는 성들이 보인다. 이 웅대한 자연의 풍광을 묘사할 수만 있다면 얼마나 좋을까. 산들은 닳고 깎여서 온갖 모양을 하고 있다. 붉은 이판암들이 이루는 모양이 마치 뾰족탑, 마운드, 망루, 온갖 아름다운 집과 성들로 이루어진 도시 같다. 어떤 바위들은 산성으로 가는 입구의 아치형 대문 같다. 채소들은 거의 없는 듯하며, 흙 색깔은 얼룩덜룩하다. 작은 들개가 방금 눈에 들어왔다.

우리는 갤럽 역에서 몇 분간 머물렀다. 한 인디언이 노란 살구를 팔고 있었다. 나는 아서의 모자를 차장 밖으로 내밀어서 몇 개를 샀다. 그는 영어를 할 줄 몰랐다. 기차가 출발하자 그가 모자를 벗어서 내게 작별 인사를 했다. 우리는 방금 또 다른 역에 도착했다. 역에는 원주민 의상을 한 스물네 명의 인디언들이 있었다. 그들은 약 10킬로미터 밖 산속 마을에서 당나귀를 타고 왔다.

＃1892.8.28. 밴쿠버에 도착하다

아침에 밴쿠버에 도착해서 르랜드 호텔에 묵었다. 배는 원래 오늘 출항할 예정이었지만, 갑판에 불이 나는 바람에 31일까지 출항이 연기됐다. 우리는 이곳에서 조용히 쉬면서 이틀을 보냈다. 화요일 아침 비베 박사와 태프트 씨가 우리를 만나러 왔다. 비베 박사는 선교사로 그의 가족은 중국 남경에 있다. 태프트 씨는 해외선교위원회 소속인데 중국에 선교사로 가 있는 아들을 만나러 갈 참이다. 우리는 모두 '엠프리스 오브 재팬'이라는 배를 타고 갈 것이다. 비베 박사는 우리 둘과 태프트 씨에게 예방접종을 해주었다.

그들의 초대로 우리는 다른 선교사들과 함께 공원으로 갔다. 일행은 커티스 부인, 애비 부인과 아이들, 게이너 박사였다. 즐거운 드라이브를 했다. 우리는 공원에 내려서 큰 나무들을 보러 갔다. 나무 하나는 속이 텅 비어 있었고, 곳곳에 앉을 자리들이 마련되어 있었다. 지름이 약 6미터 정도여서 우리 모두 들어가 앉을 수 있었다. 우리는 만이 내려다보이는 쪽으로 갔다. 가파른 절벽 아래로 태평양을 항해했던 첫 증기선의 잔해가 보였다. 남아 있는 거라곤 철골뿐이었으며, 꼭대기 부분만이 물 위로 나와 있었다.

#1892.9.8. 대양 항해

　　나는 출항 이후 일지를 쓰고 싶지 않았다. 처음 사흘은 날씨가 좋았고 바다도 고요했다. 우리는 그것을 즐겼지만, 한편으로는 높은 파도도 볼 수 있기를 바랐다. 금요일 저녁에 비가 약간 내리면서 배가 상하좌우로 조금씩 흔들렸다. 토요일에는 종일 몸이 별로 좋지 않았다. 배가 흔들리니 마음이 매우 불안정하다. 그러나 아픈 것은 아니었다. 일요일에는 다시 조용해졌다. 우리는 아침저녁으로 감리교 목사가 인도하는 예배를 보았다. 그들은 감리교 평신도가 예배를 인도하도록 맡기지 않는다. 지난 5일 월요일에는 바다가 크게 거칠지 않았다. 나는 약간 메스꺼움을 느꼈지만 진짜 뱃멀미라 부를 만큼 심한 것은 아니었다. 몇몇 승객들은 매우 심하게 뱃멀미를 했다.

　　오늘은 목요일, 어제는 화요일이었다. 우리는 수요일을 바다 속에 빠뜨렸다. 나는 수요일을 잃어버렸다고 생각한다. 그러나 왜 그런지는 아직 알지 못한다. 출항 후 우리는 매일 시계를 30분씩 뒤로 늦췄다. 태양은 매일 남쪽에서 떠올랐다. 우리는 알류샨 열도의 바로 남쪽, 북위 51도 지점까지 갔다.

　　어제, 6일 화요일에는 폭풍이 몰아쳤다. 우리는 바다에서 진짜 폭풍을 만났다. 비를 동반한 폭풍이었다. 몇몇 승객들이 그건 폭풍이 아니라고 했다. 다른 승객들은 그들이 만난 것 중에서 가장 큰 폭풍이라고 했다. 나는 대양을 수차례 건넜다는 한 신사에게 그것이 심한 폭풍인지 물었다. 그는 그렇다고 했다. 비록 태풍이나 허리케인은 아니지만, 바다에서 이는 것 중 아주 큰 폭풍이었다. 종일 바람이 불면서 배 주변으로 윙윙

소리를 냈다. 안개가 너무 짙어서 멀리까지 볼 수가 없었다. 파도는 거의 갑판까지 올라올 정도로 높았다. 파도가 배를 힘껏 때리고 흔들어서 배가 돌기도 하고 양옆으로 흔들렸다.

우리는 아침에 파도를 보기 위해 갑판 위로 올라갔다. 한 부인은 파도의 광경이 로키산맥보다 멋지다고 말했다. 의자들은 모두 파도에 휩쓸려 배 가장자리로 밀려나 있었고 갑판은 온통 물바다였다. 우리는 거기에 앉아서 그 광경을 즐기다가, 흔들리는 배 때문에 속이 거북해져서 아래로 내려가고 싶어졌다. 하지만 마침 배가 크게 흔들릴 때 일어났고, 우리 둘은 반대편에 있는 난간까지 미끄러져 내려갔다. 몇몇 사람들이 웃으며 위로하려 했지만, 우리는 약간 몸이 불편하여 서둘러 밑으로 내려왔다. 오후에 다시 잠깐 올라갔는데, 젖은 갑판 때문에 승객들의 발이 젖는 것을 방지하기 위해 의자들이 두개씩 포개져서 묶여 있었다. 우리는 몸을 보온하면서 말려줄 담요가 없었기 때문에 오래 머물지 않았다. 고향을 떠나기 전에는 그런 담요의 용도를 잘 몰랐다.

파도가 매우 높이 치솟았다 떨어지면서 하얀 거품을 남겼다. 파도는 눈이 덮인 산들처럼 보였다. 저녁식사 시간에 보니 모든 테이블 위에 접시들을 얹어 놓을 판이 올려져 있었다. 작은 판들은 접시를 올려놓기 위한 것이었다. 우리는 양옆으로 넘어지는 것을 막기 위해 서로 붙들고 있어야 했다. 그리고 음식을 떠 입에 넣을 때는 배가 갑자기 흔들려 흘리지 않도록 조심해야 했다. 우리 방으로 내려갔더니 트렁크들이 침대 밑에서 튀어나와 방 반대편으로 가 있었다. 저녁식사 후 우리가 할 수 있는 최선은 쉬는 것뿐이었다. 그러나 침대 위에서도 우리는 이쪽에서 저쪽으로 굴러야 했다. 얼마 동안 우리는 도무지 쉴 수가 없었다. 배가 갑자기 흔들리자 반대편에 있던 서랍들이 바닥 한가운데로 쏟아졌고 선반에 있던 손가방도 떨어졌다. 아서의 바지와 코트와 내 드레스는 식당칸에서 요동하는 접시들의 음악에 맞춰 실컷 춤을 추었다. 잠시 후 우리는 흔들리며 잠이 들었고, 아침에 일어나니 바다는 잠잠해져 있었다.

#1892.9.9. 엠프리스 오브 재팬

엠프리스 오브 재팬은 길이가 145미터다. 숙박시설은 근사한데, 우리가 묵는 특실은 무척 훌륭하다. 우리가 벨만 누르면 하인들이 와서 모든 원하는 것을 도와준다. 이 배의 승객들은 약 30명의 선교사들을 포함하여 100명이 넘는다. 하인들은 거의가 중국인이다. 날씨가 좋다. 오늘 아침에는 배에 오른 이후 가장 기분이 좋다. 지난번에는 고래 세 마리가 물을 뿜는 것을 보았다. 이 배에 타고 있는 선교사들은 다음과 같다

리드 부부와 아이들
의사 비베 씨와 아내
폴 부부와 아이들
애비 부인과 아이들. 메이그스 부인과 아이
여선교사 알렉산더, 베치, 카르멜과 의료 여선교사 루시 게이너 그리고 우리.

선원들 모두 매우 예의 바르고 친절하다.

#1892.9.12. 일본 상륙

어제 아침 일본이 시야에 들어왔다. 점심 때 앞바다에 닻을 내렸다. 대양 위에서 13일을 보내고 다시 어머니 대지를 보니 기분이 상쾌했다. 일본은 화산으로 형성된 나라답게 산들이 고국의 것과는 다른 경관을

보여주고 있다. 우리가 요코하마에 다다르면서 본 것은 참으로 낯선 풍경이었다! 작은 증기선들과 삼판〔큰 배와 육지 사이를 잇는 작은 배〕들이 우리의 배를 마중 나와서 승객들을 뭍으로 실어 날랐다. 선박들의 승무원은 모두 일본인이었다. 우리 배에 처음 다가온 선박은 삼판으로, 의료원이 타고 있었다. 그러고 나서 우리 배가 도시로 조금 다가갔다. 선원들은 거의 발가벗은 일본인들이다.

앞바다는 매우 거칠었다. 태풍이 막 지나간 뒤였기 때문에 승객들이 상륙하려면 얼마간 기다려야 했다. 삼판들과 증기선들이 분주히 주위를 오갔다. 각 선박에는 기저귀 같은 것〔훈도시〕만 입은 벌거벗은 일본인들이 삼판 위에 서서 배를 젓고 있었다. 항구의 파도가 거칠어서 누구 하나 삼판을 타고 상륙하려는 사람이 없었다. 아마도 삼등선실의 승객들만이 나머지 사람들이 증기선으로 모두 상륙한 다음, 삼판을 탔을 것이다. 파도가 삼판 위로 덮쳤다. 그 위에는 좌석이 없고, 수직의 널빤지들이 좌석을 대신했다. 삼판은 노를 저어야 하는 보트의 일종인데, 보트보다 네다섯 배 정도 컸다.

증기선들이 우리 배 가까이로 다가오면 남자들이 로프를 끌어당겨 더욱 가까이 붙게 했다. 배 옆으로 사다리가 내려졌다. 상륙을 할 사람들이 사다리를 밟고 내려갔다. 배와 증기선 사이를 더 가까이 붙일 수 없는 데다가 승선을 위한 보도가 놓여진 것도 아니었기 때문에, 사람들은 사다리 위에서 증기선으로 뛰어내리거나 물 위까지 내려가서 큰 걸음으로 재빨리 건너뛰어야 했다. 많은 사람들이 건너는 것을 지켜본 후에 우리 차례가 왔다.

배를 타고 온 일본인 중 어떤 이는 윗도리와 기저귀 옷만 입고 있었으며, 어떤 이는 바지만 입고 있었고, 어떤 이는 기저귀 옷만 입고 있었다. 그들의 황색 누드 몸들이 배 위를 이리저리 쏜살같이 움직였다. 큰 삼

031

1:1592~1596

판 하나가 석탄을 실어와서 배에 공급하고 있었다. 그들이 석탄을 나르는 방식은 아주 재미있었다. 모든 것이 기이하고 낯설었다. 그들은 짚으로 된 샌들을 신고 있었고, 그들의 석탄통은 둥글게 생긴 밀짚 바구니였다. 그들은 거기에 석탄을 반쯤 채워서 두 남자가 양쪽을 잡고 들어올렸다. 우스꽝스러운 모습이었다. 보트 끝과 배 옆의 사다리 사이에는 밧줄이 매여 있었다. 이쪽에서 저쪽에 있는 사람들 중 하나를 부르자, 그가 밧줄 위로 올라왔다. 밧줄이 물 위에서 팽팽하게 당겨지고, 그 벌거벗은 일본인이 건너기 시작했다. 맨 처음 그는 한 팔로 밧줄을 잡았다. 그리고 다른 팔을 올렸다. 다리도 차례차례 올라갔다. 마치 원숭이가 밧줄을 타는 것을 보고 있는 것 같았다. 단지 그가 황인종이라는 것이 달랐다. 그것은 내가 이제까지 본 것 중 가장 우스꽝스러운 장면이었다.

브루클린 출신의 태프트 씨가 우리 배에 타고 있었다. 우리는 그와 꽤 친해졌으며, 그를 매우 좋아했다. 그는 종교와 관련하여 많은 역할을 담당하고 있다. 그의 아들은 중국의 선교사인데, 현재 가족들과 함께 일본에서 휴가를 보내고 있었다. 그가 아버지를 마중하러 배에 올랐다. 다른 선교사들도 친구들을 만나기 위해 배로 올라왔다. 친구들이 서로 반갑게 만나는 것을 지켜보는 것은 즐거운 일이었다. 우리는 배 위에서 점심을 먹은 후 증기선으로 갈아타고 뭍으로 올라왔다. 우리는 세관에 서서 짐을 검사받았다. 트렁크 속에 카메라가 있었지만 그것은 검사를 받지 않았기 때문에 관세를 내지 않아도 됐다. 우리는 증기선이 한국으로 갈 때까지 짐들을 거기에 놔두었다. 관리들은 모두 일본인이었다. 그들은 괜찮아 보였다. 교육을 받은 일본인들은 친절하고 지적으로 보인다.

세관을 떠나 다음에 할 일은 인력거를 타고 우리가 묵을 브리튼 여선교사의 집으로 가는 것이었다. 인력거는 한 사람이 타면 족할 만한 크기의 바퀴가 둘 달리고 덮개가 있는 운반차였다. 거기에 두 개의 자루가 달려 있어 남자 쿨리가 끌고 다닌다. 그는 내내 종종걸음으로 달린다. 언덕을 달릴 때면 사람들은 일반적으로 내려서 걸어 올라가야 한다. 아서는 내려서 걸어야 했다. 그러나 내 쿨리는 내리라고 하지 않았다. 내 인력거는 아서보다 앞서 나갔다. 이 도시에는 인력거도 많고 쿨리도 많다. 쿨리들은 달리는 데 이력이 나 있는지 빨리 지치지 않는 것 같다. 한 시간에 8센트를 내면 되고, 계속해서 몇 시간이라도 갈 수 있다. 태프트 씨는 그것을 처음 탔을 때 아주 싫었다고 말했다. 그것은 사람을 짐승으로 만드는 것처럼 보였다. 그러나 그들은 자신의 자유의지로 그렇게 하는 것이고, 타는 사람들은 채찍을 사용하지도 않고 얼마나 빨리 달려야 하는지 명령하지도 않는다. 그들 스스로 시간을 관리한다. 우리 쿨리들은 낯선 풍경들이 이어지는 좁은 거리들을 지나 브리튼 여선교사의 집까지 데려다 주었다.

일본 찻집들의 벽에 걸려 있는 그림들은 진짜 그림들이다. 신사숙녀들의 의상은 사진에 나와 있던 그대로이고, 어린이들의 경우도 마찬가지다. 그들이 옷을 제대로 입은 경우에는 말이다. 길들은 좁지만, 거의 모든 길들이 깨끗이 청소되어 있다. 우리는 여러 가게와 집들을 지났다. 가게의 마루들도 청결하다. 가게 입구에는 외국인들이 발을 닦을 수 있도록 매트가 깔려 있다. 원주민들은 문 앞에 샌들이나 나막신을 벗어놓는다. 서구식을 따르는 일부 사람들을 제외하면 모든 원주민들은 짚으로 만든 샌들이나 나무로 된 나막신을 신는다. 아기들은 엄마나 누나의 등에 묶여 있다. 아기들은 잠을 자면서 머리를 양옆으로 이리저리 돌린다. 여기 부모들은 어린아이들에 대해 매우 큰 관심을 가지고 있는 것 같다. 아빠엄마들이 항상 아이들을 데리고 다니며 돌본다. 남자들은 집에서 무거운 짐들을 나르고 힘든 일을 한다. 여기서는 길거리에서 완전히 발가벗은 소년 소녀들을 보는 것이 아무렇지도 않다.

브리튼 여선교사의 집은 낭떠러지라고 불리는, 도시와 만이 한눈에 내려다보이는 곳에 있었다. 여기서 바라보는 풍경은 내가 이제껏 본 것 중에서 가장 아름답다고 할 만하다. 거의 대부분의 외국인들이 낭떠러지 위에서 산다. 브리튼 여선교사는 여기에 오기 전에 인도 선교사였다. 그녀는 선교사들과 외국인 여행자들을 위해 수년 동안 이 집을 지키고 있다. 그녀는 묘하게 생긴 작고 늙은 숙녀이지만 매우 선하고 쾌활하다. 숙소도 좋다. 우리는 넓은 구석방을 얻었는데, 실내도 잘 꾸며져 있고 내려다보이는 전경도 아주 아름답다. 마치 요정나라에 온 것만 같다. 창밖으로 예쁜 집들과 해안선, 무성한 신록, 나무들, 벼논, 아름다운 식물들, 파도 모양의 산들, 바로 그 너머의 바다를 보는 것은 꿈만 같다. 우리 방에는 세 개의 큰 창이 있는데, 하나는 발코니로 난 문에 달려 있다. 침대 위의 철로 된 틀에는 섬세한 흰 모기장이 있어서, 밤에는 내리고 잘 수가 있다. 요즘에는 모기가 그다지 없다.

우리가 도착하던 날에 한국으로 가는 배가 있었다고 한다. 배는 한 달에 한 번 한국으로 가는데, 엠프리스 호가 예정보다 미국에서 늦게 출발하는 바람에 도착이 늦어 그만 그 배를 놓치고 말았다. 그래서 우리는 일본에 한 달간이나 머물러야 한다. 일본 선장과 선원들이 항해하는 배가 한 달에 두 번 있지만, 그들은 숙련된 뱃사람들이 아니고 배도 낡았기 때문에 그것을 타고 가는 것은 안전하지 못하다.

#1892.10.21. 마침내 서울, 코리아에 오다

아서와 나는 서울에 마련한 우리들의 새집에 있다. 우리는 화요일 밤 성벽을 기어올랐다. 여기가 참 마음에 든다.

오늘 저녁 한국 소녀 셋이 나를 찾아왔다. 그들은 학생으로 영어를 알아듣는다. 그들은 의자에 앉으려 하지 않고 내 의자 근처 마루에 앉거나 무릎을 꿇었고 한 명은 서 있었다. 두 명은 열일곱 살, 다른 한 명은 열여섯이었다. 그들은 노래를 불러달라고 부탁했다. 내가 한 곡을 부른 후 함께 몇 곡을 더 불렀다. 이 집에는 응접실, 침실, 욕실이 있다. 이 집에 와서 지내는 3일 동안 우리는 무척 바빴다.

우리는 10월 7일 야마시로마루 호를 타고 요코하마를 떠났다. 우리는 남부장로교회에서 파견한 데이비스라는 신임 여선교사와 미국에 파견된 한국인 외교사절의 부인 여 씨를 만났다. 우리는 모두 한국이 목적지였다. 요코하마에서 다음날 저녁 도착한 고베까지 가는 동안의 항해는 즐거웠다. 아서와 나는 다음 증기선을 기다리기 위해 발라드 부인 집으로 갔다. 그날 밤 여 씨 부인과 데이비스 여선교사는 호텔에 묵었지만 다음날에는 발라드 부인 집으로 와서 합류했다.

월요일 밤 우리는 겐카이마루 호에 승선하여 다음날 11일 아침 일찍 출항했다. 세토 내해(內海)의 풍경은 무척 아름다웠다. 섬들은 윤곽이 뚜렷하고 거의 산비탈까지 개간되어 있다. 마을들은 작은 산모퉁이마다 자리잡고 있다. 나가사키에 도착하기 전날 밤, 태풍이 막 휩쓸고 지나가서 바다가 매우 사나웠기 때문에 우리는 바다로 나가지 않고 어느 항구에 머물렀다. 그리고 1박2일 동안 아름다운 나가사키 항구에서 지냈다. 금요일에는 허버트 존슨 목사와 저녁을 했고, 러셀 여선교사가 운영하는 학교ᅴ를 방문했다.

15일 부산에 도착하여 한국과 한국 사람을 처음으로 보았다. 우리는 상륙하여 하루 종일 즐거운 시간을 보냈다. 하디스 가족과 저녁식사를 했다. 17일 월요일 제물포에 도착하니 긴 흰 옷을 입은 사람들이 바닷가로 우리를 마중 나왔다. 한 한국인이 100킬로그램이 넘게 나가는 우리들의 엄청나게 무거운 트렁크를 등에 지고 날랐다. 그들은 모든 것을 등에

져 나른다.

우리는 그날 밤 스튜어드 호텔에서 묵었다. 다음날 아침 9시에 강을 거슬러 올라갈 작은 증기선에 올랐다. 점심은 싸갔다. 여행은 매우 즐거웠으며 유쾌한 친구들이 많았다. 스크랜턴 의료선교사[2]와 그의 부인, 올링거 씨[3]와 마펫 씨[4]가 우리(데이비스 여선교사와 태프트 씨, 아서와 나)를 마중하러 내려왔다. 8시경 우리는 서울에서 5킬로미터 떨어진 곳에서 내렸다. 가마 세 개가 전신으로 예약되어 있었으나 둘만 왔다. 그래서 데이비스와 나는 교대로 걸었다. 수많은 한국인 종복들이 서울의 선교사들을 마중 나와 우리는 꽤 큰 무리를 이루었다. 몇몇 종복들은 종이 초롱을 들고 왔다. 가마는 긴 대나무 막대를 양옆에 꽂은 바구니 형태로, 남자 둘이 앞뒤로 끌었다. 그것은 무척 신기한 경험이었다. 우리는 일본에서 남자들이 우리를 태우고 가기 위해 인력거를 끄는 것이 매우 안된 일이라고 생각했는데, 가마는 훨씬 더 그런 느낌을 주었다.

서울은 성벽을 두른 도시였다. 도시를 두른 돌벽은 길이가 약 20킬로미터, 높이는 9미터나 된다. 8시(시간은 변동이 있다)에 문들이 닫히면 아무도 드나들 수가 없다. 전에는 성벽을 타고 넘을 경우 사형이라는 중벌을 받았다고 한다. 지금은 추방형이다. 그러나 다른 법들과 마찬가지로 그 법은 이제 시행되지 않고 있다. 우리는 9시경에 서울에 도착했다. 마펫 씨는 우리가 늦을 것을 미리 예상하고 우리를 도와줄 밧줄을 준비해두었다. 성벽 안쪽으로 높은 언덕이 있는 곳이 있었다. 몇몇 신사들이 가파른 돌벽을 타고 올라가서 밧줄을 잡고 아래에 있는 사람들이 밧줄을 허리에 묶자마자 재빠르게 끌어올려 주었다. 잠시 후 우리들의 대부대가 모두 벽을 넘었고, 아서와 나는 우리들의 새로운 집으로 향했다. 홀 부인[5]이 우리를 따뜻이 환영해주었다. 닥터 홀은 출타 중이었다. 한동안 우리는 그들과 함께 지낼 것이다. 우리에게는 거실, 욕실, 침실 이렇게 세 개의 방이 있다.

19일 수요일 우리들의 한국어 선생님이 왔다. 그는 영어를 할 줄 몰랐다. 선교사들은 영어를 할 줄 모르는 사람을 선생으로 추천한다. 그의 이름은 장 서방이었다. 하루 종일 짐을 풀 시간도 거의 없었다. 감리교 여선교사들이 수요일 아침에 한꺼번에 방문했다. 오후에는 존스 씨가 우리를 데리고 미국, 영국, 러시아 공사관을 방문했다. 여기서는 새로 부임한 사람들이 먼저 방문하는 것이 관례다. 감리교여성해외선교회(WFMS)에서 저녁 초대를 받고 6시 30분에 그곳으로 갔다. 다음날 우리는 공부를 시작했다. 장 서방이 영어를 못하기 때문에 한국말로 무엇인가를 배우기가 너무나 어렵다.

#1892.10.23. 한국에서의 첫 예배

오늘은 한국에서 처음 맞는 일요일이다. 우리는 평화로운 날을 보냈다. 나는 한국여성주일학교에 참석해서 발판 같이 생긴 매트 위에 앉았다. 이 모든 소녀들과 여자들에게 그리스도를 가르치는 선한 일이 끝나고 나서 많은 이들을 소개받았다.

소녀들이 교회에 출석하여 세례를 받게 되면 일반적으로 영어 이름을 세례명으로 받는다. 그들은 이 세례명을 일생 동안 사용할 수 있다. 한국의 소녀들은 결혼할 때 남편의 성을 따르지는 않지만 옛 이름은 거의 잃고 만다. 하지만 세례명을 받게 되면 그것을 영원히 간직할 수 있다. 아서는 한국 남자들의 모임에 참석했다.

다들 찬송가를 부르는데 가사는 한 마디도 알아들을 수 없었지만 멜로디는 매우 귀에 익었다. 위대한 감리교의 찬송가들이 다른 나라 언어로 불리는 것을 들으니 무척이나 아름다웠다.

#1892.10.29. 어린 신부

아서와 나는 우리들의 방에 있다. 아서는 내일 할 설교문을 외우고 있다. 한국에서 처음으로 하는 설교다. 아서는 요즘 팔에 큰 통증을 느끼고 있다. 근육통인 듯하다.

어젯밤 한국 소녀 둘이 나를 만나러 왔다. 한 명은 열아홉 살, 다른 한 명은 열여섯이었다. 열아홉 살 소녀가 너무 앳돼 보였다. 나는 나이 어린 에스더–6에게 그 소녀의 이름을 물었다. 에스더는 그녀가 결혼한 여자라고 하면서 그녀의 머리에 낀 긴 핀[비녀]과 그녀의 이마를 가리켰다. 에스더는 이 '수잔'이라는 여성이 결혼한 지 3년이 됐다고 하면서 한국의 소녀들은 흔히 10, 12, 14 혹은 15세에 결혼한다고 알려주었다. 소년소녀들은 결혼하기 전까지는 머리를 길게 땋고 다닌다. 결혼을 하면 소녀들은 머리를 뒤로 올려서 긴 핀을 꽂고 다니고, 남자들은 머리를 위로 올려 돌돌 말아서 꼿꼿이 세우고 다닌다. 소녀들은 결혼을 하면 이마 한가운데를 중심으로 양옆에 난 잔 머리카락들을 모두 뽑아야 한다. 내가 에스더에게 그렇게 뽑으면 아프지 않느냐고 묻자 그녀는 많이 아프다고 했다. 일전에 에스더에게 조카 거티 랜섬의 주소를 알려주었는데, 그녀는 오늘 거티에게 쓴 편지를 가져와서 내게 부쳐달라고 했다.

#1892.11.14. 왕비의 생일축제

오늘은 참 즐거운 날이었다. 이곳의 가을 날씨는 마치 고향의 인디언 서머처럼 상쾌하다. 오늘은 한국의 경축일로 왕비의 생일날이다. 저녁에 닥터 스크랜턴 부부와 미스 페인, 미스 루이스, 아서와 나는 축제를 구경하러 큰길에 나갔다. 거리는 매우 다양한 초롱불과 전등불로 밝혀져 있었다.

　　우리집 하인 용만이도 초롱불을 들고 동행했다. 그 애가 입은 하얀
옷은 온통 흙투성이다. 홀 부인이 그 애를 위해 새 옷을 몇 벌 맞춰주었
다. 그 애는 전에 불교 승려가 되기 위해 공부를 했다. 승려가 이곳에서는
낮은 계급에 속한다고 한다. 용만이는 고향 마을의 개구쟁이 학생들을 떠
올리게 한다. 중국에서는 외국인들이 일반적으로 양귀(洋鬼)라고 불리는
데 비해 이곳에서는 상당히 존중을 받아 '대부' '대부인'으로 불린다. 거
리는 꽤 붐볐다. 용만이와 다른 외국인들의 하인들이 길을 밝히기 위해
앞서 갔다. 군중들은 하인들이 '천인(天人) 납신다!' '대인 납신다!' 하고
외치면 뒤로 물러났다. 이렇게 양반에게 명령을 할 수 있다는 것이 용만
이를 매우 즐겁게 했다.

　　이곳 사람들에게는 어마어마한 신분제가 존재한다. 내가 아는 두
개의 뚜렷한 계급은 쿨리 곧 노동계급과 양반이다. 양반들은 품위를 떨어
뜨린다고 생각하는 어떠한 육체노동도 하지 않는다. 우리는 우리가 아는
양반들에게 미국에서는 노동이 고위층 사람들에게도 명예로운 것이라는
사실을 보여주려고 노력한다. 계급이 다르면 쓰는 말도 달라서 계급마다
다른 식으로 말을 해야 한다. 우리집에는 돈을 많이 모은 하인이 한 명 있
는데, 그는 이제 양반이 됐다. 그는 물품을 사오고 식사 시중을 들고 문지
기 일도 맡아 한다. 한국인들은 자기가 맡은 일만 하려고 하지 않는다.

　　우리는 문자 그대로 "부가 짐이 되는" 나라에 살고 있다. 사람들과
당나귀들은 무거운 돈을 등에 지고 나른다. 둥근 동전에는 가운데 구멍이
나 있어 밧줄이나 끈으로 꿸 수가 있다. 금화 1달러를 사려면 3350전이
있어야 한다.

　　오늘 저녁 우리가 본 진풍경 가운데 하나는 남자들이 여장을 한 소
년들을 어깨에 올리고 춤을 추는 것이었다.

#1892.11.27 . 밤 스프와 추수감사절

지난 수일 동안의 사건들을 적어둔다. 11월 22일 아서와 나는 아침 내내 우리 방에서 주기도문을 외웠다. 우리는 오후에 〔한국어〕 선생을 물리고 주기도문을 들고 산비탈로 산책을 갔다. 전경이 좋고 쉴 수 있는 자리를 찾아서 우리는 다시 주기도문을 외웠다. 6시가 되자 우리는 기도문을 천천히 다 외울 수 있게 됐다. 집에 돌아오자 맛있는 저녁이 우리를 기다리고 있었다.

우리는 고향에서 먹는 거의 모든 음식뿐 아니라 독특한 원주민 음식도 먹을 수 있다. 우리에겐 감도 많고, 영국산 호두와 매우 큰 밤도 많다. 밤은 날로 먹으면 맛이 없지만 삶아서 약간의 소금과 함께 먹으면 매우 좋다. 땅콩은 중국에서 수입되어 팔리고 있고, 오렌지와 다른 종류의 과일들도 살 수 있다. 어느 날 밤 홀 부인은 저녁식사로 어떤 스프를 주문할지 궁리했다. 그녀는 밤 스프라는 말을 들어 보지는 못했지만, 밤을 삶아서 으깨면 좋은 스프가 되리라 생각하고는 요리사에게 밤 스프를 만들도록 부탁했다. 요리사가 어떻게 만드는 거냐고 물으니 그녀는 감자 스프처럼 만들면 된다고 했다. 요즘 우리는 자주 밤 스프를 만들어 먹는데 정말 맛있다.

우리는 연탄을 사용한다. 연탄은 먼지가 많이 나 연통이 자주 막혀 2주에 한 번은 청소를 해야 한다. 나는 크리스마스까지는 도착하기를 기대하며 몇 가지 한국산 물품들을 고향에 보냈다. 시어머니와 에마, 툴라, 벨, 메이에게 줄 골무 여섯 개와 양가에 각각 젓가락 한 쌍, 놋숟가락, 담배함, 빗, 숙녀용 머리핀 두 개를 보냈다.

11월 24일은 추수감사절이었다. 날씨는 청명했지만 저녁에는 그 어느 때보다 쌀쌀했다. 합동 추수감사예배가 아침 11시에 연합교회에서 열렸다. 베이놀즈 씨가 모임을 인도했다. 감리교 선교사들은 모두 오후 2시 M. F. 스크랜턴 여사-7의 집에서 열리는 오찬에 초대됐다. 우리는 거기서 매우 즐거운 시간을 보냈다. 오찬을 마치는 데는 두 시간이 걸렸다. 음식은 코스로 나왔으며, 식사 시간 내내 활발한 대화가 오갔다. 저녁에는 모든 미국인들이 벙커 목사-8 집에 초대됐다. 거기에서도 많은 사람들이 모여 매우 유쾌한 시간을 보냈다. 우리는 5분 동안 이야기를 할 수 있는 화제가 담긴 카드를 돌리며 이야기를 나눴다. 그날 밤 우리는 12시가 넘어서야 집에 돌아왔다.

#·1·8·9·2·.·1·2·.·1·1· 도둑들의 처형

12월 2일. 아서와 존슨 씨 그리고 그들을 가르치는 〔한국어〕 선생 두 명, 담요와 양식을 운반하는 말과 마부가 송도를 향해 떠났다. 아서의 첫번째 여행이었다. 그들은 일주일 동안 가 있을 예정이었다. 그러나 도중에 평양에서 돌아오던 닥터 홀과 이 씨를 만나자 아서는 돌아오기로 결심했다. 그래서 월요일 그들 모두가 집으로 돌아왔다.

온 나라에 많은 도둑들이 배회한다. 존슨 씨와 아서는 사형을 당하는 도둑 둘을 보았다고 한다. 아서는 먼 거리에 있었는데, 관리들이 왜소한 도둑들의 등을 발가벗기고 죽도록 두들겨 팼다. 가까이에는 그들의 무덤이 파여 있었다. 장교가 소리쳤다. "매우 쳐라." 그러면 그 무서운 일을 하는 남자들이 대답했다. "매우 치랍신다." 내년 봄에 우리 둘은 평양으로 갈 예정이다.

9일 금요일 저녁 아서와 나는 닥터 스크랜턴의 어머니 M. F. 스크랜턴 여사의 60세 생신을 기념하는 만찬에 참석했다. 그들은 초 60개를 꽂아 장식한 큰 생일 케이크를 준비했는데 매우 예뻤다. 한국인들은 나이를 존중하며, 스크랜턴 부인을 무척 사랑한다. 그날 아침 수많은 한국 남성들이 그녀의 방에 행운을 비는 종이꽃을 가지고 왔다. 그들은 그날을 찬양의 날이라 부르면서 함께 〈모든 축복의 근원이신 하나님을 찬양하세〉라는 찬송가를 불렀다.

#1892.12.17. 아기의 장례식

금요일 병원-9에서 한 아기의 슬픈 장례식에 참석했다. 아기의 엄마는 이미 죽었고, 애 아빠는 좋은 사람이 아니었다. 누군가 그 애를 돌봐달라고 병원에 입원시켰지만 병원에 왔을 때는 이미 병들고 거의 기아 상태에 있었다. 이곳의 여성들은 함부로 나다니지 못하기 때문에, 장례식이 행해지는 방에 남자와 여자가 함께 들어올 수 없다. 학교에서 온 여학생들과 여자 몇 명만이 참석했다. 시신을 하얀 천으로 완전히 감싼 채 끈으로 묶어 마루에 깐 담요 위에 뉘었다. G. H. 존스 목사-10가 한국말로 예배를 인도했다. 기도 후 한 쿨리가 시신을 메러 왔다. 그는 시신을 가져가기 전에 먼저 돈을 요구했다. 돈을 건네자 그는 생명이 떠난 작은 시신을 들어서 자신의 하얀 겉옷 안에 넣더니 두 팔로 안고 무덤으로 들고 갔다.

이곳의 고위층은 시신을 매장하기 전에 3개월 동안 모시는 것이 관습이다. 가난한 사람들은 5일에서 9일을 모신다. 어떤 사람이 살지 못할 것 같으면 친구 중 한 명이 우상에게 바칠 예물을 들고 가서 살려 달라고 기도한다. 만일 그가 회복되면 감사의 표시로 많은 봉헌 음식을 장만하여 다시 우상에게 바친다. 시신을 매장하고 나면 다른 귀신들을 물리치기 위해 춤추는 여성[무당]을 부른다. 가까운 친척이 죽고 나서도 3년 동안 그의 친지들은 (흰) 상복을 입으며, 죽은 이를 위해 하루 세 번씩 곡을 하고 운다.

1893.1.2. 새해 인사

　　새해 벽두에 우리는 이 먼 나라에서 살고 있다. 설날이 일요일이라 우리는 오늘 축하를 했다. 여기서는 새해 인사를 받는 풍속이 있다. 부인들은 손님 맞을 준비를 한다. 때때로 여러 부인들이 한 집에서 함께 손님을 맞기도 한다. 새해를 맞는 풍습은 한국도 비슷한데, 다만 이들의 설날은 우리보다 한 달 반이 늦다. 한국인들은 우리가 지내는 설날에 인사를 온다. 새로 부임한 선교사들 중에는 아무도 인사를 오지 않았다. 닥터 홀과 아서도 인사를 가지 않았다. 천연두가 돌고 있는 올해에는 감염을 우려하여 많은 부인들이 손님을 맞지 않았다.

　　하지만 홀 부인과 나는 손님을 맞았다. 우리는 현관을 장식하고 식탁 위에는 사탕과자를 듬뿍 담아놓고 손님들이 그것을 먹을 수 있도록 두 개의 작은 테이블도 마련했다. 한국인 약 스무 명, 일본인 서너 명, 중국인 한 명, 러시아 영사, 영국선교단장 니스테드 씨, 독일인 한 명, 미국 선교사 몇 명이 왔다. 아주 즐거운 하루였다. 이번 주는 기도주간이라 스크랜턴 박사의 집에서 오늘밤 첫 모임을 가졌다. 달빛이 비치는 아름다운 밤이었다. 지금 우리를 비추고 있는 달과 별들이 조금 있으면 바다 건너 내 사랑하는 이들도 비추겠지.

　　한국의 서울에서 맞이한 첫번째 크리스마스는 매우 즐거웠다. 나의 산타클로스인 아서는 내 양말 속에 오페라글라스와 한국 여성들이 쓰는 나무로 만든 화장실 상자를 넣어놓았다. 스크랜턴 여사는 나에게 한 쌍의 예쁜 일본 화병을 선물로 주었고, 미스 벵갈은 수가 놓인 하얀 실크 손수건을 그리고 한국인 소녀 둘은 한국 소녀들이 사용하는 골무를 각각 3개씩 주었다. 고향을 떠나와서 이렇듯 선물을 많이 받으니 놀랍기도 하고 기뻤다. 토요일에 아서와 새로 부임한 장로교 선교사 스왈런 씨가 사냥을 나가 오리 한 마리씩을 잡아와서 오늘 저녁식사로 먹었다.

아침에는 학동들이 깨끗한 흰옷을 입고 와서 새해 인사를 했는데, 모두 마루에서 큰절을 했다. 나는 한 학생과 한국어로 이야기해보려고 애썼다. 그는 내가 열성을 보이는 데 고마움을 표했다.

#1893.1.6. 고국에서 온 크리스마스 선물

수요일에 편지가 도착했다. 오, 얼마나 기뻤던가! 우리는 크리스마스 전부터 그 편지를 기다렸는데 이제야 도착했다. 3주 만에 온 편지였다. 나는 7통의 편지를 받았고 아서는 더 많이 받았다. 좋은 소식을 담은 편지들이었다. 사촌인 클레런스 윌콕스의 죽음을 제외하고 편지 내용은 모두 밝고 즐거운 것이었다.

사랑스러운 메이는 나에게 크리스마스 선물로 연한 파란색의 보석을 보냈고, 아서에게는 카드를 보냈다. 벨은 나에게 목걸이를 보냈고 아서에게 아주 예쁜 달력을 하나 보냈다. 해티는 리사의 아기 이름을 (코리아에서 따서) 코리 아서라고 지었다는 소식을 보내왔다. 우리는 감사할 것이 너무도 많았다.

일전에 저녁식사를 하면서 우리는 동생 메이에 대해서 말했고 그녀가 한국에 선교사로 올 수 없을지 의논했다. 그런데 홀 박사가 어제 스크랜턴 여사에게 동생 메이에 대해서 이야기했고, 스크랜턴 여사는 메이와 비서들에게 한국에 오는 것과 관련해서 편지를 쓰겠다고 말했다. 아서와 나는 이 모든 이야기를 다음 편지에 써 보내려고 한다. 그녀가 온다면 얼마나 좋을까?

어제 우리 선생님이 붉은색 종이로 만든 꽃을 가져와서 탁자 위에 놓인 화초 사이에 놓았다. 그는 이것이 아름답다고 생각했다.

#1893.1.13. 결혼식 구경

한국인들의 집에는 우리처럼 세탁기가 없다. 우리는 서서 빨래하고 다림질하지만 이들은 앉아서 한다. 이들은 샘이나 냇가, 시내의 작은 개울가에서 빨래를 한다. 이들은 다림질할 때 우리처럼 열을 이용하지 않는다. 다듬이질이라는 매우 원시적인 방법을 쓰는데 막상 그렇게 하고 나면 우리가 하는 것보다 훨씬 광택이 난다. 한 여성이 천이나 옷의 한쪽 끝에 앉고 다른 여성이 맞은편에 앉아서 천이나 옷을 둥근 막대〔홍두깨〕에 감고 이것을 세게 친다.

한 여성이 방망이로 내리치고 나면 다른 여성이 내리치는 식으로 교대로 두드린다. 이렇게 하면 천이 부드러워지고 반질반질 윤이 난다. 겨울에는 옷에 솜을 집어넣는데 세탁할 때면 이를 전부 뜯어내야 한다.

우리는 오늘 한 한국인의 결혼식에 초대를 받았다. 2시에 예식이라는데 아서는 바빠서 못 가고 나만 참석했다. 신부 아버지가 비록 양반이었지만 집안은 무척 가난했다. 그들이 살고 있는 작은 흙집은 방 둘과 그 사이의 마루가 전부였다. 방 하나는 부엌이고 다른 하나는 거실이었다. 한국의 모든 가정이 그렇듯 그 집도 온돌식이었다. 온돌이란 방바닥 아래로 불을 지피는 방식이다. 불을 때는 아궁이는 바깥쪽에 있고 연기는 집의 옆구리쯤에서 나온다. 모든 집이 이런 식으로 난방을 한다. 이들은 난로를 쓰지 않는다. 결혼식은 이 집의 거실에서 열렸다. 방바닥은 상태가 아주 좋지 않아 연기가 계속 새어 나오고 있었다. 누군가 문을 열어 그나마 다행이었다. 방은 아주 작았다. 우리 모두가 방바닥에 앉자 방이 꽉 찼다.

열여섯 살쯤 되어 보이는 어린 신부는 우리 맞은편에 앉아 있었다. 그 가족은 매우 가난하여 부유한 가정의 혼례에서 하듯이 화려한 장식을 하지 못했다. 신부는 밝은 빛깔의 붉은 치마와 엷은 초록색 저고리를 입고 손에는 흰 천을 둘렀다. 머리에는 조그마한 족두리를 쓰고 커다란 가발을 얹었는데 빗과 리본이 잔뜩 달려 있었다. 얼굴에는 하얗게 분을 발랐고 양 볼과 이마에는 동그란 붉은색 점을 커다랗게 찍었다. 입술도 빨갛게 칠했다. 결혼식 전과 결혼식이 진행되는 동안 그리고 그 이후에도 가능한 한 신부는 눈을 감고 있어야 한다는 관습이 있다. 그래서 때로는 눈에 풀을 바르기도 한다. 신부는 꼼짝하지 않고 앉아서 한 번도 본 적이 없는 신랑이 오기를 기다렸다.

신랑은 4시가 되도록 오지 않았다. 신부는 지쳤고 가끔씩 고개를 약간 움직이곤 했다. 나이든 여성들이 신부 곁에 앉아서 움직이지 말고 앉아 있으라고 말하곤 했다. 그것이 한국의 법도였다. 나는 이 가난한 어린 여성이 너무 가엾었다.

방 한편에는 아주 아름다운 한국식 이불과 베개, 신랑이 선사한 신부의 옷, 그밖에 몇몇 결혼 예물 등 신부의 혼수가 놓여 있었다. 곧 밥상이 들어왔고 참석한 사람마다 한 상씩 받았다. 사탕과 과일, 견과류가 있었고, 양념이 많이 된 피클의 일종인 김치와 아마도 개고기인 듯한 고기 고명을 올린 국이 나왔다.

4시가 되어서야 신랑이 혼례복을 입고 왔다. 그는 모자를 벗고 뒤쪽에 조그만 날개가 양쪽으로 뻗어 나온 사모를 썼다. 집이 작아서 결혼식은 야외에서 치렀다. 마루 앞의 마당에 커다란 멍석을 깔았다. 신랑이 먼저 거위[기러기를 거위로 오인한 듯함]와 하늘과 땅에 절을 했다. 마당에 놓인 조그만 탁자 위에 나무로 깎은 거위를 올려놓고 이를 향해 신랑이 절을 했다. 그러고 나서 거위를 치우고 다시 신랑이 절을 했다. 탁자를 치운 후 다시 신랑이 세 번째로 절을 했다. 신랑의 절이 끝나자 두 명의 부인이 어린 신부를 마루로 데리고 나왔다. 신부는 손에 두른 흰 천을 들어 얼굴을 가렸다. 신부 양쪽에 한 명씩 서 있는 부인들이 신부가 신랑에게 절하는 것을 도왔다. 신부는 면전에 흰 천을 잡은 채 절을 네 번 하고, 일어서서는 그 천을 내렸다. 그러나 여전히 눈은 감고 있었다. 젊은 신랑은 다시 땅바닥으로 깊숙이 몸을 숙여 신부에게 두 번 절을 했다. 그 다음 신랑과 신부가 술 한 잔을 나눠 마셨다. 그렇게 결혼식은 끝났다.

1 8 9 3 . 1 . 2 1 . 한문 수업 참관

오늘 아침 나는 처음으로 남학교[배재학당] 예배에 참석했다. G. H. 존스 목사가 기도예배를 이끌었다. 첫번째 순서는 종을 치자 남학생들이 모두 일어나서 선생님들께 절을 했다. 출석을 부를 때 학생들은 각각 자기 이름이 불리면 일어나서 "예, 여기 있습니다."라고 대답했다.

예배가 끝나자 아서와 나는 그 방에서 열리는 한문 강의를 참관하기 위해 그대로 남아 있었다. 한문 선생님은 한국인이었다. 약 스무 명의 한국인 남학생들이 이 수업을 들었다. 학생들은 모두 교실 바닥에 앉아서 앞에다 책을 펼쳐놓고 몸을 앞뒤로 흔들면서 박자에 맞추어 크게 소리 내어 읽기 시작했다. 먼저 한 학생이 자기 음조로 소리를 내어 글을 읽으면 다른 학생들이 합류하고 마침내 모든 학생들이 몸을 흔들면서 목소리를 높여서 노래하듯이 글을 읽었다. 학생들은 대부분 미국에서 소년들이 입는 코트에 해당하는 분홍색 저고리와 리본으로 발목을 묶는 아주 커다란 흰색 바지를 입고 있었다. 양말도 흰색이었고 나무로 만든 나막신은 문간에 벗어놓았다. 머리는 뒤로 길게 땋았다. 그들 중 몇몇의 옷은 아주 더러웠다. 오늘은 복습하는 시간이었다. 교사가 한 학생에게 배운 것을 반복해 보라고 시켰고 나머지 학생들은 공부를 멈추고 앉아 있었다. 그 소년은 앞으로 나와서 무릎을 꿇고 선생님께 등을 돌리고 앉아서 몸을 흔들면서 배운 것을 암송하기 시작했다. 이들의 모습을 보는 것은 아주 흥미로웠다.

#1893.2.11. 참수당하는 죄수들

오늘 오후에 나는 홀 박사 부부, 아서와 함께 설날 물품들이 진열된 것을 보려고 큰 거리로 나갔다. 다음 주 금요일이 한국인들의 설날이다. 상인들이 물건들을 모두 진열해놓았다. 청동 그릇이 제일 눈에 띈다. 많은 상점들이 물건을 전시해놓아서 우리들은 그 어느 때보다도 많은 한국의 도자기들을 보았다.

감옥 가까이 가자 오늘 처형될 여덟 명의 한국인 죄인을 문 밖으로 싣고 갈 여덟 대의 소달구지가 보였다. 달구지의 뼈대는 죄수들을 처형하기 위해 우리 조상들이 사용했던 십자가와 비슷하게 만들어졌다. 그 죄인들의 머리카락이 십자 모양의 기둥에 밧줄로 묶여 있었고 손은 몸 뒤쪽으로 묶였고 발은 하나로 꽉 묶여 있었다. 이 죄인들은 감옥에서 처형장으로 옮겨져 참수형에 처해졌다. 머리가 몸에서 떨어져 나갔다. 우리집에서 5분 거리에 며칠 동안 목이 떨어진 시체가 길거리에 놓여 있었다. 이 죄인들은 11년간 감옥에 있었고, 왕에 반대하여 반역을 공모했다고 한다.

#1893.2.21. 아서의 북부 여행

그가 갔다. 누가? 나의 사랑하는 아서가 앞으로 거의 두 달간 떠나 있을 것이다. 아서와 홀 박사가 어제 정오에 평양과 의주를 향해 떠났다. 그들을 도와줄 한국 사람들, 선생들과 남학생들 그리고 마부들이 와서 조랑말 세 마리에 짐을 싣고 떠났다. 아서는 선교회가 몇 년 전에 의주에서 구입한 건물을 살펴보기 위해 파견됐다. 이들은 이따금씩 번갈아 말을 타겠지만 대부분은 걸어서 그곳까지 가야 할 것이다. 의주는 이곳에서 약 560칼로미터 정도 되는 한국의 북서부 지역에 있다. 이 추운 날씨에 그들이 출발하는 것을 보고 있자니 너무 염려스러웠다. 하지만 그들이 돌아오기 전에는 따뜻해질 것이고 집으로 돌아오는 그들의 여정은 지루하지 않을 것이다. 아서가 떠난 것을 알고 몇 명의 한국인 여학생들이 저녁 때 나를 위로해주러 왔다. 그들은 예수님을 위해 일하러 왔고 이를 위해 그가 떠났으니 너무 슬퍼하지 말라고 말했다.

나는 미스 벵갈과 미스 파인, 존스 씨와 함께 남대문 밖으로 나가서 전쟁의 신을 위해 지어진 군인들의 절을 방문했다.−11 그 절의 입구 양쪽 울타리 안에는 전쟁 신의 말과 마부라고 일컬어지는 커다란 동상이 있었고 약간의 음식이 제물로 놓여 있었다. 우리는 신발을 벗고 법당 안으로 들어갔다. 법당 안에는 전사들의 동상이 많이 서 있었다. 동상의 옷 일부는 금도금이 되어 있었다. 위대한 전쟁의 신은 보관장 속에 커튼으로 일부분이 가려져 있었고, 이 우상 앞의 제단에는 돈이 놓여 있었다. 그 법당의 다른 편에는 신에게 봉헌된 음식이 있었다. 커다란 배와 밤이 많이 놓여 있었고, 큰 접시에는 삶은 돼지고기가 놓여 있었다. 벽과 천장에는 그림이 많이 그려져 있었는데 아주 조잡해 보였다. 다른 방에는 죽은 병사들이 쓰던 오래된 무기 더미와 이 절의 건립 배경을 설명하는 한자가 새겨진 커다란 비석이 있었다.

#1893.3.4. 널뛰기

한국인들의 설날에 소녀들은 명절에만 즐길 수 있는 게임들을 한다. 아주 재미있는 게임 하나는 시소[널뛰기]인데, 미국식 시소와는 많이 다르다: 긴 널빤지 중앙에 그리 높지 않은 것을 괴어 균형을 유지하는데,

내가 본 것은 지푸라기 더미를 감아놓은 듯했다. 널 양끝에 한 명씩 앉는 것이 아니라 선다. 천천히 뛰기 시작하여 처음에는 한 명이 뛰고, 그 다음에는 다른 한 명이 뛰는데 널이 빨라질 때까지 번갈아 뛴다. 널에서 공중으로 매우 높이 뛰어올라 널빤지 끝이 위로 올라가면 다시 널빤지로 되돌아온다. 이들의 길게 딴 머리가 뛰어오를 때마다 뒤에서 날린다. 이들 모두가 설날을 맞이하여 화사한 새 옷을 입고 있어서 매우 아름다운 광경을 만들어낸다. 부인들도 널뛰기를 하기 위해 정원으로 나온다. 한국의 주택은 일반적으로 안마당을 중심으로 만들어진다.

오늘 한 한국 소년이 다림질을 해주었다. 나는 대부분의 세탁물을 일본인 세탁소에 맡기는데, 작은 것들은 모아두었다가 가끔씩 내가 직접 빤다. 이번 주에는 몇 벌만 세탁을 보내고, 2주 동안 모아두었던 옷과 식탁 냅킨의 세탁과 다림질을 이 소년에게 맡겼다. 그는 내 속옷 하나를 발견하고는 자기에게 줄 수 있느냐고 물었다. 만일 내가 그것을 그에게 주었다면 그는 아마도 겉옷처럼 입었을 것이다.

1893 . 3 . 17 . 양반 댁 방문

며칠 전에 나는 로제타 셔우드 홀 박사와 함께 어느 한국 귀족 집안의 환자를 방문했다. 그는 높은 양반이었으므로 한국인의 기준에서 우리가 그의 집에 걸어서 가는 것은 적절한 행동이 아니었다. 그래서 우리는 각각 두 사람이 끄는 가리개가 쳐진 가마를 타고 들어갔다. 가마는 한 사람이 앉기에 적합한 작은 집 모양이었다. 가마 안에는 의자가 없기 때문에 한국식으로 바닥에 앉았고 가마꾼이 우리를 목적지까지 싣고 갔다. 가마꾼은 커다란 대문을 통과해서 바깥마당을 지나 우리가 탄 가마를 안마당에 내려놓았다. 가마의 커튼이 올려지자 우리는 그제야 바깥으로 발을 내딛을 수 있어서 기뻤다. 하인들이 우리 주변으로 몰려들었다.

곧이어 홀 부인이 전에 와서 본 여성의 남편이 우리를 맞이했다. 우리는 우선 그 집의 주인인 나이든 남자가 기거하는 방으로 안내됐다. 그는 높은 침상에 앉아 있었다. 그의 첩이라고 하는 많은 부인들이 그 방 안에 있었다. 그를 만나러 오는 한국 사람은 아마도 얼굴을 땅에 대고 그에게 절을 할 것이다. 우리는 그들과 잠깐 이야기하고 나서 젊은 부인이 기거하는 곳으로 갔다. 인도에서처럼 여기 한국에서도 남성들이 기거하는 곳과 여성들이 기거하는 곳이 분리되어 있다.

우리가 지나친 방에는 예쁜 물건들이 많이 있었는데, 그전에 내가 한국의 가정집에서 보았던 것보다 훨씬 많았다. 미국 것과는 다른 예쁜 장롱과 찬장들이 많았다. 그중 하나에는 진주가 박혀 있었다. 작은방에는 요와 베개가 많이 쌓여 있었다. 요는 길고 좁고 아주 두껍지만 편안하다. 사람마다 각기 요를 한 벌씩 갖고 있다. 베개는 길고 둥그렇다. 어떤 베개는 실크로 아주 예쁘게 만들었다. 또 어떤 베개는 둥그스름한 끝을 진주가 박힌 나무로 장식했고, 비단 베갯잇에 금사로 수를 놓거나 그냥 소박하게 채색한 것도 있었다. 일부 남자들이나 하층의 여자들은 소박한 나무로 만든 조그마한 베개를 쓰는데 이것은 머리카락이 흐트러지지 않도록 해준다.

우리가 젊은 부인의 방으로 들어가자 따뜻한 방바닥에 앉으라고 했다. 방바닥은 기름 먹인 종이로 덮여 있는데 깨끗했다. 홀 부인은 전에 그들에게 복음서를 주러 온 적이 있었다. 오늘 홀 부인이 그 복음서가 어디 있느냐고 묻자 그들은 모르겠다고 했다. 그들은 그것을 간직하고 읽는데 그리 신경을 쓰지 않았던 것이다. 나는 〈요한복음〉3장 16절을 읽었다. 그들은 그 이야기에 관심을 보였다. 그렇지만 내가 한국말을 잘하지 못하여 이에 대해서 많은 설명을 하지는 못했다. 홀 부인이 그들에게 환자를 병원으로 옮기라고 청했지만 그들은 들으려 하지 않았다. 한국의 상류층 여성은 항상 집 안에 머물러야 하기 때문이다.

　　손님에게 음식을 대접하는 것이 한국의 관습이다. 환자를 만나본 다음 우리는 집으로 돌아가려고 안마당으로 나갔다. 하지만 그 집의 젊은 남편은 우리더러 자신의 거처로 와 함께 점심식사를 하자고 권했다. 그는 남자였기 때문에 여성의 거처에는 올 수가 없었다. 홀 부인은 그와 함께 식사를 하는 것은 사려 깊은 행동이 아니라고 생각하고 거절했다. 그러자 그는 우리가 조금 전 만난 부인들이 거처하는 방으로 되돌아가서 그들과 함께 식사를 하라고 했으나 그 여인들이 모두 어디로 가버려 우리에게만 음식이 차려졌다. [한국에 와서] 때때로 차려주는 음식을 먹는 것이 고역인 적도 있었지만, 이 사람들은 아주 보기 좋은 음식을 내왔고 오렌지와 밤도 있었다. 다른 과일들과 견과류 모두 미리 깎은 후에 상에 내왔다. 홀 부인은 긴 면이 들어간 스프인 국수를 젓가락으로 아주 잘 먹었다. 나는 젓가락을 사용해본 적이 없어서 일본식 숟가락으로 먹었다.

　　집으로 돌아오는 길에 우리는 어른들 흉내를 내며 돌싸움을 하는 소년들 무리를 지나가게 됐다. 매년 한국의 설 명절 이맘때쯤이면 그들은 고대 로마 검투사들의 전투와도 같은 돌싸움을 즐긴다. 사람들은 상대편에게 나무와 돌을 던지며 싸우는데, 때로는 많은 사람들이 죽고 다치기도 한다. 돌싸움은 대부분 작은 골짜기에서 하며, 주변 언덕에는 구경꾼들이 빙 둘러싼다. 거의 모든 사람들이 흰색이나 색이 바랜 옷을 입었는데, 붉은색이나 초록색, 자주색 옷을 입은 사람이 언덕 여기저기에 박혀 있어 이색적인 광경을 연출한다. 아이들은 주로 밝은 색 옷을 입는다. 연날리기는 소년들과 성인 남성 모두에게 큰 재밋거리다. 아이들은 방패연 날리기에 아주 능숙하다.

　　홀 박사는 집으로 바로 돌아가지 않고 다른 환자를 보러 갔다. 나도 그녀를 따라가려고 했지만 나를 실어 나르는 가마꾼들이 그만 집으로 데려왔다. 내가 그녀와 함께 가지 못해 실망한 것을 보고 그들은 무척 재미있어 하는 것 같았다.

#1893.3.19. 동대문 교회

오늘 아침 동대문 방향으로 걸어가서 그곳 교회[12] 예배에 참석했다. 그곳에는 처음 가 보았다. 이곳에서 5킬로미터 정도 거리에 있다. 그 교회는 남자와 여자가 함께 예배를 볼 수 있도록 만들어졌는데, 남자들과 여자들 사이에는 기름종이를 바른 나무로 만든 얇은 분리장막이 있었다.[13] 참석한 사람은 남자 38명과 여자 22명. 그중 많은 이들이 한 번도 기독교 모임에 참석한 적이 없는 사람들이었다. 그들은 모두 흥미롭게 생각하는 것 같았다. 여성들은 아주 낮은 목소리로 이야기를 나누어 그들이 말하는 소리가 건너편에서는 들리지 않았다. 한국에서는 숙녀가 자신의 목소리가 다른 남성들에게 다 들리도록 말하는 것은 적절치 못한 행동으로 여겨진다. 오후에는 연합 예배에 참석하여 클링거 목사의 훌륭한 설교를 들었다.

황혼이 질 무렵, 스크랜턴 박사가 평양에서 배달된 편지를 가지고 왔다. 홀 부인과 나는 우리의 사랑하는 남편들이 보낸 편지를 읽었다.

#1893.4.3. 교인 가정 방문

오늘 나는 한국인 기독교 가정을 두 곳 방문했다. 첫번째 집은 부인과 시어머니 모두 기독교인이었으나 남편은 교인이 아니었다. 그는 병석에 있었으나 외국인 의료선교사의 진찰을 받고 지금은 회복 중이다. 그는 외국인에 대해서 그리고 자기 부인과 어머니가 기독교인이 된 것에 대해서 예전처럼 심하게 반대하지는 않는다. 그러나 그의 부인은 교리문답을 가져오는 것을 꺼려했는데, 내 질문에 그녀가 대답하는 것을 남편이 다른 방에서 들을지도 모른다고 두려워했기 때문이다.

내가 방문한 또 다른 집에서도 남편은 기독교인이 아니었다. 그 집으로 들어갔을 때 그는 아이들과 부인과 함께 방에 있었지만 잠시 말을 하고는 방을 나갔다. 아이들은 성경책을 크게 읽기를 꺼려했고, 우리는 그가 우리 노랫소리를 들을지도 모른다는 두려움에 노래를 할 수가 없었다. 그는 다른 방에서 부인에게 술이 어디 있느냐고 물었다. 술은 어디에서든지 인류에게 큰 저주다.

이 나라에서는 노래를 많이 부르지 않는다. 아이들과 젊은이들은 공부를 하면서 그저 단조롭게 읊조린다. 한국인들은 대개 이처럼 노래하는 음조로 글을 읽는다. 무희(명예롭지 못한 여성들)들이나 노래를 한다. 그래서 한국인들은 우리와 우리 기독교인 소녀들이 노래하는 모습을 보면 우선 우리들의 품성이 선한가 의심부터 한다. 그러나 음악이 창조주에 대한 감사와 찬양을 나타내는 영혼의 분출임을 깨닫는 데는 그리 오랜 시간이 걸리지 않는다.

1893 . 4 . 13 . 기도하는 법

어젯밤에 한 한국인 남학생이 어머니와 함께 나를 보러왔다. 나는 짧은 한국어 실력이지만 할 수 있는 한 그들과 이야기하려고 노력했다. 그러고 나서 그들에게 미국의 사진을 보여주고 오르간을 연주해주었다. 한국 사람들은 우리집 오르간에 대단한 호기심을 보인다. 모자는 방 안에 있는 가구들을 무척 흥미롭게 관찰했다.

소년이 기독교인이므로 내 생각에 성경 한 구절을 읽고 기도를 하면 좋을 것 같았다. 나는 한국어로 아름다운 성경 구절 한 장을 읽고 나서 그들에게 함께 기도하자고 청했다. 그 소년이 짧게 기도하고 나서 어머니에게도 기도하라고 청했다. 그러나 이 불쌍한 여성은 이교도들이 그들의 신들에게 하는 기도 이외에는 기도를 해본 적이 한 번도 없었다. 그녀는 어떻게 기도해야 하는지 몰라서 무척 곤욕스러워 보였다. 그녀는 계속해서 "어떻게 기도해야지요? 무엇을 말해야지요? 어떻게 하지요?"라고 물었다. 나는 내가 한국어로 할 수 있는 유일한 기도인 주기도문을 시작했다. 우리의 은혜로운 복음을 믿는 사람들이 생각보다 많이 있는 것 같다.

1893.4.30. 첫 한국어 설교

오늘 아침 아서는 처음으로 한국어로 설교를 했다. 우리는 함께 설교를 준비했다. 한국인들은 그의 설교를 모두 알아들었다고 말했다. 나는 홀 박사 부부와 함께 그의 설교를 들으러 갔다. 2시에 나는 여성병원[14]으로 가서 그곳 모임에서 같은 설교를 했다. 그곳에는 50여 명의 여성들이 있었다. 대부분은 복음을 한 번도 들어본 적이 없는 사람들이었다. 방이 작아서 몇몇은 창가에 서 있었다. 3시 반에 우리는 외국인 예배에 참석했고, 5시에 나는 미국 어린이를 위한 학교에서 가르쳤다.

1893.5.5. 에스더의 약혼

감리교여성해외선교회관에 있는 한국 소녀들 중에서 가장 영리한 에스더는 약혼한 상태였다. 구혼자는 홀 박사가 평양에 갈 때 고용한 마부였다. 그는 몇 달 동안 홀 박사를 위해 일했는데 좋은 사람 같았다. 그는 현재 마부 일을 그만두고 우리집에서 일하고 있다. 그는 학교에 다니고 있고 한국어와 한문, 영어를 배우고 있다. 에스더의 어머니는 에스더가 양반이 아닌 사람과 결혼하는 것을 탐탁지 않아 했으나 그 소년의 아버지가 선생님이고 그 역시 학교에 다니고 있으며 마음이 착하다는 사실을 알고는 괜찮게 여겼다.

연선이_15는 무척 잘생겼다. 물론 에스더와 연선이는 한 번도 본 적이 없다. 그는 자신의 사주를 에스더에게 보냈다. 사주란 자신이 태어난 생년월일시를 써놓은 커다란 종이다. 이것은 프러포즈에 해당하는 것으로, 중매쟁이가 사전에 혼인이 양가에서 받아들여질지 충분히 타진하기 때문에 사주를 되돌려 보내는 일은 거의 없으며 대개는 받아들인다. 며칠 안에 에스더는 결혼 날짜를 알려준다. 그러면 연선이는 에스더에게 비단 옷감과 은반지 두 개, 머리핀과 다른 예물들을 보낸다. 그러면 신부는 자신의 결혼 예복을 만들고 새 옷도 한 벌 만들고, 장래의 남편감을 위해서 이불도 만들게 된다.

#1893.5.17. 동학군의 북상

오늘 아침은 한국 학생들에게 음악 기초를 가르치기 시작한 둘째 날이다. 우리 반의 학생들은 모두 여덟 명으로, 거의가 학교 교사들이거나 나이든 학생들이다. 우리는 학교에서 노래 부르는 법을 알게 되면 좋을 거라고 생각했다. 이 수업이 점점 커져서 나중에는 학교 전체가 노래를 부를 수 있게 될 것이다.

한국 사람들은 노래 부르는 법을 모른다. 이들에게 노래한다는 것은 일종의 음정 없는 콧노래다. 이들은 같은 방법으로 공부도 하고 글도 읽는다. 처음에 그들이 음계에 맞춰 노래하고자 애쓰는 것을 듣는 것은 아주 우스꽝스러웠다. 그들은 목소리를 높거나 낮게 조절할 줄 몰랐다. 하지만 오늘 아침에는 어느 정도 성과가 있었다. 집에서 아이들만 가르치다가 이렇게 다 큰 남자들을 가르친다는 게 좀 낯설었지만 이들은 배움에 커다란 열의를 갖고 있다. 어제와 오늘 학교에서 노래를 가르치기 위해 반주를 했는데, 아마도 앞으로 예배 연습을 위해 매일 아침 학교에 가서 반주를 해야 할 것 같다.

거의 두 달 동안 수도에서는 커다란 동요가 있었다. 남쪽 사람들이 새로운 종교를 시작했는데, '동학'이라고 불리는 종교였다. 이들은 왕에게 동학을 국교로 채택하고 모든 외국인들을 이 나라에서 내보낼 것을 요청하는 서신을 보냈다. 왕은 이들의 요구를 받아들이지 않았고, 이들은 자신들이 직접 외국인들을 내보내겠다고 위협했다. 남쪽 지역에서 이들이 결집하여 서울 근처로 점점 다가오고 있다. 여러 차례에 걸쳐서 외국인들이 살해될 특정 날짜가 정해졌다는 보고를 들었다. 그러나 이러한 날들은 별다른 동요 없이 조용히 지나갔다. 현재 들리는 소문은 이들 남쪽 지방 사람들은 외국인을 해치기 위해서가 아니라 자신들 중에서 새 왕을 선출하여 새로운 형태의 정부를 수립하기 위해서 온다는 것이다.

백성들은 국정에 대해 불만을 품고 있다. 고위층들은 가난한 사람들에게 돈을 요구하고, 가난한 이들은 그것을 피할 길이 없다. 이것이 이 나라를 가난하게 만들고 국민들을 비참하게 만든다. 남쪽 사람들의 무리는 상당히 커지고 있다. 그들의 깃발에는 '외국인은 물러가라'라는 글씨가 쓰여 있다.

#1893.6.14. 왕의 행차 구경

아서와 나는 우리 선생님과 함께 왕의 행차를 구경하러 갔다. 우리

는 그 거대한 행렬을 보기 위해서 문 밖으로 나갔다. 왕은 아침 일찍 20킬로미터쯤 떨어진 조상들의 묘지를 참배하러 나갔다. 행렬은 정말 장대했다. 군사들과 악대, 양반들(귀족), 왕궁에서 시중을 드는 내시들, 각급 관리 및 고위층들이 왕을 수행했다. 행렬에는 몇 대의 대포가 있었고, 어떤 이들은 아름다운 의자에 앉거나 말을 타고 있었다. 깃발도 많이 있었는데 그중 어떤 것은 매우 아름다웠다. 이들은 아주 다양한 색깔의 옷을 입고 있었는데, 어떤 사람들은 순백색 옷을, 어떤 사람은 노란색이나 붉은색 옷을 입고 것이 마치 그림같이 아름다웠다.

　　왕과 왕세자는 말을 타고 있었고, 수행원들이 그림자처럼 따르고 있었다. 왕세자가 왕보다 훨씬 더 눈에 띄었다. 왕의 외모는 준수했으며, 서른여덟 살이나 마흔 살쯤 되어 보였다. 말 양측에서 걸어가면서 왕에게 부채를 부치는 수행원과 왕의 뒤에서 파라솔을 들고 가는 사람이 있었다. 왕세자 주위에도 시종들이 아름답게 장식이 된 파라솔을 머리 위로 받치고 있었다.

　　우리는 왕과 왕세자의 얼굴이 잘 보이는 곳에 서서 그들이 지나가는 것을 보았다. 이들이 지나가는 도로에는 사람들이 그야말로 인산인해를 이루었다. 사람들이 언덕과 계곡을 꽉 채우고 있는 광경은 정말 장관이었다. 그들의 옷은 우리가 입고 있는 어두운 색보다 훨씬 더 눈에 띄었다.

　　우리는 여자 스님들 무리 속에 있었다. 그들은 기이한 옷을 입고, 바짝 깎은 머리 위에 지푸라기로 만든 기다란 원뿔 모양의 모자를 쓰고 있었다.

　　우리 뒤에 있던 사람들은 내가 입은 옷을 만져보며 이에 대해 자기들끼리 소곤거렸다. 우리가 집으로 가려고 사람들 속을 헤치고 갈 때 우리 선생님은 사람들에게 밀지 말고 길을 내어달라고 부탁했다. 그러자 그들은 뒤로 물러서서 우리에게 길을 만들어주었다.

#1893.7.28. 소년 요리사들

홀 박사 부부는 부산에 가고, 아서와 버스티드 박사[16]와 나는 서울에 남아 있다. 홀 부인이 우리 요리사를 데리고 가면서 보위라는 소년을 집에 남겨두어 요리를 하도록 했다. 우리는 그가 요리를 상당히 잘 할 것이라 생각했지만 그렇지 않음을 곧 알게 됐다. 홀 부부가 떠난 다음날 그가 구운 빵과 비스킷은 아주 괜찮았다. 그러나 한번은 비스킷을 빵처럼 만들어버렸다. 그는 오븐 안을 들여다보다가 비스킷이 작은 빵 덩어리처럼 부푸는 것을 보고는 "아이고(한국의 감탄사)!" 하며 뒤로 물러났다.

다음날에는 케이크와 파이를 만들었는데, 둘 다 못 먹게 되어서 버려야 했다. 그가 만든 또 다른 케이크도 콘스타치 푸딩과 함께 버려야 했다. 그것들은 제법 잘 만들어졌지만 너무 지저분했다. 그는 요리사가 한글로 적어준 조리법도 갖고 있어 그대로 따라하기만 하면 됐는데도 말이다.

우리집에는 부엌일을 돕는 소년이 두 명 더 있었다. 어느 날 저녁 나는 친구 몇 명을 초대하면 좋겠다고 생각했다. 그래서 나는 여선교사 두 명과 남선교사 한 명에게 초대장을 보냈다. 나는 오랫동안 부엌에 있으면서 이 소년들이 요리를 잘할 수 있도록 가르쳤다. 한국인들은 아주 느리고 한 번에 한 가지 이상을 생각하지 않는다. 나는 손님들이 6시 반에 저녁식사를 해야 한다고 신신당부했다. 나는 준비를 손쉽게 하려고 일부는 통조림을 사용할 계획이었다. 메뉴는

토마토 스프
통조림 소고기, 신선한 옥수수와 감자, 통조림 완두콩
통조림 파인애플, 아이스크림, 견과류
레몬에이드

순으로 내오도록 시켰다. 손님들은 6시 반에 왔으나 우리는 7시가 넘어서야 저녁을 먹었다. 요리를 준비하는 소년들은 나에게 이것저것을 물으며 계속 뛰어다녔다.

그들이 처음 한 말은 버터가 없다는 것이었다. 나는 중국 상점에 가서 버터를 사오도록 시켰다. 그 다음은 빵이 "없어." 였다. 나는 빵을 사러 보냈지만 중국 상점에 마침 빵이 떨어지고 없었다. 우리는 크래커로 대신해야만 했다. 내가 부엌에 가보니까 아이스크림 준비하는 것을 까먹고 있었다. 나는 급히 얼음을 사러 보냈다. 내가 코코넛 파이 만드는 것을 도우려고 했지만 시간이 모자라서 코코넛 파이는 내지 못했다. 내가 이들에게 캔 두 개를 주었는데, 하나는 토마토 캔이고 다른 하나는 완두콩 캔인 줄 알았다. 그런데 사실은 둘 다 완두콩 캔이었다. 하지만 그들은 나한테 말하지도 않고 토마토 스프 대신 완두콩 스프를 만들어 왔다. 나는 그들에게 더 이상 가져오지 말라고 했다. 그들은 찬 혓바닥 고기를 잘디잘게 잘라놓았으며, 음식을 내오는 것도 너무 느렸다.

나는 일이 잘못될 때마다 억지로 웃음을 짓곤 했다. 테이블을 멋있게 장식하기 위해 벨의 결혼 선물인 유리 주전자와 잔들을 꺼내놓았다. 그들은 각 접시 옆에 유리잔들이 놓여 있는 것을 보았지만 물 잔을 또 놓아야 된다고 생각했고, 왜 그러지 말아야 하는지 도무지 이해하지 못했다. 초대된 한 여자 손님은 레모네이드를 좋아하지 않아서 대신 냉수를 달라고 했다. 하지만 그들은 말을 알아듣는 속도가 느려서, 우리는 그들이 하는 대로 내버려둘 수밖에 없었다. 아서가 뭔가를 찾으러 주방에 가서 보니 통에 들어 있는 버터가 모두 녹아 있었고 그들은 숟가락으로 뚝뚝 흐르는 버터를 뜨고 있었다.

여하튼 우리는 저녁식사를 무사히 마쳤고, 나는 매우 기뻤다. 손님들이 매우 좋은 사람들이었기 때문에, 여느 때라면 그러지 못했겠지만 그

다지 창피하지 않았다.

#1893.9.8. 떠나는 올링거 부부

오늘 아침 8시쯤 올링거 목사 부부와 그들의 아들 거시가 서울을 떠나 미국으로 갔다. 홀 박사와 맥길 박사[17], 버스티드 박사, 아서와 나는 이들을 배웅하러 갔다. 강변에 새로 만들어진 두 개의 무덤을 두고 그들이 떠난다는 상황이 이별을 너무나도 슬프게 했다. 가여운 올링거 부인. 그녀는 이제 좀처럼 웃지 않는다.[18]

오늘 아침은 연회의 마지막 날이다. 아서는 배재학당의 교무과장으로 선임됐고, 애오개 지역[19]의 선교사업 담임목사로 임명됐다. 헐버트 씨[20]가 올 때까지 당분간 아서는 잡지사[21]에도 전념해야 한다.

#1893.9.10. 애오개의 여인들

아서와 나는 애오개 문 근처에서 우리의 사역을 하도록 임명을 받은 후 처음으로 모임을 가졌다. 버스티드 박사가 우리와 함께 갔다. 약 100여 명의 남자들과 소년들이 왔다갔으며 항상 50명 이상이 있었다. 우리는 연선이를 시켜서 홀 박사의 풍금을 옮겨왔고 버스티드 박사가 연주를 했다. 우리 모두 한국말로 찬송가를 불렀다. 아서가 성경 구절을 읽었고 잠시 설교를 한 후 우리 선생님이 설교하고 기도했다.

그가 설교를 하는 동안에 나는 그 건물의 뒷문으로 물러나왔다. 그집은 평범한 한옥이었다. 그 집을 있는 그대로 묘사하자면 오두막이라고 해야 가장 잘 표현한 것일 게다. 나는 부엌으로 들어갔다. 부엌은 단순히 가려지기만 한 것이고 바닥은 맨 흙바닥 그대로였다.

나이든 여인 하나와 아이들이 몇 명 그곳에 있었다. 그들에게 말을 걸자 곧 네 명의 여인과 많은 아이들이 모여들어 귀를 기울였다. 그 나이든 여인은 자신이 보통사람들이 죽음을 맞이하는 나이를 오래전에 지났다고 말했고, 그곳에 있는 다른 여성들과 마찬가지로 무식하다고 했다. 이들은 글을 읽을 줄도 모르고 배울 수도 없었다. 그렇지만 나는 내가 할 수 있는 선에서 하늘에 계신 우리 아버지와 그 아들에 대해 그녀들에게 말해주고자 애썼다. 그들은 흥미를 좀 느끼는 것 같았고 나를 더 좋은 방으로 데려갔다. 나는 주일마다 그곳에 가서 거기 있는 누군가가 기독교인이 되지 않을까 지켜보려 한다.

1 8 9 3 . 1 0 . 1 0 . 코가 잘린 여인

여성병원에는 현재 부정을 저질렀다는 이유로 남편에게 코와 손가락을 잘린 한 여성이 입원해 있다. 메리 커틀러 박사[22]는 이 여성에게 코를 새로 만들어주기 위한 수술을 하려고 애쓰고 있다. 우리 선생님은 이러한 일이 흔히 벌어지는 정죄라고 말했다. 때때로 죽이기도 하지만, 죽이는 것이 어렵기 때문에 이렇게 큰 고통을 주거나 신체적 기형을 징벌로 준다는 것이다. 한국에는 진실한 남자가 거의 없다. 그들의 코와 손가락은 과연 누가 자를까?

1 8 9 3 . 1 1 . 1 1 . 왕실 행렬

우리는 오늘 왕실의 행렬을 보러 나갔다. 60년에 한 번씩 왕은 어떤 절에서 잠을 자야 하는데 이는 어떤 영웅을 기념하기 위한 것이란다. 이에 대해서 나는 잘 알지 못한다.

이번에는 한국 왕비와 궁궐의 다른 여성들이 궁궐에서 수년 만에 처음으로 나왔다. 이 행렬에는 왕과 왕비, 왕세자와 왕세자비가 수행원과 병사, 악대와 함께 있었다. 부인들은 여자 수행원과 무희들을 동반하고 있었다. 남자들은 내시들의 수행을 받았다. 왕과 왕자의 가마는 커다랗고 장식이 우아했으며 옆이 아름다운 털로 장식되어 있었다. 왕과 왕자를 먼 거리에서 볼 수 있었다. 이들이 외국인 거주자들 옆을 지난 것은 처음 있는 일이었다. 내 생각에 왕이 외국인들을 보고 싶어했던 것 같다. 왕은 지나가면서 우리 모두에게 인사를 했다. 남자들은 모두 왕실 인사들에게 모자를 벗어 들어올렸다.

왕비와 왕세자비 역시 여러 사내가 든 아름답고 커다란 가마를 타고 있었는데, 우리는 왕비와 왕세자비를 볼 수 없었다. 왕비와 왕세자비의 바로 옆에서 수행원들이 채색된 커다란 우산이 달린 말 위에 앉아 있었고, 무희들도 말 등에 타고 있었다. 그들은 머리 뒤에 올려진 아주 커다란 가발과 장식을 제외하고는 머리와 얼굴을 가리지 않았다. 이들은 밝고 아름다운 색깔의 옷을 입고 있었다. 전체 행렬이 나에게는 하나의 아름다운 구경거리였다.

#1893.11.30. 추수감사절

추수감사절이다. 우리는 멋진 시간을 보냈다. 아침에는 만찬 준비로 아주 바빴다. 11시에 외출하여 존스 목사가 설교하는 연합교회에 갔다. 데이비스 양이 우리집으로 와서 함께 점심식사를 했다. 오후 3시 30분에는 영국 성공회 교회를 방문했다. 우리는 그곳 수녀들로부터 사전에 초대를 받아서 예배 후에 그들을 만났다. 그들의 성 안드레아 축일이었다. 우리는 수녀들의 숙소에 가서 그들이 내온 차와 케이크를 먹었다. 그들의 옷은 가톨릭교회 수녀들의 복장과 비슷하다.

저녁 때 모든 미국인들이 알렌 박사_23가 머물고 있는 미국 영사의 임시 숙소에 갔다. 알렌 박사 부부는 음료와 오락 프로그램을 준비했고 우리는 아주 즐거운 시간을 보냈다.

#1893.12.25. 크리스마스 초대

가장 행복하고 즐거운 날이 다가왔다. 크리스마스를 즐겁게 보내기 위해 나는 상당히 노력했다. 우리는 아주 오랫동안 크리스마스를 계획하고 준비했다. 이번 달에는 내가 집안일 담당이라 홀 박사 부부와 버스티드 박사, 아서와 나를 포함한 우리 모두가 먹을 음식을 준비하는 일이 내게 맡겨졌다. 나는 플럼 푸딩 요리법을 구해서 며칠 전에 그것을 만들어 두었다가 오늘 따뜻하게 데워 맛있는 드레싱을 만들었다. 속을 채운 오리 고기와 호박 파이, 감자 등을 먹었다. 만찬을 모두가 함께 먹을 수는 없었지만 꽤 성공적이었다. 사람들이 무척 많이 왔는데, 남자들은 다른 크리스마스 행사로 일찍 외출을 해야 했다.

크리스마스는 큰 명절이므로 며칠 전에 나는 선생님에게 초대장을 써달라고 하여 이웃에 살고 있는 여성들을 오후에 우리집으로 초대했다. 근처에 있는 한국인 가정집들에 초대장을 보냈다. 모두 아홉 가구였는데 그중에는 부인이 한 명 이상인 집도 있었다. 일요일에 우리는 애오개에 갔다. 나는 그곳 여성들도 오후에 초대해서 즐거운 시간을 보낼 참이었다. 내가 초대한 것보다 더 많은 사람들이 나의 계획을 들었기 때문에 아마 그들도 올 것 같았다. 나는 아주 커다란 테이블을 중앙에 놓고 견과류와 오렌지, 케이크를 준비하여 이 여성들을 대접할 계획이었다. 우리는 홀 박사의 풍금과 나의 한국어 찬송가 책과 〈누가복음〉을 준비했다.

시계를 갖고 있는 한국 여성이 많지 않았기 때문에 이들은 언제 와야 할지를 잘 몰라서 약속 시간이 되기도 전에 왔다. 나는 사람들이 그렇게 빨리 올 줄 몰랐기 때문에, 서둘러 중앙 테이블에 다과를 차리고 이들을 대접할 준비를 했다. 내가 준비한 음식이 모두에게 돌아갈 만큼 충분한지 걱정스러울 정도로 사람들이 오고 또 왔다. 아이들을 제외하고 대략 50여 명의 여성이 왔다. 이들 대다수는 성스러운 크리스마스에 대해서 전혀 아는 게 없었고 예수님에 대해서 들어본 적이 없는 사람들이었다. 이들에게 이야기를 해줄 수 있는 얼마나 좋은 기회였던지!

내가 말할 때 그들은 조용히 열심히 들었다. 일부는 의자에 앉고 나머지는 바닥에 앉았다. 우리의 방은 이들을 모두 수용할 수 있을 만큼 넓었지만, 이들은 상자 속의 고등어처럼 방을 꽉 채웠다. 나는 예수님을 위해 이들의 마음을 사로잡고 싶었고 우리 외국인들이 그들을 사랑하고 있다는 것을 알려주고 싶었다. 내가 풍금 뒤에 서서 말할 때 그 여성들이 얼마나 내 얼굴을 주시했던가!

그때 홀 부인이 들어왔고, 나는 풍금을 치며 노래를 불렀다. 그들 대부분은 풍금 소리를 처음 들었고 이를 대단히 좋아했다. 홀 박사와 버스티드 박사가 가끔씩 들여다봤고 아서는 나를 도와 식탁을 차리고 먹을 것들을 가져오는 등의 일을 했다. 그러고 나서 나는 양들 주변의 빛과 천사의 노래에 관한 구설을 읽고 최선을 다해 실명했다. 그들은 이해하는 듯했다. 나는 하나님은 우리의 아버지이시며 그러므로 우리 서로는 형제라고 말했다. 홀 부인이 주기도문을 함께 외웠다. 우리는 다과를 나눠주었고, 그 가난한 여성들과 아이들이 이를 맛있게 먹는 것을 보니 너무나도 뿌듯했다. 씨앗이 땅에 떨어지기를 간구하며 우리 주님께서 이를 돌보실 것을 알고 있다. 나는 곧 이웃 사람들을 방문할 작정이며, 그들이 나를 자신의 집으로 기꺼이 맞이하리라 확신한다.

오후에 여성들이 좀더 왔고 우리가 매주 일요일에 모임을 갖는 애오개에서도 여성 4명이 왔다. 나는 홀 부인과 함께 늦은 저녁을 끝내고 나서 내 방으로 다시 돌아갔다. 나는 복음을 다시 이야기했고, 연주하고 노래도 하고, 기도하고 이야기도 하면서 다시 한 번 그들 모두가 일요일에 교회에 나오도록 권유했다. 그들이 모두 돌아갔을 때 나는 아주 지쳐 있었다. 아서와 나는 신선한 공기를 마시러 산책을 나갔다 왔다.

#1894.1.9. 우리 선생님의 생일 선물

스물두 해의 행복했던 삶은 어젯밤에 끝났다. 이제 나는 또 다른 해를 시작하고 있다. 내가 고향을 떠날 때 나는 어제처럼 내 생일이 이렇게 소중한 선물들로 기억되리라고는 생각하지 못했다. 아서는 나에게 여섯 폭짜리 아름다운 일본 병풍을 주었다. 하나하나에 아름다운 풍경이나 새, 꽃이 그려져 있었다. 비단에 새들이 많이 수놓아져 있었다.

우리 선생님은 몇 주 전 자기 부인이 살아 있을 때 내 생일을 물어보았다. 그래서 나는 그녀가 나에게 한국식 선물을 만들어주고 싶어한다고 짐작했다. 그녀는 아름다운 기독교인이었다. 12월 29일 그녀가 죽은 후 이 서방은 너무나도 슬프고 괴로워했다. 그녀는 태어난 지 한 달 정도 된 아주 작은 아기와 두 명의 어린 아들 곁을 떠났다.

아침에 이 서방은 두 아들과 하인 하나를 시켜서 나에게 생일 선물과 편지를 보냈다. 그는 부인은 죽어서 올 수 없으니 선물만이라도 받아달라고 했다. 그 자신은 슬픔에 차 있으면서도 나를 위해 축원과 함께 선물을 보낸 것이다. 선물상자에는 아름다운 [교회 장식용] 한국어 현수막 네 개가 들어 있었다. 두 개는 선홍색 바탕에 황금빛 한자로 성경 구절을 쓴 것이었다. 다른 두 개는 오렌지색 바탕에 검은 글자로 쓴 것이었다. 먹을 것을 여러 층으로 쌓아 담은 커다란 접시도 있었다. 첫번째 층에는 흰색의 작은 견과류들이, 둘째 층에는 호두, 셋째 층에는 오렌지가, 마지막에는 사탕이 올려져 있었다. 견과류는 흰 종이로 포장되어 있었고, 맨 위에는 중국식 혹은 일본식 조화가 놓여 있었다. 나는 그 선물을 받고 매우 놀랍고 기뻤다.

#1894.1.26. 천주교 신자 하녀

우리 집에는 천주교 신자를 자매로 둔 하녀 한 명이 있는데, 우리는 그녀도 천주교 신자가 아닐까 궁금했다. 우리는 그녀가 우리집에 처음 왔을 때 이름을 물어봤는데, 그녀는 단지 남자 아이의 엄마라며 그 아이의 이름을 알려 주었다(한국 여성들은 결혼하면 이름을 사용하지 않고 보통 첫째 아이의 이름으로 불린다. 어린 소녀 시절에는 단순히 어린 소녀를 뜻하는 말로 불린다). 우리집 하녀의 아들 이름은 좀 긴 편이어서, 우리는 그녀를 복모라고 불렀다. 복은 그 아이 이름의 일부이고, 모는 엄마를 뜻한다. 나중에 우리는 그녀가 성당에서 세례를 받았고 세례명이 있다는 사실을 알게 됐다. 하지만 나는 그 사실을 그녀에게 알리지 않았다.

하루는 글을 읽을 수 있는지 물어보았는데 그녀는 읽지 못한다고 했다. 그래서 나는 그녀에게 글을 가르치기 시작했지만, 그녀는 가나다조차 모른다고 했다. 하지만 내가 계속해서 묻자 그녀는 아주 어렸을 때 배웠지만 잊어버렸다고 했다. 하지만 오늘 나는 그녀가 글을 아주 잘 읽을 수 있다는 사실을 알게 됐다.

그녀가 우리에게 자신이 글을 읽을 수 있다는 사실을 숨긴 것은 자신에게 성경을 읽으라고 할까봐 그런 것 같다. 천주교에서는 그것을 금하고 있다. 그러나 나는 그녀에게 나와 함께 예배를 보러 가자고 권할 생각이다. 나는 그녀가 기독교인이 되어 우리 교회에 들어오기를 바란다. 그녀는 아주 착하고 일도 매우 잘한다. 한국인들의 말에 의하면, 한국에서 천주교에 한번 합류한 사람이 탈퇴했다는 소리를 들어본 적이 없단다. 다른 나라와 마찬가지로 이곳에서도 천주교는 불쌍한 이교도들을 성결한 생활로 인도하지 않고 있다. 내 생각에 우리의 복모는 이미 우리와 그들의 차이를 알고 있는 것 같다.

#1894 . 3 . 2 . 보쌈당할 뻔한 실비아

실비아는 내가 지금부터 이야기하려는 한 한국 여성의 세례명이다. 어렸을 때 그녀는 서울에서 수 킬로미터 떨어진 시골에서 자랐다. 그녀가 열다섯 살이 됐을 때, 스물한 살의 한 젊은 남성이 서울에서 그곳으로 내려왔다. 그들의 부모들은 매파를 통해서 이 젊은이들을 결혼시키려 했다. 서로에게, 하늘과 땅에 그리고 거위에 절을 하는 관습에 따라 그들은 혼례를 올렸다. 그 전날까지도 그들은 서로를 볼 수 없었다.

노 씨는 이 젊은 신부를 서울에 데려가 살았다. 한국의 젊은 여성이 결혼을 하면 그녀의 이름은 없어지고, 사람들이 그녀를 부르려면 그 남편의 아내라고 해야 한다. 애가 생기면 그 애의 이름을 붙여 아무개 엄마라 부른다.

서울에 사는 동안 노 씨 부부는 감리교회 소속 기독교인이 됐고, 13년 동안 이름이 없었던 노 씨 부인은 실비아라는 세례명을 갖게 됐다. 이제 기독교인들 사이에서 그녀는 이 이름으로 불린다. 이들 부부에게는 딸아이가 하나 있었는데 일곱 살 때 감리교 선교학교에 들어갔다. 하지만 어느 날 학교 난롯가 너무 가까이에서 놀다가 옷에 불이 붙는 바람에 불에 타 죽고 말았다. 그 아이가 죽은 지 얼마 안 되어 그들은 다시 서울에서 하루 거리에 있는 시골로 내려갔다.

한국의 시골에는 야만적인 관습이 만연해 있다. 남편이 부인을 남겨놓고 죽으면 이웃의 홀아비나 총각들은 마음대로 그녀를 취하여 자신의 집으로 데려가 부인이나 첩으로 삼을 수 있다. 한국에서 결혼 비용은 가난한 사람들에게 만만치 않기 때문에 시골에 사는 일부 남자들은 결혼을 하지 않고 그런 과부를 취할 때까지 기다리기도 한다. 가난한 여성들은 이러한 야만적 관습에 속수무책이다.

하루는 노 씨가 한 친구로부터 저녁 초대를 받았다. 음식에 독이 들어 있었는지는 확실치 않지만, 노 씨는 집에 오자마자 매우 아팠고 무슨 수를 써도 소용이 없었다. 그들은 서울에서 지방 설교를 맡고 있는 그의 동생을 찾아 서양 약을 구해 내려오라고 전갈을 보냈다. 그러나 약이 너무 늦게 도착하는 바람에 동생이 내려온 바로 그날 노 씨는 죽고 말았다. 노 씨가 죽자 다음날 서른 명의 남자들이 한 총각을 위해 과부가 된 실비아를 잡으러 왔다.

지방 전도사인 동생은 그 사내들과 이야기를 해보려고 나섰다. 그는 이것은 나쁜 관습이며 실비아는 기독교인으로서 그들을 따라가기를 거절했다고 전했다. 그는 사람들이 더 선한 삶을 살도록 전도하고자 했으나 소용이 없었다. 그들은 보상을 원했다.

다행히도 노 서방은 그런 순간을 대비해서 서울에게 준비해간 외국산 권총으로 남자들을 위협했다. 한국 사람들은 외국인들의 권력을 두려워하고, 농촌 사람들은 서울 사람들을 두려워한다. 하지만 권총이 두려워 달아났던 남자들은 인원을 늘려서 다시 돌아왔다. 노 서방과 실비아는 야밤을 타서 서울로 올라왔다. 실비아는 시동생을 매우 고맙게 생각한다. 그녀는 현재 우리집에 고용되어 있으며, 이교도들의 잔인한 관습으로부터 안전하다.

#1894.5.26. 불공드리는 사람들

해리스 양[24]과 버스티드 박사 그리고 아서와 나는 서울 북문 외곽에 불상이 있는 곳으로 소풍을 다녀왔다. 해리스 양과 나는 가마를 탔고 아서와 버스티드 박사는 걸어서 갔다. 점심은 싸 가지고 갔다. 오랜만의 원행길이라 즐거웠다. 불상은 바위를 깎아 만들었는데, 흰 칠이 되어 있었다. 높이는 6미터 정도로, 동양 불상의 전형적인 모습을 하고 있었다. 하나의 예술 작품이자 멋진 동양 미술품이었다.

마침 우리가 도착했을 때 사람들이 불상 앞에서 불공을 드리고 있었다. 승려는 돗자리와 작고 낮은 걸상을 들고 자신의 거처에서 아래로 내려왔다. 여성 두 사람과 사내아이 하나가 승려의 뒤를 따랐다. 이들은 쌀이 담긴 그릇을 가지고 왔는데, 승려는 불상 앞에 돗자리를 깔고 그 위에 작은 상을 놓은 뒤 상 위에 쌀그릇을 올렸다. 승려는 바닥에 앉더니 목탁을 두드리며 뭐라고 중얼거렸다. 이어서 두 여성이 돗자리 위로 올라와 불상 앞에다 여러 차례 절을 했고, 승려는 계속 목탁을 두드리며 중얼거렸다. 한 여성은 서른네 차례 절을 했고, 다른 여성은 서른 차례 절을 했다. 절을 많이 할수록 불심이 깊음을 보여주는 것이라고 한다. 여성들이 절을 마치자 이번에는 사내아이가 스무 차례 절을 했다.

불상의 뒤에 글자가 새겨진 비석이 세워져 있었는데, 불상 앞에서 절을 마친 이들은 비석 위에 쌀을 올려놓고 또 다시 절을 했다. 이들은 절을 한 번 할 때마다 다시 똑바로 선 뒤 양손을 앞으로 모아 몸에서 약간 기울어지게 하고는 손을 이마 앞으로 올리고 몸을 천천히 숙여 이마가 바닥에 닿고 손이 이마 앞으로 놓이게 절을 했다.

사람들이 우상 숭배를 하는 모습을 실제로 본 것은 이번이 처음이었다.

#1894.6.30. 청일전쟁의 기운

우리의 결혼 2주년 기념일이다. 날은 더웠다. 아서의 부축을 받아 식당으로 나와 저녁을 먹었다. 6월 14일에 우리 아기 루스가 태어난 뒤 처음으로 식당에 나왔다.

우리는 조용하고 즐거운 날들을 보내고 있지만, 주변 사람들은 전쟁이 임박했다며 몹시 두려워하고들 있다. 일본인들이 제물포에 포함들을 여러 척 정박시켰고 한국 땅 여러 군데에 많은 수의 군인들을 배치시켰다. 중국 군인들도 곧 한국에 들어올 것이라고 하는데, 일본은 중국에 200만 달러의 돈을 요구하는 한편 한국에 대한 권리도 포기할 것을 종용하고 있다고 한다. 이곳에 과연 전쟁이 일어날지, 또한 다른 나라들이 전쟁에 참여할지는 두고 볼 일이다. 러시아는 한국 땅에 부두를 확보하고 싶어한다.

아서는 전쟁이 일어나서 쌀값이 오를 때 우리에게 의지하고 있는 사람들에게 저렴하게 공급하기 위해 쌀 다섯 가마를 사두었다.

#1894.7.3. 딸이 더 좋다

몸은 한결 나아졌다. 다시 거실로 나와 봤다. 오늘 아침 한국 여성 박 애니가 아기와 나를 보러왔다. 한국 사람들은 다들 미국 아기들이 아주 크다고들 한다. 박 애니도 아기가 어쩜 저리도 크냐고 했다. 그녀는 내게 남편이 아기를 좋아하느냐고 묻더니, 다시 내게 아들이 더 좋은지 아니면 딸이 더 좋은지를 물었다. 나는 남자 아기 또한 좋아하지만 딸이 더 좋다고 말했다. 한국 사람들은 보통 아들을 더 좋아하기 때문에, 그녀는 어째서 미국인들은 딸을 더 좋아하는지 의아해했다. 한국 사람들은 우리

아기가 아주 예쁘다고 생각하는 것 같다.

　아서는 우리가 시골로 가게 될 때를 대비하여 커다란 천막을 만들어놓게 했지만, 언제 전쟁이 일어날지 들썩이고 있어서 서울을 떠날 수 있을지는 모르겠다. 전쟁이 일어날지 일어나지 않을지 우리로서는 알 수가 없다.

#1894.7.23. 일본군의 궁궐 습격

　총소리에 잠이 깼다.[25] 아서는 창가에 선 채 밖에서 나는 소리에 귀를 기울였다. 일본인들이 궁궐을 손에 넣기 위해 싸웠고 그 와중에 10명이 죽고 여러 사람이 부상을 당했지만, 결국 일본인들의 손에 궁궐이 넘어갔다고 한다. 중국 사람 하나가 떨면서 우리 부엌으로 들어와 소동이 가라앉을 때까지 숨어 있었다. 중국 군인들은 아직 서울에 도착하지 못했지만, 얼마 전 수천 명이 평양에 다다랐다고 한다. 우리는 아직까지는 집안에서 안전하게 지내고 있지만, 전쟁이 정말로 일어나면 폭도가 생겨날 수 있다. 만약 그렇게 될 경우에는 목사님이 우리를 군인들이 지키는 공사관으로 부를 것이다. 만약의 경우에 대비하여 나는 아기와 우리의 옷가지들을 여행가방 안에 챙겨넣고 있다. 〔제물포에 정박 중인 미국의 군함〕 볼트모어 호 관리들의 행동에는 문제가 많다. 전에 〔미국 공사 존 M.〕 실 씨가 그들을 불렀지만 그들은 오지 않은 채 제물포에서 계속 머무르고 있다. 그들은 떠나고만 싶어하는 것 같다. 그들은 한국이 싫은 것이다. 하지만 미국 시민들을 보호하는 것이 그들의 의무 아니던가.

　일본인들이 전신을 끊어버렸다. 우리는 메이가 보내준 국기 두 개를 내걸었다. 한 개는 우리집에 걸고, 한 개는 상동병원에 걸었다(메이, 이것이 보호용으로 쓰이게 될 줄 너도 몰랐지?). 오후 들어서 총소리가 더 자주

들리고 있다. 한국의 병기고와 병영이 일본의 손에 넘어갔다는 사실을 나중에 알았다.

하녀는 아들들을 데리고 시골로 내려가겠다고 한다. 많은 한국 사람들이 서울을 떠나고 있고, 중국 사람들은 모두 잠적하거나 고국으로 돌아가고 있다. 저녁에 밖에 나가보니 일본 군인들이 거리와 주요 관문들을 순찰하고 있었다. 우리 병원에는 부상당한 한국 군인들이 여덟 명 있다.

#1894.7.25. 화폐주조소 습격

우리집에서 멀리 떨어지지 않은 곳에 있는 높은 건물인 옛 화폐주조소에 지난 밤 100여 명의 한국 군인들이 들이닥쳤다고 한다. 야음을 틈타 도둑질을 하기 위한 것으로밖에 짐작되지 않아서, 우리 선교단의 남자 네 사람이 교대로 지난밤에 구내를 순찰했다.

#1894.9.11. 일본으로 피신

일본 고베에 와 있다. 8월 28일에 집에서 나와 30일까지 제물포에서 머물렀고, 9월 6일에 고베에 도착했다. 힘든 여행이었다.

#1894.10.17. 골칫거리 하인들

이곳에서 우리의 큰 골칫거리는 하인들이다. 병도 많고 이도 많고 태도들도 너무 한심하다. 우리집 아줌마 하녀와 일하는 소년들 몸에 커다란 이들이 있다는 사실을 며칠 전에 알게 되어, 이를 없애지 않으면 이 집에서 머무를 수 없다고 얘기해주었다. 새로 사람이 들어온들 마찬가지일 것이기에 이 사람들을 내보낼 필요는 없다고 생각했지만, 오늘 이들이 매독에 걸려 있다는 사실을 알게 됐으므로 이제 이들은 나가야만 한다. 이들이 우리집에 있는 동안 내가 얼마나 속을 썩었던가. 아줌마는 아기도 거의 돌보아주지 않았다. 이렇게 되어 차라리 잘됐다. 아서는 너무나 많은 사람들이 이렇게 속이니, 사람들을 불신하게 되는 거라고 말했다.

#1894.11.21. 홀 박사, 몸져눕다

월리엄 제임스 홀 박사가 발진티푸스에 걸렸다. 몹시 걱정된다. 홀 박사는 매장되지 못한 중국인들의 시체들이 널브러져 있던 평양에서 너무 과로한데다가 시골까지 무리하게 오가면서 병에 걸리게 된 것이다. 홀 박사와 마펫 씨(말라리아에 걸렸다가 회복되고 있는 중이다), 테이트 씨는 두 주일 전쯤에 평양을 떠나 기선을 타고 제물포에 내려서 다시 배를 타고 이곳까지 오던 중 배가 모래에 끼는 바람에 이곳에 도착하기까지 며칠이 걸렸다. 너무 시달린 끝에 홀 박사의 상태는 더욱 안 좋아졌고, 결국 병상에 누워 지금까지 심하게 앓고 있다.

#1894.11.26. 홀 박사의 죽음

홀 박사가 11월 24일 토요일 저녁 6시 15분에 영면했다. 그는 이른 아침부터 위중한 상태였고 점점 더 심각해져 갔다. 아직 그가 간신히 입을 뗄 수 있었을 때 그는 아서에게 자신은 살 수 없을 거라고 더듬더듬 말하고는 "어린 양의 피로 닦인 문을 열고 들어가겠네."라고 말했다. 그는 발진티푸스에 걸려 있었기 때문에 전염의 우려가 있어서 그를 보는 것은 허용되지 않았다. 시신은 어제 매장됐다. 이곳에 사는 외국인들 다수와 많은 한국인들이 강가까지 따라왔고 그곳에서 아서의 인도로 장례 예배가 치러졌다. 스크랜턴 박사가 기도를 했다. 이번 주에 추모 예배가 있을 예정이며, 아서가 인도하기로 했다. 아서와 홀 부인, 버스티드 박사는 간병과 장례를 치르느라 지칠 대로 지쳐 있다.

강변에는 현재 여덟 개의 무덤이 있다. 여섯 개는 지난 1년 반 사이에 생긴 것이다.

#1894.12.26. 크리스마스 이야기

크리스마스 때 남은 팝콘과 사탕을 먹고 있다. 우리는 한국인들에게 좋은 시간을 선사하기 위해 노력하며 크리스마스를 보냈다. 크리스마스이브에는 내가 초대한 이웃의 한국 여성 12명이 왔다. 우리는 그들과 즐거운 시간을 가졌다. 식탁에는 우리가 차린 맛있는 것들이 가득 올라왔다. 우리집 요리사와 아서도 그들과 이야기를 나누었고, 그들은 모두 다시 오겠다고 했다.

이곳에 배치되어 있는 미국 군인들을 위해 나는 케이크를 만들고 아서는 팝콘을 튀겼다. 감리교단과 장로교단 여성들은 군인들에게 선물을 보냈다. 매일 밤 군인들은 우리 구역을 순찰하며 야경을 선다.

크리스마스 아침에 한국인 손님들이 몇 명 찾아왔다. 우리는 그들을 대접하고 주일학교 학생들에게 보낼 선물을 준비했다. 저녁을 먹은 뒤 사탕과자를 가지고 가서 사람들에게 이야기를 들려주었다. 아서는 그의 방에서 남자들 몇 명과, 나는 내 방에서 여자 아홉 명, 소년 열 명과 함께 이야기를 나누었고, 아이들도 여러 명 왔다. 우리는 이들이 이전에 한 번도 들어본 적이 없는 크리스마스 이야기를 들려주었다. 크나큰 기쁨이 우리들의 마음을 채웠다.

내가 '어머니' '아버지' '자매'를 한국말로 하자, 한 여성이 미국 사람들도 자신들과 똑같은 말을 쓴다며 신기해했다. 대부분의 사람들은 내가 하는 얘기를 모두 알아들었고, 수긍하고 질문도 던졌다. 내 옆에 앉아 있던 한 소년은 앞으로 열심히 공부하여 전부 다 배우겠노라고 말했다. 한나[구약성서에 나오는 사무엘 선지자의 어머니]처럼 아이를 간절히 원하는 한 여성은 내가 그녀에게 도움을 줄 수 있는지를 묻는 듯 보였다. 예배를 마친 뒤 사람들은 나의 옷과 손을 만졌다. 한 소년은 미국에도 자신들과 같은 아이들이 있는지 그리고 그들도 노는지를 물어보았다. 내가 그렇다고 대답하고, 미국 아이들도 한국 아이들을 사랑하며 한국 아이들이 예수님에 대해 들어보지 못한 것을 매우 안타까워하고 있다고 말하자 좋아하는 것 같았다.

크리스마스 아침에는 우리집 하인들도 모아놓고 그리스도의 탄생에 대해 읽어주고 선물도 나눠주었다. 저녁에는 우리의 선생님인 이 씨 부부를 오게 하여 거위 요리를 대접했다. 나는 아서에게서 예쁜 찻주전자를, 고국으로부터는 비단 조끼와 카드를 받았다. 아서는 내게서 슬리퍼를, 고국으로부터는 손수건을 받았다. 루스는 조그마한 장난감 여러 개와 인형 한 개를 받았다.

#1895.1.11. 박해받는 개종자들

지난밤 한 선교사로부터 감리교로 개종한 사람이 박해를 받은 이야기를 들었다. 그는 강화도에서 존스 씨에 의해 신자가 된 사람이었는데, 아버지가 돌아가시자 기독교식으로 매장을 하려 했다. 그러나 기독교를 믿지 않는 친척이 무덤까지 쫓아와서는 그에게 아버지의 시신을 다시 꺼내게 하고는 이교도식으로 매장하게 하기 위해 시신을 등에 짊어지고 집으로 오게 했다는 것이다.

동대문 밖에서는 기독교도들이 감시당하고 손가락질과 박해를 받고 있다. 이 나라는 우리가 의식할 수 있는 정도 이상으로 깊은 암흑에 싸여 있다.

#1895.2.23. 감리교 선교 10주년

우리집 침모는 열여섯 살 때부터 지금까지 아이들 넷을 잃었다. 그녀는 가족이 이렇게 계속 병이 드는 것이 걱정이 되어 그 까닭을 알아보기 위해 무당을 찾아갔다. 무당은 그녀가 집의 귀신들에게 충분히 공을 들이지 않아서 식구들이 아픈 것이라고 말했다. 그녀는 장님 남자 무당에게도 찾아가서 죽은 아이들을 위해 많은 돈을 썼다고 한다. 한편 우리집 요리사의 어머니는 집의 귀신들에게 바치기 위해 좋은 방 한 개를 천을 비롯한 이런저런 물건들로 채워놓았다고 한다.

선교 활동과는 전혀 무관한 교육기관이었던 관립학교〔육영공원〕에 처음으로 초빙되어 왔던 외국인 교사들은 이 땅에 복음을 처음으로 전한 종들이었다. 교재에는 하나님의 이름이 자주 등장했다. 그러자 영어를 알고 있던 몇몇 한국인들이 책을 가져가서 하나님이 등장하는 부분마다 선을 그어 지우고 읽지 못하게 했다. 그것이 불과 10여 년 전의 일로, 감리교와 장로교가 전파되어 나가기 시작한 것도 그 무렵이었다. 이제 감리교는 한국 땅에서 10주년을 맞이하고 있다. 몇 년 사이 하나님이라는 이름은 이의 없이 읽혀지고 있고, 최근 5년간 영어를 알아들을 수 있게 된 학생들이 헐버트 목사의 설교를 듣기 위해 외국인 예배에 찾아오고 있다. 며칠 전에는 학교의 책임을 맡고 있는 우리 선교사들과 한국정부 사이에 계약이 맺어져서, 200여 명의 학생들이 영어를 배우기 위해 우리 감리교 미션스쿨에 다니게 됐다. 학생들은 학교의 교칙에 따를 것을 약속했고, 매일 복음성가와 기도를 들어야 한다는 것을 알고 있다.

[한국 지역을 책임지고 있는 감리교의] 나인드 감독관이 연례회의를 마치고 서울을 떠나 제물포로 갔다. 그런데 우리 교회의 수장 중 한 사람인 이 노학자에 대해 알게 된 국왕이 그를 만나 종교에 대한 이야기를 나누기를 희망하자, 다시 서울로 와서 국왕을 알현하라는 전갈을 재빨리 제물포로 보냈다. 그리하여 나인드 감독관과 두 아들은 썰렁한 가마를 타고 45킬로미터를 되돌아왔다. 한국의 왕이 예수 교리를 못마땅해 하지 않는다는 사실을 한국인들이 알게 된다면 우리의 일에도 많은 도움이 될 것이다.

#1895.4.25. 정양 휴가를 떠나다

어제도 목요일, 오늘도 목요일이다. 이번 주는 8일이나 되지만, 태평양을 건너는 즐거운 항해를 하고 있기에 그리 길게 느껴지지 않는다. 지난 며칠간 바다도 평온했다. 우리의 배는 커다란 파도의 굽이침에 맞추어 요령 있게 흔들리고 있다. 태양이 바다 위로 밝게 빛나는 모습은 얇은 비단 같다. 그러다가 파도가 높아지며 폭풍우가 일면 기선은 거품 이는 큰 물결을 헤쳐 나아가고 배의 양옆에서는 파도가 세차게 부닥치고 거품이 일고 철썩거린다.

내가 왜 지금 대양을 건너가고 있는지 궁금할 것이다. 의사들이 한결같이 말하기를 내가 한국 땅에 1년이나 2년쯤 더 있게 되면 폐병을 앓게 될 테지만, 지금 고향으로 돌아가서 정양을 하면 완전히 치유가 되어 소중한 우리의 일로 복귀할 수 있을 거라고 권고했기 때문이다. 이렇게 빨리 떠나게 된 것에 대해 우리가 깊은 유감을 느끼고 있음은 말로 표현

할 수 없지만 우리는 언제나 우리 주 예수 그리스도의 뜻을 따르고 있다. 그분은 우리를 안전하게 인도해주실 것이고, 그분의 마음에 드신다면 우리를 안전하게 복귀시켜주실 것이다.

작년 가을 일본에서 돌아올 때 몸이 약해진 상태에서 걸렸던 감기로 인해 폐가 안 좋아졌고, 목이 쉰 상태가 다섯 달이나 이어져서 아기에게 자장가도 불러주지 못할 정도였다. 가슴에도 통증이 있어서 계속 의사의 진찰을 받아왔다. 2월 1일경, 커틀러 박사와 언더우드, 스크랜턴, 에비슨 박사가 나를 진찰한 결과, 내 건강에 문제가 있다는 이야기를 듣게 됐고, 집으로 돌아가는 것이 낫지 않을까 하는 생각을 그때 처음 하게 됐다. 그러나 날이 추울 때 길을 나서는 것은 좋지 않다는 것이 의사들의 견해였고, 커틀러 박사는 한 달간 더 기다려봤다가 차도가 없으면 떠나는 것이 좋겠다고 했다. 우리는 중간에 호놀룰루에 들렀다가 캘리포니아에 도착하는 남방 항로로 집으로 돌아가고 있다. 나의 상태는 비교적 좋다. 아서는 옆구리에 통증이 있는데, 류머티즘이 아닌지 모르겠다.

제2권

1896~1905

피난을 떠나는 사람들

#1896.8.18. 다시 서울에 오다

18일에 제물포에 도착하여 다음날 아침 한강을 통해 서울로 가는 배에 탔다. 이곳에는 19일 1시경에 도착해서 우선 벙커 씨의 집으로 갔다. 내일 스크랜턴 박사의 집으로 가서 향후 계획이 확정될 때까지 머무를 예정이다.

#1896.10.20. 평양 도착

9월 5일에 폴월 박사[1]와 한국인 하인들과 함께 서울을 떠났다. 아서가 마펫 씨의 구역에서 우리가 석 달간 지낼 임시 거처를 마련하여 우리에게 오라고 전보를 보내왔다. 우리는 제물포에서 지저분한 기선을 타고 힘들게 평양에 도착했다. 기선에서 내린 뒤 다시 두 시간이 넘게 작은 배를 탔다.

평양을 다스리는 행정관과 친밀한 관계를 다져가고 있다. 그는 폐병을 앓고 있는데, 우리에게 미국 빵과 버터를 보내달라고 청해 와서 우리가 빵을 굽게 되면 그에게 보내주기로 했다. 그가 우리에게 암소 한 마리와 염소를 보내주어 이제 우유를 실컷 마실 수 있게 될 것이다. 그는 암소가 더 이상 젖이 나오지 않게 되면 자신에게 돌려보내 달라고 했다. 또한 그는 폴월 박사와 아서를 오라고 하여 자신의 하인들에게 젖 짜는 법을 가르쳐달라고 했다.

#1896.11.8. 평양의 새집

3일에 우리는 정문〔평양성의 정문인 대동문을 말함〕 안쪽에 있는 새집으로 이사를 왔다. 장로회 구역의 우리가 살았던 곳에서 800미터쯤 떨어진 곳이다.

이곳에 온 직후 루스가 설사로 고생했고, 이어서 나도 그랬다. 아서도 처음 이곳에 왔을 때 그랬고 이래저래 앓았으며, 다른 남자 분들도 처음에는 다들 설사로 고생했다고 한다. 이곳의 날씨는 서울보다 훨씬 더 좋다.

1896년 남편 아서 노블이 쓴 편지

교인들이 호주머니를 털어 자신들의 손으로 교회당-2을 세웠습니다. 교회당은 150명 정도를 수용할 수 있는 규모로, 크지는 않았지만 그때로서는 그 정도로도 그럭저럭 족했습니다. 교인들은 우리 부부를 아주 따뜻하게 맞아주었고, '평양의 영웅' 인 김 선생〔김창식〕-3은 그가 느끼는 기쁨을 숨기지 않았습니다. 김 선생이 아니었더라면 우리의 노력은 이곳에서 오래 전에 수포로 돌아가 버렸겠지만, 전쟁과 전후의 어수선한 상황 속에서도 그는 자신의 자리에 충실히 서 있었고 우리 교단은 매일매일 탄탄하게 성장해갔습니다.

우리는 이곳으로 파송되기를 간절히 소망해왔습니다. 물론 많은 어려움들이 있었습니다. 일단 이곳에서는 우리가 살 만한 집이 없었습니다. 저는 지난 8월에 서울에서 이곳으로 왔습니다. 아내와 두 아이는 그로부터 일주일 뒤에 왔습니다. 장로교단 사람들은 친절하게도 우리에게 겨울 동안에 임시로 지낼 거처를 제공해주었습니다. 감독의 말에 따라 회계 담당자는 우리에게 집을 임대하는 비용으로 300달러를 주었지만 우리가 빌릴 수 있는 집은 당연히 없었기에, 저는 우리 돈 150달러로 집을 지을 땅을 사서, 300달러로 집을 지었습니다. 지금 우리 가족은 편안히 정착을 했습니다만 가구까지는 아직 갖추지 못했습니다.

이곳에 와서 얼마 있어 보니, 교회당이 집회를 갖기에는 작다는 것을 알게 됐습니다. 교인들은 이번에도 지체 없이 팔을 걷어붙였고 그렇게 해서 지어진 부속 건물은 거의 본 교회당 크기만 했습니다. 외국인들로부터도 약간의 도움을 받았습니다. 얼마 전에는 도배를 마쳤고, 이제 우리는 현재 우리에게 필요한 좋은 건물을 갖게 됐습니다. 이곳의 우리 교회는 자조(自助)의 문제를 해결했다는 생각이 듭니다. 이들은 모두 가난한 사람들이지만 이들이 해낸 일들은 참으로 놀랍습니다. 물론 이는 영적인 삶을 증거하는 것이겠지요. 김 선생은 진실하며, 우리 모두에게 감화를 주고 있습니다.

우리 가족이 서울을 떠나기 전 어린 아들이 설사병에 걸렸습니다. 평양까지 오는 길에 우리 모두는 설사로 고생하다가 나아졌으나 아들은 나아지지 않았습니다. 두 달 사이 아들은 점점 더 야위어갔고, 우리가 새로 지은 집에 들어간 지 이틀째 되던 날, 어린 아들은 우리 곁을 떠났습니다. 아이 엄마는 아이가 죽어갈 때 아이를 품에 안고 있었습니다. 자식을 묻는 것이 얼마나 힘든지 아실 겁니다.—4

지금은 이곳에 우리 가족만 있습니다. 장로교단 선교사들은 연례회의에 참석하기 위해 다들 서울에 갔습니다. 폴월 박사가 우리와 함께 지내면서 벗이 되어주고 있습니다.

#1896.11.27 · 평양 최초의 여학교

어제는 평양에 최초의 여학교[이후 정의여학교로 발전하게 된다]가 세워진 날로 기억되어야 할 것이다. 아홉 명의 여성이 모아졌는데(그밖에 어린 소녀들도 몇 명 있다), 두 사람은 사범 과정을 공부할 것이고 나머지 사람들은 성경을 읽을 수 있도록 글 읽는 법을 배우게 될 것이다. 우리는 이곳에서 여성들을 대상으로 큰 성과를 기대하고 있다.

아침에 진지해 보이는 한 여성이 찾아왔는데, 내가 글 읽기를 배우고자 하는 사람은 오후 말고 오전에 오라고 얘기한 것으로 들은 모양이다. 그래서 나는 그녀와 내 방에서 예수님에 대해 이야기를 나누자고 했다. 예배 때마다 참석하는 이 여성은 대단히 진지하고 착실한 얼굴을 하고 있다. 그녀의 커다란 갈색 눈에는 갈망과 추구의 바람이 담겨 있다. 그녀는 내게 자신과 남편이 어떻게 기도를 하는지에 대해 털어놓았는데, 기도를 제대로 하는 방법을 모르기 때문에 집에서 동서남북을 돌며 절을 하면서 하나님께 기도를 하고, 자신들의 마음속에 성령이 들어오게 해달라고 청한다고 했다. 그녀는 내게 자신이 기도하는 방법을 보여주기 위해 앉은 자세에서 몸을 일으켜 손을 합장하고 절을 하는 시범을 보였다.

그녀의 남편은 오랫동안 병을 앓았는데, 건강하게 해달라고 기도했더니 정말 남편의 몸 상태가 나아졌단다. 그녀는 위대하신 하나님, '우리 아버지' (한국인들에게는 새로운 사상이다)가 자신의 기도를 듣고 응답해주신 것을 무척 기뻐했다. 나는 그녀에게 우리 아버지 하나님을 진정으로 찾는 이들에게 그분이 얼마나 너그러우시고 사랑을 기울이시는지를 말해주었다.

일요일에 한 남자가 아침 예배에 참석하기 위해 25킬로미터를 걸어왔다는데, 당일로 돌아가야 한단다. 주중에는 또 한 남자가 8킬로미터 떨어진 곳에서 저녁 기도회에 찾아왔다.

#1896.11.29. 달걀 선물

먼젓번에 왔던 여성이 오늘은 달걀 열 개를 내게 갖다 줬다. 내가 그녀를 찾아갔을 때 제대로 대접을 못하여 부끄러웠다며 내게 달걀을 가져다 준 것이다. 한국인들은 으레 이렇다. 나는 그녀와 이야기를 나누고 함께 노래를 불렀다. 그녀는 나를 처다보며 자신이 찬송가 [184장] 〈나의 죄를 씻기는〉을 외우게 된다면 자신이 좀더 나아지느냐고 물었다. 그녀는 글을 읽을 줄 모르는 것을 무척 안타까워했고, 나를 몇 차례 찾아와 찬송가를 한 줄씩 배우고 있다.

#1897.1.2. 크리스마스 예배

크리스마스와 새해가 지났다. 크리스마스이브에는 여자들을 우리 집에 초대했는데, 서른 명 가량의 여성들과 그들의 아기 몇 명이 왔다. 우리는 기도를 드리고 크리스마스에 관한 노래를 부르고 이야기를 나누었다. 나는 케이크와 사탕, 밤을 대접했다.

크리스마스 아침에는 예배당에서 예배를 드렸다. 한국인들은 트리를 장식하지 않고 아랫부분에만 이런저런 것들을 매달았다. 두 개의 방은 사람들로 만원을 이루었으며, 바닥에 앉거나 뒤에 서 있는 사람도 많았다. 우리의 조그만 예배당에 무려 200여 명이나 모였다.

아서가 크리스마스 인사말을 하고, 김창식 씨의 부인이 이야기를 하고, 이어서 선물을 나누어주었다. 그때까지 사람들은 질서를 비교적 잘 유지했다. 이들도 즐거워하는 것 같았다. 아서는 이제 한국어를 자유롭게 구사하게 된 것 같다.

아서와 나는 멋진 저녁식사를 차려서 즐거운 시간을 보냈다. 아서는 꿩을 두 마리 구웠고, 나는 나머지 음식들을 만들었다. 모처럼만에 휘핑크림도 먹었다.

새해 첫날 저녁 만찬은 웰스 씨 집에서 먹었다. 웰스 씨 가족들은 우리가 루스도 데리고 올 것으로 기대했지만 우리는 루스를 데려가지 않았다. 웰스 박사는 신년 만찬을 위한 시를 몇 개 썼다. 루스를 위해 쓴 시도 한 편 있었는데, 그것은 그 아이의 일기장에 보관해두려고 한다. 루스는 내가 읽어주는 부분을 동작을 곁들여가며 아주 그럴싸하게 낭송을 한다.

한국 사람들은 아이가 대여섯 살 될 때까지 등에 업고 다닌다. 이들은 루스가 나이보다 무척 앞서 있다며 신기해한다.

지난밤에 다섯 살 난 사내아이가 엄마와 함께 교회에 왔다. 아이 엄마는 하녀도 데리고 왔는데, 아이가 졸기 시작하자 아이가 잠들 수 있도록 아이를 품에 안고 젖을 먹인 뒤(무척 흔한 일이다), 하녀의 등에 아이를 업히고 아기가 자는 동안 계속 업고 있게 했다. 그 하녀는 바닥에 앉아 몸을 앞으로 수그리고 손으로 떠받쳐 자신의 몸을 지탱했다.

#1897.1.28. 벌거숭이 아이들

일전에 방문했던 어느 집의 여성은 여덟 아이들 중 다섯이 죽고 세 아이만 남았는데, 그중 한 아이도 다른 아이들이 죽어간 병과 같은 병을 앓고 있다고 내게 푸념했다. 잠시 뒤 아이가 문 밖으로 나오자 나는 아이들이 그렇게 죽어간 이유를 알 수 있었다. 매일 같이 영하의 기온에 바닥에는 눈이 쌓여 있는 추운 날인데도 아이는 벌거숭이로 지냈던 것이다.

아기들 대부분은 사시사철 조그만 저고리 하나만 달랑 걸친 채 거의 벌거벗겨져 지낸다. 아이 엄마가 아이를 밖으로 데리고 다닐 때도 등에 면으로 된 천을 둘러매어 업는데, 그 안에서 아기를 끄집어내면 허리 밑으로 알몸이 드러나는데, 요즘처럼 추운 겨울날에도 그런 모습을 자주 볼 수 있다.

#1897.2.1. 훈육의 필요성

며칠 전, 여자들 몇 명이 수업을 위해 우리집에 모였다. 그중 몇 사람은 아이들을 데리고 왔는데, 다섯 살 난 어린 사내아이 하나가 자기 엄마에게 폭군처럼 굴었다. 그 아이는 자기 엄마를 방 이쪽 끝에서 저쪽 끝으로 끌어당기고 칸막이를 찢고 화분의 잎을 뜯으며 온갖 말썽을 부렸지만, 아이의 엄마는 아이에게 꼼짝도 못하고 끌려 다닐 뿐이었다. 아이를 훈육하지 않고 그냥 놓아둘 때 어떤 결과를 낳는지를 여실히 보여주는 사례였다. 나는 아이를 훈육하고 통제하는 것에 대해 잠시 이야기를 했다. 이것은 확실히 효과가 있었다.

일요 예배 때 몇몇 아이들이 시끄러운 소리를 내었는데, 한 엄마가 아이를 조용히 시키려다 여의치 않자 아이를 예배당 밖으로 데리고 나가

호되게 야단을 쳤다. 물론 시끄러운 소리와 울음소리가 났다. 이에 여자들 몇 명이 밖으로 나가 구경하려고 신발을 신으려 하자 내가 가만히 제지를 했다.

#1897.2.5. 손님 대접

오늘은 부유한 두 가정을 방문했다. 한국인 두 사람이 나와 동행했다. 사람들은 우리 일행을 무척 친절하게 맞았다. 한 집에서는 집주인이 긴 담뱃대에 담배를 담아 내게 권했다. 안주인은 내게 사탕과 달걀을 내놓았다. 삶은 달걀이 투박한 접시에 담겨서 나왔다. 안주인은 짙은 색깔의 차가운 액체를 그 위에 뿌리고, 달걀 껍질을 벗겨서 내게 건넸다.

내가 찾아가는 집집마다 국수를 삶을 테니 기다려 달라고들 한다. 그들은 국수를 매우 맛있어 한다.

#1897.2.24. 막대기에 내걸린 옷가지

교인들 집을 방문하던 중, 어느 집 담벼락에 막대기 두 개가 매달려 있었다. 막대기 위에는 죽은 어머니의 옷이 커튼처럼 나부끼고 있었다. 어머니의 혼이 거기에 깃들어 있다고 믿고 때마다 음식도 바친다고 한다.

이 집 여성은 기독교인이 되고자 하여 교회도 꼬박꼬박 다닌다. 내가 그녀에게 이 같은 미신적인 풍습을 언제 그만 두겠느냐고 묻자 며칠 내에 없애버리겠다고 했다. 나는 그녀에게 지금이 적당한 때라고 말했고, 그녀는 내 말에 동의하여 내가 있는 동안에 그것들을 내려 태워버렸다.

1 8 9 7 . 3 . 7 · 무당의 굿

우리집 근처에 있는 어느 집에서 어제 종일 밤늦게까지 북과 심벌즈〔바라〕 소리가 요란하게 났다. 이유를 알아보니, 그 집의 아이가 아프자 부모가 아이에게 들린 귀신을 쫓아내기 위해 무당을 부른 것이었다. 아이 엄마를 만나 무당에 대해 이야기를 나눌 수 있을까 하여 오후에 한국인 여신도 한 명과 함께 그 집의 열린 마당 안으로 들어가 보았다. 그러나 소리가 너무 시끄럽고 정신이 없어서 우리가 하는 말소리조차 들리지 않을 지경이어서, 다른 적당한 때에 여신도 두 사람을 보내 이야기해보기로 했다.

시끄러운 소리에 몰려든 많은 구경꾼들은 우리에게는 별다른 흥미를 보이지 않은 채 다들 떠들고 법석을 떨고 있었고, 마당 한가운데에 깔아놓은 돗자리 위에는 중년의 여자 무당 세 명이 앉아 있었다. 그중 한 사람은 커다란 심벌즈를 맞부딪쳤고, 나머지 두 사람은 머리를 흔들며 커다란 놋쇠 북〔징〕을 각자 두드렸고, 가끔씩 이상한 주문을 중얼거렸다.

우리가 그곳을 나가려 할 무렵, 아주 기묘한 형상—내가 상상할 수 있는 악령의 모습에 가까운 모습—이 갑자기 모습을 드러냈는데, 검은 머리를 마구 헝클어뜨린 젊은 여성으로 이마에서는 땀이 흐르고 있었고 낯빛은 검고 얼굴은 추했다. 헐렁한 붉은 장옷을 걸친 그녀는 한 손을 앞으로 내민 채 구경꾼들과 집 사람들에게서 돈을 받았고, 다른 한 손으로는 낡은 초록색 천을 이리저리 흔들며 귀신들을 겁주었다. 그런 다음 집을 몇 바퀴 돌더니 무당들이 앉아 있는 돗자리로 뛰어가서는 북과 심벌즈 소리에 맞춰 춤을 추었다. 돗자리 위에는 혼들을 달래기 위해 음식들과 밥을 차린 상이 두 개 놓여 있었다.

이러한 소음과 우상 숭배의 광경은 밤중에야 끝이 났다. 우리는 세상의 죄를 가져가시고 모든 종류의 질병을 치유해주신 그분이 그 집에서도 곧 받아들여지기를 기도드렸다.

#1897.3.26. 열여덟번째 여성 모임

오후에 여성 모임을 가졌는데, 방 안은 사람들로 꽉 들어찼다. 거의 100명 정도 모인 것 같은데, 문가에 서 있어야 했던 사람들도 많았다. 모인 이들은 대단히 열의를 보였다. 우리 모임은 열여덟번째를 맞았는데, 생전 이 같은 모임을 들어본 적도 없던 여성들에게 이는 대단히 경이적인 일이다. 나이든 여성들은 교리를 더 잘 공부할 수 있도록 글자를 배우느라 애를 썼다.

거울 옆에 앉아 있던 한 여성은 거울에 비친 자기 모습을 보고는 자기소개를 하며 "나이가 어떻게 되세요?" 하고 물었다. 그녀가 이 질문을 세 번이나 반복하자, 다른 여성들이 웃으며 그녀에게 거울에 비친 사람이 누구인지를 설명해주었다.

#1987.4.8. 귀신에게 바치는 제물

오늘 내가 방문했던 한 가정에서 아직도 미신을 섬기는 흔적들을 집 안 곳곳에서 확인할 수 있었다. 그중 하나는 벽에 매달은 작은 쌀자루 두 개였는데, 이는 아기가 태어났을 때 삼신할미에게 바치기 위해 걸어둔 것이다. 이 집 사람들은 쌀자루를 벽에서 내려놓고 밥 짓는 데 그 쌀을 쓰겠다고 약속했다.

긴 시렁 위에는 위를 덮은 바구니 두 개와 질항아리 한 개가 있었다. 나는 그 속에 들어 있는 것들을 살펴서 이러저러한 때마다 귀신들에게 무엇을 바치는지를 알아보고 싶었다. 집의 안주인은 거기에 손을 대는 것을 두려워하는 것 같았다. 그러나 그것을 우리에게 보여줘도 그녀에게는 아무런 해가 미치지 않을 것이며, 귀신들에게 제물을 바치면서 하나님을 섬길 수는 없음을 설명해주자, 그녀는 그것들을 내려 열어 보였다. 거기에는 오랜 세월 먼지들이 켜켜이 쌓여 있었다. 한 바구니 안에는 올이 성긴 아마포가 담겨 있었는데, 귀신에게 바치는 것이었다. 바구니 안에는 안주인이 35년 전 시집올 때 입었던 저고리와 치마도 들어 있었다. 또 다른 바구니 안에도 수십 년 전에 넣어둔 오래된 옷들이 들어 있었는데 이 역시 여러 귀신들에게 바치는 것이다. 질항아리 안에는 오래 전에 부패된 밥과 떡이 귀신들을 달래기 위해 담겨 있었다.

#·1·8·9·7·.·8·.·29·. 벼룩들의 방

한국 사람의 집에서 막 돌아왔다. 그 집의 유일한 방인 안방은 가로와 세로 폭이 더블침대 하나가 간신히 들어갈 정도의 넓이였다. 물론 한국인들은 바닥에 요를 깔고 잠을 자므로 더블침대라는 게 뭔지 알지도 못하지만. 이 집 사람들이 바닥에 깔고 앉아 있던 커다란 판자는 우리집의 낡은 나무상자에서 뜯어낸 것이었다. 바닥은 지저분해 보였고 이들이 깔고 앉은 나무판자 둘레에는 재가 온통 뿌려져 있었는데, 이는 빈대가 판자 위로 기어 올라오지 못하게 하기 위함이다. 이들은 벌레들 때문에 며칠간 밖에서 잤다고 한다.

나는 이들이 벽과 바닥에 바를 수 있도록 종이를 가져다주겠다고 약속했다. 다음에는 이들이 좀더 안락하게 지내는 모습을 볼 수 있었으면 하는 바람이다. 한국 사람들은 벼룩을 없애는 법을 모르는지, 예전에 발랐던 종이 위에 다시 종이를 덧붙이기만 할 뿐이라서 벽지가 제구실을 오래도록 하지 못한다. 내가 미국식의 방을 소유하고 있음이 고마울 뿐이다. 우리집의 방들은 작은 편인데도 방 한 개가 한국인 가정의 안방 네 개를 합친 크기만 하다. 한국인들의 집은 따로 거실도 없이 방 한 개만 있는 경우도 많다.

#1897.10.8. 한국 여성 교육의 한계

지난 9월 5일 일요일 오후 5시쯤 진통이 오더니 9시쯤 메이가 태어났다. 2.5킬로그램. 옅은 적갈색을 띤 머리에 짙은 푸른색 눈동자를 가진 아기다.

루스는 'myself' 라고 말해야 할 것을 'meself' 라고 말하기는 하지만 말을 제법 잘한다. 한국 사람들에게 이와 벼룩이 들끓기 때문에 우리가 벌레 이야기를 자주 하다 보니 루스도 벌레라는 단어를 많이 듣게 됐다. 우리는 사람들을 만나고 온 뒤 이나 벼룩이 묻어온 게 없는지를 항상 살피곤 하는데, 하루는 고개를 숙이고 일을 하고 있는 아서에게 루스가 다가와 아서의 머릿속으로 손을 집어넣고는 "나는 아빠의 머릿속에서 벌레 잡는다. 벌레 벌레 벌레. 나는 아빠의 머릿속에서 벌레 잡는다." 하고 노래를 부르는 게 아닌가.

살로메-5는 9월 27일부터 여학교에서 가르치고 있다. 소녀들은 구내의 방 한 곳에 모이는데, 그곳은 원래 아서가 겨우 여섯 명이 들어가 공부할 수 있게 설계한 곳이다. 지난겨울에도 그랬듯이 나는 이곳도 더 커져갈 것으로 믿고 있다. 폴윌 부인과 내가 기운을 회복하여 시간을 기울일 수 있게 되면 이곳 여학교는 분명 더 성장하게 될 것이다(1896년 11월 이 메리가 첫번째 교사였고, 오 애비게일과 노 살로메 김으로 이어지고 있다).

우리는 학교에 오는 소녀들의 부모들에게 올 겨울 교실에 불을 땔 연료나 장작 값으로 약간의 돈을 내달라고 했지만, 우리의 독실한 교인들 중 단 두 사람만이 그럴 의지를 보였다. 사람들이 말하는 이유인즉슨 아들을 교육시켜야만 하고 그럴 만한 여유밖에는 없다는 것이다. 딸들의 경우에는 글을 읽는 법을 배우든 말든 신경 쓰지 않으며, 만일 딸들이 글을 읽고자 한다면 혼자서 독학으로 깨우칠 수 있다는 것이다. 이것이 한국 여성 교육의 한계다. 따라서 우리가 소녀들에게 무언가를 가르치고자 한다면 연료 값을 대야 하는 것은 물론이요, 교실을 꾸미고 교사를 구하는 것도 우리가 다 해야만 한다.

#1897.10.17. 도라의 시련

교회에서 내가 좋아하는 한 여성이 기독교인이 됐다는 이유로 어려움에 처해 있다. 그녀의 세례명은 도라[6]라고 하는데, 열 살 때까지 이름도 없었다고 한다. 시부모는 그녀를 핍박하고 있다. 그녀의 시아버지가 지방에 내려갔다가 병에 걸리자, 병이 낫도록 가족들이 모두 모여 무당을 불러 굿을 벌이고 북을 치고 온갖 이교도 의식을 치르라고 집에 전갈을 보냈다. 그녀의 시어머니는 그녀를 부르러 사람을 보내왔고, 그녀의 친정부모는 그녀에게 시집으로 돌아갈 것을 강요하며 그녀가 따르지 않을까 봐 심하게 으르대고 있다. 그녀가 따르지 않으면 이웃들과 그녀를 아는 이들 모두가 그녀를 힐책하고 모욕할 것이다. 그녀는 어제 나를 찾아와서는 눈물을 흘리며 내게 그간의 상황을 털어놓았고, 자신은 목숨을 잃게 된다고 해도 주님을 섬기겠노라고 말하며 조언을 청했다.

학교에 다니는 어린 소녀 하나는 이름이 없이 그저 '가운데'라고 불린다. 그녀에게는 두 명의 자매가 있는데, 그들 역시 '첫째'와 '막내'로 불릴 뿐이다.

사람 몇이 우리집을 보기 위해 들어왔다. 내가 풍금을 연주하자 그들은 그것을 "하늘에서 내려온 성스러운 것"이라고들 했다. 그중 한 사람은 이곳에서 50여 킬로미터 떨어진 시골에서 왔다. 그녀는 자신의 아픈 남편을 이곳으로 데려와도 되는지 그리고 그가 병이 나아지면 예수님을 영접하게 할 수 있을지 궁금해했다. 루스가 방으로 뛰어 들어오자 그 애를 본 한 여성이 자신의 돈주머니에서 엽전 두 닢을 꺼내어 루스에게 주었다. 이어서 커다란 거울에 비친 루스의 모습을 보고는 거울 속 루스에게도 돈을 내밀었다.

#1897.11.30. 평양 감사

아침에 거실에 양탄자를 깔았다. 평양 감사와 폴월 박사 부부를 저녁식사에 초대했다. 평양 감사는 대단히 사교적으로 보였으며 상냥한 태도를 보이려고 애를 썼다. 식탁에서 나는 그에게 그의 부인과 어머니도 평양에 따라왔는지를 물었다. 한국인들은 남들 앞에서 자신의 여자에 대해 잘 말하지 않기 때문에 한국인이라면 결코 물어보지 않았을 질문이다. 그는 아니라고 대답한 뒤 자신이 원하면 이곳에서 몇 명이라도 여자를 구할 수 있으며 자신에게는 기생들이 많이 있다고 말했다. 아서가 그에게 외국 사람들은 첩을 거느리는 것이 허용되지 않으며 우리 교회에서는 모든 신도들에게 아내를 한 사람 이상 두는 것을 금지하고 있다고 말하자, 그는 자신도 아내를 한 명만 두고 있다고 말했다. 우리는 풍금 둘레에 모여 앉아 찬송가 〈행복의 나라가 있네〉를 처음에는 영어로, 이어서 한국어로 불렀다. 나는 그에게 한국어로 된 찬송가책을 주었고, 그는 우리와 함께 노래를 불렀다. 그는 12명가량의 아랫사람들을 거느리고 왔다.

그날 저녁 우리는 한국인들의 기도 모임에 참석하고 돌아와 열흘이나 2주 정도 걸릴 아서의 전도여행 준비를 했다. 이번에는 여느 때와 달리 많은 음식을 준비했다. 그는 여비가 적어 자신이 필요한 물건들을 실을 말을 빌리지 않았다. 그는 언제나 나가서 마른 쌀이 목에 걸릴 때까지 한국음식을 먹고 다녔고 몸이 전보다 나빠져서 돌아왔다.

#1897.12.3. 월동 준비

아침에 겨울 동안 먹을 채소들을 덮어두는 것을 살펴보고, 남자아이들 반에 가서 일요일 예배 시작 찬송으로 부를 〈주께 영광〉을 가르쳤다. 여학교로 내려가서는 조그만 방의 휑한 벽에 그림카드들을 핀으로 꽂았다. 그곳에는 아이들이 바닥에 앉아서 공부하기 때문에 가구라곤 하나도 없다. 오후에는 여신도 반에서 1시간 45분 동안 가르쳤다.

#1897.12.6. 속이고 훔치는 사람들

속이고 훔치는 이 우둔한 사람들에게 질려버렸다. 이들의 이러한 태도 때문에 우리는 때때로 화가 나고 머리가 심하게 아프다. 어떻게 해야 할지 모르겠다. 사는 것들마다 이내 닳아버리는데, 모두가 속여서 팔기 때문이다. 그럼에도 나는 이 사람들을 사랑하며, 이들을 위해 일을 하고 가르치는 것을 기쁘게 여기며, 이를 대단한 특권으로 여기고 있다. 그러나 미국에서 살아가는 것보다 더 빨리 늙고 머리도 더 빨리 세게 될 것 같다.

올해에는(아니 어쩌면 영원히) 교회에서 쓸 연료를 살 예산이 없다. 교인들도 우리도 예배당을 짓기 위해 낼 만큼 냈지만, 연료비를 위해 더 많은 헌금을 해야 할 필요가 있지 않을까 생각한다. 난로들은 너무 작아서 벽지도 바르지 않은 휑뎅그렁한 흙벽 방을 데워주지 못하는 딱한 존재일 뿐이다. 우리는 덜덜 떨면서 예배를 드린다. 그러자니 따뜻하고 깔끔한 방에서처럼 모임을 가질 수가 없다.

#1897.12.14. 세례식

오늘 오후에는 세례를 받은 교인들을 축하하는 다과회를 가졌다. 세례를 받은 이들은 모두 14명이다.

#1897.12.16. 복음서를 사러 온 사람

한국 사람들은 종교 서적을 살 때조차도 속이려 드니 참 이상하다. 그런 행동이 나를 빈번히 짜증나게 만든다. 어떤 사람이 복음서를 사러 와서는 자신에게 지금 100원밖에 없으니 나머지 10원은 다음에 갖고 오겠다고 사정했다. 10원은 금화 1센트 정도 되는 액수다. 나는 그에게 당신이 책을 원하는 것은 참으로 기쁜 일이나 그렇게 하면 우리가 너무 손해를 보게 되므로 돈을 전부 가지고 오면 그때 책을 주겠다고 말했다. 그러자 그는 얼른 돈주머니에서 나머지 10원을 꺼내어주고는 책을 가져갔다.

러시아인들은 이곳에 발판을 세우고 한국 정부를 조종하고자 애를 쓰고 있다. 그들은 이미 막강한 힘을 지니고 있다.

#1898.1.24. 섣달 그믐날 쫓겨난 부부

김재순 부부가 우리집 부엌문 뒤에 있는 작은 집에서 당분간 살기 위해 왔다. 어느 날 아침 재순이 찾아와 아서와 오랜 시간 이야기를 나누었는데, 그의 처부모는 그와 엘라가 기독교도가 되는 것에 대해 박해를 했으며 그들 부부를 집에서 쫓아내려고 했다. 하지만 설 무렵에 그렇게 했다가는 이웃들로부터 욕을 먹을 수 있으므로 한 달가량 더 그들과 함께 지내기로 했다고 한다. 그러나 설 전날 처부모는 그들 부부에게 그날 당장 나가라고 했고, 그리하여 그들이 여기에 온 것이다. 김재순은 그 일을 이야기하며 울었고, 금요일 오후 모임에서 엘라의 기도소리에도 울음이 섞여 있었다.

　　설 전날 나는 도라의 어머니 집으로 도라를 찾아갔다. 그녀의 어머니가 그녀를 교회에 가지 못하게 하기 때문에 도라는 아주 힘든 시간을 보내고 있었지만 그래도 꿋꿋한 태도를 보였다. 그녀의 어머니가 방에서 나오자, 도라는 자신은 할 수가 없으니 내가 그녀를 구원해주어야 한다고 말했다. 나와 함께 간 엘리자베스가 종교에 대해 참 훌륭하게 이야기를 했지만, 도라의 어머니는 좀처럼 믿으려 하지 않았다. 도라 어머니는 엘리자베스에게 가정생활에서 이전보다 더 나아진 것이 있느냐고 물었다. 엘리자베스는 못되고 술만 마시던 남편이 이제는 착한 사람이 되어서 가정이 아주 평화롭게 됐다고 대답했다.

　　미신을 믿는 이들은 설 전날인 섣달 그믐날에 조상과 귀신들을 기려 밤을 새우는 풍습이 있다. 우리의 독실한 여신도들은 새로 믿기 시작한 이들의 집을 오후에 찾아다니며 그렇게 하지 못하도록 타일렀다.

　　몇 주 전에는 어머니 모임을 가졌다. 참석한 이들은 무척 관심들을 보였다. 나는 〈잠자리에 들기 전 기도〉를 번역하여 나눠주고 그들의 자녀들에게 가르쳐주라고 했다. 주님은 그들 안에서 멋진 변화를 이루어내셨다.

　　얼마 전에는 생후 6주 된 아기를 둔 여성의 집에 찾아갔는데, 그렇게 지저분한 광경은 처음 보았다. 아기는 태어나서 딱 한 번 씻겼으며, 기저귀도 없이 지저분한 누더기에 싸여 있었다. 오물 범벅이 된 채 아기는 울고 있었다. 나중에 들으니 그 가엾은 여자 아기는 결국 죽었다고 한다. 아기의 부모는 아기를 편안하게 해주고 아기의 목숨을 연장시키려는 노력 같은 것은 하지 않았다. 계집아이이기 때문에.

요즘은 돌싸움 놀이가 한창이다. 성벽 밖에서는 매일 크게 다치는 사람이 나오고 있다. 어제는 평양의 행정관이 돌싸움 광경을 보기 위해 성벽에 올라갔다. 그곳은 구경꾼들로 가득하다. 토요일 밤 늦은 시간에 아서와 나는 밖으로 산책을 나갔는데, 대문 안으로 들어서자마자 누군가가 우리에게 커다란 돌을 던져서 우리는 달음박질을 해야 했다. 아서가 돌 던진 사람을 찾아내려 했으나 찾지는 못했다.

#1898.2.5. 대보름 스케치

오늘은 한국인들이 큰 명절로 치는 정월 대보름날이다. 한국은 양력을 받아들이기는 했지만, 한국 사람들은 여전히 음력을 고수하고 있다. 이들은 매달 1일이면 돌싸움 놀이를 벌인다. 서대문 밖에 있는 계곡의 원형 분지에서 매일 놀이가 벌어지고 있고, 언덕과 성벽에는 수백 명의 구경꾼들이 있다.

오늘 아침에는 살로메, 사라와 함께 새로 들어온 신자들 가정을 몇 곳 방문했다. 오늘은 세 곳을 방문했는데, 세 곳 모두 대단히 흥미로웠다. 오고 가고 들르고 하는데 네 시간이 넘게 걸렸다. 방문한 곳마다 복음에 대해 이야기할 수 있는 좋은 기회를 가졌다. 한 가정에서는 이웃사람들이 스물다섯 명이나 모여 있었고, 우리는 그리스도에 대해 알지 못하고 모임에도 나와본 적 없는 총 65명의 사람들을 만나 가르침을 전했다. 많은 이들이 내일 일요일 아침에 오겠다고 약속했다. 몇몇 나이든 여성들은 순수하고 성스러운 생활방식에 대한 이야기를 특히 좋아했다. 이들에게 가르치면서 내가 너무도 약하고 보잘것없음을 느낀다. 하나님께서는 내게 너무도 멋진 특권을 내리셨다.

오늘도 미신 풍습을 보았다. 이웃에 사는 여성이 어린 사내아이와 함께 왔는데, 아이는 작은 빨간 꽃들이 잔뜩 매달린 종이고깔을 쓰고 있었다. 시내에는 그 같은 고깔을 쓴 어린아이들이 가득했다. 사람들은 그렇게 하면 앞으로 열두 달 동안 병이나 병균들이 고깔을 쓴 아이에게서 물러나게 될 것이라고 믿고 있다. 오늘밤 고깔을 벗겨내어 밥이나 음식을 채운 뒤 강가로 가져가 물속에 사는 나쁜 귀신에게 던져 귀신이 병을 가져가고 아이에게서 물러나도록 하는 것이다.

며칠 전에 교인이 된 어느 부인이 집에서 미신을 물리치는 것을 도와달라고 우리를 불렀다. 그 집의 가족은 부부와 곱사등이 딸 한 명이었다. 그 딸은 사람들이 놀릴까봐 두려워 집 밖으로 나가본 적이 없다고 한다. 한국 사람들은 모든 불행은 본인이 잘못을 저질러서 나쁜 귀신들이 보내는 것이라고 믿기 때문에, 사람들은 아이가 불구인 것을 보면 죄가 드러난 것이라 여기고 나쁜 귀신이 부모와 아이를 질책하는 것이라며 비웃곤 했다. 아이 엄마는 딸을 교회에 데리고 오겠다고 약속했다.

그 집 벽에서 주물(呪物)을 발견하고 내가 그것에 대해 물으니 집을 지켜주는 귀신을 섬기는 것이라고 한다. 이들은 자신들이 예전에 믿던 신들을 버리는 것과 술 빚는 일을 그만두는 것이 불안하다고 했다. 나는 그녀에게 전에 섬겼던 잡신들이 몇 개나 되는지 물어보았다. 꼽아보니 그녀가 돈과 음식과 옷을 바치며 섬겼던 잡신이 열네 개가 넘었다.

어느 방의 시렁 위에 옷들이 가득 담긴 바구니가 세 개 올려져 있었는데, 이 옷들은 여러 귀신들에게 바치는 것들이었다. 한 단지 안에는 오래된 밥이 들어 있었다. 안주인은 그것을 몽땅 태워버리고 싶어했지만, 살로메가 아까우니 그 밥을 달리 써보라고 했다. 하지만 안주인은 그것을 집에 더 이상 두고 싶어하지 않았기 때문에 우리는 그 밥을 가져가서 교회의 가난한 아이들을 위해 쓰기로 했다. 교회 밖에서는 귀신이 진노할까봐 아무도 그 밥을 먹으려 하지 않을 것이기 때문이다.

집으로 돌아오는 길에 종이를 해와 달과 신발 모양으로 오려붙인 집들을 여럿 보았다. 대문 위에는 귀신들을 챙기는 의미로 새 종이들을 붙여놓았다. 어부의 집에서는 무당의 북소리와 춤추는 소리가 들렸고 지붕 위에는 깃발들이 여러 개 나부꼈는데, 이는 새해에 물고기 신령에게 풍어를 기원하는 의미다.

집에 거의 다다를 무렵, 사람들이 돌싸움을 하려는 모습을 다시 보았다. 또 하나 보기에 딱한 것은 열세 살이나 그보다 겨우 몇 살 더 많아 보이는 기생들과 돈 많고 신분 높은 사내들이 어우러져 있는 광경이다. 어느 양반은 걸어가고 있던 기생의 등 위에 올라타기도 했다.

#1898.2.10. 계속되는 돌싸움

명절이 지났음에도 돌싸움이 끝나지 않고 계속 이어지고 있다. 평양 감사와 행정관이 무척 재미있어 해 돌싸움하는 것을 여드레 더 연장시켰기 때문이다. 평양 감사와 행정관은 매일 돌싸움을 구경하며 자기 쪽 사람들더러 상대 쪽 사람들에게 돌을 던지게 시킨다. 최근에는 돌싸움을 하는 동안 매일 두세 명씩 사망한다고 한다.

#1898.3.21. 망자의 노잣돈

아펜젤러 씨가 일주일간 방문했다가 서울로 막 떠났다. 그는 우리가 살 새집을 지을 장소를 물색하고 그에 대한 계획을 세우기 위해 왔다.

최근 나는 거리에서 종이돈을 잔뜩 주웠다. 이는 망자가 돈을 풍족하게 쓸 수 있음을 과시하고 저승에서도 풍족할 수 있도록 하는 의미로 길에 뿌려지는 것이다. 종이돈을 길게 꿴 끈은 망자가 저승에서 쓸 수 있도록 무덤에서 불태워진다.

#1898.4.5. 평양 바깥나들이

어제 우리 모두는 평양을 찾아온 손님들인 해리스 박사와 폴월 부인의 여동생, 실즈 양, 필드 박사를 위해 바깥나들이를 나서서, 외성(外城)을 따라 걷고 장로교회를 돌았다. 지난주에는 기자릉(箕子陵)에 갔었는데, 실즈 양이 우리 사진을 찍어주었다. 실즈 양은 어제는 기자의 우물에 앉아 있는 루스의 사진을 찍어주었다.

오늘은 한국 사람들이 조상 묘를 찾아가는 날이다. 아침에 학교에서 소녀들과 좋은 시간을 보냈다. 나는 성경의 그림들을 보여주기 위해 목요일 오후 그들을 초대했다. 일요일인 4월 13일은 중요한 날이었다. 강 건너에 사는 13명의 기독교인들과 11명의 새로운 신자들이 우리 교회로 왔다.

#1898.5.12. 홀 부인의 재내한

홀 부인이 아들 셔우드, 딸 에디스와 함께 2일에 평양으로 왔다. 이들은 집이 다 완성될 때까지 우리집에서 머무를 것이다. 세 사람 모두 배에서 설사로 고생했고, 홀 부인은 이질로까지 발전했다. 지금은 나았지만 아직 기운을 차리지 못하고 있다. 셔우드는 말라리아를 앓고 난 뒤 회복됐지만, 어린 에디스는 이질을 심하게 앓으며 누워 있다. 지금은 아서가 살피고 있다. 폴월 박사와 웰스 박사가 들러서 돌보아주고 있다. 루스와 셔우드는 밖에서 장난을 치며 즐겁게 놀고 있고, 아기 메이는 설사로 고생하고 있다. 모두들 곧 좋아질 것으로 믿는다. 한국 사람들은 홀 부인이 돌아와서 무척 기뻐하고 있다.

#1898.6.8. 평양의 빈민가 생활

어제와 그저께 한국인 가정 열한 곳을 방문했다. 그 비참함과 더러움과 궁핍함이란……. 사방에서 오물이 악취를 풍기는 좁다란 길을 지나 심하게 썩은 돼지가 떠 있는 구정물 못에 다다랐다. 숨을 멈추고 서둘러 지나가는 수밖에 없었다. 그런 곳에서 사는 한국인들은 질병을 막을 생각 같은 것은 엄두도 못낸다. 한번은 13세 정도의 소년을 보았는데, 온몸에 포진이 나서 똑바로 설 수도 없어 꼬부랑 허리를 하고 걷고 있었으며 생일옷 안에는 아무것도 걸친 것이 없었다. 주변 사람들은 그 아이의 병을 고쳐주려는 시도조차 하지 않았다. 내가 그들에게 우리 의료선교사가 소년을 도와줄 수 있다고 말하자 다들 놀라는 것 같았다.

한편 어느 집의 여성은 남편이 한 달 전에 죽었는데 벌써 다른 남자의 첩이 되어 있다.

#1898.9.1. 개국 500주년 경축회

오후에 독립관에서 벌어진 개국 기원절 500주년 경축회에 참석했다. 우리는 아치문 안으로 올라갔다. 윤치호와 헐버트 목사가 연설을 했고, 한국왕립연주단이 음악을 연주했다. 좋은 음식들이 나왔고, 참석한 이들은 커다란 꽃을 한 송이씩 받았다. 내가 이전에 갔던 어떤 한국 사람

들 모임들보다 즐거운 시간을 보냈다._8

#1898.11.14. 여자성경훈련반을 시작하다

우리집에서 여성들을 위한 훈련강좌_9를 시작했다. 서울에서 장로교 여선교사들이 이제 막 시작한 곳을 제외하면, 이 강좌는 우리들의 똑똑한 여성 일꾼들을 위해 세운 한국 땅 최초의 여성들을 위한 제도인 셈이다. 모든 여성들을 대상으로 했지만, 일주일간 오전과 오후에 수업을 들어야 하는 조건이었다.

이들은 우리집 거실에 모였다. 25명이 출석했는데, 멀리 떨어진 시골에서 올라온 이들도 있었다. 이들은 성경에 대해 더 많이 배워서 남들에게 더 잘 가르쳐보고자 내내 걸어서 찾아온 것이다. 우리 교인들은 시골에서 온 이들을 따뜻하게 맞이해주었다. 다들 새로운 진리를 배우는 것에 무척 기뻐하는 것 같다. 어느 날 오후에는 부활에 대해서 수업을 했다. 수강생들은 공책을 가지고 왔는데, 듣게 되는 내용들에 무척 열중했고 감사해했다. 〈고린도서〉는 최근까지 한국말로 번역되지 않았기 때문에 이들은 멋진 15장을 읽지 못했던 것이다. 수강생들은 집으로 돌아갈 때, 구정 이후에 다시 한 번 좀더 오랜 기간 수업을 듣고 싶다고 청했다.

금요일에는 한국 기독교도인의 결혼식에 참석했다. 아서가 예식을 진행했다. 신랑의 이름은 김덕수이고 나이는 15세다. 신부 역시 15세다. 예식은 작고 누추한 초가집 앞마당에서 거행됐다. 위로 천막이 내걸리고 바닥에는 깔개와 돗자리가 깔려 있었다. 그 위에는 신랑신부와 신부 들러리 두 사람, 홀 부인, 셔우드 부인 그리고 내가 자리를 잡았다. 나머지 사람들은 천막 밖으로 둘러섰다. 이 결혼식은 한동안 우리들 사이에서 화젯거리가 됐다.

우리는 원래 오후 1시에 가기로 되어 있었기 때문에, 나는 그날 있을 오후 수업을 오전으로 앞당겼고, 홀 부인은 그날 환자들에게 오전에 와달라고 했다. 그런데 결혼식 날 아침 심부름꾼이 찾아와서는 하객들 중에 시골집으로 당일 돌아가기를 원하는 이들이 많기 때문에 결혼식을 오전 9시에 하기로 했다고 전해 왔다. 그래서 우리는 급히 집을 나섰으나 신랑신부의 준비가 늦어져 11시까지 기다렸다.

신부는 빨간 비단 치마 위에 파란색 비단 저고리를 입고 그 위에 황록색 조끼와 흰색 모피를 두른 청색 비단 두루마기를 입었다. 머리에는 비단과 종이꽃으로 만든 족두리를 쓰고 손 위에는 희고 긴 비단 천을 덮고 귀에는 커다란 은 귀걸이를 매달았다. 두루마기의 앞면에는 은으로 된 장식물들이 잔뜩 달려 있었고 손가락에는 두 개의 커다란 은반지를 끼고 있었다. 신부 들러리 두 사람은 모두 젊은 기혼 여성들로 아이들이 매달려 있었으며, 신부와 옷차림새는 비슷했으나 족두리는 쓰지 않았고 머리 모양도 신부와는 달랐다. 그녀들은 머리를 땋아 올린 형태의 어마어마한 크기의 가발을 은 핀을 잔뜩 꽂은 머리 위에 얹어놓고 있었는데, 그 높이가 45센티미터나 됐다.

예식이 끝난 뒤 먹을 것들이 나왔다. 우리들은 먹어보려고 애를 썼지만 쉽지가 않았기에 다른 사람들이 불편해하지 않고 잔치를 즐길 수 있도록 얼른 빠져 나왔다.

#1898.11.29. 예배실의 긴 의자

지난주 일요일에 한국 교인들은 처음으로 자신들이 투표에 참여해서 결정하고 만든 교회용 긴 의자를 사용했다. 이로서 우리 교회는 한국 내에서 두번째로 의자를 갖춘 교회가 됐다. 의자가 있는 또 다른 교회는 배재 예배당으로, 그곳의 경우는 선교사들이 설치를 했다. 이 의자들은 폭이 좁고 등받이가 없다. 포스터 감독님이 이곳에 오셨을 때 종교는 현지인들을 바닥에서 때맞춰 일으켜준다고 말씀하셨는데, 우리 신도들이 다른 이들보다 더 빨리 일어난 것은 그들이 기독교 정신을 좀더 많이 공유했기 때문이 아닐까.

처음에는 교인들이 용감하게 의자에 앉아 예배를 드렸다. 그러나 다음번 예배 때부터 여성들은 의자들을 끌어다 붙이고 옆으로들 앉아서는 바닥에 앉을 때처럼 추운 발을 포개서 몸 아래로 집어넣었다. 몇몇 사람들은 우리의 작고 오래된 난로의 온기를 쬐기 위해 전도사에게 등을 돌리고 앉았다.

예배가 끝난 뒤 내가 그들에게 의자에 그런 식으로 앉는 게 아니라고 말하자 그들은 사과를 했고, 자신들이 잘 몰라서 그랬지만 다시는 그렇게 앉지 않겠다고 했다. 사실 새 신도들은 외국인들의 주택에 가본 적이 없고 당연히 의자도 본 적이 없다. 우리가 불을 따뜻하게 지피는 좋은 난로를 갖출 수 있게 되면, 이들도 발을 바닥에 내리고 똑바로 앉은 채 편안해할 수 있을 것이다.

예배실의 긴 의자는 교회에 있어야 할 것들 중에서 아직 없는 것들을 분명히 드러내주었다. 설교강단, 강단 의자, 성찬대 등등. 또한 공간도 더 있어야 한다. 전에는 상자에 담은 정어리처럼 빼곡히 앉을 수 있었지만, 이제는 정연히 의자에 앉아야 하는데 세 개의 통로는 너무 좁다.

1899.3.16. 앨든 출산

2월 27일 월요일부터 폴월 부인이 여자사경회를 계획하여, 폴월 부인은 아침에, 나는 오후에 가르치기로 했다. 그러나 나는 그 계획을 포기할 수밖에 없었고, 그래서 폴월 부인이 한국 전도부인들과 함께 강좌를 이끌어가고 있다.

그날 밤 자정이 되기 몇 분 전에 내가 그만둔 이유가 무엇일까? 건강하고 귀엽고 사랑스런 아들 녀석 때문이다. 녀석은 3.4킬로그램이고 아이들 중 제일 키가 커서 56센티다. 우리는 그 아이를 앨든이라 부른다. 앨든 얼 노블. 3월 첫째 주 아이의 몸무게는 별 변동이 없었다. 그러나 지난 주 일요일 아기는 아팠고 우리는 그 애가 이질에 걸렸을까봐 무척 걱정을 했지만 알고 보니 단순한 소화불량이었다. 내 젖에 카제인이 너무 많아서 매번 젖을 먹일 때마다 젖을 희석시키기 위해 30밀리리터 정도의 물을 먹이는데, 여전히 엉긴 젖을 토한다.

처음부터 의사들은 내 몸에 여전히 남아 있을지도 모를 결핵균이 젖을 통해 아이에게 갈 수 있으니 유모를 구하라고 권했다. 그렇게 하는 것이 우리에겐 큰 시련이지만 유모를 구해보려 한다. 그러나 어렵다. 나는 장기 금식을 하고 있다. 8일째가 돼서야 침대에서 음식을 들었다. 9일째인 수요일에는 아서의 부축으로 침대 옆 의자에 앉았다. 토요일에는 아서의 도움으로 거실로 가서 기도회가 끝나고 매우 지칠 때까지 앉아 있었다. 지금은 꽤 좋아져서 침실과 거실을 걸어 다니고 있다.

#1899.4.6. 한국인 유모

아기가 태어난 지 2주쯤 됐을 때, 의사는 포경수술이 잘못됐다는 것을 알았다. 그래서 불쌍한 아이는 또 한 번 가혹한 수술을 받아야 했다. 아이가 심한 고통을 당하는 일주일 동안 우리가 얼마나 그를 조심해서 다뤄야 했는지 모른다. 그러나 이제 다 끝나서 매우 기쁘다. 그 애가 한 달이 됐을 때 우리는 유모를 구했다. 우리는 그녀를 케티라고 불렀다. 내가 베시와 케티 중 어느 이름이 좋으냐고 물었더니, 그녀는 "배치보다는 개지가 좋다."고 대답했다.

아, 그녀는 정말 어리석고 지저분했다. 나는 그녀에게 돈을 주고 한국식 목욕탕에 가서 목욕을 하고 오라고 했다. 그러나 이 가엾은 여성은 방법을 몰라서 비누를 전혀 사용하지 않고 다시 지저분한 채로 돌아왔다. 나는 물을 끓여 내 침실에 욕조를 가져다가 목욕하는 법을 가르쳐주었다. 그전에 홀 부인이 그녀를 진찰하여 건강을 확인했으며, 머리카락과 두피에 바르는 살충제도 주었다. 나는 그녀를 새 옷으로 갈아입히고 아기를 돌보라고 건넸다. 나는 아무도 보지 못하도록 내 침실로 들어가서 드러누워 울었다. 나는 너무 겁이 났지만, 아기는 개의치 않는 것 같았다. 우리는 그 여성을 공정히 대하고 매우 좋아했지만 그녀의 젖이 아기와 맞지 않아서 그녀를 보내야 했다. 그러고는 보리차에 타서 하루에 두 번 먹이는 홀릭 식품의 우유를 먹이기 시작했다. 우리는 다른 유모도 구해볼 생각이다. 그러나 여의치 않다면 계속 우유를 먹일 것이다.

메이가 태어났을 때, 그녀는 나의 영원한 기쁨이었다. 나는 "오, 하나님: 언제나 그녀와 함께 있게 해주세요."라고 마음속으로 기도했다. 나는 그것이 하나님의 뜻인지 전혀 의심하지 않았다. 하나님이 우리의 시릴을 데려가셨기 때문에, 나는 계속해서 그녀를 내 것이라 생각하며 아무런 거리낌 없이 기뻐했다. 내 기쁨의 잔이 넘치고 넘쳐서 회한과 슬픔으로 변해버렸다. 그리고 이제 우리들이 사랑하는 앨든이 여기 있다. 그러나 나는 마냥 기뻐하기보다는 소망한다. 아, 나의 마음은 매일 밤과 낮으로 그 애가 곁에 있어주기를 소망한다.

한국인들은 유모를 고용하면 아기를 그녀의 집으로 보낸다. 딸일 경우 700원, 아들일 경우 800원을 주고 그 밖에 옷가지들과 특별한 계기가 있으면 선물들도 준다. 그들은 유모에게 가슴을 끈으로 묶으라고 요구하는데, 이는 그녀가 먹는 음식이 젖으로 가지 않고 그녀의 몸으로 가는 것을 막기 위함이다.

#1899.5.28. 무서운 천연두

천연두가 기승을 부리고 있다. 나는 이렇게 많은 병자들의 소식을 들은 적이 없다. 천연두, 홍역과 열병들. 매일 새로운 환자들의 소식을 듣고 있고, 많은 사람들이 죽었다. 어제 아침과 저녁 우리 기독교 선교사 두 명의 아이들을 장사지냈다. 나는 우리집에 오는 방문객들이 두렵다. 앨든은 이제 막 접종을 마친 상태다. 그 때문에 아이는 약간 아프고 온몸에 발진이 돋았다.

#1899.6.9. 두아이의 시체

밖의 성벽을 따라서 그리고 거의 모든 나무에는 옷가지가 들어 있는 바구니들이 흩어져 있다. 요즘처럼 전염병이 퍼지는 시기에 귀신들에게 바치는 공물이다.

최근 루스와 내가 산책을 할 때, 우리는 죽은 아이의 시체가 가마니에 싸여 나뭇가지에 매달려 있고, 다른 한 아이의 시체는 땅바다 위의 긴 장대에 묶여 있는 것을 보았다. 사람들에게 물으니 둘이나 그 이상의 아이들이 있는 가족 중에서 한 아이가 천연두로 죽고, 다른 아이들은 아직 발병치 않은 상태면, 그들은 시체를 나무 위에 그런 식으로 달아매어 다른 아이가 회복되는지 죽는지 지켜본다고 한다. 후자라면 둘 다 같이 묻고, 전자라면 죽은 시체만 묻는단다. 우리는 새로 만들어진 많은 무덤들을 지나갔다.

#1899.8.15. 온전한 기도

오늘 한 나이든 전도부인이 시골에서 다섯 명의 여성들을 데리고 나를 찾아왔다. 그들은 한 번도 외국인이나 외국인의 집을 본 적이 없기 때문에, 그녀는 그들이 나를 보게 된다면 예수를 믿을지도 모른다고 생각했다. 그녀는 길거리에서 무릎을 꿇고 기도하면 안 되느냐고 물었다. 그녀는 길거리를 걸을 때 절하고 기도도 하고 싶은 적이 자주 있다고 했다. 그녀는 떠나기 전에 우리집에서 기도를 해도 되겠느냐고 물었다. 그녀는 다시 어린 시절로 돌아가고 있는 기분이라고 말했다. 나는 그녀의 마음이 언제나 천국에서 빛날 것이라고 말해주었다. 그녀가 기도를 하며 엎드리자 그녀의 친구들도 모두 엎드렸다. 그녀는 온전한 신앙으로 감동스런 기도를 했다. 그녀는 확실히 예수의 어린 양이 됐다.

이후 노블 여사는 한동안 일지를 쓰지 못했는데, 큰딸 루스가 열병에 걸려 고생을 했고, 이어서 자신 또한 말라리아 열병으로 고생하다가 폐가 다시 나빠지는 증상을 보여, 아서만 평양에 남기로 하고 루스와 앨든을 데리고 제물포로 내려오게 됐기 때문이다. 그녀는 그해 크리스마스와 추수감사절, 새해를 남편과 처음으로 떨어져 보내야 했다. 1900년 2월에는 친정어머니의 사망 소식을 전해 듣고 슬픔에 빠진다.

#1900.9.2. 한국어 성서 출간

우리는 오후에 서울에 있는 최초의 감리교회[정동교회]의 예배에 참석했다. 그 예배는 한국어로 된 신약성서의 완성과 출판을 기념하기 위한 것이었다. 많은 사람들이 연설을 했다. 그중에는 미국 공사관인 알렌 박사와 요코하마의 루미스 씨도 있었다. 중국에서 피신해온 선교사들을 포함해서 약 50명의 선교사들이 참석했다. 원주민 기독교인들도 1500명 참석했다.

#·1900.12.30. 크리스마스의 소동

크리스마스 저녁에 한국인들의 기념예배가 있었다. 교회 앞마당은 아름답게 장식된 불빛들이 반짝이고 상록수로 만든 아치들이 있었다. 예배 시작 30분 전에 박 에스더 박사와 홀 부인이 와서는 교회마당이 정문까지 사람들로 들어차서 교회 안으로 들어갈 수가 없다고 말했다.

우리는 아서를 따라 나서서 군중들을 헤치고 교회로 들어가는 문까지 갔다. 아서는 안에 있는 몇몇에게 우리가 들어갈 것이니 나오라고 명령해야 했다. 우리는 입구를 통해 강단으로 들어가는 길을 트기 어려워서 자리에 앉기 위해 기어올라야 했다. 여기에는 대기실이 없어서 모든 것이 혼란스러웠다. 아서는 그들을 진정시키고 주목하라고 했으나, 뒤에 있는 군중들이 밀려드는 통에 한 여성이 넘어지고 몇몇 아이들이 밟힐 지경이었다.

아서와 몇몇 남성들이 이곳저곳의 문으로 가서 모든 사람들을 교회 밖으로 나가게 하고 문을 지키며 교인들만 다시 들어오게 했다. 교인들로도 교회는 붐비고 실내 공기는 질식할 것 같았다. 그 더럽고 탁한 공기 때문에 다음날 홀 부인과 나는 목이 아팠고, 아서도 힘이 빠져 있었다. 교인들만 들여놓고 보니 200명이 편안히 앉을 수 있는 교회 안에는 400명이 들어서 있었다. 그들은 김창식 씨의 진솔한 전도의 말을 듣고 있었다. 저녁 프로그램은 잘 진행됐다. 찬양대의 노래도 음정이 잘 맞아서 칭찬할 만했다. 불과 4년 전까지도 기독교 음악을 들어보지도 못하고 노래라곤 해본 적이 없는 사람들이 아닌가.

예배의 마지막에는 누가 권한 것도 아닌데 한 남자가 구원의 길을 찾아 앞으로 나왔다. 교회는 아름답게 장식되어 있었다. 젊은 남성 둘이 씨알에 대한 크리스마스 인사를 크게 외쳤다. 선물은 그날 밤 군중들의 혼란을 피하기 위해 다음날 아침 주일학교 아이들에게만 주었다. 사람들은 접대를 위해 자유롭게 헌금을 했다. 나중에 세어보니 소년소녀들의 선물과 교회 장식에 필요한 돈보다 두 배나 더 걷혔다. 일부 사람들은 나머지를 부인 접대에 쓰는 게 좋겠다고 이야기했다. 그러나 아서가 그 의견과 조만간 짓게 될 새로운 교회를 위한 초석으로 남겨두자는 의견 중에 선택하자고 하자, 만장일치로 새로운 교회 초석으로 쓰자는 데 투표를 했다. 그리하여 종잣돈이 만들어졌고, 다음 크리스마스가 오기 전에 집회에 필요한 충분히 큰 건물을 지을 수 있다는 굳건한 신앙과 기도가 시작됐다._10

#1901.3.17. 여인들의 향학열

한국 부녀자들을 위한 소책자를 만드는 데 쓸 나의 원고를 잘 받았다는 켄모어 씨의 편지를 지금 막 받았다. 속표지에 쓰기 위해 한국 아기의 모습을 담은 목판화를 구하고 있다. 소책자가 곧 인쇄될 것으로 믿는다.

일주일 전 여자사경회를 마쳤다. 2월 25일에 시작하여 2주일간 이어졌다. 첫날은 50명의 여성들이 출석했다. 얼마 뒤 독감이 돌아 그중 10명이 그만뒀고, 평균 35명의 여성들이 수업에 들어왔다. 11명은 시골에서 올라와서 교인들의 집에서 머물렀다. 두 사람은 80킬로미터를 걸어와서 수업을 들었는데, 그중 한 사람은 아기까지 업고 왔다. 길이 진창이라서 여기까지 오는 데 꼬박 나흘이 걸렸다고 한다. 이들은 오로지 "예수님에 대해 더 배우고자" 온 것이었다. 그들은 수업료를 내야 할 것을 예상하고 있었으나 그 액수가 그들의 가난한 남편들이 버는 한 달 수입에 거의 육박함을 알게 된 나는 그들이 머무는 동안 든 비용의 반을 대신 치러주었다. 홀 부인은 격일로 한 시간씩 건강에 대한 강의를 했다. 폴월 부인은 하루 걸러 두 시간씩 가르쳤고, 노 수잔은 홀 부인의 강의가 없는 날에 지리를 가르쳤고, 박 에스더 박사와 나는 매일 두 시간 혹은 그 이상 수업을 했다. 우리는 영적으로 유익한 시간을 가질 수 있었다.

금요일 저녁 우리집에서 친목의 시간을 가졌다. 한 늙은 부인이 자신의 손녀를 비롯한 소녀들에게 "너희들은 기독교인 집안에서 태어났으니 얼마나 행운이냐!"라고 말했다. 기독교인이 아닌 소녀들은 집 밖 출입을 할 수가 없고 기독교인 소녀들처럼 좋은 시간들을 결코 갖지 못한다.

최근 강 건너에 사는 한 기독교인이 체포되어 아서에게 도움을 청해왔다. 알고 보니 그는 다리가 부러진 소라면 소를 잡을 수 있다는 위조 승인서를 받았다고 했다. 그래서 그는 집으로 가서 소의 다리를 부러뜨렸다. 아니 차라리 잘라버렸다고 해야 할 것이다. 그러고는 도축을 했다. 하지만 정부의 허가가 없이는 누구도 소를 잡을 수 없고, 일정한 도축집단〔백정〕만이 인가를 받는다. 박해받고 고문받는 수많은 사람들이 아서에게 도움을 청해오지만, 그는 모두에게 정부 일에는 간섭할 수 없다고 대답해야 했다. 정부는 부패했고 가난한 사람들은 극심한 고통을 겪는다.

최근 아서는 지방을 여행하다가 한 기독교 남성을 만났는데, 그는 어떻게 자기 부인을 믿게 했는지 말해주었다. 그 부인은 무릎을 꿇고 기도하려하지 않았으며, 그가 성경을 읽는 것을 존중하지 않았다. 그래서 그는 부인을 때렸고 잘 엎드리라고 했지만 그녀는 따르려 하지 않았다. 그래서 더 때렸더니 결국 매우 온순해져서 이후로는 기도시간에 귀를 기울이고 존경을 표한다는 것이다.

또 한 남자는 아내와 아들이 기도에 참여하도록 하는 데 애를 먹고 있었다. 그는 점잖은 설득 대신 한국인 의사들이 사람들을 고문하는 외과용 바늘[침]—이것을 사용하다가 많은 생명을 잃었다—을 준비했다. 그는 아내와 아들에게 기도회에 가자고 말했다. 그들이 거절하자 그는 바늘로 그들을 찔렀다. 그들이 가기 싫어할 때마다 그는 바늘을 사용했다. 결국 그가 기도회에 가자고 하면 그들은 "아, 네." 하고 따른다고 한다. 그는 이제 부인과 자식이 교회에 잘 참석한다고 말했다.

#1901.5.3. 뜻 깊은 연례회의

서울에서 열리는 연례회의에 다녀왔다. 이번 회의는 20세기 들어 처음 열리는 연례회의이자 역사적 의미를 둘 수 있는 회의였다. 두 명의 한국인 전도사가 처음으로 집사가 된 것이다. 아서의 조사인 김창식 씨와 존스 씨의 조사인 김귀범 씨가 그들이다.

> 1901년 5월 22일부터 한국에 머무는 선교사들은 무어 감독과 함께 중국 텐진으로 가서 의화단 사건 때 희생된 약 3만 명의 기독교 순교자들을 기리는 예배를 드리고, 그 사건 이후 중국 기독교인들의 실태를 둘러본다.

#1901.8.27. 딸 교육을 위해 머리카락을 팔다

오늘 아침 차 데이지가 강서에 있는 딸 차 매기에게 가기 전에 인사를 하러 왔다. 그녀는 매기가 증기선을 타는 진남포까지 데려다 줄 참이다. 매기는 배를 타고 서울의 이화학당에 갈 것이다.

데이지는 신실한 기독교인이고 그녀의 딸도 그러하지만 그녀의 아들은 미신을 믿는다. 그녀는 서울에 소녀들을 잘 보살펴주는 좋은 학교가 있다는 이야기를 듣고 자신의 딸이 교육을 받은 훌륭한 여성이 되기를 바라는 마음에 우리에게 찾아와 자신의 딸을 데려가 줄 것과 훌륭한 여성으로 만들어줄 것을 부탁했다. 그녀는 아주 가난한 과부로, 지난해까지는 자기 집에서 지내면서 가족들을 보살폈지만, 형편이 더 어려워져서 가족들이 뿔뿔이 흩어지게 됐다. 김 살로메가 그 딸을 자신의 집으로 데리고 와 보살피며 학교에 다니게 했다. 그녀가 그렇게 한 것은 그 아이가 훌륭한 기독교인이며, 만일 잘 되면 다른 마을 사람들이 딸들을 학교에 보내도록 하는 데 좋은 영향을 줄 수 있을 것이라 생각했기 때문이었다.

그녀의 아들이자 소녀의 오빠는 자기 여동생을 팔아버리려고 했다. 마침 소녀의 나이가 시집을 보낼 수 있는 나이인 열세 살이었다. 이들의 주변 사람들도 딸을 시집 보낼 생각은 않고 학교에 다니게 한다고 비난들을 했지만, 소녀의 어머니는 딸을 진정한 여성으로 만들겠다는 목표가 확고했다.

하지만 그녀는 너무 가난해서 딸을 서울의 학교에 보내는 비용을 감당할 수 없었다. 우리는 그녀에게 사정이 딱한 경우에는 돈을 받지 않고 학생을 받는 경우도 간혹 있다고 얘기해주었다. 하지만 서울까지 가는 뱃삯과 차비는 부담해야 된다고 말해주는 것을 깜빡 잊었다. 그래서 오늘 그녀가 찾아왔을 때 그 이야기를 하자 그녀는 무척 난감해하는 것 같았다. 뱃삯과 차비가 1만 1800원인데, 그녀가 가진 것은 600원뿐이었고, 그녀가 일하고 있는 곳에서는 숙식만 제공받을 뿐 아무것도 받지 못하고 있다고 했다. 그러다가 문득 생각이 미친 그녀는 흰 머릿수건을 벗더니 길게 땋은 다리[머리숱이 많아 보이기 위해 덧댄 딴머리]를 내리고는(모든 여성들이 이 같은 다리꼭지를 하고 있는데, 클수록 더 좋은 것으로 간주된다. 북부 지역에서는 다들 이렇게 하고 있기 때문에 다리가 없으면 오히려 이상해 보인다),

하나님이 자비를 베풀어주신다면 자신의 다리꼭지를 팔아 딸을 학교에 보낼 수 있을 것이라고 했다. 그녀 자신은 글도 읽을 줄 모르고 무식하지만, 자신의 딸은 읽는 법을 배우고 잘 읽는 즐거움을 누리기를 바라며, 자신처럼 성경을 읽고 싶지만 읽지를 못해서 느껴야 하는 씁쓸한 실망감을 느끼지 않았으면 좋겠다고 말했다.

나는 그녀가 노잣돈의 절반을 내면 그 나머지 반은 내가 지불하겠다고 그녀에게 약속했다. 그녀는 고마워하며 울먹였고, 그런 그녀의 모습을 보니 내 마음도 애잔해졌다. 그러나 그녀는 자신의 머리카락을 팔아야 한다.

#1901.9.6. 지방 순례

금요일 아침, 아서와 앨든과 나는 평양을 떠나 지방 여행을 했고, 아흐레 뒤인 9월 14일 오후 4시경에 돌아왔다.

우리는 일찍 출발할 계획이었지만, 말들에 실린 짐이 너무 많다며 마부가 불평을 하고 가버리는 바람에 다른 말을 구하느라 시간이 지체되어 오전 9시경에야 출발할 수 있었다. 아서는 원래 당나귀를 타고 가려고 했으나 당나귀 등에 짐을 싣고는 걸어갔고, 나와 아기는 가마를 탔고, 이씨는 조그만 당나귀를 탔고, 김덕수는 아서의 자전거를 탔다. 내가 탄 가마의 가마꾼은 네 사람이었는데, 처음에는 넷이 함께 메고 가다가 얼마 뒤 두 사람씩 번갈아가며 가마를 멨다. 11시 30분경 강가의 얕은 여울에 다다랐는데, 다리가 부서져 있어서 짐들을 다시 다 내려서 배에 싣고 강을 건너야 했다. 커다란 당나귀가 진흙탕 속에 빠지는 바람에 움직이게 하는 데 시간이 좀 걸렸다. 점심을 먹기 위해 주막에 들러서 두 시간가량 머무르며 말과 당나귀들에게 여물을 주고 우리들도 음식을 먹었다.

오후 6시경 강서군에 도착했다. 조금 떨어진 곳에서 여학생 세 명과 살로메의 어린 딸을 만났고, 이어서 살로메도 나왔다. 살로메의 집에는 우리를 만나기 위해 교인들 몇 사람과 구경꾼들 여럿이 와 있었다. 그날 저녁 기도회를 위해 몇 사람이 왔다. 우리는 다음날 예배를 드릴 것이며, 내가 가르치는 부녀 모임이 오후 4시에 있으니 부녀자들을 초대한다고 말해주었다.

토요일 아침, 아침을 먹은 뒤 살로메와 나는 앨든을 데리고 오색마루의 삼덕-11을 찾아갔다. 시간이 없어서 그곳에 오래 있지는 못했지만 유익한 시간이었다. 오후 4시에 50여 명의 마을 부녀자들이 대부분 구경꾼으로 찾아왔지만 좋은 시간을 보냈다. 나는 주님께서 복음을 들은 그들의 마음에 영향을 미치실 것으로 믿는다.

일요일 아침에 나는 주일학교에서 여성들을 가르쳤고 아서는 설교를 마친 뒤 남성들을 가르쳤다. 120명가량이 왔는데, 방이 너무 작아서 자리에 앉지 못하고 창가나 문가에 서 있는 이들도 많았다. 모임이 끝난 뒤 사람들이 앨든을 보려고 우리 방문 쪽으로 서둘러 몰려오기에 나는 이들이 앨든을 볼 수 있도록 마당으로 데리고 나왔다. 앨든은 "안녕하세요." 하고 인사하고는 〈작은 햇살이 들어오게 합시다〉를 일부분 불렀다. 사람들은 다들 매우 기뻐했다. 창호지를 바른 우리 방문과 창문에서 사람들이 떨어지도록 누군가를 내내 세워두었지만, 그렇게 해도 사람들은 손가락에 침을 묻혀 창호지에 구멍을 뚫고 들여다보는 바람에 우리는 영 자유롭지 못했다. 그래도 그들도 시간이 지나니 처음 갔을 때보다는 많이 나아졌다. 오후에 아서는 성찬식을 거행했다. 60여 명의 교인들이 참석하여 성찬을 받았다. 중간에 시간이 날 때 나는 부녀자들과 이야기를 나눴다.

토요일 오후 5시에 나는 여학생들과 이야기를 나누며 즐거운 시간을 가졌다. 교회에 꾸준히 다니는 여학생들은 5명이었다. 더운 여름에는 안 오는 학생들이 많이 생겼지만, 이제는 다시 늘어날 것으로 예상된다. 지난해에 살로메는 이들을 학교에 보내보려고 4명의 소녀들과 함께 몇 달을 살았다. 그녀는 그중 한 소녀에게 돈을 받지 않고 숙식을 제공하고 옷을 해 입혔는데, 이 소녀의 영향으로 말미암아 마을 소녀들이 학교에 다닐 수 있게 하기 위함이었다. 이 소녀가 바로 차 매기다. 다른 두 소녀는 부모가 학비와 숙식비를 지불했다.

우리는 9일 월요일에 강서를 떠나 애뭉골 주막에서 점심을 먹은 뒤 3시에 진남포를 향해 다시 길을 나섰다. 길을 나선 지 얼마 지나지 않아 거대한 폭풍이 휘몰아치기 시작했고 우리는 서둘러 몸을 피할 곳을 찾았다. 가마꾼이 논 사이로 난 산등성이 길을 뛰어가 찾아낸 몹시 누추한 오두막에 들어갈 수 있었다. 우리는 그곳에서 한 시간가량 머물며 집주인 남자와 그의 딸들에게 우리 하나님에 대해 알려주었다. 주인 남자는 언제 한번 평양에 들러 우리를 보러오겠다고 약속했다. 아서가 그에게 자녀를 몇 명이나 두었느냐고 묻자 그는 한숨을 쉬며 아들은 없고 딸만 다섯을 두었노라고 답했다. 세 딸 중 맏이가 집에 있었는데, 아이의 나이는 열두 살이었다. 그는 아이를 결혼시켜 시댁으로 보냈으나 일을 잘하지 못하여 도로 친정으로 돌려보내졌다고 했다. 그는 힘든 시간을 보내고 있었다.

오후 6시에 진남포에 도착했다. 비가 억수같이 쏟아졌다. 아기와 나는 가마를 타고 있던 덕에 젖지 않았지만 아서는 흠뻑 젖었다. 우리는 그곳에서 우리를 기다리고 있던 모리스 씨와 만났다. 다음날 아서는 그곳에서 계삭회[12]를 열기로 되어 있었다. 우리는 도라의 집으로 가서 교실에서 묵었고, 모리스 씨는 황 씨네 아랫방에서 묵었다. 도라를 비롯한 모든 이들이 우리를 반겨 맞아주었다. 다음날 아침에는 여학생들이 나를 보러 왔고, 나는 그들에게 잠시 노래를 가르쳐준 뒤 이들의 공부를 점검했다. 오전 10시에 배스토우 선장 부부를 찾아갔는데, 그들은 오후 5시에 아이

스크림을 먹으러 오라고 초대했다. 오후에는 부녀자들 몇 사람과 이야기를 나누고 계삭회에 참석했다.

저녁에 아서는 설교를 했고, 설교가 끝난 뒤 나는 한 시간가량 사람들에게 노래를 가르쳤다. 사람들은 무척 열심히 듣는 것 같았다.

다음날 아침, 나는 에디스라는 몸이 아픈 부인을 방문했다. 매우 화기애애한 방문이었고, 9시에 그곳을 나섰다. 그날 오전에 삼화로 가는 길은 무척 즐거웠다. 정오에 삼화에 도착하여 사람들을 만나고 점심을 먹었다. 오후에 아서와 모리스 씨가 계삭회에 참석하는 동안 나는 우리 방에서 여성 모임을 가졌다. 저녁에는 80~100여 명을 만났다. 나는 본 예배가 시작되기 전에 여성들을 대상으로 짧은 강연을 했다.

다음날 우리는 삼화를 떠나 배인일이 사는 마을에 들러 그곳 여자들을 만나서 가을에 있을 우리 강좌에 초대를 하고 격려를 보낸 뒤, 아름다운 언덕들을 넘어 선교사업이 있는 비숙거리에 갔다. 정오 무렵 그곳에 도착하여 몇 시간을 머물며 사람들과 이야기를 나누고 점심을 먹은 뒤 이번에는 청성군의 일성리로 갔다. 언덕 위에서 그곳의 새로 지어진 교회가 보였다. 우리는 그곳에 있는 한 교인의 집으로 갔다. 그 집의 가족들은 자신들의 조그만 방 두 칸을 우리에게 내어주고 이웃집으로 건너갔다. 방 하나는 모리스 씨가 쓰고 나머지 방은 우리가 썼는데, 두 개의 방은 얇은 종이를 바른 미닫이문으로 나뉘어져 있었다. 이곳에서도 우리는 사람들과 좋은 시간을 보냈다. 이들의 영혼은 선했고, 일들을 척척 진전시켜 나가고 있었다.

다음날 오전에는 바닥에 돗자리를 깔고 헛간 그늘 밑에 내 의자를 놓고 50명가량의 여성들 및 아이들과 모임을 가졌고, 아서와 모리스 씨는 교회에서 계삭회를 가졌다. 아서는 오후에는 설교를 했고 저녁에는 몇 사람을 예비신자로 맞이하고, 몇 사람에겐 세례를 주고, 또 몇 사람은 완전

한 신자로 받아들였다. 14일 아침에는 해가 뜨기 전에 길을 나섰다. 집까지 110리를 가야 했기 때문이다. 마을과 도시들을 지나면서 나는 내내 주님을 소망했다. 자주 이런 기회를 갖고 싶다.

농가 인근의 산을 내려가는 길은 몹시 험하여 가마꾼들은 "길에 살은 다 닳아 없어지고 뼈만 남았다."라고 말했다. 어떤 여성이 청포도를 들고 오는 것을 보고 그녀에게서 한 송이를 사고 어디에서 포도를 샀는지를 물어보았다. 모리스 씨가 하인을 그곳으로 보내어 맛있는 과일들을 좀더 사왔다. 아서는 시골에서 뭔가를 얻을 수 있었던 건 이번이 처음이라고 말했다. 여행기간 동안 여러 번 앨든은 사랑스럽고 어린 선교사였고 구경 온 사람들에게 내가 이야기하는 것을 도와주었다.

#1901.10.1. 이웃 가정 방문

며칠 전 우리집 마당 안의 낮은 쪽 끝에서 놀고 있던 루스가 커다란 인형처럼 보이는 것을 발견했다. 루스는 의기양양해하며 그것을 내게 가지고 왔다. 그것은 짚으로 만든 인형이었는데, 종이로 만들어진 조악한 얼굴과 짚으로 만들어진 머리가 달려 있었고 아이들 옷이 입혀져 있었다. 알고 보니 어린아이가 아플 때 무당이 짚 인형을 만들게 하여 제물로 바친 후 버리면 귀신이 아이의 병을 가져간다고 믿는다고 한다.

요즘 나는 가까운 이웃들의 집을 방문해보기로 했다. 우리집 마당의 담장 바깥쪽 3면에는 15채의 초가집들이 있고(나머지 한 면에는 교회와 학교가 있다), 각 가정에는 보통 네 식구가 산다. 이 집들 중 두 집만이 교회에 다닌다. 다른 집의 아이들 중에 우리 학교에 다니는 아이들이 몇 명 있기는 하다. 이웃들 대다수는 우리 교회나 우리집 문지방에도 발을 디뎌본 적이 없다. 새디-13가 나와 같이 가주었다. 우리는 사람들에게 예수님에 대해 가르쳐주고, 교회와 나를 찾아오라고 초대했다. 단 두 집만이 우리에게 친절한 태도를 보였는데, 그중 한 집은 나이든 부부가 사는 집이었다. 주인 남자는 학교 선생이었다. 우리는 문간에 서서 주인 여자와 이야기를 했는데, 그녀는 자신이 너무 늙었고 다리도 절기 때문에 교회에 다닐 수가 없다고 했다. 우리는 집에서라도 기독교인의 도리를 지키면 된다고 했다. 이 여성은 속옷 위에 치마만 걸치고 있을 뿐 상반신은 벌거벗고 있었다. 그녀의 살갗은 물이라곤 대보지도 않은 듯 보였다. 그녀는 무척 지저분했고 머릿속에는 서캐가 들끓었다.

그 다음에 찾아간 집에는 여자 혼자 있었는데, 푸대접을 받았다. 새디가 그녀를 몇 번 불렀지만 그녀는 꼼짝도 하지 않았다. 우리는 그녀에게 구원을 얻는 방법에 대해 가르쳐주고 우리와 함께 고개를 숙이고 기도를 하자고 청했다. 그녀는 가만히 앉아 바느질만 계속할 뿐이었다. 우리가 무릎을 꿇고 기도를 하면 그녀도 바느질을 멈추고 고개를 숙일 것이라고 생각한 나는 새디에게 기도를 하자고 했다. 그녀는 꼿꼿이 앉아 소리를 내며 일을 하다가 잠시 뒤 자리에서 일어나 집을 나갔다. 나는 마음이 다소 불편했지만 그 상황에서 옳게 행동한 것이라고 생각했다. 그녀는 다른 여성을 데리고 나타났고, 우리는 바로 인사를 하고 그 집을 나섰다.

또 다른 집의 여성은 무척 친절했고 믿음을 갖고 싶어하는 것 같았다. 그녀가 곧 교회에 오게 되기를 기대한다. 여섯 멍가량의 여자들이 우리를 보러 와서 우리의 이야기를 들었다. 우리는 그 집에서 아주 좋은 시간을 가졌다. 우리가 주인 여자에게 가르침을 주는 동안 그녀는 경청했지만, 아들을 무릎에 눕히고 머릿속의 이를 잡아 죽이느라 손은 계속 분주히 놀렸다.

어느 교인의 집에도 들렀는데, 거실로 쓰는 안방은 너무나 좁았고, 안방 옆에는 땅과 같은 높이의 부엌이 붙어 있을 뿐이었다. 내가 방으로 들어설 때 주인 여자가 "고개를 숙이세요. 안 그러면 머리를 부딪힐 거예요. 이 방에서는 똑바로 설 수가 없어요." 하고 소리쳤다. 기실 그 방에서는 어린아이나 똑바로 서는 게 가능할 듯싶었다. 방의 절반은 높이가 1미터 정도밖에 되지 않았으니 말이다. 나는 한쪽에 서서 몸을 숙였는데, 등이 천장에 닿았다. 주인 여자는 자신이 감당할 수 있는 이상으로 집세가 많이 나가지만, 앞으로 이보다 더 나은 집에서 살고 싶다고 했다. 그녀는 하얀 비단 바지를 누비는 일을 하고 있었는데, 하루에 4센트 정도를 번다고 했다. 그녀는 기독교인이 된 것을 기뻐했고 십계명에 대해 더 배우고 싶어 했다. 그녀는 사도신경을 외웠다. 천당이 그녀를 기다리고 있다고 말하자 그녀는 행복해했다.

#1902. 1. 9. 활발해진 사경반

지난 가을에는 남성과 여성 사경반 모두 무척 잘 진행됐다. 여신도 반은 한국인들끼리 활발한 지원이 이루어지고 있고, 우리는 아주 약간 거드는 정도다. 시골에서 25명의 부녀자들이 올라와서 수업을 들었고, 서쪽 지방에서 온 16명이 동참했다. 북한 지역의 첫번째 지방회의가 열린 직후 10월 26일에 여성들을 위한 사경회가 시작됐고, 이어서 남성들을 위한 사경회와 신학 강좌가 계속 이어졌다. 존스 씨와 맥길 박사가 와서 도와주었고, 나는 매일 한 시간씩 모리스 씨를 위해 통역을 해주었다. 그 뒤 2주일간 매일 남녀 및 어린이들에게 크리스마스 때 부를 노래를 가르쳤다. 청년 여섯 사람이 내가 최근에 한국말로 노랫말을 옮긴 〈길의 끝에 다다를 때〉를 불렀는데, 썩 잘 불렀다.

크리스마스 행사는 밤에 불빛 때문에 사람들이 몰려들지 않도록 아침에 치러졌다. 전날 밤 눈이 많이 내려서 도시 주변에 사는 사람들을 제외하고는 많은 사람들이 올 수 없었다. 그래서 교회가 꽉 차기는 했지만 지난해처럼 모든 사람들을 내보내고 문들을 조심스럽게 지키며 다시 들어오게 할 만큼 붐비지는 않았다. 예배모임은 밖에서도 열렸다.

#1902.1.9. 교인들의 가정 방문

아다가 찾아와 많이 바쁘지 않으면 자신과 함께 그녀의 수업을 듣는 이들을 찾아가지 않겠느냐고 부탁했다. 나는 좀 피곤했지만, 그녀가 부담을 느끼지 않고 나와 함께 다니자고 다음에도 청하기를 바라는 마음에 같이 가겠다고 했다. 우리는 세 시간 동안 네 집을 방문했다.

우리가 찾아간 첫번째 집은 남편이 다른 여성과 살기 위해 집을 나가는 바람에 부인이 아무런 대책도 없이 어린 아들과 함께 남겨져 있는 상황이었다. 그녀의 노모도 함께 살고 있었는데, 두 여성은 먹고살기 위해 애를 쓰고 있었다. 이들은 둘 다 교인들이었다. 이들은 손님을 대접하기 위해 먹을 것을 사러 나가려고 했지만 우리가 사양했다.

그 다음으로 찾아간 집에서는 무척 환대를 받았다. 우리가 자리에 앉아 안주인의 영적 상황에 대해 이야기를 나눌 때였다. 안주인은 내가 두른 하얀 모직 목도리를 발견하고는 거기에 손을 갖다 대었다. 나는 그것이 양의 털로 만들어진 것이리고 말해주었다. 그녀는 이전에 모직물을 본 적이 없었기 때문에 무척 신기해하는 것 같았다. 건넛방을 보니 눈이 먼 노인이 요 위에 누워 있었다. 내가 안주인에게 아버지냐고 묻자 그녀는 남편이라고 대답했다.

그녀는 나의 목도리를 가져가 노인의 손 위에 올려놓은 뒤 외국 여성인 노블 부인이 이곳에 왔으며, 이것은 그녀가 두르고 있던 것이라고 말해주었다. 노인은 목도리의 보드라운 감촉을 무척 좋아하는 것 같았다.

내가 방으로 들어가서 그에게 이야기를 건네자 그는 진심으로 나를 반겨주었다. 그는 팔꿈치를 세워 몸을 일으켜 앉았다. 내가 그냥 누워 계시라고 하자, 그는 "당신들이 우리를 보러왔는데 내가 일어나지 아니하면 죄가 아니겠소? 큰 잘못이 아니겠소?"라고 대꾸했다. 그는 자신이 우호적임을 보여주기 위해 농담을 건네기도 했다.

우리가 그에게 예수님에 대해 이야기하자 그는 자신이 당장 믿기 시작할 수 있을지, 자신은 성경에 대해 아무것도 배운 바가 없고 나이도 많고 무력한데 어떻게 그렇게 할 수 있을지를 물었다. 배우기를 열망하는 그에게 길을 가르쳐주는 것은 기쁜 일이었다. 자신의 삶이 쓸모없는 것 같다고 이야기하기에 그가 변화된 마음을 지니면 인내심이 생기고 그의 손님들에게 예수님에 대해 가르쳐줄 수 있다고 말해주었다. 그는 좋아하는 눈치였다. 그리고 지금 당장 새로운 마음을 주님께 간청할 것이며 이 순간부터 그분을 위해 살겠노라고 말했다.

나는 모인 사람들 모두에게 고개 숙여 기도하자고 청했고, 부유한 이웃 사람을 비롯한 모든 이들이 경건하게 고개를 숙였다. 내가 기도를 할 생각이었으나 맹인 노인이 먼저 구원을 간구하는 기도를 진지하게 드리기 시작했다. 나는 그의 기도가 끝난 뒤 나의 기원을 덧붙였다. 주님께서 그를 받아주실 것으로 나는 믿는다.

기도를 마친 뒤, 맹인 노인은 우리들의 관계에 대해 물어보았다. 내가 하나님은 우리의 아버지라고 대답하자, 그는 또 예수님은 누구인지 물었고, 내가 그분의 자매라면 다른 이들은 또 어떤 관계인지를 물었다. 그는 하나님의 교회와 새로운 가족관계를 맺게 된 것에 대해 기뻐했다. 내가 자리에서 일어나자 그는 내게 또 와달라고, 자주 와달라고 간청했다. 그는 자신이 앞을 못 보니 내가 자주 와주었으면 한다고 말했다.

그 다음으로 우리가 들어간 집은 무척 가난했다. 조그만 방 하나와 부엌이 전부였는데, 부엌은 지붕과 벽이 없이 뻥 뚫린 채 흙바닥에 있는 것이라서 불을 지피거나 음식을 만들 때에도 일어서서 덜덜 떨어야 했다. 안방 밑으로 아궁이가 있기는 했지만 새벽에만 불을 잠깐 땔 뿐이어서 방은 냉골이었다. 장판이 깔리지 않은 바닥에는 멍석이 반만 깔려 있었고 방의 한쪽 끝에는 순무 더미가 쌓여 있었는데, 이 집의 주인 남자는 순무 장사로, 매일 아침 여기서 순무를 꺼내어 팔러 나간다고 한다. 이들은 조그만 주전자에 숯불 재를 담아 손을 녹였다.

이 집의 가족은 어머니와 아들, 며느리 그리고 이들의 어린 아기였다. 아기는 대부분의 시간을 엄마 등에 업혀서 온기를 얻고 있었지만 걸치고 있는 것은 조그만 저고리뿐이었다. 바깥의 기온은 영하인데, 집 안이라고 해도 그보다 몇 도 더 높은 정도였다. 식사 시간에는 조금 더 따뜻하겠지만, 이들 가족은 음식을 익힐 때 쓸 만큼의 땔감밖에 없었으므로 대개는 춥게 지냈다. 이들은 내가 온 것에 기뻐했지만, 자신들의 집은 내가 들어올 만큼의 가치가 없다고 여기는 듯했고, 자기네 집은 도깨비들 사는 집 같다고 말했다.

다소 이상한 데가 있는 교인 노파가 나를 그 집에 데리고 갔는데, 첫번째 기도가 끝나자 이 노파와 이 집의 어머니는 둘이 함께 기도를 하기 시작했는데, 가끔씩 둘이 다른 기도를 하기는 했지만 태도는 매우 진지했다. 그중 한 사람은 주님께 마음을 모두 털어놓고 자기 며느리가 믿지 않은 이유를 이야기했다. 그녀는 주님께 아주 스스럼없는 태도로 말을 하며 "자, 이 길입니까 저 길입니까? 당신께서는 다 알고 계시지만 저 부인은 모릅니다." 하면서 나를 가리키는 것이었다. 그녀는 며느리가 개종하게 해달라고 진지하게 기도했다.

기도를 마친 뒤 이 집의 어머니는 귀신들에게 바치던 공물들을 내가 그곳에 와 있을 때 태워버리고 싶어했다. 그녀는 그것들을 벽에서 내렸다. 오래된 종이가 들보에 묶여 있었다. 집 귀신에게 바치는 바구니 안에는 보통 옷들이 넣어져 있지만, 이 집은 아주 가난해서 종이만 채워져 있었고, 오지 병에는 쌀이 담겨 있었으며, 바깥 출입문 위에도 종이가 묶여 있었다. 또한 마당의 기둥에는 지푸라기로 만든 인형 같은 것이 매달려 있었다. 이 모든 것들은 귀신들이 집에 액 대신 복을 내리기를 기원하는 의미다.

그녀는 쌀은 밥 지을 때 쓰기 위해 남겨 두고 나머지 것들은 모두 밖으로 내놓고 쌓아서 불에 태웠다. 그녀는 그것들이 다 타버리면서 모든 불순함과 죄도 그녀의 마음속에서 타버리기를 바란다고 말했다.

우리는 서둘러 일어나 거듭거듭 작별인사를 하면서 그 늙은 노파가 잠시 동안만 들러준다면 아주 좋을 것이라며 다른 집들도 가자고 하는 것을 극구 사양해야 했다. 집의 아이들이 저녁도 못 먹고 나를 기다리고 있어 집으로 발길을 돌려야 했다. 아! 어떤 여자 선교사가 도움을 필요로 하는 쓸쓸한 가정들을 찾아가 우리 구세주에게 인도해주고, 새로운 신도들을 가르치고 도와주는 일만 자유롭게 할 수 있단 말인가.

#1902.1.16. 기생의 구원

교인들 집 몇 곳을 다녀왔다. 신덕의 집을 찾아갔을 때 그녀의 죄 많은 딸에게 구원을 가르치는 기회를 가질 수 있었다. 그녀가 그분을 받아들일지는 알 수 없지만, 정결한 삶을 산다는 사상에 감동을 받은 듯 보였다.

그녀는 기생이다. 아니 이제는 나이가 들었으니 기생이었다고 해야 될까. 내가 보기에 스물다섯 살 정도 된 것 같았는데, 그녀는 아직 기생 사회에서 발을 빼지는 않았지만 이제는 거의 기생이라고 불리지 않는다. 보통은 기생 공부를 시작하는 8~9세부터 18~20세까지 기생이라고 불린다. 그녀는 아홉 살 때 기생학교에 들어갔다. 기생들은 14~15세경에 기생학교를 졸업하고 부정한 일을 시작한다. 이곳 평양에는 기생학교가 세 곳 있다. 한국에서 평양 기생은 특히 유명하다. 우리가 다니는 길에서도 기생들을 흔히 볼 수 있다.

기생들의 이름은 기적(妓籍)에 등록된다. 새로운 관찰사가 부임하면 모든 기생들이 관찰사 앞에 나와야 한다. 나이가 삼사십 대의 기생이라고 하더라도 전부 다 관찰사 앞에 나가야 한다. 관찰사는 그들 중 마음에 드는 기생을 골라 데리고 사는 것이다. 만약 관찰사가 부르는데 기생이 오지 않거나 대신 돈이나 어린 기생을 보낼 경우에는 끌려와서 매를 맞게 된다. 남편과 아이를 둔 경우라고 하더라도 예외는 없다. 관찰사의 마음에 든다면 관찰사와 살아야 하는 것이다.

신덕의 딸은 거울 앞에서 긴 머리를 빗어 내렸다. 그녀는 얼굴에 분을 바르고 입술과 뺨에 연지를 바르고 관찰사가 있는 곳으로 갈 가마를 기다리고 있는 중이었는데, 그 사이에 나는 그녀에게 지금의 생활을 버리고 예수님을 맞아들여 새로이 거듭날 것을 간청했다. 그녀는 예수님의 사랑에 대한 이야기에 감동을 받은 것 같았다.

이 사람들은 조그만 친절에도 무척 고마워한다. 이들은 외국인 선교사가 완벽한 줄로 안다. 물론 기독교인들이 그렇다는 말이다. 이들은 자기들에게 개별적으로 조그만 관심을 보여주면 매우 기뻐한다.

지난밤에는 교회 예배가 끝난 뒤 한 여성이 나를 찾아와 자신의 맹인 남편과 함께 기도해준 것에 대해, 그를 하나님의 빛으로 인도해준 것에 대해 고마워했다. 또 다른 이는 내 손을 잡고는 자신이 나를 얼마나 사랑하는지를 고백했고, 내가 다른 이와 이야기를 나누기 위해 곁을 뜨자 과거에 미신을 믿었던 자신의 어머니보다 내가 더 가깝게 느껴진다고 말하는 소리를 들었다. 또 언젠가는 내 수업을 듣는 이들이 찾아왔는데, 누군가가 문을 두드리기에 내가 한국말로 "들어오세요."라고 말하자 이들은 무척 기뻐했다. 내가 그들의 말을 하는 것을 들으면 그렇게 신기하고 좋은가 보다. 어떤 이는 내 목소리가 참 예쁘다며 내가 말하는 사소한 것들까지도 귀 기울여 들으면서 받아 적곤 했다.

나는 이곳에서 주님께 조금이나마 소용이 될 수 있다는 것을 느낄 수 있다. 그래서 내가 지닌 모든 것을 그분께 바치고 싶다. 그분께서 내게 주신 재능이 그분의 영광을 나타내기에 충분했으면 좋겠다.

나는 정말 평범하고 겉으로 드러난 재능도 없으며, 미국에서는 노래 부르는 이 축에도 끼지 못한다. 하지만 이곳에서 나는 노래 부르는 법을 가르쳐야만 했다. 이들은 노래 부르는 것에 대해 전혀 알지 못하고, 나는 이들보다는 좀더 알고 있으니 말이다. 나는 이들에게 찬송가 부르는 법을 가르칠 수 있도록 하나님께서 내 목소리를 써주실 것을 자주 기도드렸고, 때때로 나는 그분께서 내 목소리에 기운을 돋아주시고, 내가 한국인들을 위해 노래를 부를 때는 다른 때보다도 좀더 멜로디를 실어주심을 느끼곤 한다.

오늘밤 한 교인에게 다음번 청년회 모임에서 내게 노래 지도를 받고 싶다면 기꺼이 지도해줄 수 있다고 말해주었다. 그래서 오늘밤 그는 다른 청년들에게 다음번 엡윗 청년회[14] 모임에서 찬양 예배를 하고 싶은지 물어보았고, 청년들이 다들 그러겠다고 하자 그는 그들에게 찬양을 지도할 사람 중에 나보다 더한 적임자를 어디에서 찾겠느냐고 반문하더니 내게 공개적으로 그들을 가르쳐주지 않겠느냐고 물었다. 내가 동의하자 그는 모두에게 자기 의견에 동의하는 사람은 모두 일어나 내게 감사하라고 요청했다. 그러자 청년회원 모두가 웃으며 재빨리 일어났다.

지난주에 매일 그랬던 것처럼 어제 아침에도 남학생들에게 성가를 가르쳤다. 오후에는 새디와 함께 여성 교인들의 집을 방문했다. 여덟 집을 찾아갔는데 집집마다 반겨주었다. 그러나 이들 대부분의 지독한 무지는 그 정도가 끔찍하다 싶을 지경이다. 한 여성은 새디가 한 단어 한 단어씩 읽어주었음에도 사도신경의 요지를 파악하지 못했고 단어를 따라 하지조차 못했다. 그녀는 더러운 옷밖에 없어서 오랫동안 교회에 나오지 못했다.

우리 학교에서 남학생들을 가르치는 교사의 집도 찾아갔는데, 그의 아내는 마흔아홉 살이었지만 무척 늙어 보였다. 그녀의 목소리는 떨렸고 손도 떨었다. 그녀는 아이를 일곱 낳았으나 하나만 빼고 다 죽었다고 한다. 이곳 유아들의 대부분이 그렇듯이 제대로 된 보살핌이 부족한 것이 그 원인일 것이다.

신실한 교인인 젊은 여성의 집도 찾아갔다. 그녀는 몇 달 전부터 교회를 착실하게 다니면서 교리문답을 공부하고 교회 활동에도 큰 관심을 보였지만, 기독교를 믿지 않는 그녀의 남편이 교회에 못 다니게 하고 기독교 서적을 집에서 읽지도 못하게 했다. 그녀는 책 몇 권을 옆에 두고서 읽으려고 했으나 남편이 들어와 책을 갈기갈기 찢어버리고 말았다. 그는 자신의 아내가 새서방을 얻고자 교회를 다닌다고 거짓말을 했다. 한번은 그녀가 남편에게 알리지 않고 교회를 가려고 하자 그는 아내를 무자비하게 때렸다. 그러나 남편에게 알리고 가려고 해도 그는 또 때렸다.

#1902.4.15. 혼수구경

어제 밀러 양과 같이 거리를 걷다가 납작한 돌들이 깔린 길 한가운데에서 남자들 여럿이 막 잡은 개 한 마리를 손질하고 있는 광경을 보았다.

오늘 아침에는 에스티 양과 해먼드 양, 해리스 박사와 모리스 씨와 함께 모란봉과 기자릉을 다녀왔다. 우리는 전쟁 신을 모신 사찰(관제묘)에도 들렀다. 그곳에서는 여러 명의 여성들이 우상 앞에서 계속 엎드려 절을 하고 있었다. 내가 한 여성에게 우상 앞에서 절을 하며 비는 이유를 물으니, 그녀는 잘살게 해달라고 또 아들을 낳게 해달라고 빈다고 대답했다. 나는 그들이 절을 나설 때 이야기를 나누었고, 우리에게 절의 불상들을 보여준 승려를 교회에 초대했다. 집으로 돌아오는 길에 무당이 굿을 벌이는 모습을 보았다. 그 여성은 군중들 한가운데서 쿵쿵 뛰더니 길게 펼쳐져 있던 옥양목을 찢으며 달려나갔다.

오후에는 여성 교인들의 집 아홉 곳을 돌아보았다. 이들 중 몇 명이 가끔 예배에 빠지기에 전도부인인 새디와 함께 그들의 집을 찾아가 교회에 나올 것을 종용하기 위함이었다.

마침 한 집에서는 며칠 전에 새신부가 시집을 왔는데, 이 집 사람들은 신부의 옷과 장신구들을 모두 내게 보여주었다. 그녀는 시집과 친정에서 각각 한 개씩 받은 커다란 함 두 개와 쌀이 담긴 놋그릇 열두 개로 이루어진 작은 반상기 세트를 가지고 있었다. 이는 행복을 빌며 친정에서 준 선물이었다. 그녀는 그것 말고도 놋그릇들을 여러 개 가지고 있었다.

그녀는 내게 혼수 옷가지들도 보여주었다. 여름용 명주 저고리가 다섯 개, 누비민저고리도 다섯 개, 그중 두 개는 아주 촘촘하게 누빈 비단 저고리였다. 저고리와 한 벌로 입는 치마와 속옷들도 있었으며, 모두 환하고 고운 색깔이었다. 신부는 올해 열일곱 살인데 환한 색깔의 저고리를 입을 수 있는 기간은 앞으로 5년 정도다.

그녀는 장신구들이 담긴 상자도 갖고 있었는데, 결혼식 때 머리에 꽂았던 길이가 30센티미터가 넘는 커다란 핀 세 개, 묵직한 은반지가 두 개, 커다란 은 귀걸이가 두 쌍 있었고, 비단실 매듭이 달린 예쁜 은 노리

개도 몇 개 있었다. 또 공들여 수를 놓은 머리띠도 있었다. 신랑의 멋진 옷도 구경했고, 신부가 시집 식구들 한 사람 한 사람에게 선물한 옷들도 보았는데, 신부가 직접 바느질하여 만든 비단 저고리였다.

나는 결혼식이 있던 날 사정상 다른 곳에 가게 되는 바람에 참석하지 못했기에 이날 뒤늦게 혼인잔치 음식을 대접받았다.

한 집에서는 나를 친절하게 맞아주었으나 참빗으로 딸아이의 머리를 연신 빗기고 있었다. 또 한 가정의 부인은 "이제 가정이 평화로워요. 남편이 기독교인이 된 후로는 술을 안 마셔요." 하고 말해주었다.

#1902.4.17. 하얀 피부는 하얀 마음의 상징!?

오늘 찾아간 집의 부인이 전도부인인 새디에게 한국 사람이 아니냐고 물었고, 이에 새디는 자신은 외국 사람이 아니라고 대답했다. 그 집 사람들은 내 얼굴이 하얀 것에 주목하더니, 새디에게 외국 사람들은 다들 피부가 희냐고 물었다. 새디는 "그렇답니다. 이 사람들의 마음 역시 하얘요. 이 사람들은 한국 사람들이 하는 나쁜 일들은 하지도 않고 생각하지도 않는답니다."라고 말했다. 새디가 말한 대로 우리의 마음이 그렇게 하얗기를 나는 소망한다.

오늘은 외성(外城)의 여섯 가정을 방문했는데, 양반 가정들은 여성들을 엄격하게 격리시키는 관습을 따르고 있다. 우리는 남자 신도들의 부인들에게 교회에 나올 것을 권고하고 있다. 모든 집에서 환대를 받았다.

돌아오는 길에 오석경 씨-15를 만났다. 그는 외성의 한 집에서 남성 기도회를 열어왔다. 그는 자신이 하는 일에 무척 행복해하지만 죽음의 천사가 점차 그를 이 세상으로부터 떼어놓고 있다. 그는 외국 여성이 걸어가고 있다는 얘기를 듣고 나인 줄 알았다고 했다.

#1902.4.24. 굿하는 집에서 망자의 노모를 전도하다

저녁식사 뒤 미스 밀러와 함께 집으로 가는데, 인근에 있는 한 집에서 북소리와 징소리가 들렸다. 무당이 굿을 하는 소리였다. 굿을 하는 광경을 구경해보고 싶었던 미스 밀러가 내게 같이 가보자고 하여, 우리는 그 집으로 들어갔다.

집에 들어서니 마당에는 남자들, 여자들, 아이들이 잔뜩 있었다. 오른편의 헛간에는 나이든 남자들 몇 사람이 종이로 만든 커다랗고 둥그런 장식물 같이 보이는 두 개의 물건 앞에 앉아 있었다. 굴렁쇠 하나가 천정에 매달려 있었고 둘레에는 끈이 감겨져 있었으며, 종이로 된 끈에는 조개껍질들이 여러 개 꿰어져 있었는데, 이는 죽은 사람이 돈으로 쓰는 것이라고 한다.

우리는 마당 맞은편에 있는 방으로 갔다. 그곳에는 무당 두 사람이 북을 두드리고 있었고, 여성 하나는 커다란 징을 치고 있었다. 요란한 차림을 한 채 그들을 마주보고 서 있는 또 한 무당은 음식들이 차려진 작은 상 위에서 부채를 흔들며 주문을 외우고 있었다. 나지막한 병풍 뒤로 관이 하나 보였는데, 스무 살 젊은 여자의 시신이 그 안에 들어 있다고 했다. 병풍 앞에는 음식들이 잔뜩 차려진 상이 두 개 놓여 있었는데, 이는 죽은 자가 극락에 갈 수 있게 하기 위해 준비하는 것으로, 죽은 자의 혼이 이 음식들을 맛보고 가기도 하는 것으로 여겨지고 있다.

우리는 죽은 여자의 어머니가 어디에 있는지를 물어서 바로 건너편 방에 앉아 있다는 것을 알았다. 우리가 그녀에게 가자 여자들과 아이들 몇 명이 우리를 따라왔다. 들어오라는 얘기를 듣고 우리는 들어가서 앉았다. 내가 그 늙은 여자 곁에 앉았다. 희망을 잃은 비참한 모습이었다. 옆에서는 다른 여자들이 곰방대를 물고 담배를 피우고 있었다.

나는 노부인에게 딸을 잃은 것에 대한 위로의 말을 건넨 뒤 하나님의 위대한 사랑에 대해 말해주었다. 그리고 한국 사람들이 그분을 무서운 신으로만 여기고 있는 것과 달리 그분이 그녀를 불쌍히 여기시고 그분의 사랑으로 그녀를 이끌어주실 것임을 이야기했다. 또한 그녀가 귀신을 섬기고 사탄을 숭배하는 데에 마음과 정신과 돈을 쓰는 것을 보면 하나님이 슬퍼하실 것임을 이야기했고, 이제부터 그녀의 마음을 하나님에게 내어드리고 그분을 영원히 섬길 것을 부탁해보았다.

그녀는 내가 말한 것이 모두 옳음을 알겠다고 말하고 장례를 마친 뒤 믿어보도록 하겠다고 말했다. 가족 중의 한 사람인 젊은 여자가 말했다.

"부인께서 우리에게 이야기해주신 것을 우리가 진작 알고 있었더라면 우리도 신자가 됐을지 모르고, 무당들을 불러서 이런 굿을 벌이지도 않았을 텐데요. 당신들이 그 아이가 죽기 전에 찾아오셔서 우리에게 말해주셨더라면 우리는 이런 짓을 하지 않았겠지만, 불쌍한 노모가 저리 슬퍼하고 있으니 우리는 귀신들을 달래고 이 집에 다시 평온을 불러올 무언가를 해야 했답니다. 우리 조상들이 노모를 위로하기 위해 무당들을 저리하게 시키는 거라고들 말하지만, 노모는 안정을 찾지 못하고 있어요. 하지만 부인께서 우리에게 이야기해주셔서 우리도 이제 알게 됐으니 앞으로는 절대 이런 짓을 하지 않을 겁니다."

망인의 노모는 매장을 마친 뒤 우리 하나님을 섬기겠다고 말했고, 우리가 자리에서 일어나자 자신의 지저분한 손 위에 내 손을 올렸다. 나는 다시 한 번 그녀에게 위로의 말을 건네 뒤, 우리 아버지께 모든 것을 털어놓으라고 했다. 그녀를 비롯한 모든 여자들이 우리가 와준 데 대해 감사를 표했고 일요 예배에 오겠다고 약속했다.

거의 매일 밤낮으로 무당들이 쳐대는 심벌즈의 쨍그랑 소리와 무겁고 무덤 같은 북소리가 들린다. 그럴 때마다 우리는 마음속으로 "망자의 영혼이 죽을 때 그저 조금만 도와주소서." 하고 되뇐다.

노블 여사는 1903년 1월 19일 아들 해럴드 조이스 노블을 낳는다. 그해 5월 무어 감독관이 평양에 와서 신축된 교회의 봉헌식을 가졌는데, 기념식 직전에 아들 해럴드에게 세례를 줌으로써 해럴드는 한국인 교회에서 처음으로 세례를 받은 외국인 아기가 되었다.

1 9 0 3 . 7 . 2 6 . 소젖을 짜도 되는가?

　　일요일 아침 8시에 약 200명의 어린아이들을 가르쳤다. 앞서서 나는 아이들에게 네 살에서 열여섯 살 사이의 아이들을 최소한 다섯 명씩 데려오라고 했다. 비가 오는 날이었음에도 200명 가까이 왔으며(정확히는 175명), 교회에 처음 와보는 아이들이 많았다. 우리는 주일학교에서 좋은 결과를 이루어내리라는 큰 희망을 갖고 있고, 나는 이제 다른 일들에 쏟았던 노력들을 줄이고 주일학교 일에 주력하고자 한다. 줄곧 나는 이 일을 시작하고 싶었지만 책임져야 할 다른 일이 많아서 이 일에 손댈 만한 여력이 없었다. 가능하다면 이제부터 다른 일들은 좀더 줄여나가고 이 일에 힘을 쏟고자 한다. 안식년이 시작되기 전에 어린이들의 숫자를 1000명으로 늘리고 싶다.

　　강에 놀러갔을 때 있었던 일이다. 우리는 강변에서 젖소 한 마리를 발견했다. 그곳에서 며칠 머무를 생각이었기에, 우리 요리사를 보내어 그날 저녁과 그 다음날에 소젖을 짜도 되는지를 물었다. 그러자 젖소의 주인은 이렇게 말했다.

　　"뭐라고? 소의 젖을 짜겠다고? 아니 되오, 아니 되고말고. 우리는 가난한 사람들이라 이 소는 밭을 갈고 짐을 싣는 데 쓰고 있소. 우리는 소랑 송아지를 축내게 할 만한 여유가 없소. 자칫하면 둘 다 죽을 텐데, 외국 사람들에게 작은 즐거움을 주기 위해 그런 손해를 감당할 여유가 우리에게는 없단 말이오."

우리가 소의 젖을 짜도 괜찮다고 아무리 설득해도 그는 이해하지 못했다.

#1903.10.28. '천국처럼 아름다운' 선교사의 집

2주 전쯤 일흔 살가량의 한 귀머거리 노파가 시골에서 평양으로 왔다. 그녀는 새로 지은 교회를 '성스러운 사원'이라고 불렀는데, 이를 보기 위해 집에서 150리 길을 걸어왔다고 했다. 하지만 내가 무척 바쁠 때 그녀가 찾아와서 돌아가기 전에 다시 한 번 오라고는 했지만 그녀가 들어오지도 못하고 돌아가야 해서 매우 아쉬웠다. 이들 나이든 사람들의 하나님 아버지에 대한 사랑은 놀랍기만 하다. 매일 수백 가지도 넘는 애잔하고 아름다운 일들이 기독교인들의 생활에서 일어나고 있다.

오늘 교인들 집을 몇 곳 방문하고 집으로 오던 길에 한 젊은 여성의 집에 잠시 들렀다. 그런데 시골 여인 다섯 명과 아이 한 명이 그 집 안주인을 보기 위해 그 집 대문 앞에까지 왔다가 내가 그 집을 방문하러 왔기 때문에 들어갈 수 없다고 생각했는지, 나를 보고는 그냥 발길을 돌렸다.

잠시 뒤 그 집을 나온 우리는 그들의 모습을 다시 목격하게 됐는데, 그들이 어느 외국 부인의 집을 구경하려다 거절당하는 것이었다. 그들은 나를 보더니 "이 부인을 따라가 보자. 어쩌면 이 부인 집의 외관이라도 보고 마당이라도 걸어볼 수 있을지 몰라." 하고 말했다. 그들은 집 구경을 허락한다면 믿겠다고 말했다. 나와 동행했던 전도부인과 나는 그들에게 죄를 미워하고 죄가 용서받기를 원한다면 회개를 해야 한다고 말했다.

그들은 우리를 따라 우리가 사는 구역 안으로 들어왔고, 나는 그들을 집 안으로 들어오게 했다. 그러자 그들은 놀라고 기뻐했다. 그들은 집이 천국처럼 아름답다며 감탄했다. 이에 전도부인은 "우리가 이런 집에서 삽니까? 아니지요. 그러나 이 부인은 하나님을 섬기고, 하나님은 이들에게 외국의 예쁜 집에서 살게 해주셨답니다."라고 말했다. 그들은 집 안으로 들어오면서 "미국 부인들은 다 다르네요. 어떤 이들은 안을 구경시켜주고 어떤 이들은 구경을 못하게 하니 말이에요."라고 말했다. 이에 나는 그 사람들이 매일매일 무척 바쁘다고 설명해주었다. 그들은 내가 말을 못 알아들을 거라고 생각하면서 자기들끼리 "저 여자 귀가 참 예쁘다. 피부는 어쩌면 저리 흴까. 얼굴도 손도 희다." 하고 얘기를 나누었다. 그러고는 그들은 내게 고맙다는 인사를 여러 번씩 했다.

1 9 0 3 . 1 1 . 9 . 선교사들의 낙담과 희망

이 선생은 비싼 진주를 사기 위해 자신이 가진 모든 것을 파는 이에 대한 이야기를 소재로 설교를 했다. 이 선생은 여러 예화를 들어가며 어떤 것을 소망하고자 할 때는 무엇이 귀중한 것인지를 알아야 한다고 했다. 다음은 그중의 한 가지 예화다.

"청일전쟁 때 평양을 뜨던 일본군들이 지폐를 길거리에 흘리고 떠나게 됐습니다. 몇몇 사람들이 지폐를 발견했지만, 한국 사람들은 그 가치를 알지 못했기에 그것들을 집으로 가져가 벽을 도배하는 데 썼습니다. 후에 지폐의 가치를 알게 된 이들은 그것들을 조심스레 벽에서 떼어내었습니다."

최근에 우리 선교사들 중 한 사람이 기독교인들의 유약한 성격에 대해 무척 낙담하고 있다. 이 나라에서 선교사들을 끊임없이 괴롭히는 죄는 거짓말하는 것과 도둑질하는 것인데, 기독교인조차도 그러한 경향을 극복하는 데 시간이 걸린다. 이 여성 선교사는 이같이 기운 빠지게 하는 광경들을 계속 보게 되면서, 과연 이 모든 걱정과 고생을 해가면서 저들을 구원할 가치가 있는 것인가 하는 회의에 빠지게 된 것이다. 만일 이들이 그녀 나라의 기독교인들만큼 온전해질 수 있다면 그럴 수도 있겠지만, 그러기에는 너무나 많은 이들이 유약하여 그럴 만한 가치가 거의 없다고 그녀는 생각했다.

그녀와 이야기를 나눈 뒤, 나는 우리집의 기독교인 하녀와 이야기를 해보았다. 그녀의 기독교인 친구들의 삶에 어떠한 변화들이 일어난 것 같은지, 그들이 이교도 친구들보다 더 나은 점이 있는지 물어보았다. 나는 그녀에게 몇몇 교인들이 거짓말을 하고 고난에 처한 이들에 대해 뒷말들을 하는데, 이 같은 행동은 대단히 실망스러운 것이라고 말했다. 그러자 그녀는 이렇게 대꾸했다.

"아유, 부인. 그 사람들이 믿음을 갖게 되기 전에 어떠했는지를 생각해보세요. 그 사람들은 정말 멋지게 달라졌어요. 믿지 않는 이들은 참 한심해요. 우리집 양반은 예수님을 믿기 전에는 노상 술을 마셨고 갖은 잘못을 다 저지르고 다녔고 집도 찢어지게 가난했는데, 이제는 술도 안 마시고 집안 살림도 살펴준답니다."

나는 그녀에게 아주 더럽고 먼지 많은 방으로 들어가 청소를 하는 상황과 같은 거냐고 물어보았다. 먼지의 양은 줄어들지만 그래도 여전히 많은 먼지가 남아 있는 상황 말이다. 그녀는 "바로 그거예요. 그래도 변화는 분명히 드러나잖아요."라고 말했다.

내가 찾아갔던 한 집에서는 여성들이 우리 설교사들인 오석형과 박성필의 훌륭한 성품에 대해 이야기를 했다. 그들은 무척 좋은 사람들이고 그들의 가족들도 다들 좋은 이들이라고 그 여성들은 말했다. 그들의 깨끗한 삶에 대해 모두들(교인이 아닌 이들조차도) 좋게 얘기했다.

낙담할 까닭이 무엇인가! 주님이 하시는 일은 영광스런 일이다. 씨앗은 온갖 종류의 토양 위로 떨어지지만, 많은 씨앗들이 좋은 토양 위로 떨어져 커다란 수확을 가져온다.

#1904.1.29. 무서운 소문들

일본과 러시아 사이에 전쟁이 일어날 것이라는 소식에 지금 이 나라 전체가 동요하고 있다. 동학 세력들은 전쟁이 발발하면 즉각 외국인들과 기독교인들을 죽이기 시작할 것이라고 이야기하고 있고, 어찌됐든 4월 17일을 그 시기로 못 박아두었다고 한다. 동학 세력들은 점점 더 그 세가 커져가고 있고 나날이 조직화되어가고 있다.

우리는 내내 전쟁에 대한 소문과 무서운 동요가 전해지는 한가운데에서 이곳에 있다.

#1904.2. 러일전쟁 발발

1월에서부터 2월 초에 이르기까지, 평양의 분위기는 점점 더 무서워지고 있다. 전쟁이 예견되어 있고, 많은 한국 사람들은 외부인들이 기회를 갖기 전에 약탈할 생각들을 품고 있다. 도적 무리들이 도처를 떠돌고 있다. 이들 도적 무리들 중 상당수는 급여를 받지 못한 한국의 군인 출신들이다. 이들은 스무 명 정도가 한 무리를 이루어 돌아다니기도 한다. 이들은 강둑을 따라 거의 모든 집들에 침입하며, 밤이면 평양 전역에서 여러 집들이 털린다. 이들은 힘없는 여성들에게 재갈을 물리고 포박한 뒤 집에 있는 것들을 거의 다 털어간다. 언제 어느 때 선교사들의 집에도 이들이 침입하여 강도짓을 하고 약탈을 할지 알 수 없다.

　　미국 공사인 알렌 박사는 평양에 주재하고 있는 선교사들 전원에게 당분간 평양을 떠나지 말라는 명을 내렸다. 시골에 이들을 필요로 하는 사람들이 많은데 집에서만 있어야 하는 것은 무척 힘든 노릇이지만, 집에 머무르면서 집과 교회를 지키는 것은 현명한 행동이다. 장로교와 감리교, 두 교단의 사람들이 모여 대책을 논의한 끝에 집집마다 무기류를 갖춰놓는 것이 필요하다는 결정을 내렸고, 사냥을 위해 가지고 왔던 총들을 각 가정에 최소 한 자루씩 지급했다. 베커 씨가 우리집에서 지내고 있었는데, 남자들은 항시 위급한 상황에 대비하고 있어야 하기 때문에 우리는 소총 두 자루를 지급받았다.

　　요사이 동학 세력들은 외국인들과 기독교인들을 죽이겠다고 위협하고 있다. 그들이 많은 피해를 입힐 수 있을 정도로 탄탄하게 조직을 갖추었다고 보지는 않지만, 도적 무리들은 두렵다. 다른 집들과 마찬가지로 우리도 지난 몇 주간 한국인들에게 경비를 서게 했다.

　　어느 날 아침, 우리집 경비를 서던 이가 내게 와서 말하기를 전날 밤 어떤 남자가 담을 넘는 것을 보고 서둘러 쫓아가서 그를 때리고 재빨리 들어 올려 메다꽂았다고 했다. 하지만 경비원이 침입자가 떨어뜨린 훔친 쌀자루를 발견하고는 그것을 도로 갖다놓는 사이에 침입자는 도망갔나고 한다.

　　또 어느 날인가는 아서가 부득이 밤에 집을 비우게 되어, 나는 침대 옆에 소총을 놓아두고 혹시 필요할지 몰라서 커다란 몽둥이도 옆에 놓아두었다. 베커 씨 역시 총을 소지한 채 위층 방에 있었다. 한국인 전도사 두 사람이 밤새 경비를 서겠다고 아서에게 말했다. 늦은 밤, 내 방 뒤쪽의 베란다에서 아주 작은 걸음소리가 들렸다. 잠시 뒤 빛이 희미하게 반짝이는 것이 보였다. 나는 분명 강도가 들어온 것이라는 생각에 자리에서 일어나서 베커 씨에게 알리기 위해 창문 밖을 엿보았다. 그런데 강도들(?)이 베커 씨의 방문 쪽으로 사라지는 것이 아닌가. 잠시 뒤 베커 씨는 한국인 전도사들이 가지고 온 전보를 내게 보여주었다. 알고 보니 전도사들이 나를 깨우지 않기 위해 살그머니 내 방 앞을 지나서, 베커 씨 방의 문을 찾기 위해 사무실로 들어가 램프를 찾았던 것이다.

요즘 들어 기묘하고 놀라운 일들이 많이 일어나고 있다. 알렌 박사가 우리들에게 행동 지침과 외부 상황들을 전신을 통해 그때그때 보내오고 있는데, 2월 9일에는 일본과 러시아 간의 첫번째 전투 소식을 알려왔다. 제물포 항에서 해전이 벌어졌다고 한다. 그 뒤 우리는 서울로부터 지시가 내려올 경우 즉시 평양을 떠날 수 있도록 만반의 준비를 하라는 소식을 받았다. 그 뒤 다시 여성과 아이들만 떠날 준비를 하라는 통지가 왔다. 전투가 벌어질 경우, 남자들은 가까운 곳에 대피해 있다가 가능한 한 빨리 선교 구역으로 복귀하여 관리할 준비를 하라는 것이다.

🌸 러일전쟁 직전의 사건들_16

알렌 박사가 평양 선교회에 전신을 보내온 후 얼마 안 되서, 일본 영사가 시내의 주요 대문들에 방을 붙였다. "평양에 4~5만 명의 군인들이 들이닥쳐 주둔을 할 터인데, 이들로부터 여성들을 보호해줄 수 없으니 모든 젊은 한국인 부녀자들은 서둘러 집에서 나와 산이나 먼 곳으로 피해 있으라."라는 내용이었다.

젊은 부녀자들이 피신을 하니 이들을 보호하기 위해 몇몇 남자들과 나이든 여자들도 아기를 업고 짐들을 지고 따라갔다. 아침부터 밤까지 각종 살림살이들을 보따리에 싼 이들이 평양의 주요 대문들 밖으로 쏟아져 나갔는데, 그러한 피난 행렬이 며칠 동안 이어졌다. 일본 군인들이 이미 들이닥쳐서 문을 지키고 있을까봐 지레 겁을 내어 담 위를 넘어가는 이들도 많았다. 등에 매달린 아기들, 지팡이에 의지해 가는 노인들, 옷가지며 가재도구들을 천에 싸서 머리에 인 이들, 머리와 손에 짐을 이고지고 부모나 조부모 옆에서 뛰어가는 어린아이의 모습은 참으로 딱한 광경이었다. 어디로 가야 할지 모르고, 함께 갈 친구도 없고, 위험한 집에서 일단 도망은 나왔으나 놓아두고 온 집이 훼손될지도 모르니 걱정은 태산 같은데, 엎친 데 덮친 격으로 고생스런 길을 가는 도중에 강도를 만나는 경우도 비일비재했다.

부녀자들 대부분이 피신을 해야 했기에, 우리의 기독교인 여성들도 예외가 아니었으며, 피난 행렬에는 그들의 남편과 아버지들도 상당수 포함되어 있었다. 때문에 우리 교회의 1000여 명가량 되는 신자 중 남은 이들은 극소수였다. 우리가 평양을 떠나 미국으로 가기 전에 인도했던 일요일 저녁 예배에는 여신도 한 명과 남신도 열두 명이 참석했을 뿐이었다. 우리는 마음이 아팠다. 피신을 하게 됐을 때 많은 신자들이 찾아와서 교회 신도들이 뿔뿔이 흩어지게 되는 것에 대해 슬퍼하지 말라고 우리를 위로했다. 예루살렘의 교회에서 그랬던 것처럼 자기네들이 어느 곳에 가게 되든지 그곳에서 복음을 전파하여 주님의 말씀은 널리 퍼져나가게 하겠다는 것이다. 이들 은총 받은 자들은 소중한 씨앗을 퍼뜨리고 있으며, 그것은 이들에게 백배로 돌아올 것이다.

평양을 떠나라는 전보가 서울에서 언제 올지 몰랐기 때문에 미국인 소유 금광의 여성들이 3월 6일경 평양으로 왔다. 금광에서 평양까지는 약 3일이 걸리는 거리여서 비상사태에서는 피신하기가 쉽지 않았기 때문에, 알렌 박사가 그들에게 전문을 보내서 모두 평양으로 와서 사태의 추이를 지켜보며 대기하라고 한 것이었다. 그러나 평양을 떠나도 좋다는 소식이 도착했을 때는 이미 강은 얼어 있었다. 진남포 항 역시 얼어 있어서, 증기선을 탈 수 있는 가장 가까운 항구까지 육로로 가야 하는데 그 거리가 300

리였다. 선교회의 남자들은 갑작스럽게 길을 떠나게 될 것에 대비하여 대피로와 대피수단 위원회를 구성했다. 각 가정마다 여성과 아이들을 태울 수 있는 동물들을 구해놓고, 남성들은 여성과 아이들을 지키고 길을 안내하며 걸어서 가기로 했다. 그래서 소나 말, 당나귀 등을 가지고 있지 않은 집에서는 이 동물들을 한 마리 이상 사놓았다. 상황이 도무지 웃지 못할 지경이었지만, 우리는 모두가 소나 당나귀를 타고 수백 리 길을 가는 광경을 상상하며 여전히 웃었다. 모든 것이 질서정연하게 갖추어졌고, 모두가 이 대피 행렬에서 자신의 위치가 어디인지 알고 있었다.

그러다가 마침내 진남포 항의 얼음이 부서지고, 평양에서 전쟁이 일어날 위험도 적어졌다. 알렌 박사로부터 "여성들은 오고, 남성들은 남아도 된다."는 전보가 왔다. 또한 미국 순양함 신시내티 호가 진남포 항에서 출발할 예정인데, 이것이 북쪽으로 오는 마지막 배이며, 이후에는 더 이상 책임을 지지 못한다고도 했다.

안식년을 떠날 계획이 없던 여성들[독신 여선교사들]은 그대로 머무르고 싶어했기 때문에 선교사들은 다들 안도했다. 전보에 따르면 떠나느냐 남느냐는 순전히 개인적 선택의 문제이기 때문에, 다들 기뻐했다. 그들은 전쟁이 만주로 옮겨갈 것이라고 확신했다. 선교사들은 평양에서 압록강에 이르기까지 해당 지역의 교인들을 통한 일종의 정보체계를 갖추고 있었다. 각지의 교인들은 평양 교인들에게 평양 북쪽의 일본과 러시아인들의 모든 동태를 전해주고 있었다. 따라서 전쟁이 일어난다 해도 우리는 평양 지역을 쉽게 빠져나갈 수 있을 만큼 미리 알 수 있었다. 왜냐하면 군대들은 느리게 움직이고, 우리는 수백 킬로미터 밖에서 그들의 동태를 미리 알 수 있기 때문이다.

하지만 다수의 러시아 정찰부대가 북쪽 지역 전역으로 내려왔고, 얼마간의 작은 접전들이 벌어졌다. 어느 이른 아침, 나는 일본과 러시아간의 첫번째 지상전이 벌어지는 소리에 잠을 깼다. 인원이 5명에 불과한 러시아 기병대가 "내륙을 염탐하기 위해" 평양 성벽의 칠성문까지 진출한 것이다. 이들을 본 일본군 보초가 총을 쏘았으나 러시아 군인들은 달아났다. 평양에는 일본 군인들이 많이 있고, 이들은 성문마다 보초를 서고 성벽 위를 돌고 있다. 일본군의 탄알이 러시아 군의 말 꼬리를 막 스치고 지나갔다. 몇몇 일본군 기병이 러시아 군 뒤를 쫓아갔으나 따라잡지는 못했다. 좀더 북쪽에서는 더 큰 규모의 전투들이 있었다.

이 무렵, 일본 측은 모든 미국인에게 거리를 다닐 때 항시 배지를 달고 다니라는 명령을 내렸다. 빨간색과 흰색, 파란색이 칠해진 조그맣고 둥그런 배지를 코트의 옷깃 밑에 항상 달고 있어야 한다. 만약 이 배지를 달지 않은 것이 발견되면 본부로 가서 조사를 받게 된다. 미국 금광에서 일하는 반 네스 씨는 영국인인데, 자신은 영국인이기 때문에 배지를 달지 않겠다고 고집을 부리다가, 본부에 끌려가 몇 차례 조사를 받은 뒤로는 결국 그 배지를 달기로 했다. 그는 탄광으로 오가는 노새와 수레에도 미국 국기를 달았다. 미국 국기는 일본 군인들이 지키고 선 길을 오갈 때 안전을 보장해주고 있다.

처음에 우리는 서문을 지나 학교를 오가는 아홉 살 난 딸 루스의 경우에는 배지를 달지 않아도 괜찮을 거라고 생각했다. 그런데 어느 날, 루스가 12시가 조금 지나 한국인 하인이 끄는 당나귀를 타고 학교에서 집으로 돌아오는데, 서문을 양쪽에서 지키고 있던 일본 군인들이 루스를 당나귀에서 내리게 하고 하인에게는 문을 지나가도록 명령을 내렸다. 무서워진 루스는 울음을 터뜨렸고, 한국인 하인이 루스 곁으로 돌아와서 당나귀를 끌고 가고 루스는 군인들이 늘어선 길을 걸어서 지난 뒤 다시 당나귀를 타고 집으로 돌아왔다. 우리는 몹시 분개했고, 아이가 그 일에 대해 무척 불안해하기에 그날 오후에는 아이를 학교에 다시 보내지 않고 집에 있게 했다. 하지만 다음날 아침에는 아이 코트의 옷깃에 배지를 달아주고, 아이의 베레모에 미국 국기를 꽂아주었고, 우리가 미국으로 갈 때까지 계속 그렇게 했다.

첫번째 전초전이 다가왔고, 그보다 더 큰 전투가 평양 바로 외곽에서 벌어질 것 같다. 어느 날 아침 일본 영사가 서문 밖의 장로회 구역 인근에서 전투가 벌어질 것이니 장로교 선교사들은 시내로 들어와 전투가 끝날 때까지 감리교 구역에 머물라고 조언했다. 하지만 장로교 선교사들은 영사가 예견한 만큼 전투가 그렇게 가까이에서 벌어질 거라고는 생각하지 않았고, 근방에 있는 러시아 군인들도 소수에 불과하여 그냥 자신들의 구역에 남아 있기로 했다.

상황이 급박해지자 미국 공사는 미국 군인들이 평양이나 미국 금광의 미국인들과 재산을 보호해줄 만큼 여유롭지 못하므로, 미국 시민들은 일본인들의 보호하에 있으라는 전갈을 보내왔다. 이에 미국인들은 일본인들이 우리를 보호해줄 계획이라는 게 대체 무엇인지 알아보기 위해 공사를 찾아갔다. 그리하여 듣게 된 대답은 평양 중심부의 평지에 다들 모여 있으라는 것이었다. 여성과 아이들은 가운데로 모이고, 남성들이 이들 주위를 둘러싸면 일본 경비병이 경비를 서줄 것이라는 것이다.

그렇게 하면 우리가 안전하게 보호를 받을 수 있을 거라고 정말 생각하는 걸까? 일본인들은 미국인들의 재산을 보호할 계획 같은 건 애초에 가지고 있지 않다. 때는 추운 겨울이며, 어린 아기들이 있는 집도 있고, 병에서 막 회복되어 가고 있는 이들도 있다. 기간이 얼마나 될지도 모르는데, 일본인들은 여성과 아이들을 보듬어줄 계획도 없이 이 혹독하게 추운 날씨에 바깥에 이들을 방치해둘 생각인 것이다. 물론, 우리 미국인들은 스스로를 지키고 방어하기 위한 계획을 세웠고, 깃발과 불빛을 이용한 신호들을 정하여 각 가정마다 이를 학습해두었다.

첫번째 해전이 벌어지기 전에, 한국 전역에서는 강도들이 기승을 부려 교인들과 외국인들 모두 한동안 두려움에 떨었다. 혹 대량학살이 벌어질 수도 있으므로 교인들이 선교사들 집으로 피신을 오게 될 수도 있는 일이었다. 여러 집들에서 쌀들을 많이 가지고 와서 위험한 때가 닥쳐도 교인들이 굶을 일은 없었지만, 물이 문제였다. 평양에서는 대동강 물을 가져와서 쓰는데, 대동강은 우리 교회에서 800미터가량 떨어져 있다. 포위 공격이 이루어지면 물 부족에 시달릴 수 있으므로, 아서는 얼음을 잔뜩 사서 잘 덮어두었다. 물이 필요하게 될 때, 얼음을 녹여서 피난민들에게 물을 나눠줄 수 있도록 말이다. 전쟁이 끝난 뒤에 우리가 집으로 돌아오게 됐을 때 커다란 얼음 더미를 싸게 팔았다.

장로교 선교 본부가 있는 선천에 러시아 군인들이 한동안 야영했다. 그들은 한국인들에게 그에 대한 비용을 치렀고, 선교사들에게도 아주 친절하고 예의바르게 대했다. 러시아 군인들의 수는 많지 않았고, 원래 이들의 계획은 그곳에 요새를 세워서 적군이 들어오지 못하게 하려는 것이었지만, 전진하여 적들과 교전을 벌이라는 명령이 떨어졌다. 많은 병력을 갖춘 일본군들이 몰려왔고, 이들은 용감하게 적군과 맞섰으나 대부분 죽음을 맞이하고 말았다.

서울과 제물포의 일본 군인들은 그나마 낫지만, 북쪽에 와 있는 일본 군인들은 기강이 제대로 잡혀 있지 못하고 무례하다. 그들은 자기네들이 먹고 싶은 음식이 있으면 사람들한테서 빼앗고 그에 대한 대가도 치르지 않는다. 물건을 사고 돈을 내는 경우가 가끔 있지만, 대개는 음식이나 곡물을 그냥 가져가서는 값도 치르지 않는다. 강 건너편 마을의 어느 가장은 자신의 부인과 딸을 지키려다 일본 군인의 칼에 코를 베이기도 했다.

일본인 관리들은 미국인들이 미국인과 관련된 일들로 이야기를 하러 오면 무척 예의 바르게 대한다. 그들은 미국인을 존중한다.

이후 서울에서 전보가 도착하여 3월 26일 신시내티 호가 진남포에 도착하여 27일 떠날 것이며, 이것이 그해 여름까지 북으로 오는 마지막 배가 될 것임을 알려왔다. 봄에 안식년 휴가 계획을 세워두었던 노블 가족은 부인과 아이들이 먼저 배편으로 서울로 가기로 결정하고 3월 27일 평양을 떠난다. 그날의 기록은 다시 보지 못할 수도 있는 사랑하는 교인들과 제대로 인사도 못하고 떠나야 하는 당시의 절박한 상황과 노블 여사의 애달파하는 마음이 잘 드러나 있다. 이후 노블 가족은 5월 19일 미국행 배를 타기 전까지 서울의 맥길 박사 집에 머물렀다.

#1904.3.31. 주검의 숲

오늘 밤 맥길 박사가 공주에서 돌아왔는데, 그곳에서 그가 보았던 무시무시한 이야기들을 들려주었다. 다음은 그중의 몇 가지다.

맥길 박사와 조수가 길을 가던 중 소년들 여러 명이 모여 있는 것을 보고 무슨 일인가 알아보기 위해 다가갔다. 그곳에서는 여덟 명의 거지 소년들이 살짝 익힌 개고기를 베어 먹고 있었다. 이들은 죽어 있는 개를 발견하고는 짚과 나뭇가지로 불을 지펴 죽은 개를 살짝 익힌 뒤 자기들끼리 나눈 것이다. 다른 소년들은 이들을 지켜보고 있었다. 이 어린 거지 소년들은 밤이면 온기를 쪼이기 위해 불가에서 잠을 자다가 종종 화상을 입기도 한다. 이들이 걸친 옷은 시커멓고 더럽다. 이들 중에는 고아도 있고 어머니가 재가하면서 버려진 경우도 있다. 이들은 구걸에 익숙해져서 일을 하려고 들지 않는다.

공주 인근의 숲에는 나무들에 조그만 것들이 잔뜩 매달려 있는데, 얼핏 보면 주물(呪物)들 같아 보이지만 자세히 살펴보면 아이 시체들이다. 그곳에서는 아이들의 사체를 땅에 묻지 않고 나무에 매단다. 숲은 뼈들로 가득하다. 사람 크기만 한 나무 한 그루에 사체 여덟 구가 매달려 있었다고 한다. 간혹 성인의 사체들도 썩을 때까지 방치되어 있다가 뼈들이 떨어져나가면 땅을 얕게 파서 묻기도 한다. 그 숲에서는 범죄자들을 교수형에 처하기도 한다. 맥길 박사는 교수형 장면을 몇 차례 직접 보았다고 한다. 교수형에 처해지는 사람들은 올가미 속에 스스로 머리를 집어넣어야 한다. 이들은 짚으로 꼰 줄에 목을 매달게 되는데, 어떤 이는 세 번이나 줄이 끊어지자 자신을 죽이고자 한다면 다음번에는 줄을 단단하게 만들라고 간청했다고 한다. 이들은 주로 절도와 살인을 저지른 자들이다.

맥길 박사는 감옥을 찾아갔다가 간수가 고사를 지내는 모습을 보았다. 간수에게 왜 고사를 지내느냐고 물으니 간수가 대답하기를 죄수들의 수가 적을 때 죄수들이 더 많이 들어오게 해달라고 고사를 지낸단다. 죄수들은 자기네들이 먹을 음식을 스스로 조달해야 하기 때문에 간수는 죄수들에게 쌀을 팔아서 돈을 번다. 친지나 돈이 없는 죄수들은 굶을 수밖에 없다.

#1904.4.18. 덕수궁의 화재

서울의 맥길 박사 집에 머무르고 있다. 어젯밤 10시가 넘어서 잠자리에 들었는데, 막 잠이 들었을 때 모리스 박사가 창가에서 "궁궐에서 불이 났어요!" 하고 소리치는 바람에 깼다. 궁궐(덕수궁)은 감리교 선교사들이 사는 구역에서 한 블록이 채 떨어지지 않은 거리에 있다. 이화학당과 배재학당에서는 궁궐 내부도 보인다. 아서는 선교사 관사를 보호하기 위해 서둘러 팔을 걷어붙였고, 나는 창문을 통해 바라보다가 불길을 보고는 루스를 깨웠다. 맥길 씨 가족들과 루스와 나는 화재 현장을 보기 위해 이화학당으로 올라갔다. 우리집 요리사에게 문 앞에 서서 집을 지키게 하고, 나도 틈틈이 내려와서 상황을 살폈다. 맥길 박사는 베란다와 목재로 된 것들에 물을 뿌렸다. 불의 열기는 우리도 느낄 수 있을 정도였고, 불꽃과 타다 남은 찌꺼기들이 우리에게 떨어졌다. 커틀러 박사는 병원[정동에 있던 보구여관]에도 불이 붙을지 모른다는 생각에 병원에 입원해 있는 환자들을 이화학당으로 옮겨왔다.

궁궐 주변의 많은 건물들이 활활 타올랐다. 우뚝 솟은 알현실이 요란한 소리를 내며 무너질 때는, 불꽃과 재가 구름 위로 올라가면서 마치 불바람 같은 광경이 펼쳐졌다. 국왕은 처소에서 나와 다른 건물들과 조금 떨어져 있는 도서관 건물로 몸을 피했다고 한다. 알렌 박사와 프랑스 공사가 국왕의 곁에 머무르면서 화재 상황을 살피고 있다. 우리 구역에 화재 위험이 사라질 때까지 우리는 거의 뜬눈으로 밤을 지새웠다. 사망자가 있는지는 모르겠다. 화재가 궁궐 담 밖으로까지 번지지는 않았다. 망루에 화약이 있었다는데, 미국 군인들의 도움을 받아 화약을 안전한 장소로 옮긴 뒤, 불이 붙는 것을 막기 위해 망루에 물을 뿌렸다.

이후 노블 가족은 한국에서의 선교생활 8년 만에 첫번째 안식년 휴가를 맞는다. 1904년 5월 19일 제물포를 떠나 일본을 거쳐 미국으로 돌아가 1년여의 시간을 보낸다. 이들의 미국 생활은 그리운 가족과 친척들을 만나는 일들을 제외하면, 대부분 한국에서의 선교 활동과 관련된 선교회나 교회 초청 설교, 한국에 산업학교와 기술학교를 설립하기 위한 모금 활동, 원고 집필, 하와이 사탕수수 농장으로 이민온 한국 교인들과의 만남 등으로 채워졌다.

제3권

1904~1910

빼앗긴 땅의 슬픔

#1905.12.9. 청년단들의 충돌

10월 1일 일요일에 제물포에 도착하여, 서울로 가서 스크랜턴 박사 댁에서 하룻밤을 보냈다. 저녁에는 벡스 씨 댁을 찾아갔다. 다음날에는 벙커 씨 댁과 벡스 씨 댁 그리고 이화학당을 방문했다. 저녁식사 뒤 곧바로 제물포로 향했다. 루스는 스크랜턴 박사와 함께 역으로 갔으나 너무 늦게 왔다. 배의 선장은 다음번 기차가 올 때까지 한 시간 더 기다려주었다.

다음날인 10월 3일 오후 2시경 진남포에 도착하여, 그 지역의 교인 들과 배스토우 선장을 찾아갔다. 저녁 6시 30분경 대동강에서 배를 타고, 10월 4일 새벽 2시에 평양에 도착했다. 베커 씨 부부가 우리와 동행해주 었고, 모리스 씨 부부는 밤 11시부터 강으로 마중나와 있었고, 30명가량 의 한국인 교인들도 기다리고 있다가 우리를 맞아주었다. 우리의 집과 우 리의 사람들에게 다시 돌아와 기뻤다.

우리는 곧바로 미 감리교여성해외선교회 숙소로 가서 홀 박사, 로 빈스 양과 함께 며칠 지낸 뒤, 우리집으로 돌아가 이것저것 손을 보기 시 작했다. 우리는 전쟁시 긴급 상황이 되면 바로 부칠 수 있도록 세간들을 상자에 담아 못질해놓았는데, 그것들은 그사이 곰팡이가 피고 좀이 슬고 녹이 슬어 있었다. 하지만 그래도 우리는 집안을 순조롭게 정리해나갈 수 있었다. 예전에 우리집에서 요리사로 일했던 논기네와 하녀를 다시 불러 올 수도 있었지만, 임금 문제도 있고 하여 소년 한 명만 쓰기로 했다.

그동안 청년 모임들에서는 큰 갈등이 있었다. 교인들이 아닌 청년 들조차 정치적 목적을 위해 엡윗 청년회, YMCA 등의 이름을 함부로 가져 다 붙이고, 일부 교회 청년회도 정치적인 힘을 손에 넣으려고 애를 쓰는 바람에 많은 문제들이 일어났고, 모임은 한동안 중단되어야 했다.

최근에는 신창 지역에서 갈등이 있었다. 그곳의 행정관이 엡윗 청 년회에게 커다란 관영 건물을 주어 예배에 쓰도록 했는데, 이를 시기한 일진회가 사람들에게 건물을 빼앗아오도록 선동한 것이다. 그 장소가 악 마숭배의 장소처럼 보이기도 했기 때문에, 폭도들이 기독교인들을 공격 하기 위해 돌멩이와 몽둥이를 가지고 들이닥쳤다. 마침 지역 연회에 참석 하기 위해 왔던 모리스 씨 부부가 이 소식을 알렸고, 베커 씨가 청년 무리 들을 만나기 위해 찾아갔다. 누군가가 베커 씨에게 돌을 던지려 하자, 베 커 씨는 주머니에서 권총을 꺼내들었고 이에 겁을 먹은 청년 무리들은 흩 어져버렸다. 외국인 선교사들과 그 지역 담당인 한국인 전도사 강 선생이 평양으로 내려왔고, 모두 사태가 진정된 줄로 알았다. 그런데 어제 문제 의 청년 무리들이 다시 또 뭉쳐서 교인 집 한 곳을 부수고 대부분의 교인 들 집을 털었고, 이 바람에 강 선생의 부인과 아이들을 비롯한 교인들이 피신을 해야 했다. 아서는 오늘 행정관을 찾아가 사태 수습 방법을 알아 보기로 했다. 만약 그들이 사태 수습을 제대로 못하면, 현재 한국을 보호 하고 있는 일본 사람들에게 가서 호소를 해야 할 판이다.

지난 밤 아서의 사무실에서 북한 땅에서는 처음으로 일본인들이 기도 모임을 가졌다. 기하라 씨가 그들을 초대하여 모임을 인도했다. 그들 중에는 고등교육을 받은 이들도 일부 있다. 그들 중 몇 사람은 우리집 현관문 앞에 와서 가만히 서 있었다. 내가 문가로 나오자, 그들은 구둣솔이 없어서 들어오질 못한다고 말했다. 나는 의아해하면서도 구두약과 솔을 가져다주었다. 말이 통하지 않으니 때로 재미있는 상황도 벌어진다. 그들은 그들의 발을 매트에 문지르고 싶었을 뿐이었는데, 이를 영어로 표현하지 못했던 것이다.

지난 11월 14일 여자사경회가 시작되어 23일 우리집에서의 친교 모임을 마지막으로 끝이 났다. 110명의 여성들이 참가하여 반을 세 개로 나누어서 수업을 진행했다.

#1906.1.29. 부흥하는 교회

어제는 우리 교회에 영광스러운 날이었다. 우리는 바야흐로 교회 부흥의 시점을 맞이하고 있다. 교인들이 주중에 가가호호 방문을 하면서 각 가정에 소책자를 한 권씩 나눠주고 있으며, 사람들에게 주님에 대해 알려주고 예배에 오도록 초대를 한다. 일요일 아침에는 마흔한 명의 사람들이 제단에 나와 믿기를 희망한다고 말했고, 미신과 관련된 물건들을 없애고 안식일을 지키며 예수님의 이름으로 하나님께 기도를 드리겠다고 했다. 한국인 설교사 이운성 씨는 설교 뒤에 사람들에게 예배와 주일학교 수업 사이의 시간에 식사를 하지 말고 밖으로 나가 사람을 낚는 어부가 되라고 권고했다. 이들의 노력의 결과로 주일학교에 새로 사람들이 여럿 왔고, 스무 명이 제단으로 나왔다.

저녁 예배 또한 성령이 인간의 마음을 움직이신 자리였다. 마흔다섯 명이 새로 왔다. 한 교회에서 하루 동안에 106명의 새로운 신자가 나온 것이다.

우리는 이들 초보자들이 의로움의 길로 들어설 수 있도록 가르치는 데 도움과 인도를 구하는 기도를 했다.

그 후 2주일 만에 400명이 〔새로운 신자로〕 제단 앞에 섰다.

#1906.4.30. 일본군의 폭압적 징발

일본군의 한국 주둔이 사람들을 힘들게 하고 있다. 벌써 여러 달 동안 매일매일 아무런 보상도 못 받고 거처를 잃는 가족들이 생겨나고 있고, 일본인들은 한국인들 앞에서 계속해서 거드럭거린다. 외국에서 들어오는 이들은 하나 같이 세계가 이곳의 상황을 전혀 알지 못하고 있다고들 말한다. 뉴스가 한국 땅 밖으로 나가지 못하기 때문이다.

일본인들이 손에 넣은 넓고 좋은 땅과 집은 군사적 필요성을 핑계삼아 한국인들로부터 빼앗은 것이다. 전쟁 중에 그리 된 것도 있고 전쟁이 끝난 뒤에 그리 된 경우도 있는데, 전쟁이 끝난 지 거의 1년이 지난 지금까지도 그 같은 상황이 계속되고 있다. 쥐꼬리만큼 대가를 받은 경우도 일부 있지만, 돈 한 푼 못 받고 강제로 빼앗긴 경우가 더 많다. 이에 한국인들이 항의라도 할라치면 일본인 관리들은 한국 땅은 일본인들의 소유라고 주장하는 상황이기 때문에, 한국인들은 집에서 쫓겨나서 일본 군인들이 소유하지 않은 집에서 살고 있는 친구들의 십으로 들이기 살 수밖에 없다.

평양 주재 일본 사무관에게 일곱 식구가 있는 한 가난한 가족(나의 전도부인의 가족)이 자기네 집에서 살게끔 해줄 수 없는지 물어보았다. 그는 미국 사람들은 개인을 중히 여기지만 일본 천황은 개인이 아닌 국가 전체를 생각한다고 말하며, 일본은 한국 정부와 협정을 맺었으며 일본 군인들이 한국인들 사는 곳에서 숙영할 수 있도록 국왕에게 돈을 지불했다고 주장했다. 약간의 돈이 지불됐는지는 모르지만 사람들이 이를 받으려 하지 않는다는 것은 일본 측도 알았다. 일본인들은 끊임없이 한국인들의 집과 가재도구를 강탈하고 있으며, 심지어 한국인들이 사서 쓰는 물조차도 일본 군인들에 의해 징발되는 경우가 비일비재하다.

#·1·9·0·6·.·8·.·1·6·. 대동강의 보트하우스에서

우리는 2주일간의 휴가를 즐기고 있는 중이며, 곧 집으로 돌아갈 예정이다. 날씨가 참 좋다. 우리는 하루에 두세 번씩 수영을 하고 있다. 아이들이 무척 즐거워하고 있고, 무엇보다도 아서가 당분간이나마 일에서 벗어날 수 있어서 참 기쁘다.

아서는 너무 지쳐 있다. 그는 기술학교를 짓는 일 때문에 그동안 과로에 시달려왔다. 그는 공사 도급인들과 작업하면서 많은 어려움들을 겪었고, 그들이 작업하는 것을 꼼꼼히 살펴야 했고, 부수고 다시 짓기를 몇 번씩 반복해야 했다. 우리가 휴가를 떠나기 전에 기초공사는 마무리됐다. 일본인들은 우리의 재산권에 대해 문제를 제기하며 빈번히 소란을 일으켰다. 그들은 우리가 하는 일들을 보기 위해 여러 차례 찾아왔고, 우리는 우리끼리 작업을 해나갈 수 있게 하기 위해 서울의 감리교 본부에 두 차례나 사람을 보내야 했다. 그러자 이번에는 어느 일본인이 우리 선교사 소유의 땅 안에 문을 세우려고 했다. 그들은 우리 구역 안의 꽤 넓은 구획을 정지하는 작업을 했는데, 이는 그 땅을 빼앗으려는 뜻이었기에, 아서는 일본 사무관에게 찾아가 그 일에 대해 알렸다. 우리는 촉각을 곤두세운 채 경계를 서고 있는데, 그렇게 하지 않으면 일본인들이 밤사이에 우리 구역 안의 땅을 차지하고 집을 지을 수 있기 때문이다. 가엾은 한국인들은 이런 일들을 계속 겪고 있으며, 누구도 그들을 도와주지 않는다.

많은 일본 군인들이 장로회 구역 인근의 한국인들 집을 빼앗았고, 한국인들은 자기들의 집에서 쫓겨났다. 일본군들은 맥퀸 씨 소유의 밭에서 감자를 훔치기도 했다. 맥퀸 씨 부부가 평양 주재 대사에게 항의하자, 그는 그런 사람들을 보면 집으로 따라가서 집주인 이름을 알아오라고 했다. 어느 날 누군가가 감자를 캐내는 광경을 목격한 맥퀸 씨 부부는 조용히 그들의 뒤를 쫓아 집까지 따라갔다. 맥퀸 씨가 그 집의 주인 이름을 묻자, 그들은 화를 내며 맥퀸 씨가 조금이라도 저항하려 들면 당장에라도 싸울 기세였다. 결국 그들은 맥퀸 씨를 구타했고, 이때 스왈런 씨가 우연히 지나가다가 이를 보게 되었다. 일본군들은 맥퀸 씨가 맥퀸 부인을 데리고 도망가는 동안 스왈런 씨를 공격했다. 저녁 때 맥퀸 씨 부부가 집으로 돌아와 보니, 일본군들이 그들의 집을 차지하고 있었다. 맥퀸 씨 부부는 베어드 씨의 집으로 가서 자초지종을 알렸고, 이에 남자들이 맥퀸 씨의 집에 들이닥치자 일본군들은 한 사람만 빼고 다들 도망갔으나 남은 한 사람은 집에서 나가기를 거부했다. 할 수 없이 맥퀸 씨 부부는 웰스 씨 집에서 잠을 자야 했고, 그 일본군은 자정 넘어서까지 맥퀸 씨 집을 차지하고 있었다. 이 일에 대해 일본 군인들에게 내려진 벌은 이 마을에서 벗어나라는 것뿐이었고, 이들의 상관은 그들이 해를 끼칠 의도는 아니었다고 판단했다.

외성의 농부들이 농사지은 것들을 수확하여 저장하려 할 즈음, 일본인들이 땅을 이용해야 한다며 와서는 농사지은 것들을 다 갈아엎어 버리고 농부들에게는 보상도 해주지 않았다. 하지만 기독교인들은 이런 일본인들을 사랑하기 위해 애쓰고 있다.

몇몇 집들은 일본 군인들이 차지하고 있으며, 집세랍시고 돈을 지불하기는 하지만, 말이 좋아 집세지 받기에도 민망할 정도의 너무 적은 액수다. 대개의 경우는 집 주인들이 그런 보잘것없는 액수를 받기를 거부하고 있다.

야마카 목사가 최근에 한국을 잠시 방문했다. 그는 우리집에서 하룻밤 묵었다. 한국 땅 전역에서 일본인들이 한국인들을 탄압하는 것을 목격한 그는 모세와 그를 따르던 백성들이 이집트에서 핍박받던 시절을 떠올리게 됐다고 했다. 야마카 목사는 일본에서 명망 높은 목사 중의 한 사람이다. 우리의 해리스 감독은 일본인들이 그와 같은 마음을 갖는다면 모든 일들이 잘 해결될 것이라고 확신한다며, 한국인들의 시련과 그들이 당하는 치욕을 언급하는 것조차 잊은 듯했다.

#·1 9 0 6·1 0·2 9·무당 금지법

강서군의 행정관은 기독교인이다. 그는 군내에 있는 모든 귀신들의 제단을 부수고, 무당들의 일을 법으로 금지했다. 이교도들은 물론 그것을 좋아하지 않는다. 그래서 아프거나 문제가 생길 때마다 그들은 귀신들을 달래지 않아서 그렇다고 말하곤 한다. 강서군 너머 청산군의 한 여성이 정신이상으로 광폭하게 되자, 무당들이 불려가서 그녀에게 붙은 귀신들에게 왜 왔으며 어디서 왔느냐고 물었다고 한다. 그들이 대답하기를 "우리는 강서군에 살았는데, 그곳의 원님이 머물 곳을 주지 않아 이리로 넘어오게 됐다."고 했단다.

그 행정관의 이름은 이우영인데, 현재 이곳 평양에 새로운 감사가 지명될 때까지 감사대행을 맡고 있다. 그가 여기서 처음 취한 행동은 무당들의 일을 금지하는 것이었다. 이미 한 사람이 감옥에 있다.

기엄이라는 곳에서는 기독교인들이 박해를 받고 있다고 한다. 기독교도들과 비기독교도들의 집에서 여러 차례 불이 났으며 일부는 완전히 타버렸다. 이교도들은 기독교도들을 몰아내려 하고 있다. 그들은 기독교도들이 하도 많아 "귀신들이 화가 나서" 재난이 닥치는 것이라고 한단다.

#1907. 2. 11. 성령의 불길 속에서

어제 아침 우리 교회에서 위대한 회개운동이 시작됐다. 몇 주 전 장로교회에서 일어난 일과 같은 것이다. 사람들이 모두 종교적 가르침에 점점 더 큰 반응을 보이고 모든 죄를 고백하기 시작했다. 회개운동은 기회만 주어졌다면 열흘이나 2주 전부터 시작할 수 있었다. 그러나 우리의 원주민 목사는 장로교회에서 일어난 것과 같은 집회를 인도할 자신이 없었다. 그는 성령의 존재에 대해 약간 의심하고 있었다. 그러나 그와 신도들 모두가 더 이상 참거나 기다릴 수 없게 된 것이다.

아서는 중도에 돈이 다 떨어져서 해주에 가서 사경회를 도울 계획을 포기하고 다시 돌아왔다. 그는 돌아와서 이곳에서 성령을 느꼈다. 그리고 일요일 아침 예배를 열고 신도들로 하여금 죄를 고백하고 주께로 돌아오도록 하자마자 우리 모두는 회개, 성령의 불길 속에 있게 됐다. 많은 사람들이 죄로 인해 흐느끼고 탄식했으며, 일부는 자신들의 죄를 고백하고 승리를 얻었다. 오후의 주일학교도 이와 같은 모임으로 변했다. 저녁 예배도 이와 같았다. 그러나 일반적으로 죄를 고백하자마나 죄 사함에서 오는 평화를 경험했다. 일부는 그러한 평화를 쉽게 받아들일 수 없는 듯 보였다. 그것은 마치 사람들이 악령에 사로잡혀 있어서 악령들이 그들을 갈기갈기 찢어내던 성서시대와 같았다. 또한 우리의 죄인들은 고통스러워하며 정의의 심판관 앞에 서는 심판의 날을 끊임없이 떠올리게 했다. 많은 사람들이 고백한 죄들은 극악무도한 범죄였으며 불과 유황으로 파괴된 구약시대의 사악한 고대 도시들을 떠올리게 했다. 거기에 언급됐던 모든 악마들이 오늘 이교도의 땅에 있는 것 같았다. 그리고 나는 하나님을 모르는 사람들에게 도덕의 기준을 세워줄 모세의 장구한 율법들이 더욱 필요하다고 느꼈다.

물론 교회에는 이미 진심으로 회개하고 기독교 신자가 된 날부터 순수하고 선한 삶을 사는 사람들도 많다. 그러나 우리는 슬프게도 대다수의 교인들이 머리만 개종했을 뿐 마음은 개종하지 않고 있었다는 사실을 깨달은 것이다. 그런데 이제 그들이 마음을 바꾸고 있는 것이다. 마음을 개종한 사람들이 성령의 세례를 받고 있는 것이다.

조기결혼은 수많은 죄와 부도덕 그리고 어린 아들이 어머니를 지배하도록 내버려두는 습속을 낳았다.

오늘 우리들의 저학년 소년들이 회심의 불길에 휩싸였다. 그것은 신학교와 대학에서 여전히 진행 중이다.

최근 번지고 있는 중재 기도의 힘은 내가 본 것들 중에서 가장 놀라운 일이다.

우리 해외선교사 공동체 모두는 새로운 성령 충만의 축복을 받았다. 공동체에는 서로에 대한 감미롭고 부드러운 사랑이 있으며, 우리 모두는 한국인들에게 더욱 가깝게 이끌리고 있고, 그들을 더 잘 이해하게 됐다. 그들 또한 이전보다 우리를 더욱 잘 이해한다. 존스 박사는 "아시아에서 가장 놀라운 일이 지금 여기서 진행되고 있다."고 말했다.

1 9 0 7 . 5 . 5 . 아서의 상하이 여행

올 봄에 우리는 평양을 찾아온 많은 손님들을 우리집에서 묵게 했는데, 그들 중에는 예일 대학교의 심리학 교수인 래드 박사 부부도 있었다. 그는 일본 정부의 초청을 받아서 온 것이고 이에 따른 경비도 일본 정부가 부담했다. 그는 이토 히로부미의 초대를 받아 한국에 와서 두어 달간 머무르며 강연을 했다. 그는 이곳에 온 이유에 대해 "교육과 도덕을 위하여!"라고 말했다. 이들 부부는 일본과 일본 사람들을 무척 좋아하기 때문에, 일본인들이 싫어하는 모든 것에 대해 편견을 가지고 있다. 일본인들이 한국 땅에서 저지른 옳지 못한 일들에 대해 어쩌다 이야기를 하게 되자, 래드 부인은 "솔직히 저는 믿지 못하겠어요."라고 말했다. 이것이 한국에 머무르는 동안 그들이 보여준 태도다.

아서는 상하이에서 열리는 연회에 참석하러 나가 있다. 그에게는 기분 전환과 휴식이 절실히 필요했기에, 그가 그곳에 가게 되어 기쁘다. 연회는 대단한 규모이고 상하이는 서구의 도시와 다름없다. 아서는 이운성 씨의 여행 경비 절반과 김창식 씨의 여행 경비 3분의 1을 부담했다. 이들 두 한국인 전도사들은 이전에 외국에 나가본 적이 없다. 이번 여행은 기운을 고쳐시켜줄 수 있을 뿐 아니라 두 사람에게는 좋은 배움의 기회도 될 것이고, 특히 이운성 씨에게는 휴식의 기회도 되어줄 것이다. 홀 박사는 김창식 씨를 그곳에 보내고 싶어하여 경비의 3분의 1을 부담해주었고, 나머지 3분의 1은 김창식 씨 본인이 부담했다. 이운성 씨도 경비의 반을 자비로 부담했다.

#1907.6. 영변 여행

6월 1일 토요일 오전 7시에 평양을 떠나 영변에 갔다가 6월 5일 수요일에 돌아왔다. 해럴드를 데리고 갔다. 루스와 앨든은 학교에 가야 하기 때문에 집에 두고 왔다. 내가 없는 동안에 무어 부인이 아이들을 보살펴주었다.

기차에서 내려 인력거를 타고 가겠노라고 모리스 씨 댁에 전보를 쳐놓았다. 나를 마중나온 사람이 있을 거라고는 기대하지 않았는데, 모리스 씨가 장녹태 씨를 안주로 보내어 나를 마중하고 인력거꾼을 구해주었다. 참 다행이었다. 그가 오지 않았으면 나는 인력거나 가마를 구하지 못해 쩔쩔매고 있었을 것이다. 장녹태 씨가 일본인이 끄는 인력거를 한 대구해놓았지만, 한 일본 군인이 나타나서 자신이 그 인력거를 타야겠다며 인력거꾼에게 억지를 부렸다. 장녹태 씨가 이 인력거는 미국인 부인과 아이가 탈 것이라고 말했지만 일본 군인은 들은 척도 하지 않았다. 결국 어느 정도 떨어진 거리에서 또 다른 인력거꾼(일본인)을 만났고 그는 한국인 마을로 15리를 가주겠다고 했으나, 가는 도중에 장녹태 씨가 처음에 구해놓았던 인력거꾼과 맞닥뜨리게 됐다. 그래서 우리는 나중에 구한 인력거꾼에게 영변까지 데리고 가달라고 하고, 처음에 구했던 인력거꾼에게는 안주까지 가달라고 했다. 그러나 그는 억지를 부리고 몹시 화를 내면서 다른 인력거꾼이 우리를 태우지도 빈 인력거를 끌고 따라오지도 못하게 했다. 그러나 시간이 지나니 처음 구했던 인력거꾼은 또 다른 인력거꾼이 있는데 자신이 계속 그런 태도를 보일 필요가 없다고 생각한 듯했다. 돌아오는 길에는 한국인 가마꾼 네 사람이 드는 가마를 타고 갔는데 훨씬 편했다. 나는 신안주에서 영변까지 75리 길의 절반을 걸어서 갔는데, 길은 무척 험했다. 그러나 영변은 그 모든 어려움들을 보상하고도 남았다. 영변은 아름다웠고, 둘러싸고 있는 산들은 정말 멋있었다.

우리는 유명한 곳들을 구경했다. 대협곡, 네 개의 아치형 다리, 협곡 한 면의 바위를 깎아 조각한 거대한 석조 불상, 거대한 돌탑들, 대약산(산 위에서 내려다보면 사방으로 멋진 풍경이 보인다), 과거 한국의 유명한 사람들의 이름이 새겨진 명판들, 사찰들……. 그러나 우리의 여행에서 가장 흥미로웠던 것은 모리스 씨 댁 뒤쪽의 산에 올라가서 본 머리가 없는 스물다섯 개의 불상들이다. 그 불상들은 아주 오래된 것들이었다. 여기에 얽힌 이야기가 있는데, 오래 전에 소년들이 그곳에 올라가서 불상에 돌을 던져 머리를 부수었는데, 영변 사람들이 오랜 세월에 걸쳐 다시 불상에 머리를 올려놓았으나 결국 또 다시 불상의 머리가 없어졌다는 것이다. 사방의 나무에는 글을 적은 종이들이 묶여 있었는데, 사람들이 더 잘살게 해달라는 소망을 담아 매달은 것이라고 한다.

#1907.9.8. 봉산 여행

이틀간 시골을 다녀오게 됐다. 모리스 부인이 우리집에 와서 월요일 밤에 아이들과 함께 있어주면서 식사를 챙겨주기로 했다. 모리스 씨가 출타 중이어서 모리스 부인은 폴웰 씨 집에서 지내고 있던 참이었다.

나는 새디와 해리엇, 강신화를 데리고 갔다. 해리엇은 열흘 가량 머물며 일곱 개의 마을을 방문했다. 우리는 아침 일찍 기차를 타고 평양을 떠났다. 새디와 해리엇은 이번에 처음 기차를 타는 것이었다. 우리는 세 시간가량 기차를 타고 간 뒤 사리원에 내려서 40여 명가량의 사람들을 만났다. 우리는 15리를 걸어서 양덕골로 갔다. 그곳에서 오후 예배와 저녁 예배를 인도하고, 다음날 아침 봉산으로 가서 예배를 인도하고 만찬에 참석한 뒤 오후에 그곳을 떠나 집으로 향했다.

나는 그곳에서 가마를 구했고 당연히 그 비용을 지불하고자 했으나 역에서부터 우리와 동행했던 사람들이 우리가 봉산을 떠나기 전에 이미 비용을 지불했다. 거리는 20리가량 됐다. 나는 봉산을 찾은 최초의 외국인이자 양덕골을 찾은 최초의 외국 여성이 됐다. 양덕골을 찾은 최초의 외국 남성은 아서다. 사람들은 대단히 우호적이었고, 우리가 온 것에 무척 기뻐했다. 양덕골 사람들은 교회를 세웠고, 봉산에서는 8칸짜리 교회 건물을 짓고 있는 중이다. 이곳의 세 명의 기독교인 형제가 부지와 자재를 제공했고, 나머지 사람들은 공사에 참여했다. 그들은 내가 그곳에서 하룻밤 묵기를 바랐고 출발하기에는 너무 늦은 시간이라고 한사코 나를 잡았지만, 내가 걸어가겠다고 말하자 그들은 서둘러 가마꾼들을 구해왔다. 가마꾼들은 내가 무척 무겁다고 느껴졌는지 자기들끼리 "이 여자는 대체 뭘 먹기에 이렇게 무겁담." 하고 떠들었다(내 몸무게는 50킬로그램이다).

양덕골에서는 작고 깨끗한 독방이 내게 주어졌지만, 밤에 내가 자리에 눕자 벼룩들이 떼를 지어 기어나왔다. 나는 몸과 이부자리에 살충제 가루를 뿌리고 다시 눈을 붙였다. 다음날 아침 살충제 가루 때문에 기절한 벼룩들이 몇 마리가 되는지 세어보았는데, 20마리째 세었을 때 그보다 훨씬 더 많은 수의 벼룩들을 발견하고는 홑이불을 바깥에서 털어야 했다. 얼마 전에 그곳에 갔던 아서는 이부자리를 바깥으로 들고 나갔으나 안이나 밖이나 벼룩들이 많기는 마찬가지였다고 한다. 하지만 사람들은 참 좋았다. 그들은 적극적인 반응을 보였고, 복음을 전파하는 데에도 참으로 진지하게 임했다.

목요일에는 대동강에 있는 두리 섬이라는 곳에 가서 예배를 인도했다. 그곳 사람들은 무척 고마워하는 것 같았다.

1 9 0 8 . 2 . 2 0 . 아편쟁이의 아내

어제 우리 교회 신자 중 한 젊은 여성이 우리가 진행하는 여성사경회 청년반에 들어갈 수 있는 추천서를 얻기 위해 찾아왔다. 나는 그녀를 그리 잘 알지 못했기 때문에 오늘 다시 오라고 했다.

그러는 동안 나는 그녀를 알고 있는 사람들 사이에서 그녀의 평판을 알아보도록 한 교회 여성을 보냈는데, 아주 슬픈 사연을 전해 듣게 됐다.

그녀는 이제 한국 나이로 스물일곱 살이다. 그녀는 열네 살 때 아홉 살 소년과 결혼을 했다. 두 사람의 부모들은 아주 절친한 친구여서 두 집안이 사돈관계를 맺기를 바랐지만 서로의 아이들에 대해서는 전혀 알지 못했으며, 결혼 준비는 모두 중매인이 알아서 했다. 알고 보니 그 소년은 지체부자유자였다. 소녀는 가끔씩 남편의 집에 방문하러 가곤 했다. 그녀의 시부모님들은 그녀가 좋을 대로 하도록 해주었고, 그녀가 원하는 만큼 친정에 머물도록 허락해주었다. 그녀의 남편은 몇 년째 아편쟁이로 집에서 찾을 수 있는 값나가는 물건을 닥치는 대로 가져다가 팔아서 아편을 사곤 했다.

그가 너무 형편없이 되어가자 그의 부모는 식기와 가구를 지키기 위해 그를 차꼬에 묶어두고 있으며, 그의 여생은 이제 얼마 남지 않았다고 한다. 그 부인은 지금 3년째 오빠의 집에서 살고 있고, 이웃들로부터도 좋은 평판을 얻고 있다. 오늘 그녀는 추천서를 받게 될 것이다. 그녀의 오빠는 그녀에게 힘들었던 과거로 인해 슬퍼하지 말고 이제 온 정신을 교육을 받는 데 쏟아 붓고 하나님이 제시해주실 미래에 대비하라고 말했다.

#1908.4.4. 나는 얼마나 강인할까?

나는 집회를 여는 것을 돕고 사람들을 만나기 위해 강어귀에서 10킬로미터쯤 떨어진 섬으로 갔다. 강신화, 이 이사벨, 방 씨와 함께 걸어갔다. 강 아래쪽에서 배를 타려고 했지만 그러기에는 조류가 여의치 않아서 내 강인함도 시험해볼 겸해서 그들과 함께 걷기로 마음먹었다. 그 여행을 잘 견뎌낸 것을 보니 내 강인함은 내가 생각했던 것 이상인 듯하다.

집회에는 약 70명이 왔다. 끝날 무렵에 미신숭배물 파괴를 돕기 위해 어떤 집에 초대를 받았다. 그 집 한쪽에 식구들만의 작은 초가지붕 사당이 있었는데, 안쪽 선반 위에 귀신을 달래기 위한 의복과 약간의 비단이 담긴 바구니가 놓여 있었다. 많은 이교도인들이 우리 주위에 모였고,

이는 하나님을 전도할 수 있는 또 하나의 좋은 기회였다. 그 집 주인의 의지는 확고했고 악마에게 바치는 모든 것들을 태워버리는 것에 기뻐했다. 젊은 부인은 몹시 두려워했지만 모든 것이 불타버린 것에 기뻐했다. 하지만 그녀는 옷을 만들 몇 가지 물건들을 챙겼다. 그것을 보았을 때 내 맘이 결코 편하지는 않았지만, 그들의 양심이 스스로 그런 문제들을 결정하도록 내버려두었다.

#1908.4.15. 평양 운동회

초등과 중등 155개 남학교가 도시 상인들의 초대로 운동회를 하기 위해 왔다. 상인들은 운동장을 마련하고 도시를 장식했다. 깃발과 장식 천들이 도로 곳곳에 내걸려 도시 전체가 축제 분위기다. 평양의 모든 남학교들이 초대를 받았는데, 그 수가 4000명이나 된다고 한다. 그들은 이 행사를 위해 오랫동안 연습해왔고, 친척들과 친구들이 그들을 보러왔다. 어느 학교에서는 한 할아버지가 학생들을 위해 현수막을 들고 왔다. 현수막들은 대체로 평범했지만 몇몇은 예쁜 비단으로 된 것도 있었다. 각 학교는 유니폼을 입었는데, 우리 감리교 학교의 소년들 모두는 흰색 배낭에 카키색 상하의와 흰 각반, 흰 모자를 착용했다. 아주 말끔해 보인다. 대부분 밝은 색 윗도리와 바지를 입고 있었다. 또 대부분의 학교들이 머리를 자르게 했지만 몇몇 이교도 학교에서 온 아이들은 머리를 땋아 등에까지 길게 늘어뜨리고 있었다.

운동회는 옛 군인들의 연병장이 있던 넓은 평지에서 열렸다. 언덕으로 둘러싸인 곳에 수만 명의 사람들이 모여 있는 것을 보니 정말 대단했다. 그 수가 3만 명은 될 것 같았다.

특별 초대 손님들은 의자와 벤치가 있는 커다란 천막 아래에 앉았다. 정오에는 텐트 근처에서 초대 손님들에게 다과가 제공됐다. 모든 학교가 그날 하루에 다 참가할 수는 없었기 때문에 오늘 다시 하루 종일 운동회가 계속될 것이다.

한 한국인이 이 행사와 관련하여 그가 가장 흥미있게 본 것에 대해 말했다. 예전에는 군인들이 퍼레이드하는 것을 구경하러 사람들이 몰리면, 엄청난 양의 술을 마시고 취해 언덕배기에서 싸움이 일어나곤 했는데, 지금은 복음의 영향력 덕택에 그런 것들이 전혀 보이지 않는다는 것이다. 또한 예전에는 상을 줄 때 심한 다툼과 시기가 있었는데 지금은 아주 분위기가 다르다고 했다. 이 모든 것이 이곳의 기독교 신앙 덕분이라는 것이다.

#1908.5.19. 악귀들의 장례식

무서운 장례식 행렬을 보고 이제 막 돌아왔다. 우리는 서문 너머에 있는 우리의 남학교로 가고 있었다. 30분 내내 상여꾼들이 도시 밖으로 죽은 이를 옮기는 문제를 놓고서 서로 상여를 밀고 당기며 옥신각신했다. 마치 공중의 악귀들이 사자의 몸을 서로 차지하고자 안간힘을 쓰고 있는 듯 보였다. 끔찍했다. 고용된 춤꾼들이 상여꾼들의 긴 줄 주변과 앞에서 춤을 추었다. 상여가 성문으로부터 밀쳐질 때는 뒤쪽으로, 앞쪽 상여꾼이 우세할 때는 앞쪽에서 춤을 추었다. 한 소년 춤꾼이 성인 남자의 어깨 위에 붙어 있었다. 모든 상여꾼들과 춤꾼들은 멋진 모자를 쓰고 있었는데 마치 왕관처럼 보였다. 북 두드리는 소리, 종 울리는 소리, 피리 소리 모두가 사람들이 무서운 악귀에 홀려 제정신을 잃도록 만드는 것 같았다. 사람들의 얼굴은 귀신이 들린 것 같았다. 두 개의 작은 빈 의자가 죽은 이의 영혼을 위한 것인 양 앞쪽으로 옮겨졌다. 죽은 이의 친척이자 상주인

상복을 입은 한 노인이 관 위에 손을 올리고 관 뒤쪽에서 걸었다. 그는 다른 사람들과 마찬가지로 연신 뒤로 앞으로 밀었다. 몇몇 애도자들은 가마를 탔고, 몇몇은 말을 탔으며, 다른 사람들은 걸어갔다.

#1908.6.16. 집 안으로 쳐들어온 일본군

오전 10시경 말을 탄 한 일본 군인이 교회 뜰로 들어오려고 문을 쾅쾅 두드렸다. 교회 관리인이 커다란 현관문을 열었고, 그 군인은 작은 나무에 말을 묶었다. 관리인이 그에게 그리 하지 말라고 했지만 이에 화가 난 군인이 그를 심하게 걷어찼다. 관리인이 저항하자 그 군인은 장검을 뽑아들어 일격을 가할 태세였다. 관리인은 재빨리 몸을 피해 우리집으로 도망쳐왔다. 그는 현관으로 달려 들어와 식당을 지나 계단을 올라 하나뿐인 손님방으로 올라갔다. 그 군인이 재빠르게 쫓아가다가 우리 아이를 보고 문간에서 잠시 멈칫거렸다. 하지만 그는 급히 안으로 들어와 현관과 식당을 지나 위층으로 올라갔다.

앨든이 내게 알리려고 창고로 달려왔다. 우리가 식당으로 들어서는 순간 위쪽에서 일격을 가하는 소리가 들렸다. 그 군인이 칼로 관리인 정 씨를 베었는데, 관자놀이 위쪽으로 3센티미터 정도 되는 상처는 뼈까지 드러날 정도였다. 그 즉시 두 명 다 아래층으로 내달렸는데, 정 씨의 머리에서는 피가 흐르고 있었고 옷은 피범벅이 되어 있었으며, 그가 지나가는 곳마다 핏방울이 떨어졌다.

나는 식당에서 그들과 마주쳤고, 뭐가 문제인지 알려 달라 요구했다. 그 군인은 일본어로 설명을 하려 했으나 나는 알아들을 수가 없었다. 그에게 기다리라는 몸짓을 하고는 정 씨의 얘기를 들어보겠다고 했다. 정 씨가 설명하기 시작하자 군인이 화를 내며 정 씨의 어깨를 강하게 한 방쳤다. 나는 그에게 멈추라고 말했다. 그러나 그는 그의 묵직한 부츠로 정 씨를 다시 두어 대 걸어찼다(부츠 뒷굽에는 쇠로 된 박차가 달려 있었다). 나는 한국어로 "아서라!"(Stop의 반말)라고 소리쳤다. 나는 조용히 내 옆에 있는 다른 한국인에게 일본 경찰을 불러오라고 했다. 그 군인은 내 말을 들으려 하지 않았지만 조금은 조용해졌다. 정 씨가 계속해서 정황을 설명하자 그 군인이 갑자기 밖으로 나가더니 교회 뜰을 건너 자신의 말이 있는 곳으로 갔다.

그때쯤 많은 한국인들이 모여들었다. 나는 그 군인의 깃에 달린 부대 번호를 확인하기 위해 문으로 달려나갔다. 그가 막 문을 지나가고 있었는데, 어느 부대인지 알 수 없었다. 하지만 내가 경찰을 보내면 다시 돌아오라고 그에게 외쳤다. 그러자 그는 머리를 저으며 "No."라고 외치고는 황급히 사라졌다. 우리집에서 병영까지 질주해 가면 몇 분밖에 걸리지 않는다. 한국인들은 그가 어떤 문으로 들어가는지 확인하려고 뒤쫓아갔다. 나는 폴월 박사에게 전화를 걸어 이곳에 와서 경찰들이 도착할 때 함께 있어 달라고 부탁했다. 박사는 그 남자가 성벽 너머로 질주해가는 것을 보았고 그의 부대 번호와 그가 병영으로 들어간 때와 장소를 알아내기 위해 뛰어갔다.

그런 와중에도 정 씨는 겸손하게도 그의 모자를 벗어 위층 바닥과 그가 다시 걸어차이고 맞을 때 서 있었던 식당에 흘린 피를 닦았다. 내가 그에게 그만하라고 했기 때문에 헌병대장이 조사하러 왔을 때 위층에서 마지막 장소에 이르기까지 핏방울이 떨어진 흔적이 남아 있었다. 헌병대장은 그 흔적의 치수와 부상 정도를 확인하고 많은 질문을 한 후 떠나면서 자기네 나라 사람이 그토록 심한 행동을 해서 대단히 미안하다고 했다. 아서의 조수인 옥성빈 씨가 통역을 했다(옥 씨는 영어, 일본어, 중국어를 할 줄 안다). 헌병대장이 떠난 직후 또 다른 경찰이 와서 다시금 전반적인 사정을 듣고자 했다. 많은 한국인들이 전화를 해왔고, 루퍼스 부부와 베커 부인 역시 전반적인 소동이 어떠한 것이었는지 알아보러 들렀다.

오후 5시 30분경, 또 다른 일본인 관원이 한국인 통역사와 함께 그들이 오후 내내 심문을 하면서 데리고 있었던 정 씨를 데리고 집으로 왔다. 그 관원은 그 군인이 사병이며 무례했다고 설명하면서 그 사건에 대한 유감을 표했다. 하지만 그는 그 군인이 상해를 입힌 것에 대해서는 얼버무렸다. 박사와 나는 우리가 그 죄를 엄청난 잘못으로 여긴다는 것을 그가 알기를 바랐다. 그래서 나는 그가 우리에게 잘못한 것 다섯 가지를 열거했다.

첫째, 교회 재산을 침해한 것과 관리인을 폭행한 것. 관리인은 교회 재산을 보호
　　하려는 의무를 이행했을 뿐이다.
둘째, 우리의 재산을 침해한 것과 그 안에서 소란을 부린 것.
셋째, 우리집에 들어온 것과 명상을 방해한 것 그리고 집 안으로 함부로 밀어닥친
　　것.
넷째, 칼로 사람을 부상 입힌 것
다섯째, 사건의 경위를 들어볼 때까지 가만히 있으라 했을 때 관리인을 다시 때리
　　고 차고 한 것.

그 관원이 떠난 직후 한 일본인 형사가 우리를 위해 할 수 있는 일이 있는지 알아보기 위해 찾아왔다.

다음날 4시 30분경 아서는 일본에서 온 침례교 선교사 두 분 손님을 모시고 집으로 왔다. 그날 저녁 10시 15분경 일본군 상사 한 명이 지휘관을 대신해 찾아와, 그 군인은 재판을 받기 위해 서울로 보내졌다고 알려주었다.

#1908.6.18. 사과와 감사

오늘 평양 지사인 기쿠치 씨와 고메요 대령에게서 전화가 왔다. 기쿠치 씨는 그 사건에 대한 유감을 표했고, 대령은 그러한 일이 그가 담당하고 있는 곳에서 발생한 것에 대해 사과했다. 그들은 심한 폭풍우를 맞으며 왔다. 우리는 차를 대접하고 와준 것에 대해 감사를 표했다. 폴월 박사는 정 씨가 4~5일 안에 나을 것이라고 했다. 그는 머리에 난 상처를 꿰매고, 몸에 생긴 멍을 치료했다.

앨든과 해럴드는 그 사건으로 큰 충격을 받았다. 루스는 아직 서울에 있다. 해럴드는 그날 밤 쉽게 잠이 들었지만, 앨든은 몇 시간 동안 잠이 들지 못했다. 결국 어둠 속에서 얼마간 앨든과 대화를 나누고 몇 가지 마음을 달래는 기도를 한 후에야 예수님이 그를 돌보고 계심을 느낄 수 있다며 잠이 들 수 있겠다고 했다. 아침 햇살 속에서 그는 수줍게 말했다.

"엄마, 그 후 잠이 잘 들었어요."

사람들은 올드블랙조[정 씨]가 나에게 너무도 고마워한다고 말하지만 나는 아무것도 한 것이 없었다. 할 수 있는 것이 아무것도 없었다.

#1909.5.12. 쌍둥이 태어나다

그동안 건강이 악화되어 급한 일 외엔 아무것도 할 수가 없었다. 1909년 1월 15일 아침 쌍둥이들이 태어났다. 아기들은 매우 약해 보였다. 처음 5주 동안 내가 아이들을 돌보았으나 아이들은 계속 야위어 갔고, 5주째가 되자 태어났을 때만도 못한 상태가 되었다. 우리가 구한 유모가 6주 동안 아이들을 돌봐주었는데, 그동안 아이들의 몸무게는 계속 불어났다. 그녀가 와서 아이들을 구한 것이다. 그러나 그때까지뿐이었다.

헐만 양2이 와서 보더니 아서가 고안한 대용 인큐베이터에 넣는 것이 좋겠다고 권하여 우리는 그녀의 말대로 아이들을 그 안에 넣어 항상 일정한 온도를 유지할 수 있도록 했다. 헐만 양은 아이들이 너무 약한 것을 보고는 매일 코코아 오일로 목욕을 시켜주었다. 그후로는 내가 여러 달 동안 계속해서 아이들을 코코아 오일로 씻겨주었다.

첫번째 유모가 떠나고 우리와 함께 살 다른 유모를 구하는 데는 꽤나 오랜 시간이 걸렸다. 그러나 무더운 여름의 6주 동안 우리는 엘머를 돌봐줄 유모를 구할 수 있었다. 그후로도 아이들은 잦은 이질과 설사로 몇 달간 고생을 했지만 이제는 완전히 나아서 잘 지내고 있다.

#1909.5.12. 과부 자매

김 헬레나가 시골에서 돌아와서 나에게 여행에서 있었던 일들을 얘기해주었다. 그녀는 네 명의 여성을 예수께 인도했고, 여러 마을을 방문했다. 세 개 마을의 모든 집에 한 명 이상의 신앙인이 있었다. 염칫골이라는 새로운 마을에서 거둔 성과를 나열할 때 그녀는 기쁨의 눈물을 흘렸다.

그곳에는 각각 30세, 47세인 두 명의 과부 자매가 있었다. 성이 이 씨이고 이름이 경순인 30세가량의 여자는 유복한 가정에서 자라나 18세에 혼인을 했다. 신랑은 역시 유복한 가정의 13세 소년이었다. 하지만 그 나이는 한국인이 나이를 세는 방식에 따른 것으로 실제 나이는 열일곱, 열둘이었다. 소년은 그들이 결혼하기 전날 죽었고, 이 씨는 그때 이후로 과부로 지내왔다.

그녀에게는 35세가량의 오빠가 한 명 있었다. 그는 공자와 맹자를 추종하는 전형적 유형으로, 자존심이 강하고 냉정하고 잔인한 사람이었다. 이 씨는 그녀의 인생에서 무언가 정신적인 힘을 원했다. 그 가족은 그들을 항상 위협하는 여러 신들의 존재를 믿었기에 많은 미신숭배물들을 만들었다. 하지만 이 씨는 이러한 귀신들이 사람들을 더 나아지게 할 수 없다고 여겼고, 유교사상은 기껏해야 그녀의 오빠 같은 사람을 만들어낼 뿐이라고 생각했다. 그녀는 무언가 다른 것을 원했다. 어떠한 성경 선생님도 그들의 마을에 온 적이 없었고 기독교 책을 본 적도 없었지만 그녀는 새로운 종교와 성가에 대한 이야기를 들어왔다. 이 씨는 그것이 오직 하나의 신만을 믿는 종교라고 들었고, 그에 대해 좀더 알아야겠다고 느꼈다. 그녀의 집에서 8킬로미터 떨어진 마을에 감리교 신자와 전도사가 있었고 사업도 번영하고 있었다. 기독교인들이 그 마을에는 많이 왔지만 아직 이 씨의 마을에는 아무도 오지 않았다. 이 씨는 직접 가서 그 새로운 종교에 대해 알아봐야겠다고 결심을 했지만 유복한 가정에서 자라난 젊은 여성인지라 여태까지 집에서 멀리 떨어진 곳으로 여행을 해본 적이 없었다. 그녀가 언니에게 의중을 털어놓자 언니는 그녀 혼자 가는 것에 반대하며 두무골의 전도사 집으로 함께 찾아가 보자고 제안했다.

그들은 전도사를 찾아갔다. 그들은 전도사가 예수님에 대해 알려줬을 때 예수님이 자신들이 항상 찾아왔던 분임을 알고 그를 기쁘게 받아들이고 믿게 됐으며 아주 행복해했다. 전도사가 신약성서 이야기를 읽어주고 그들과 함께 찬송을 할 때 자매는 기쁨의 눈물을 흘렸다. 그들은 새로운 성서와 찬송가를 가지고 돌아오면서, 곧바로 사촌이 사는 집으로 가서 하룻밤을 보냈다. 다음날이 일요일이었는데, 그 사촌은 인자한 분이라서 그들이 원하는 대로 주일을 지킬 수 있도록 해줄 것이라고 믿었기 때문이다. 그들은 첫번째 안식일에 예배를 드렸고, 사촌의 아들 중 한 명이 그들과 함께 개종을 했다. 얼마 동안 안식일 예배가 사촌의 집에서 열렸다. 그들은 전도사의 집에서 배웠던 것 말고는 아는 기도가 없었지만 하나님이 그들에게 가르쳐주시리라 믿었다. 그들은 성서를 읽어 나가면서 대단히 기뻐했다.

그들은 집으로 돌아와서 집 안과 집 주변에 귀신을 달래기 위해 두었던 모든 주물들을 몰래 불태웠다. 집에는 과부 자매와 그들의 올케언니, 어머니가 살았다. 오빠는 또 다른 거처가 있었는데, 이 땅의 오랜 관습에 따라 그곳에 첩을 두고 있었다. 그가 본가에 들렀을 때 누이들이 기독교인이 됐다는 사실을 알고는 벌컥 화를 내며 그들을 죽이겠다고 위협하고 온갖 욕설을 퍼부었다. 그는 누이들을 때리기도 했다. 그러나 그들의 신앙은 더욱 밝게 빛났고, 네 달 반 동안 이 씨는 언니가 스스로 성서를 읽고 공부할 수 있도록 가르쳤다. 그러는 동안 전도사가 몇 차례 그들을 가르치러 왔지만 오빠의 학대로 제대로 진행되지 못했다.

전도부인인 헬레나가 두무골에 왔을 때 전도사는 그녀에게 그 자매를 만나달라고 부탁했다. 그녀가 그렇게 하자 자매는 기독교인 여성이 자신들에게 성경을 가르치러 온 것이 벅차도록 기뻐서 다시 한 번 눈물을 흘렸다. 하지만 역시나 오빠가 와서 자매가 지금껏 들었던 것보다 더욱 잔인한 말들을 헬레나에게 해대면서 치욕을 주었다. 하지만 헬레나는 예수의 가르침에 따라 그것을 개의치 않았고, 그들은 오히려 오빠를 위해 기도했다.

얼마 후 그 마을의 많은 사람들이 신앙인이 됐고, 이 씨는 그들 모두를 가르칠 수 있도록 공부를 하고 싶었다. 그녀가 전도사에게 방도를 묻자 그는 평양으로 올라가서 노블 부인에게 가면 도움을 받을 수 있을 것이라고 했다.

그녀의 비기독교 식구들은 그녀를 금전적으로 전혀 돕지 않았기에 우리는 그녀가 가을에 사경반에 입학하기 위해 준비하는 동안 그녀에게 반나절의 일자리를 주고 중등학교에도 다니게 해주었다. 그녀는 항상 기쁨에 넘쳐 있다.

그녀의 언니는 3주간 농촌 사경반에서 가르치는 일을 자원했고, 에스티 양의 일반인 사경훈련반에 참여하기 위해 평양으로 왔다. 그 후 그녀는 세 개의 사경반을 담당하도록 파송되어 일반인 사경훈련반에서 배운 대로 가르쳤다. 그녀의 임무지 중에는 그녀의 고향도 포함되어 있다.

에스티 양의 사경훈련반_3

농촌에 사는 여성들이 소문을 듣고 와서 말하기를, 이 엄청난 운동이 불가능한 꿈이라고 생각했는데 믿음이 충만한 평양의 분위기를 보니 쉽게 믿게 됐다며 이제는 할 수 있다는 믿음을 가지고 돌아가며, 하나님께서 돕고 계시니 자신의 사명을 다할 것이라고들 합니다.

남성들의 사경반이 시작될 무렵, 에스티 양이 북부[영변 지방]에서 내려와 여성 지원자들이 평양 전역을 다니며 사경반을 지도할 수 있도록 전도 훈련을 시키기 위한 일반인 사경훈련반을 열었습니다. 평양 전역에서 52명의 여성들이 와서 2주 동안 성경공부를 하고, 두 명씩 짝을 지어 자신들이 맡은 지역으로 가서 사경반을 열어 자신들이 배운 내용들을 각각 일주일씩 가르치기로 했습니다. 이렇게 해서 70개가 넘는 사경반이 마련됐습니다.

얼마간 교회에서 새벽기도회가 열렸으며, 이 여성들이 떠나는 날 아침에는 약 200명의 신자들이 출발을 위한 합동기도회를 위해 모였습니다. 모임 후 여성들은 두 명씩 짝을 지어 일부는 걸어서, 일부는 수 킬로미터를 걸어가서 기차를 타고 갔습니다. 어떤 이들은 처음 사경반이 열리는 장소까지 이틀이나 사흘을 걸어가야 했습니다. 농촌에는 강도들이 득실거렸으며, 사람들은 계속해서 길거리마다 일어나고 있는 폭행사건들에 대한 보고를 해왔습니다. 그러나 우리의 여성들은 조금도 주춤거리지 않았습니다. 그들은 하나님의 돌보심을 믿고 웃음과 행복감으로 하나님의 대사라는 자부심으로 떠났습니다.

많은 여성들이 아침 열차로 떠날 때 저는 그들을 환송하며 기뻐했습니다. 그들 대부분은 한번도 기차를 타 본 적이 없었습니다. 한 전도사가 그들을 위해 기차표를 사러 갔었는데, 각 사람에게 표와 거스름돈을 나눠주는 데도 꽤 오랜 시간이 걸렸습니다. 한 여성은 아이를 등에 업고 왔습니다. 각 가정에서 두세 명씩 그들을 환송하러 나왔습니다. 드디어 "하나님의 자비로 편안히 다녀오세요."라는 인사말들이 건네졌고 열차는 우리들의 '하나님의 대사'인 여성들을 태우고 떠났습니다.

얼마 안 되는 우리 일행들은 집으로 걸어왔습니다. 작지만 용감한 어머니를 떠나보낸 젊은 두 청년은 집으로 돌아가 "어머니가 돌아오실 때까지" 스스로 밥도 하고 가사일도 하고 자신들의 사업도 돌봐야 합니다. 아내와 아기를 보낸 한 외로운 남성도 집으로 돌아가 같은 일을 해야 할 것입니다. 그리고 많은 경우 남편이나 아들 혹은 부자가 열성적인 어머니, 아내가 시골에 있는 자신들보다 처지가 못한 자매들을 가르치러 나가 있는 한 달 동안 이러한 이중의 일들을 해야 했습니다.

1 9 0 9 · 가 을 · 한국인과 일본인

일본은 한국인과 일본인의 결혼을 언론에 대대적으로 홍보하고 있다. 바로 이것이 일본인들이 한국인들을 자신들보다 열등하다고 생각하지 않는다는 증거라는 것이다. 물론 한국인들은 열등하지 않다. 그들은 일본인보다 더 높은 도덕성을 지녔다.

#1909.11.1. 평양의 백만구령운동

언더우드 박사의 한 친구가 한국의 복음화를 위해 큰 돈을 희사했다. 언더우드 박사는 넓은 도량으로 모든 개신교 교회가 대부흥회 캠페인에 동참할 경우 자금을 나눠주겠다고 제안했다. 그 사역에 도움을 줄 최고의 남성 신도들이 전국에서 중앙본부로 모이는 데 드는 비용이 지불됐고, 10월 1일부터 서울에서 부흥회가 시작되어 한 달간 지속됐으며 3000명 이상의 영혼을 제단 앞으로 인도했다. 11월 1일부터는 전국의 큼직한 선교 기지들을 중심으로 캠페인이 시작되었고, 이를 위해 10월 24일부터 사전 준비 모임이 결성됐다. 그리고 11월 16일부터는 다른 모든 교회도 이 캠페인에 참여할 예정이며, 이를 위한 지원과 상호 교류가 이루어지고 있다.

평양에서 준비를 하는 일주일 동안 빌링스 씨가 아침 5시 반에 새벽기도회를 열었다. 이 모임에는 매일 110명에서 130명의 사람들이 참석했다. 그리고 저녁에는 연구 모임도 가졌다.

10월 31일 월요일에 정기 캠페인이 시작되어 제일교회의 제단에 164명, 아펜젤러두루기념예배당에 25명, 오늘 저녁에는 각각 167명과 27명이 인도됐다. 오늘은 비도 내렸고 도로 상태도 나쁜데다가 바람도 차갑고 거세게 불었지만 역시 많은 사람들이 참여했다. 아침 9시와 오후 2시에 교회들에서 자원봉사자들의 예비 기도 모임이 있었고, 모임이 끝나자 이들은 가정방문을 위해 두 명씩 짝을 지어 자신들에게 할당된 거리로 나갔다. 이들은 매일 모든 집들을 다시 방문하여 다른 색깔로 된 전도지를 돌리며 예수를 믿고 교회에서 열리는 저녁 예배에 참석해 달라고 사람들을 초대했다.

4시에는 어린이 예배가 있었고, 매일 모임에는 500여 명의 아이들이 참석했다. 교회와 주일학교의 아이들이 매일 다른 사람들을 인도해오고 있다. 이들은 아이들을 데려오는 데만 그치지 않고 모든 연령대의 사람들을 인도해오고 있다. 젊은 남학생들은 종일 설교를 하러 다니고, 밤에는 청사초롱을 들고 나가 사람들을 불러모아 교회로 안내해온다. 그리고 낮에 교회로 오기로 약속한 사람들에겐 남학생들과 봉사자들이 가서 교회로 인도해온다.

오늘 저녁에는 내일 예수를 전도하러 집집마다 다닐 사람들을 모집했는데, 오늘 새 신자가 된 많은 사람들이 손을 들었다. 많은 사람들이 사방에서 엄청난 열의를 품고서, 이 위대한 기회의 날에 대단한 사역을 돕고자 희생정신을 발휘하고 있다.

아홉 살 난 어린 여자아이가 예수에게 영혼들을 데려오고자 나갔고, 그녀의 가게에 온 한 노인을 초대했다. 그가 거절하자 그녀는 그의 손을 잡고 "제발 나와 함께 교회로 가요." 하고 말했다. 다시 한 번 그가 거절하자 그 아이는 너무도 실망하여 울음을 터뜨렸다. 노인은 이에 감동하여 가족들에게 일을 맡겨두고 그 아이와 함께 와서 개종했다.

소년들도 작은 무리를 이루어 거리로 나가서 주의를 끌기 위해 찬송가를 부르며 구경꾼들에게 그들과 함께 교회로 가자고 초대한다. 주께서 그의 백성들의 마음을 놀랍도록 감동시키고 계신다.

나는 신학생들과 대학생들이 길거리에서 믿지 않는 성인 남성과 소년들의 팔짱을 끼고 예수를 믿으라고 독려하여 곧바로 교회로 발길을 옮기도록 만드는 것을 보았다. 많은 사람들이 나중에 믿겠다고 말하지만, 기독교인들의 논리가 너무나도 설득력이 있어 그들은 결국 올 수밖에 없다. 많은 사람들이 믿으라는 설교를 듣고 싶지 않으며 믿지도 않을 것이라고 말하지만, 전도하는 사람들의 설득력 있는 사랑과 열성적인 노력에 감화되어 교회로 와서 예비신자로 이름을 올리고 있다.

부흥회 첫 주간에 이미 1100명의 남성과 여성들 그리고 아이들이 예비신자로 등록했다.

#1909.11.15. 부흥회의 불꽃

부흥회 기간인 11월 4일 금요일 밤, 중국 광둥 지역의 감독인 S. S. 유에 콰이 씨(그냥 유 씨라고 불렀다)가 우리집으로 왔다. 그는 광둥성에서 일하는 열 명의 선교사들이 보내서 온 것이다. 선교사들은 그가 광둥 지역 교회들의 부흥을 지도할 수 있도록 이곳의 부흥운동과 '백만구령운동'을 연구하고 관찰하여 열정을 얻고 돌아오라고 그를 보낸 것이다. 우리는 그를 기쁘게 환대해주고 그에게 가능한 한 많은 일들을 보여주었다. 그는 평양에 5일 동안 머무르면서, 여러 교회의 부흥 예배에 참석했고 사람들의 기도와 함께 떠났다. 그는 부흥회가 큰 호응을 얻고 있는 한국의 다른 몇몇 도시들도 방문했다. 지난 10일간 열성적으로 일해 평양의 모든 교회를 통틀어 약 4000여 명의 예비신자가 등록했으며, 그들 중 1200명 이상이 감리교 신자다.

3년 전 평양 대부흥회 때 기독교인들 사이에서 일어났던 부흥운동의 불꽃이 중국 쪽으로 옮겨 붙었던 것처럼, 우리는 이번에도 또 다시 그렇게 되리라 믿는다.

우리 모두는 우리 주위에서 일어나고 있는 이같이 놀라운 일들을 우리가 해내었다고 할 만한 자격이 없다고 느낀다. 그것은 여기 있는 선교사들의 특별한 방법이나 능력 때문이 아니라 상심한 사람들이 길르앗의 유향4을 간절히 바라도록 예비시키는 주님의 놀라운 이끄심 때문이다.

몇 주 전 일요일, 남루하고 지저분한 차림을 한 13세가량의 소년이 아기를 등에 업고서 평양에 있는 어린이 주일학교에 찾아왔다. 그의 눈망울이 매우 빛나고 있어서 교장[노블 부인 자신]은 잘 돌봐주어야 할 가치가 있는 하나님의 선물이라고 생각했다. 그다음 주일에 그가 결석을 했기에, 나는 그의 담임선생님에게 학생의 집을 방문하여 가르침을 주었는지 물었다.

"아니오."

젊은 선생이 대답했다.

"저는 그 학생이 다시는 오지 않을 그런 부류라는 것을 알고 있었어요. 걱정할 가치도 없어요. 저는 그 학생의 이름조차 써놓지 않았어요."

나는 그에게 실망했다고 말하고 그 학생을 찾아서 꼭 데려오라고 했다. 현재 그 학생은 매주 교회에 나오고 있으며, 지금은 지저분하지도 않고 깨끗한 흰옷을 입고 있으며, 머리는 잘 땋아 내리고, 잘 웃는 아기를 아직까지 업고 다닌다. 둘 다 주님의 귀한 보배들이다.

#1909. 겨울. 박해받는 교인들

한국 전역 대부분의 교회에서 남성과 여성, 어린이들이 연보와 함께 그들이 할 수 있거나 할 수 있다고 생각하는 만큼의 봉사일자를 적어 날연보_5로 내고 있다.

황해도에 새롭게 개척한 마을의 몇몇 신앙인들이 우리의 주를 따르고자 애쓰고 있을 때에 종교박해가 시작됐지만 신앙인들의 의지는 확고했다. 도로작업을 하라는 지시를 받고 신앙인들은 그들의 일을 잘 해냈다. 그러나 일요일이 오자 "가르침을 받지 못한 새로운" 신자들 일부는 남자들을 고용하여 대신 일을 하도록 시켰지만, 그중 한 사람은 그렇게 하지도 않고 자신도 일하러 가지 않았다. 비신자들은 그에게 일하러 나오라고 했지만 그는 안식일이기 때문에 일하러 갈 수 없다고 말하고, 그가 해야 할 몫을 남겨두면 주중에 더 열심히 일을 하겠다고 했다. 그러자 그들은 심한 욕설을 해대며 그를 도로로 끄집어냈다. 그는 압박에 못 이겨 일을 하기 시작했다. 그러자 그들은 그를 멈춰 세우더니 무슨 기독교인이 일요일에 일을 하느냐면서 무자비하게 구타했다. 그는 이에 교훈을 얻었고 신앙심이 더욱 강해져서 무슨 일이 생기든 이제 원칙을 지킬 준비가 되어 있다.

다른 지역에서도 박해가 맹위를 떨치고 있다. 최근 어느 곳에서는 한 남자가 몇몇 신앙인들을 위한 작은 교회를 지었다는 이유로 구타를 당했다. 또 다른 지역에서는 한 세력가가 만약 마을에서 기독교를 믿는 사람이 있다면, 그 마을에 있는 자신의 모든 친척들의 집에 들이지 않겠다고 위협했다. 그는 자기 주변 사람들이 새로운 종교를 믿는 것을 용납할 수 없다고 말했다.

어떤 지역에서는 비록 박해가 빈발하지만, 기독교인들이 믿음으로 그리스도의 사랑하고 용서하는 정신을 보여줌으로써 박해자들이 그들의 행동에 유감을 표하며, 그것은 새로운 종교에 대해 무지했기 때문이라고 사과한 곳도 있다.

평양의 한 과부는 3년 전 그녀의 남편이 죽은 이후로 시댁의 문지방을 넘지 못하게 됐다. 그 이유는 그녀가 기독교인이기 때문이다. 그들은 원래 부유한 가정이어서 그녀의 남편은 시부모에게 가족을 위한 매달 생활비를 맡겨 놓았다. 시부모는 그녀에게 돈을 주지만 돈을 보내려 하지 않아서 그녀는 매달 돈을 타러 그들에게 가야만 한다. 그녀의 두 어린아이들은 출입이 자유로웠다. 시부모는 그녀의 신앙 때문에 계속해서 그녀를 비방하고 있지만, 그녀의 신앙심은 두텁고 진실하다.

#1910. 설 날. 액막이 모자

음력 정월 14일과 15일에 쓰는 모자가 있다. '액막이'이라고 부르는데, 액(厄)을 피한다는 의미이다. 모자 겉에는 액막이용 문구들이 쓰여 있는데, 가령 '신수치'는 물귀신이 사람을 물속으로 끌어들여 익사시키는 것을 막아준다는 뜻이다.

사람들은 이 모자가 물에 빠지는 액, 성벽에서 떨어지는 액, 집안의 부모와 형제자매에게 해를 끼치는 액 등을 몰고 간다고 믿는다. 또한 사람들은 강의 귀신에게 "모든 액을 천리 밖으로 보내주소서." "만사형통을 빕니다." 등의 기도를 수도 없이 반복한다.

모자는 대보름날 하루 종일 쓰고, 경우에 따라서는 14일에도 쓴다. 사람들은 대보름날 밤 집에서 달이 떠오르는 것을 보고 절을 하며 복을 빈다.

이날 밤 사람들은 모자에 쌀을 담아 귀신들이 사는 강에 던진다.

#1910. 2. 23. 예수를 위한 백만의 영혼 [6]

참으로 놀라운 일이 지속적으로 일어나고 있다. 올해 가장 위대한 일은 백만구령운동이다. 지난해 10월 총회에서 올해의 구호를 "예수를 위한 백만의 영혼"으로 정했다. 당시 채프먼 알렉산더 선교회의 로버트 하크네스 씨가 한국을 방문해 있었는데, 그는 그 구호에 감동을 받아 〈백만〉이라는 신나는 노래를 작곡했다. 우리는 한국 전역에서 그 노래를 가르치고 부르고 있다. 나도 벌써 세 모임에서 그 노래를 가르쳤으며, 신자들은 그것을 더욱 널리 퍼뜨릴 것이다. 특히 우리 감리교회들이 열성적으로 '백만구령운동'을 위해 일하고 있다.

1910.3.3. 사경훈련반 여성들의 활약

　　모든 여성들이 하나님의 특별하신 도움과 축복에 대한 이야기를 가지고 돌아왔다. 그리고 자신들이 어떻게 하나님을 더욱 사랑할 수 있는 방법을 배우고 왔는지에 대해 이야기해주었다. 그들은 모두 나라 전체가 얼마나 많은 일꾼들을 필요로 하는지, 또 예수님을 모르는 사람들이 얼마나 많은지에 대해 강한 인상을 받고 돌아왔다. 그들이 가르쳤던 많은 사람들이 예수님에 대해 처음으로 알게 됐고 그들에게 남아서 더 가르쳐줄 것을 요청했으며, 어떤 곳에서는 가서 외국인 선교사를 보내달라고 요청했다고 한다. 그들의 보고는 모두가 감격스러운 것이었다.

1910.4.13. 박 에스더의 죽음

　　수요일에 박 에스더 박사가 사망했다. 그녀는 5년 넘게 폐병을 앓으면서도 계속 일을 해왔다. 1909년 11월 평양의 여자사경회에서 가르쳤던 것이 그녀의 마지막 공식 활동이 되고 말았다. 그녀는 남녀를 통틀어서 의대를 졸업한 한국 최초의 의사였다(그녀는 볼티모어 의대를 졸업했다). 여러 선교 신문과 잡지에 그녀의 생애가 실렸다.

1910.9.27. 이 씨라는 여인의 사연

　　오늘 아침 한 젊은 여성이 나를 찾아와서 긴 대화를 나누었다. 그녀는 교육을 받고 나를 돕고 싶다고 했다. 그녀는 반나절은 학교를 다니고 반나절은 일을 하면서 학비를 벌겠다고 했다. 나는 그녀를 서울의 부인성서학원[협성여자신학교 전신]에 보내기로 결심했다. 앨벗슨 양[7]이 장학금으로 비용의 절반을 대주면 그녀의 생활비 절반 정도가 해결될 것이고 나머지는 우리가 해결할 수 있을 것이다. 전액 장학금을 받는 학생들도 몇 명 있기는 하지만, 내가 길을 찾지 못한다면 이 씨를 보낼 만한 돈이 없었다. 나는 방도를 찾아보겠다고 약속했다.

현재 스물여덟 살인 그녀는 열일곱 살 때 시집을 갔다. 하지만 얼마 못 가 그녀의 남편이 죽는 바람에 그녀는 스무 살 때 어느 홀아비에게 다시 시집을 갔다. 첫번째 결혼도 두번째 결혼도 모두 그녀의 부모에 의해 정해진 것이었다. 그녀의 시어머니는 그녀를 함부로 대했고 그녀가 하는 일마다 사사건건 트집을 잡고 때리기도 했으며 노상 그녀를 모든 면에서 못났다고 했다. 스물한 살 때 쌍둥이를 낳았으나 한 아이는 3일 만에 죽고 또 다른 아이는 넉 달 만에 죽었다. 재혼하고 8년을 사는 동안 그녀의 남편은 모두 다섯 명의 첩을 집으로 데리고 들어왔는데, 하나가 나가면 새로운 첩을 데리고 들어오는 식이었다. 때로는 기생을 데리고 오기도 했다. 집에는 방이 하나밖에 없었는데, 가로세로가 2.5×3미터 정도밖에 안 되는 방에서 부부와 시어머니, 첩이 같이 생활해야 했다.

이 씨의 삶은 무척 힘들었다. 5년 전 전도부인 두 사람이 그녀의 집에 찾아와 예수님에 대해 이야기해주고 교회에 나올 것을 권했다. 교회에 오고 싶었던 그녀는 밤에 몰래 빠져나와 젊은 여자친구와 함께 길을 나섰다. 도중에 그녀는 남편과 마주쳤고, 어디에 가느냐는 남편의 물음에 그녀가 대답하자 남편은 당장 집으로 돌아가라고 명령했다. 집으로 돌아온 그녀는 남편과 시어머니로부터 심한 학대를 받았다. 이전에도 그녀는 시어머니에 의해 집에서 쫓겨났다가 다시 돌아온 적이 있었다. 이제 그녀의 생활은 더욱 견디기 어려워졌다. 그 후 몇 달 동안 그녀는 집에서 일을 하고 있었는데, 한 기독교 여성이 다시 집으로 찾아와 신앙을 가질 것을 권했다. 그녀는 이번에는 교회를 찾아가 예비신도로 이름을 올렸다.

그날 아침 내가 그녀에게 신앙을 갖게 된 이유와 예수님이 누구신지에 대해 물었을 때, 그녀는 잘 알지 못했으나 누군가가 귀띔을 해주어 올바른 대답을 했다. 지난 3여년 간 그녀는 남편의 집에서 나와서 지냈는데, 시집 사람들이 그녀가 기독교인인 것을 용납하지 못했고 그녀 또한 거기서 사는 것이 불가능해 보였기 때문이다.

그녀는 생계를 위해 바느질을 하며 친정어머니의 집과 교인들의 집을 오가며 지냈다. 그녀는 젊은 여성으로서 받아야 하는 모욕들 때문에 신자가 아닌 이들의 집에는 가지 않을 것이다. 지난봄에 그녀가 일반인 반에서 성경수업을 받고 있을 때 그녀의 오빠가 죽었지만, 친정에서는 그녀가 기독교인이라서 그녀가 오면 제사에 방해가 된다고 전갈을 보내지도 않았다. 그들은 그녀의 부모님이 돌아가신다고 해도 알리지 않을 것이라고 했다. 또 그들은 딸에게 죽은 자에 대한 제사를 기대할 수 없기 때문에, 딸이 없는 것이나 마찬가지라고 했다. 그녀는 아름다운 젊은 여성이고 헌신적인 기독교인이다. 그녀가 성서학원를 마치게 되면 사역에 많은 도움이 되어줄 것이다.

#1910.10.8. 콜레라 구제사업

지난 2주 동안 평양에서는 많은 콜레라 환자가 생겼다. 우리 모두 무척이나 바빴다. 어떤 구역은 사람들이 드나들 수 없도록 격리됐는데, 우리 기독교인 상당수가 그 구역에 살고 있다. 그래서 나는 어떻게 해야 할지를 몇 번이고 생각해봤고 도울 수 있는 방법을 찾아냈다.

루퍼스 씨는 관공서에 가서 몇몇 젊은이들이 팔에 빨간 끈을 착용하고 그 구역을 돌아다닐 수 있도록 허가를 얻어냈다. 나는 빨간 완장을 만들고 헐만 양이 제안한 대로 하얀 작은 줄무늬를 가로 새겨 넣어 마치 그들이 적십자회 직원들인 것처럼 보이도록 만들었다. 우리는 젊은이들 셋을 선정하여 병원으로 가서 개인 간호를 위한 주의 깊은 교육과 소독제 등을 받고, 폴월 박사의 병원에서 그들이 오고갈 때 옷을 갈아입을 수 있는 방을 얻었다. 콜레라가 크게 퍼진 것은 아니었다. 그러나 내 생각에는 150건 이상이 발생했고 100명 이상의 사망자가 생겼다. 아니 거의 모두 죽었을 것이다. 웰스 박사는 그의 환자들 중 상당수를 회복시켰지만 일본인 격리소 건물에서는 거의 대부분이 죽었다. 그들은 그곳 환자들을 위한 어떠한 난방기도 준비하지 않았다. 감리교인들과 장로교인들은 연합하여 웰스 박사의 병원에 하나의 격리 장소를 마련했다. 우리는 기독교인 환자들이 기독교 병동에 들어갈 수 있도록 허가서를 나눠주었다. 다른 모든 사람들은 일반 격리병동으로 가야 했다.

그 상황에서 많은 슬픈 사건들이 일어났다. 환자들이 일본인 병동으로 옮겨졌을 때, 그곳 사람들은 외부에 있는 친구들에게 환자들의 상태가 어떠한지, 심지어 죽었는지 살았는지도 알려주지 않았다. 그러고는 죽은 사람들을 데리고 나와 묻어 버리곤 했다. 그것은 사람들을 미치도록 만들었고, 그들은 자신들의 집에 살균제를 뿌리거나 혹은 (아주 드물긴 하지만) 집을 불태울까봐 두려워했다. 그래서 많은 사람들이 환자들을 숨겼고, 한밤중에 몰래 죽은 사람들을 옮겼다. 당국이 이 사실을 알고는 그렇게 하려면 돈을 지불하라고 했다. 그러자 사람들은 돈을 지불하는 것을 피하려고 더욱더 비밀스럽게 행동했다. 환자가 병이 걸리면 한 시간 혹은 두 시간 만에도 죽곤 했다. 한 여성의 어린아이가 갑자기 죽자 수중에 돈이 없었던 그녀는 죽은 아기를 등에 동여매고 마치 아이가 살아 있는 것처럼 하고 도시 밖으로 데리고 나가 인부들을 시켜 묘를 파고 아이를 묻었다. 어떤 곳에서는 네 식구 가운데 세 명이 콜레라로 죽자 남은 한 여성을 격리시키고 마을 사람들로 하여금 그녀에게 음식을 가져다주도록 했다. 하지만 그들은 충분한 음식을 가져다 줄 수 없었고, 결국 절망에 빠진 여자는 격리망을 뚫고 도망쳤다. 범위가 넓은 도시의 감염 지역으로 향하는 도로들은 모두 교통이 차단됐고 연료나 음식을 구하기 힘들었다. 많은 건강한 사람들이 크게 고생을 하다가, 오늘은 급기야 떼를 지어 봉쇄선까지 몰려와 연료와 음식을 살 수 있게 내보내달라고 요구하여 강제로 허락을 받아냈다.

우리는 가슴이 찢어지는 듯한 이야기들을 많이 듣는다. 오직 우리의 구세주로부터 평온과 평화를 얻음으로써 이렇듯 커다란 가슴속 동요를 견딜 수 있다.

원래 오늘 결혼식이 열리기로 되어 있었다. 결혼 당사자들은 우리 교회에서 결혼식을 하기를 원했지만 모든 공적 모임과 학교들이 지난 일요일 이후로 문을 닫아서 그들은 우리 사무실에서 결혼식을 올려야 했다. 나는 결혼식을 겨우 30분 남겨놓고 그 사실을 알았지만, 큰 테이블을 치우고 결혼식 준비를 했다. 또한 다과용으로 라임 주스와 크래커, 잔들과 쟁반들을 모두 제 시간 안에 준비했다. 우리는 내내 뛰어다녀야 했다.

일부 농촌지역에는 우리가 새롭게 기도 모임을 시작한 몇 군데가 있다. 나는 내일 그곳에 가서 교회예배를 드리라고 부탁하기 위해 젊은이들을 보냈다. 또한 두 명에게 전도 방문을 했고, 여러 방문객들을 맞았다. 하루하루가 주 예수를 위한 갖가지 일들로 가득 차 있다.

일 자 미 상 . 선동의 말씀

합병(1910.8.29) 이후 내가 한국에서 들은 두번째 설교는 이 씨의 설교였다. 성경말씀은 〈이사야서〉 49장 8절과 〈고린도 후서〉 6장 2절이었다. 그는 〈이사야서〉 49장 전체를 읽었고, 모든 말씀은 이 가난하고 비천

한 사람들에 대한 커다란 관심으로 가득 차 있었다. 예배를 드리는 동안 전체적 분위기는 종교 외에는 어떠한 출구도 없는 상처받은 마음들의 하나님에 대한 갈망으로 충만했다. 스파이들이 혹여 일본에 관한 불충한 말을 하지 않는지 보기 위해 종교예배에까지 참석했다.

많은 일본인들이 지난겨울 〈마가복음〉을 대량 배포한 것을 두고 정치적인 운동으로 여기고 있고, 일본 신문도 그렇게 반응했다. 선교사들과 현지 전도사들이 사람들을 선동하려고 정치적 책자를 돌리고 있다고 말이다. 그렇다. 하나님의 말씀은 분명 어떤 사람이라도 선동한다.

1910년 11월
감리교 25주년 기념 캠페인을
위해 구타펠 양에게 보낸 편지

여성들이 내지로 가서 사경반을 열기 위해 자원하여 바치는 십일조 시간봉헌_8은 한국인들이 복음을 전파하는 여러 놀라운 방법들 중의 하나입니다. 이 십일조 부인들을 위한 전도훈련반이 한국의 여러 곳에서 열리고 있습니다. 많은 여성들이 작년 1년 중 10분의 1의 기간을 바쳤습니다. 지금 현재 에스티 양은 전도훈련과 사경반 지도를 위해 1년 중 5분의 1의 시간을 바치려는 여성들을 위한 훈련반을 진행하고 있습니다. 몇 명은 약속장소로 가기 위해 2~3일을 하루 종일 걸어야 할 것입니다.

오래 걷는 것에 익숙하지 않았던 한 젊은 여학생이 올 가을 평양 여자연합성경학원에 참석하기 위해 그녀의 엄마와 함께 이틀 동안 60여 킬로미터를 걸어왔습니다. 평양에 도착하자 그녀의 발은 부어올랐고 물집도 터졌으며, 그녀는 꽤 지쳐 있었습니다. 그들은 이 도시에 도는 콜레라 때문에 학교들이 무기한 휴교 상태라는 것을 알게 됐습니다. 그들이 모은 돈은 그 여학생의 교육기간 동안에 사용할 만큼밖에 없었기 때문에, 다음날 그들은 고생스럽게도 다시 집으로 돌아가야 했습니다. 그러나 3주 후에 그들은 용감하게 다시 돌아왔고, 지금 그 학생은 열심히 공부하고 있습니다.

최근 부흥기간 동안 몇몇 남자들과 여자들과 아이들은 저마다 8~10명을 교회 제단으로 인도했습니다.

고향에서 보내온 그림엽서들은 평양에 있는 어린이 주일학교에서 사용됩니다. 작은 카드들은 신입생들에게 나누어주고, 큰 엽서들은 4주 동안 교회에 열심히 출석한 신입생들에게 나누어줍니다. 또한 더 큰 그림엽서와 연필은 신입생 다섯 명을 데려온 학생들에게 상으로 나누어줍니다. 엽서는 큰 상입니다. 매주일 어머니들은 아이들을 데리고 와 그들을 내세워 엽서를 달라고 합니다. 꽤 오랫동안 출석해온 어린 학생들은 신입생들이 엽서를 받는 것을 보고 자신들도 새 엽서를 갖고 싶다고 웁니다.

#1910.11.28. 키스 편지

오늘 아침 아서로부터 반가운 편지를 받았다. 그는 강원도에서 일하기 위해 11월 11일부터 18일까지 800리를 걸어 내려갔다. 오늘 아침, 나는 글렌과 엘머에게 아빠가 어디 있느냐고 물었더니 그들 둘 다 재빨리 손가락으로 가리키며 "빠이빠이 하고 저리로 가셨어."라고 말했다. 나는 그들에게 아빠한테 키스를 보내드리라고 말했다. 엘머는 즉시 그렇게 하고는 글렌이 미처 그러기도 전에 그의 입에 손을 가져다 대고는 키스를 받아 아빠에게로 날려보냈다. 그리고 내게 다시 와서 손에 키스를 받아 아빠에게로 보냈다.

#1910.12.5. 인애, 학교에 가다

　　우리 문지기의 아내는 현재 여자연합성경학원에 다니고 있다. 원래 그 집은 너무 가난해서 학비를 낼 수도 없었지만 식구들이 그녀를 학교에 꼭 보내고 싶어하지도 않았다. 그러나 그녀는 공부가 하고 싶어, 책이나 기타 비용까지는 아니지만 1년간의 등록금을 모을 때까지 우리집에서 허드렛일을 했다. 남편은 그런 아내를 보내고 싶어했지만 이번에는 시어머니가 완강히 반대했다. 하지만 이제 그녀는 학원을 다니며 시어머니와도 매우 사이좋게 지내고 있다. 그녀가 굉장히 열심히 공부하는 모습이 시어머니를 감화시켰다. 어찌나 감동을 받았는지 그녀가 여윳돈을 거의 다 써버리자 시어머니는 그녀를 도와줄 계획까지 세웠다.

　　우리에게 소 한 마리가 있는데, 매년 봄이면 소를 도시 외곽 목초지로 매일 데리고 나가 줄 소년을 고용한다. 그 대가로 우리는 4엔을 준다. 시어머니는 인애(며느리)가 계속 학교에 다닐 수 있도록 자신에게 그 일을 시켜주었으면 한다고 부탁하며, 2엔은 선금으로 주고 나머지 2엔은 임금으로 달라고 했다. 인애는 평양에서 그런 일을 하는 여자는 없다고 말하며, 사람들이 비웃을 거라고 했다. 하지만 시어머니는 옛날 중국에 한 학자가 있었는데, 그는 소년 시절에 목동 일을 하면서 날마다 소들에게 풀을 뜯기고 책을 보며 공부를 해, 결국 위대한 선생이 되었다는 이야기를 들은 적이 있다고 했다. 따라서 자기는 소에게 풀을 뜯기면서 며느리를 공부시키려 한다는 것이다. 물론 나는 그 시어머니와 약속했고 인애가 학교를 그만두지 않도록 선불로 2엔을 주었다.

🍃 아이들의 세례 시기

    루스와 시릴 노블은 칼 크랜스턴 목사에 의해 1896년 서울에서 세례를 받았다.

    앨든 얼 노블과 해럴드 조이스 노블은 데이비드 H. 무어 목사에 의해 1903년 5월 24일 평양에서 세례를 받았다.

    글렌 아서와 엘머 래이 노블은 메리엄 C. 해리스 목사에 의해 1910년 평양에 있는 큰 감리교회에서 열린 한국인 연차총회 모임에서 세례를 받았는데, 정확한 날짜는 기억나지 않는다.

제 **4** 권

1911~1919

그날의 만세 소리

#1911·1·6· 록웰 선교사의 죽음

정동 어린이 주일학교는 G. H. 존스 부인이 만든 것이고, 정동의 탁아소와 '공덕리 사동'[한글로 표기되어 있음] 등의 영아부는 내가 만든 것이다.

미국 어린이들은 발표회에서 〈크리스마스 그린스〉라는 멋진 칸타타를 불렀다. 한국 어린이들도 멋진 발표회를 했다.

앨든, 해럴드, 베네딕트 양은 월요일 밤 일본 감리교회의 기념예배에 갔다. 그 역시 매우 멋졌다. 그들은 내게 몇몇 한국 어린이들을 데려와서 이번 발표회에서 부를 율동 노래를 가르쳐 달라고 부탁했다. 초대됐던 아이들과 함께 갔던 젊은 남학생들도 노래를 부르며 크게 자랑스러워했다.

내 손가락이 감염되어 몹시 아프다. 고통이 심해서 밤잠을 설칠 정도인데, 벌써 아픈 지 한 달이 됐다. 두 번이나 칼에 베었기 때문이다. 폴월 박사는 문제가 생긴 곳이 손톱 밑이라 손톱을 제거해야 할 것 같다고 말했다. 그래서 그저께 박사가 얼음과 코카인으로 마취를 시키고 손톱을 제거했지만 고통이 사라지게 하는 데는 아무런 소용이 없었다. 다시 이틀 밤낮을 욱신거리는 고통에 시달리다가, 폴윌 박사가 준 소염제를 바르고부터 훨씬 나아졌다.

아서는 두 달간 집을 떠나 있었다. 그는 강원도를 지나 동해안을 따라 내려가는 힘들고도 긴 여행을 했다. 날씨는 춥고 눈보라가 쳤으며, 강물은 불어나 있었다. 한번은 허리춤까지 차오른 냇물도 건너야 했다. 어떤 때는 눈이 내리는 옥외에서 예배를 보기도 했다. 그는 외국인 선교사나 한국인 전도사가 한 번도 가본 적이 없는 많은 마을들을 방문했다. 그는 외국인 선교사를 위해 두 개의 지부를 짓기로 계획했고, 해리스 감독에게 동해안 지역은 너무 멀리 떨어져 있어서 서울 연회에서 관할하기 어렵기 때문에 그곳의 사역을 분리하여 새로운 구역에서 담당하도록 해줄 것을 요청하는 편지를 썼다. 그는 동해안 지역에서 큰 사역을 마치기 위해 혼자 남았고, 그의 조수인 원주민 전도사를 서울에서 열리는 신학반에 참석하도록 배를 태워 보냈다. 그는 약 3주 동안 1400리 즉 550킬로미터를 걸으며 설교도 하고 중요한 시기의 문제들을 처리했다. 그는 지치고 피곤한 상태로 서울에 도착하자마자, 다시 서해안 지역의 몇몇 힘든 문제를 도와주러 갔다가 재정위원회에 참석하기 위해 서울로 돌아왔다.

서울에서는 록웰 씨-1가 중병에 걸렸다는 전보가 기다리고 있었다. 아서는 즉시 노턴 박사-2에게 가서 그를 돌봐주는 일을 돕기로 했다. 노턴 박사가 그 지부에 있는 유일한 남성이었고 여선교사들은 간호 경험이 전혀 없었기 때문이다. 그가 갔을 때 록웰 씨는 폐렴처럼 보이는 심한 기관지염으로 매우 쇠약해진 상태였다. 크리스마스 날 록웰 씨는 아서에게 〈야고보서〉[5장 14절]에 나와 있는 대로 기름을 바르고 기도해주는 의식을 해달라고 부탁했다. 그 후 록웰 씨는 12월 30일 아침에 사망했으며, 아서는 그 다음날 아연으로 표면을 도금한 관을 만들어 그곳에 시신을 넣어

해주에 가매장했다. 록웰 씨 가족은 미국에 있다. 그들에겐 가혹한 일이다. 그는 하나님의 부르심을 받고 한국에 왔다. 그는 지난 3년간 훌륭하게 일을 해왔으며, 그를 만났던 모든 사람들에게 은총이었고, 선교지에 왔던 가장 영적인 마음을 가진 사람들 중 한 명이었다. 나는 그의 딸 엘리스가 선교사가 될 결심을 지키리라 믿는다.

해럴드가 하루는 "세상에서 가장 부자는 기독교인이겠죠? 그렇죠, 엄마? 당연히 그럴 거예요. 그리고 좋은 일에 돈도 많이 쓸 거예요. 저는 그 사람이 미국사람이었으면 좋겠어요. 다른 나라 사람이 아니었으면 좋겠어요."라고 말했다.

1 9 1 1 . 1 . 9 . 무례한 풍자극

교회의 한국 간부들이 '권감'이라 불리는 전도보조자로 임명된 사경반 지도자들을 축하해주는 친목회를 열었다. 모임은 과학관3에서 열렸고 권감들을 제외한 사람들은 입장할 때 20전을 내야 했다. 모임의 시작은 종교적 프로그램으로 진행됐고 기도로 끝마쳤다. 다음으로 그들은 일종의 제스처 게임으로, 한국인들이 아직까지 따르고 있는 천하고 올바르지 못한 전통적 생활방식들을 풍자극으로 보여주었다. 그들이 상연한 주제들은 다음과 같았다.

· 18세 소녀의 부모와 8세 소년의 부모가 보낸 중매인에 의해 정해지는 약혼.

· 전통 학교 : 선생은 손님들과 노닥거리며 연신 담배를 피우고 술을 마심.

· 시어머니와 며느리의 불화.

· 무당에게 간 어떤 여자 : 며느리를 들일 때인지 아닌지를 알아보고 있다.

· 두 사람의 게으른 남자들 : 등에 식량을 짊어지고 있지만 먹을 것을 내려놓기가

귀찮아서 배가 고픈데도 계속 걷고 있다.

· 긴 곰방대에 불을 붙이고 담배 피는 전통 방식.

· 꼬마 신랑을 등에 업고 다니는 젊은 아내.

· 젖가슴을 드러낸 채 천박한 모습으로 물동이를 머리에 이고 집에 가고 있는 여자처럼 분장한 소년.

그들은 설교가 점잖지 못한 주막에서 어떻게 진행되는지를 보여주려고 그러한 연극을 기획했지만, 나는 앞으로 그런 식의 설교는 중단해야 하며 그러한 연극에서 하나님의 이름을 사용하지 않도록 해달라고 요청했다. 그들의 마음과 의도는 좋았지만 그것은 무례한 행동이었다. 그들은 그러한 것들이 왜 폐지되어야만 하는가를 보여주려고 했지만 안됐게도 그들은 아직까지 비기독교인들보다 크게 월등하다고 할 수 없다.

풍자극들이 공연되는 중간에, 아래층에서는 다과를 즐기며 휴식을 취할 수 있는 시간이 있었다. 외국인 선교사들은 따로 준비된 방에서 다과를 대접받았고, 목사는 우리와 함께 기다렸다.

1911 . 1 . 10 . 어느 소녀의 죽음

어린이 주일학교 학생 한 명이 죽어서 오늘 아침에 매장될 거라는 소식을 듣고, 전도부인 새디와 함께 장례식에 갔다. 막 출발하려는데 헐만 양이 와서 우리는 함께 갔다. 여덟 살 먹은 소녀의 부모는 원래 이교도였지만 그 어린 소녀는 부모에게 교회에 가서 예수를 믿으라고 끊임없이 간청하고 주일학교를 자랑했다. 그녀는 다른 학교에는 가지 않았다. 몇 주 전부터 그녀의 어머니가 믿기 시작했고 아펜젤러드루기념예배당에 출석하고 있다. 그녀 아버지의 마음도 믿는 쪽으로 기울었다. 그 어린 소녀가 빙판에서 넘어져서 다쳤는데, 아이의 부모는 우리 병원으로 가는 대신에 그들의 구식 돌팔이 의사에게 가서 그녀의 옆구리에 침을 맞혔다. 많은 사람들이 살균되지 않은 침에 묻은 독 때문에 죽고 있다. 그녀가 그 때문에 죽었는지 아니면 기생충 때문에 죽었는지는 알 수 없다. 그들은 아직 아이의 얼굴을 덮어 씌워놓지도 않고 수의를 입히지도 않고 있었기 때문에 우리는 기다리는 동안 아이 입술 사이로 기어나오는 기생충을 보았다 (우리는 장례식 시간이라고 생각하여 갔지만 관도 준비되지 않았고 수의도 입혀져 있지 않았다). 주위 사람들은 그것을 대수롭지 않게 생각해서 그대로 내버려두었지만 나는 불쾌했다. 그래서 그들에게 그냥 덮어씌우지 말고 기생충을 떼어내 버리라고 말했다. 그들은 "왜 그걸 떼어내야 하나요?"라고 말했지만 시키는 대로 했다. 그 집의 안방은 너무 좁아 열두 명이면 집이 꽉 찰 지경이었기 때문에 헐만 양과 나는 다른 사람들에게 자리를 내주기 위해 꽉 끼어 앉아 있어야 했다.

우리는 그 불쌍한 부모를 위로하면서, 그들에게는 아이가 일곱이 있었지만 이 아이가 여섯번째로 죽는 아이라는 것을 들었다. 유일하게 살아 있는 자식은 결혼해서 시골에서 살고 있다. 부모는 둘 다 하나님을 믿을 것이며 죽은 아이를 따라 천국에 가겠다고 말했다.

헐만 양이 아펜젤러드루기념교회당에서 몇몇 아이들에게 선교물품기부함에 있는 인형 몇 개를 나눠준 적이 있었는데, 부녀자와 아이들 모두가 그 인형들을 서로 차지하려고 하는 바람에 매우 실망한 적이 있었다. 그때 그녀는 자신의 노력이 주님의 영광을 위해 쓰일 수 있도록 해달라고 하나님께 기도했다. 우리는 그 집의 선반 위에서 그 인형들 중 하나를 보았다. 그 인형은 이 어린 소녀의 마지막 날을 기쁘게 해주었을 것이다.

불쌍하고 불쌍한 가정, 주변국들에 의해 모든 것이 굴욕스러운 상황에 놓여 있는 이 이교도 국가에서 무지몽매함 속에서 살며 가장 단순한 보건 상식조차 모르는 가정이지만, 주님의 면류관을 위한 작은 보석 하나가 그녀의 부모들을 예수께로 인도했고, 주님은 그 불결하고 처참한 상황에서 그녀를 꺼내어 영광의 하나님 곁으로 데려가셨다.

1 9 1 1 . 1 . 1 1 . 한 남학생의 뜨개질 사연

고학으로 학교를 다니고 있는 젊은 남학생이 방학기간 동안 일하러 내게로 왔다. 나는 시킬 일이 없어서 그냥 앉아서 뜨개질을 가르쳐주었다. 그는 지금 나에게 줄 '큼직한 베레모'를 뜨고 있다. 나는 그것이 딱히 필요 없지만 그는 일이 필요하다.

오늘 오후에는 한 해 동안 일요일에 한 번도 빠지지 않은 주일학교 어린이들과, 주일학교에 새로운 학생들을 가장 많이 데리고 온 어린이들, 성경 구절을 가장 많이 외운 어린이들을 위한 파티를 열어주었다. 그들은 당나귀 꼬리 붙이기 놀이도 했고, 몇 마디 소감 발표도 했고, 축하 카드도 받고 다과도 먹었다.

1 9 1 1 . 4 . 2 4 . 기독교 교육을 위한 열성적 모금운동

지난 3월 빌링스 씨가 봉산에서 일요일을 보내며 아침에는 '바치는 것'에 대한 설교를 하고, 저녁에는 새 교회와 선교회, 남학교 설립을 위한 헌물을 거뒀다. 그들은 가난했으나 아끼지 않고 물품들을 바쳤다. 여자들은 결혼반지와 상속받은 모든 장신구들을 기증했다. 16개의 결혼반지와 많은 은장도들, 이상하게 생긴 은 컵 하나 그리고 결혼식용 장신구들이 모아졌다. 빌링스 부부는 이렇게 모은 은 장신구들과 보석들 모두를 한국선교 25주년위원회의 프랭크 L. 브라운 씨 편으로 미국에 보내면서, 한국을 위한 모금운동에 써달라고 부탁했다. 그들은 나에게 은장도 하나를 가질 수 있게 해주었고 나는 은장도 값의 두 배 정도를 교회에 지불했다. 나는 봉산에 갔던 첫번째 백인이었고, 해리스 러글스 씨가 보낸 특별헌금 덕분에 거기서 여학교와 전도부인 사업을 시작할 수 있었다.

🌿 아들 실종에 하나님께 쌀밥 공양한 어머니

새디는 최근 황주리와 솔골에서 사경회를 열고 돌아와서, 거기서 일어났던 다음과 같은 사건들을 이야기해주었다.

황주리에는 마흔두 살 먹은 한 여자가 있었는데 명목상 믿은 지가 8년이 됐다고 하지만 기독교에 대해 아는 것도 없고 배운 것도 없고 교회에 가지도 않았다. 그녀는 구식 신령숭배 방식으로 이따금씩 하나님께 기도했다. 그런데 새디가 가기 두 달 전부터 그녀의 아들이 종적을 감춘 상태였다. 그래서 그 어머니는 두 달간 매일 밤마다 방해가 되지 않도록 며느리를 부엌으로 내보낸 후 흰 쌀밥 한 그릇을 방바닥에 놓고 하나님께 공물로 바친다고 생각하며 기도를 드렸다. 그녀는 본능적으로 그것이 올바른 방법이 아니라고 느꼈기 때문에 며느리가 그것을 보는 것을 원치 않았다. 밤에 며느리가 잠이 들면 어머니는 일어나 자신이 아는 유일한 방식대로 한 번에 몇 시간씩 무릎을 꿇고 엎드려 절을 하며 무릎이 퉁퉁 붓고 살갗이 여기저기 까질 때까지 하나님께 도움을 청했다.

그녀는 부끄러워하며 새디의 모임에 왔다. 새디가 사람들에게 기도드리는 방법을 가르치고 예수를 위해 간증하기를 요청하여 몇몇 사람들이 간증을 마쳤을 때, 새디는 뒤에서 누군가가 절을 하고 있음을 알았다. 그 어머니는 몸을 정화시키기 위해 여섯 번이나 조용히 밖으로 나가서, 주님에 대한 간증을 위해 자신을 정화시키려고 매번 세수를 했다. 새디는 하나님은 형식이 아니라 예수의 보혈을 통한 그의 권세로 정화시키신다고 가르쳤으며, 하나님께 기도하고 예배드리는 방법도 가르쳐주었다. 그러자 그 불쌍한 여성은 자신의 죄와 무지에 대해 주저앉아 울먹였고, 아이가 걸음마를 배우듯 올바른 길을 배우기 위해 한 걸음씩 걷기 시작했다.

또 다른 모임에서 새디는 〈요한일서〉 3장을 통해 우리 마음속에 미움을 갖지 말 것과 용서에 대해 가르쳤고, 모인 여자들 중 아직도 마음속에서 없애버리고 싶은 미움을 가지고 있는 사람이 있는지 물어보았다. 한 여성이 너무도 미워하는 원수가 있는데 가끔씩 죽이고 싶을 정도라고 고백했다. 그러나 그녀는 흐느껴 울며 기도한 후 마침내 사랑과 평화를 얻었다.

새디가 '죄'에 대해 가르치고 있을 때 참석했던 여성 둘은 1년간 서로 말조차 하지 않았지만 이 모임에서 화해하고 사이좋게 집으로 돌아갔다.

🌿 남편과 첩에게 박해받던 아내의 승리

솔골의 한 여성은 남편과 첩의 박해로 너무 괴로워서 더 이상 참을 수 없을 정도가 되어 있었다. 그녀는 종종 무지막지하게 맞곤 했다. 그녀는 기독교인이 됐으며 3년간 신앙생활을 해왔다. 그녀는 자식이 셋이었고 아들은 장가를 보냈다. 첩도 자식이 셋이었다. 지난 8월, 그녀는 보통 때보다 더 심하게 맞은 후 그녀에게 가해지는 끔찍한 고통을 피하기 위해 집과 아이들, 남편을 모두 버리고 홀몸으로 도망쳐 나왔다. 그녀는 평양에 있는 새디를 찾아왔으며, 일요일에는 교회에 갔다. 그 일요일에 솔골에서 그녀의 남편이 새디의 집으로 찾아왔고, 마누라가 어디 있는지 대라며 보기만 하면 바로 죽여버리겠다고 말했다. 새디는 그에게 경솔한 행동을 하지 않을 것을 다짐받고, 자신의 집으로 아내를 데려와 만날 수 있도록 해주겠다고 했다. 불려온 아내는 그녀의 아름다운 기독교 영혼으로 남편을 이겨 남편 또한 개종하게 만들었으며, 아이들 곁으로 다시 돌아가게 됐다.

여자들은 솔골 사경반에 매우 열성적으로 참석했다. 몇몇 여자들은 마을에서 5킬로미터나 떨어진 깊은 산 속에 살았으며, 호랑이가 지나다니는 외딴 산길을 걸어 매일 밤마다 그 모임에 왔다. 그들은 혹 마주치게 될지도 모르는 야생동물로부터 자신을 보호하기 위해 그리고 밤길을 밝히기 위해 기다란 소나무 등불을 들고 다녔다. 하나님의 말씀을 배우려는 그들의 열정은 모든 난관을 극복한다.

한번도 기도해본 적이 없는 사람들이 기도를 하고, 한번도 간증해본 적이 없는 사람들이 간증을 한다.

연변의 여학교 선생인 애경이 좋은 예이다. 그녀의 남편은 얼마 전부터 믿게 됐는데, 그동안 예수로 인해 남편으로부터 심한 박해를 받았다. 하루는 그녀가 교회에 가려고 하자 남편은 그녀를 때리고 나서 손과 발을 묶어 방에 가둬놓았다. 작은 딸아이가 "엄마, 내가 묶여 있는 거 풀어줄게."라고 말하자 애경은 "아니야, 네 아빠가 날 묶어놓았는데 네가 풀어주면 너한테 해코지할 거야. 만약 내가 죽으면 네 아빠 손에 죽는 거고, 나만 고통 받으면 돼. 내가 풀려난다고 해도 네 아빠가 풀어줘야 해."라고 말했다. 이 말을 들은 남편은 크게 감동받아 방으로 들어가 아내를 풀어주고는 기독교인이 됐다.

🌸 학교를 비행기로 공수?

정말 신기한 이야기가 황해도 전역으로 퍼져 내려갔다. 새디는 평산에서 그 얘기를 들었다. 그 이야기는 다음과 같다.

"한국을 사랑하는 미국의 한 부인이 사경회와 주일학교 교실을 위해 벽돌로 만든 멋진 2층짜리 건물을 지어 완성된 집을 한국으로 보낼 것이고 4월에 비행기로 도착한다고 한다. 놀라운 일이다! 그렇게 엄청난 일이 사실일까? 그렇다. 그렇게 될 것 같다. 세상은 움직이고 있으며 미국사람들은 항상 새로운 것들을 발명해내고 있는데, 황해도에 사는 사람들은 시대를 따라잡을 수 없다. 맞다. 반드시 온다. 그래서 많은 사람들이 비행기로 오는 그 건물을 구경하러 갈 것이다."

한 여성이 평양의 제일감리교회 예배에 참석해 있다가 애니 M. 스키어 양이 새로운 신학교 건물을 위해 기부금을 보내주었다는 발표를 들었다. 회중 모두는 스키어 양과 하나님께 감사하는 마음으로 '아멘'을 했다. 그런데 그 여성이 그 발표를 제대로 알아듣지 못하고 다른 사람들에게 전해주다가 고향으로 돌아가 목사에게 전할 즈음에는 이야기가 위와 같은 형태로 과장된 것이다. 목사는 그녀가 평양에 있었고 교회에서 직접 그 이야기를 들었기 때문에 그것을 그대로 믿은 것이다.

그렇다. 그 집이 비행기로 옮겨져 오지 않더라도, 우리에게 그 선물은 그 자체로 굉장한 것이다.

전 재산인 당나귀를 바친 보부상

강신화는 몇 년간 우리 비서였고, 지금은 연남에서 전도사로 있다. 그가 몇 주 전 여기에 와서 거기서 일하는 동안 큰 믿음을 보여준 많은 흥미로운 사건들에 관해 나에게 이야기해주었다. 그는 내 덕분이라고 하면서, 어떤 남자가 200엔을, 어떤 남자는 당나귀를, 또 다른 많은 사람들이 거의 전 재산을 새 교회를 짓는 데 헌금한 이야기도 해주었다.

쉰 살 된 과부 한 명은 40년 동안 간직해온 결혼반지를 가져왔다. 그 반지는 그녀의 꼬마신랑에게서 받은 것이었다.

한 여성은 8엔을 헌금했는데 강신화가 아직까지 필요한 금액이 모자란다고 공지하자 은비녀를 뽑아 헌물한 것이었다. 그녀는 머리가 귀신 머리처럼 풀려 내려오자 시골여성들처럼 머리를 땋아 머리 주위로 돌린 후 면 보자기로 둘러 묶어 고정시켰다.

집회에 온 어떤 남자는 당나귀 등에 짐을 지고 돌아다니는 보부상이었다. 그는 새 교회를 짓는 데 무언가를 기부하고자 했는데, 그가 가진 것이라곤 당나귀가 전부였다. 그래서 그는 당나귀를 기부하기로 결정했고 일어나서 그러겠노라고 했다. 그의 아내 또한 좋은 신도였고 주님을 위해 남편이 하는 일 모두를 기뻐했다. 그녀는 남편이 당나귀를 기부하겠노라고 하는 소리를 듣고, 조용히 교회를 빠져나가 집으로 달려가서는 나뭇가지로 화관을 만들어 당나귀 머리에 씌워 교회로 끌고 왔다. 요즘 그 보부상은 짐을 직접 등에 지고 다니지만 마음은 가볍다. 그는 그가 할 수 있는 것을 했다. 이런 아름다운 광경들을 보면서 교회에서는 눈물을 흘리지 않는 사람들이 없었다. 기쁨이 눈물을 통해 빛나고 있었다.

예배가 끝나고서 대여섯 명의 신도들이 강 씨와 악수를 하려고 기다렸고, 감사의 눈물을 흘리며 "우리는 연남에 이렇게 좋은 일이 생기리라고는 상상도 못했습니다."라고 말했다. 연남은 전부터 선교 활동을 하기 힘든 곳이었고, 교인들은 늘 교회를 위해 할 수 있는 게 거의 없다고 생각해왔다. 지금은 그곳에 훌륭한 여학교와 남학교가 있고, 교인들은 그 학교들을 위해 많은 지원을 하고 있다. 주의 성령이 그들의 마음을 움직인 것이다.

남편의 박해를 이긴 여성들

연남에 있는 열일곱 살밖에 안 된 한 젊은 여성이 주예수의 사랑에 관한 이야기를 간증했다. 그녀의 남편과 오빠는 그녀가 예수를 증거하고 다닌다고 박해했다. 오빠는 남편에게 그녀가 믿는 한 때려야 한다고 말했으며, 그녀는 매를 피하기 위해 밤새 다른 신도 집에 있다가 다음날 집으로 돌아갔지만 결국 매를 맞았다. 또 그녀는 가정방문 전도를 위해 밖으로 나다닌다고 맞기도 했다. 그러나 그녀의 믿음은 변하지 않았다. 그녀는 항상 남편을 위해 기도했고, 그녀의 믿음과 열성을 때려서 단념시킬 수 없음을 알게 된 남편은 지금 성경책을 사서 공부 중이다.

연남에서 20리 떨어진 곳에 미친 여자가 있었다. 그녀가 연남으로 왔는데, 신도들이 그녀를 위해 함께 기도한 지 한 달 반 만에 나아져서 지금은 독실한 신자가 됐다.

새디의 사경반에 충실한 신도인 한 씨 둔덕의 남편은 술주정꾼으로, 8년 동안 교회에 올 때마다 말리는 남편과 다퉈야 했고, 교회로 오려면 종종 몰래 빠져나와야 했다. 하지만 그녀는 항상 출석을 하며 전도사 후원을 위해 매달 15센트씩 헌금하고 있다.

남편은 그녀가 교회에서 돌아오자마자 자주 때렸는데, 한번은 얼굴과 머리를 너무 많이 맞아서 여러 군데서 피가 날 정도였다. 그녀는 명이 가실 때까지 한 달을 쉬어야 했다. 또 한번은 남편이 칼을 들고 와서 죽여버리겠다고 한 적도 있었다. 그녀는 "당신이 나를 죽여도, 나는 예수님을 포기 못해요."라고 말했다. 이웃사람들은 "저 여자 좀 봐. 남편한테 복종하지 않고 교회만 다니니 남편이 옷을 다 찢어버렸지."라고 말했다. 하지만 그녀는 이웃들의 비아냥거림을 모두 참았다. 그녀의 남편은 아직까지 믿지 않지만 그녀의 장성한 아들은 믿는다.

주일학교의 아이들 6명(한국 나이로 10~13세)이 교회에 잘 참석하기 위해 클럽을 만들었다. 그들은 6명 중 어느 한 사람이라도 일요 예배나 수요일 밤 기도 모임에 참석하지 않으면 매번 1전의 벌금을 내야 한다는 것에 동의했다. 그리고 그들은 돈을 받을 회계 한 명을 뽑았고 이미 20전을 모아놓았다. 어제 그들은 다른 사람들이 보지 못하도록 그 돈을 종이에 싸서 헌금함에 넣었다.

1911 . 5 . 14 . 초대 중국파견 선교사 손중도

중국에 파견됐던 한국 최초의 선교사 손중도(그는 1900년 중국 기독교인 순교에 관해 듣고는 평양 제일감리교회에서 개종했다) 씨가 1년 후 돌아와서 첫 설교를 했다.

그는 중국에 가서야, 한국 선교사가 먼저 중국에 온 것이 아니라 30년 전쯤 중국에서 한국으로 첫번째 선교사를 보냈다는 사실을 처음으로 알게 됐다. 한 명의 미국인과 한 명의 중국인이 한국에 복음을 전하러 의주에 왔었는데 몹시 박해를 받아서 중국인은 순교했다고 전하며, 이제는 우리 한국인들이 중국이 필요로 한다면 그곳에 가서 우리의 생명을 던질 기회라고 말했다.

중국에서의 선교사업은 100년간 계속되어 왔고 그곳 교회는 거의 100년간 설교를 들었지만, 아직까지 주일 아침 예배에 10명 정도만 참석하는 경우도 종종 있다고 한다. 그는 앞으로 100년 후에는 엄청난 변화를 볼 수 있기를 기대한다고 말했다. 그는 교회가 발전하지 못하는 이유는 신도들 개개인의 전도 활동 부족 때문이고, 신도들이 그것은 선교사들이나 할 일이라고 보기 때문이라고 말했다.

그러고 나서 손 씨는 몇 달간 중국의 산해관에 다녀온 한국 사람과 우리 교회 소속의 한 중국인을 앞으로 나오게 해서 함께 중국어로 찬송가를 불렀다.

그런 다음 손 씨는 하나님의 말씀에서 새 메시지를 배워야 한다고 말하며, 〈누가복음〉 2장 10절을 인용하여 매우 적절하고 짧은 설교를 했다. 그는 중국으로부터 그들에게 소식을 가져왔다고 말하며, 그 소식이 무엇을 의미하는지 그리고 그곳에서 맛본 슬픔과 기쁨이 어떻게 다른지에 대해 사람들의 사례를 들어가며 설명했다. 그러고는 가장 좋은 뉴스는 예수님께서 세상을 구하기 위해 태어나셨고 십자가에서 돌아가신 것이라고 말했다. 누가 세상을 이길 수 있을까? 훌륭한 전사? 아니다. 예수님은 말씀하셨다. "나는 세상을 이기었노라."

그는 모두에게 세상이 그리스도를 믿고 받아들일 수 있도록 믿고 전도하고 기도할 것을 권면했다.

〈1911년 어린이 주일학교 현황〉

올해 신입생	504명
구골과 신천골로 간 학생	약 200명
현재 등록생	502명
영아부 어린이	115명
올해 등록생 총수	1,321명
매주 평균 출석생수	290명

· 구골 주일학교의 교장과 빌링스 씨의 조수는 한 해 동안 3732번 가정방문을 했다.

#1911.6. 남편이 목숨까지 버려야 했던 아내 교육

황해도 수안의 여학교 교사 원 씨 태신이 일반사경반에 왔다. 그녀의 남편이 그녀의 짐을 날라다주기 위해 그녀와 함께 출발했고, 그녀의 어머니 또한 태신이 공부하는 동안 아이를 돌봐주기 위해 그녀와 함께 출발했으며, 태신은 아이를 등에 업고 있었다. 그들이 여행한 지 이틀쯤 됐을 때, 남편과 아이가 콜레라 증세를 보이며 매우 아팠다. 그곳에는 의사가 없었으므로 태신은 의사를 만나러 아이와 함께 왔고 아이에게 먹일 약과 남편에게 보낼 약을 얻었다. 그러나 그녀는 너무 지쳐 있어서 약을 받아 남편에게 바로 갈 수 없었으므로, 우리가 인편으로 약을 보내주었다. 그러나 심부름꾼이 여관에 도착하기 전에 남편은 이미 죽어 있었다.

여관 주인은 전통 이교도 관습에 따라 사체가 그 집을 불결하게 만들었으니 방 대여비로 큰돈을 내야 한다고 요구했다. 때때로 그들은 집 전체를 빌리는 가격을 요구하여 받아내지만, 그는 세 달치 방세인 5엔을 요구했다. 심부름꾼이 돌아와 우리에게 그 이야기를 해주었고, 나는 믿을 만한 사람을 보내서 그 같은 부당한 요구를 다 들어주지는 말고 계산을 끝내고 오라고 보냈다. 그러나 그가 그곳에 도착하기 전에 다른 마을에 사는 한국인 목사와 몇몇 신도들이 그곳에 가서 전액을 지불하고 그 남자를 묻어주었다.

다음은 내가 최근 받은 이경순의 한국어 편지다. 이경순은 2년간 하루 반나절씩 우리집에서 일하며 신학반을 다녔다. 그 후 나는 그녀가 서울에 있는 간호원 양성학교4에 입학할 수 있게 보증을 서주었다.

이경순의 편지

제가 굉장히 사랑하는 노블 부인,

요 며칠간 댁내 가족 모두 평안하시고 신도들도 모두 안녕하신지요?

이곳은 하나님의 은총으로 저도 잘 있고 커틀러 박사님과 간호사들도 잘 있습니다. 이 모든 것들을 위해, 부인께서 여러 모로 염려해주시고 하나님께 기도해주셨다는 것을 우리는 압니다.

저는 부인께서 이미 서울을 떠나 평양으로 가셨다는 말을 듣고, 부인을 다시 뵐 수 없게 된 것에 대해 슬픔을 감출 수가 없었답니다. 제가 낙심하고 있을 때 부인의 편지를 받고, 저는 부인이 잘 계시다는 것과 아기가 좀더 나아졌다는 소식을 듣고 매우 기뻤답니다. 그런데 나중에 두 아이들이 아파서 노블 선교사님이 [약을 구하러] 오셨다는 것을 알게 됐습니다. 우리는 정말 안타까웠습니다.

부인께서 평양 출신의 이화 학생들에게 안부를 전해달라고 당부하셨다고 하셔서 제가 가서 전했습니다. 캐롤라인과 노마가 성심으로 부인께 인사말을 올립니다.

제가 아주 나쁜 행동을 했음에도 불구하고, 부인께서 여전히 저를 사랑하신다고 생각하면 마음에 큰 위로가 됩니다. 우선 하나님께 감사드리며 그리고 부인께 감사드립니다. 저는 한때 낙담하여 간호사 수련을 포기해야겠다고 생각한 적도 있었습니다. 그러나 커틀러 박사님께서 제가 지금 포기하면 부인께서 얼마나 슬퍼하시겠느냐고 하셨을 때, 저는 그만 깜짝 놀랐고 다시 열심히 공부하기로 결심했습니다. 부인이 그렇게 도와주시고 저를 여기까지 보내주셨는데 만일 지금 제가 그만둔다면, 그것은 부인과의 약속뿐만 아니라 하나님과의 약속도 저버리는 것이 될 겁니다. 저는 온전한 여성이 되어야만 합니다. 그래서 저는 다시 결심합니다. 어떠한 일이 생겨도, 하나님의 도우심으로 저는 모든 역경을 이겨낼 것이고, 설사 제가 죽는다 해도 끝까지 인내할 것입니다.

부인께서 늘 평안하시기를 수천만 번 빌고 또 빌며,

드릴 말씀은 많지만 여기서 이만 줄이겠습니다.

이경순

#1911.8.21. 배미장 여행

우리는 배미장에서 40리 떨어진 강 위에서 모래사장으로 내려가고 있다. 19일 밤에 우리는 이곳에 도착했다. 매년 우리는 여기로 오곤 했지만 배미장에는 한번도 못 가봤는데 올해는 그렇게 할 수 있을 것 같았다. 우리는 다음날 아침 일찍 출발할 수 있도록 19일 저녁 뱃사공을 근처 행정구역으로 보내서, 함께 가고 싶어했던 베네딕트 양의 것까지 가마 두 개와 가마꾼들을 불러오라고 보냈다.

우리는 아침 일찍 일꾼들에게 식사를 하도록 했고 우리도 아침을 먹고 7시에 배를 출발시켰다. 우리는 배를 타고 강을 건너와서 가마를 타고 25킬로미터를 갔다. 우리의 가마꾼들을 8개의 강을 건너야 했는데, 강은 무릎 정도 깊이로 매우 넓게 펼쳐져 있었다. 그들은 우리를 강변까지 실어다주었다. 이 지역 전반의 모든 농작물은 여름 홍수에도 불구하고 매우 실했다. 우리는 쌀, 기장, 옥수수, 수수, 목화, 메밀, 콩, 아주까리, 담배가 자라는 들판을 지나왔다.

홀콜 광산에 새로 부임해온 콜로라도 출신의 젊은 리크 씨가 우리를 추월해왔다. 그는 말을 타고 있었는데, 우리를 보자마자 첫마디가 이 오랜 여행에서 백인을 볼 수 있다니 반갑다는 것이었다. 그는 물 한잔 마실 곳을 찾는다고 했다. 우리는 각자 물병을 가지고 있었고 여행은 거의 종착지에 도달해 있었다. 나는 내 물병을 그에게 주었고, 그의 마부에게 한국말로 옹달샘을 발견하거든 리크 씨에게 안내해주라고 말했다. 외국인들은 한국인 마을 근처에서는 어떠한 일이 있어도 물을 마실 엄두를 내지 못한다.

약 10년 전 로저 아너 씨가 여학교 건물을 사라고 기부금을 보내와서 우리는 배미장에 건물한 채를 구입했다. 우리는 그 건물을 아너 씨의 죽은 아내를 기념하기 위해 '로라 아너의 집' 이라고 불렀다. 그 작은 초가집 건물에는 교회예배당과 여학교 교실, 교사들의 부엌과 거실이 있었다. 여학교와 교회는 같은 방을 사용했다. 또한 가로세로 6미터 정도되는 작은 휴게실은 그곳을 순회하는 선교사들을 위해 언제나 깨끗하게 해두었다. 이후 교회 예배당은 집회를 하기에는 너무 작아져서 팔게 됐다. 그 후 신도들은 더 많은 돈을 헌금하여 더 크고 높은 건물을 사서, 같은 용도로 사용해왔다. 그곳에는 목사 가족을 위해 새로 지은 단독주택도 있다. 나중에 신도들은 여학교 건물을 따로 사서 몇 년간 학교를 운영하고 있으며, 그곳에는 전도부인이 살고 있다. 산허리에는 멋진 남학교가 있고, 새 교회가 들어설 새 부지가 선정되어 있으며, 새 건물을 짓기 위해 나무들을 벌채하고 있다.

우리는 이 모든 건물들을 보면서 마을 주변을 돌아다녔다. 여학교 건물에서 그들은 우리에게 복숭아를 대접했다. 우리가 건물들을 구경하고 우리를 따뜻하게 반겨주기 위해 나온 신도들과의 만남을 거의 마칠 무렵, 송 목사가 교회 종을 울렸고 약 60명이 모여 작은 집회를 열고 내가 예배를 이끌었다. 예배 후 우리는 배를 향해 출발했다. 송 목사의 어린 아들이 열흘 전에 미친개한테 물렸는데, 그에게 나쁜 일이 생기지 않기를 바란다. 송 목사는 폴월 박사를 만나러 올라갈 예정이다.

건물이 삭아내려 몇 년 전 팔린 첫번째 학교 건물에는 한 이교도 가족이 살고 있다. 문 위에는 그림이 그려진 종잇조각이 붙어 있었다. 부적이라는 그 종이는 병을 주는 악령을 달래기 위해 가족이 병을 앓는 기간 동안 그곳에 붙여놓는 것이다. 대들보 위에는 행운의 신에게 바치는 또 다른 부적이 붙어 있었다. 우리는 그곳에서 여자들과 이야기를 했고 미신숭배를 하지 말고 주예수를 믿고 부적을 없애버리라고 권했다.

1 9 1 1 . 9 . 4 . 지붕이 새다

밤 12시. 밖은 칠흑같이 어둡고 비가 계속해서 내리고 있다. 아니 쏟아진다는 표현이 맞다. 24시간 동안이나 이렇게 비가 내리고 있다. 오후가 되자 피아노 위로 빗물이 떨어지기에, 나는 문지기에게 지붕에 올라가 새는 곳을 봐 달라고 시켰다. 조금 전 침실에서 내려와 보니, 비가 새는 곳이 8군데나 됐다. 피아노 위에는 아까 샜던 곳과 좀 떨어진 곳에서 다시 물이 떨어지고 있었다. 나는 문지기에게 지붕에 등불을 가지고 올라가 가능하다면 거실에 물이 새지 않도록 틈들을 막아보라고 시켰다. 날이 밝기 전인 지금 그가 새는 곳을 발견하리라는 기대는 별로 하지 않지만……. 한번은 여름에 몇 주간 우리가 집을 떠나 있었던 적이 있었는데, 집으로 돌아와 보니 침대 두 개가 온통 진흙과 물로 범벅이 돼 있었다. 이 집은 물론 한국인들이 내부와 외부를 진흙으로 바르고 기와지붕을 올린 집이다.

또 다른 곳에서 비가 새고 있다. 문지기는 어떤 구멍도 메우지 못했다. 이제 우리는 아침까지 기다려야 할 것 같다.

> 이후 노블 가족은 서울로 발령이 나서 평양을 떠났던 것 같다. 1911년 7월 13일 삼화의 노 살로메가 노블 부인에게 보낸 편지는 이를 애석해하는 그녀의 마음이 가득 담겨 있다. 그러나 1911년 10월 21일부터 이어지는 노블 부인의 일지는 그녀가 아직 평양에서 일하고 있음을 보여준다. 노블 부인의 본격적인 서울 활동이 시작된 것은 1914년 2월 안식년을 마치고 돌아온 이후다.

1 9 1 1 . 1 0 . 2 . 뱃속의 바늘

9월에 한 여성이 제중원에 왔는데, 수술을 받지 않으면 얼마 살지 못할 정도로 심각한 상태였다. 큰 종양이 있는 것 같았다. 검사 결과 그 종양은 그녀가 전에 아팠을 때 뱃속에 삽입되어진 많은 바늘에서 발전된 것이라는 사실이 드러났다.

그 여성은 스물두 살이었고, 그녀를 고치기 위해 삽입됐던 열여덟 개의 구리 바늘은 대부분이 뱃속에서 부러져 있었다. 한국의사들은 그것이 한국의 구식 한의사들이 옛부터 사용하는 치료법이라고 말했다.

폴월 박사는 종양 속에서 부러진 바늘 2개를 찾아냈고 그것을 뽑아냈다. 2주 후 헐만 양이 상처를 소독하고 있을 때 환자가 숨 쉴 때마다 무언가 밖으로 나왔다가 들어가는 것을 보았고, 핀셋을 이용하여 손가락의 3분의 2 정도 길이의 부러진 바늘 하나를 더 뽑아냈다.

#1912.2.2. 미국 부인들의 마음

해럴드가 열흘가량 심한 편은 아니지만 팔다리와 머리에 약간의 고통이 있는 근육 류머티즘으로 고생하고 있고, 심장 박동도 불규칙하고 약했다. 폴월 박사는 류머티즘이 특별히 심장 상태가 좋지 않아서 온 것인지, 아니면 강장제를 먹으면 호전될 수 있는 일반 쇠약 증세로부터 온 것인지 확신할 수 없었다. 아이는 이제 이부자리를 털고 나올 정도로 완치되지는 않았지만 많이 좋아졌다.

에스티 양이 병이 나서 우리가 평양 십일조반의 담임을 맡아야 한다.

어제 김 수잔나라는 여성이 황해도에서 왔다. 그녀가 사는 곳의 교회 상황에 관해 물었더니 두 남자만 빼고 모든 남자들이 실망해서 교회를 떠났다고 말했다. 수산나를 통해 전도사업이 시작된 그 작은 마을에는 원래 12명의 남자 신도들이 있었다. 이유를 묻자 그녀는 남성 신도들이 자신들보다 교회를 더 많이 돕고 더 열성적이었던 여자 신도들을 질투했기 때문이라고 말했다.

삼화의 신도들은 작년에 교회에 30엔을 헌금했고 올해는 72엔을 약조했다.

수산 노가 어느 날 저녁 찾아와서 자신의 선교사업에 대해 이야기 해주었다. 이야기 하던 중에 그녀는 모든 미국 부인들의 마음속에 있는 비밀을 배우러 미국에 가고 싶다고 말했다. 미국 부인들은 모두 한결같이 남을 위하는 겸손과 자애의 정신을 가지고 있고, 사람을 차별하지 않고 항상 누군가를 도우려고 하며, 비록 부인들마다 서로 다른 재능이 있고 어떤 이들은 좀더 타고난 능력이 있지만 그들 중 어느 누구도 자신을 내 세우려 하지 않고 모두가 똑같이 사랑과 친절을 베푼다고 말했다. 나는 그녀가 흠모하는 사랑의 정신은 주 예수님의 발 아래서 배우게 되는 것이 므로, 미국뿐 아니라 다른 어느 나라에서도 그리고 한국에서도 찾을 수 있는 것이라고 말했다. 하지만 그녀는 여기에 있는 한국, 일본, 중국의 여 성들은 모두가 더 높은 자리만 차지하려 하기 때문에, 그중에서는 그런 사랑을 찾지 못했다고 말했다. 그녀 자신이 그러한 희생정신을 아직 완전 히 갖지 못했으니 자신의 본토 여성들 중에서 그것을 쉽사리 구별해낼 수 없겠지만, 그것은 분명 여기에도 있다.

그녀는 교회를 위해 일하는 것에 지쳐서 때로는 포기하고 싶었지 만, 그럴 때마다 서울의 초기 전도사들 중 한 사람이었던 그녀의 아버지 가 자신을 나무라실 거라는 생각이 들어서 그의 딸로서 마음을 다잡고 계 속 일을 하기로 했다고 말했다.

1 9 1 2 . 3 . 1 9 . 두번째 안식년

우리는 1912년 3월 19일 오전 2시 30분에 한국 평양을 떠났다. 한

밤중인데도 50명이 넘는 신도들이 역에 배웅 나왔다. L. E. 프라이 양과 우리는 시베리아와 유럽을 거쳐 왔다. 그녀는 무크덴[중국 봉천, 오늘날 선양]에서 트렁크를 잃어버렸는데 고향에 도착할 때까지 거의 두 달간 찾지 못했다. 우리는 런던에서 그 가방 소식을 기다리느라고 배편을 수요일에서 토요일로 연기했다. 그 덕분에 타이타닉 호에 타는 대신 모레타니아 호를 타고 올 수 있었다. 타이타닉 호는 다음날 밤 침몰했다. 우리는 모스코바에서 24시간을 보냈다. 해럴드가 그곳에서 기관지염에 걸렸지만 빨리 회복됐다. 국가 하나는 거뜬히 살 만한 화려한 대성당들, 크렘린, 4만 명의 고아들을 위한 고아원 등 웅장한 건물들을 보았다.

베를린에서 하루를 보냈다. 엘머가 그곳에서 매우 아파서 독일 의사를 불렀는데 금세 회복됐다. 오래된 왕궁과 현재 사용 중인 궁전, 빌헬름 황제의 궁전 그리고 모델 교회를 보았다.

런던에서는 열하루를 보내며 멋진 관광을 했다. 성금요일 밤엔 메시아 공연을 하는 종교음악회에 갔고, 오후에는 크리스탈 궁전에서 열리는 종교음악회에 갔었다. 성금요일 아침에는 웨슬리교회에서 설교를 들었다. 부활주일날 아침에는 캠벨을 들었고, 오후에는 세인트 제임스 대성당, 저녁때는 웨스트민스터성당, 국회의사당, 세인트폴대성당을 방문했다. 세인트폴대성당에서는 위스퍼링 갤러리5까지 올라갔다. 그리고 세인트 제임스 공원과 궁전 등을 보았다.

아서는 총회에서 한 달을 보냈고 2주간 캔자스 주 위치타에서 어머니와 함께 보냈고, 나머지 시간은 립의 집에서 일주일간 머물렀다.

올여름 아이들은 리사의 집에서 일주일을 보냈고 열흘 정도는 벨리네 집에서, 3주는 제시네 집에서, 2주는 립네 집에서, 2주는 디목에서, 며칠간은 윌네 집에서 보냈다. 윌네 식구와 우리 가족은 메후파니에서 크램턴 가족과 함께 독립기념일을 보냈다. 우리 모두는 J. S. 크램턴의 부모님 댁에서 독립기념일 만찬을 먹었다.

5월 31일과 6월 1일 해럴드, 쌍둥이들과 나는 클리프턴 스프링스에 머물었다. 거기서 나는 국제선교연합에 참석했는데, 그것은 여름 기간 동안 내가 겪었던 일 중 가장 기뻤던 행사였다. 국제선교연합이라는 발상은 대단한 아이디어였고, 그곳에서 선교사들은 따뜻이 환영할 만하고 정말로 마음이 통하는 친구들을 만났다.

두 달간 우리는 도라네 집에서 묵었지만, 해럴드와 쌍둥이들과 함께 자주 집을 비워서 그곳에 실제로 있던 기간은 한 달 정도밖에 되지 않았다. 그러나 앨든은 쭉 그곳에 있었다.

앨든과 해럴드는 한국에 있을 때와 똑같은 학년으로 입학해서, 둘 다 새 학년으로 올라갔다. 앨든은 처음에 그를 평가해 보기 위해 6학년으로 넣었으나 일주일 후 학교에서 그를 7학년으로 넣어주어서 올가을에 8학년에 올라가고 해럴드는 4학년이 된다.

#1912.8.21. 배미장 교회의 붕괴사고

한국에서 온 편지에 이번 학기에 들어온 새 감리교 남학생의 수가 45명이라고 한다. 한 소년은 너무 가난해 신발을 살 수 없어 맨발로 다니고 있단다. 장학금이 필요하다.

배미에서 새로 짓던 교회가 무너졌단다. 목재 버팀목들과 기와지붕의 3분의 1 정도가 완전히 무너져내렸지만, 그들은 전혀 굴하지 않았다. 하나님께서 건물이 파괴되도록 내버려 두신 이유는 더 큰 건물을 원하셨기 때문이라고 생각한 그들은 이미 더 큰 건물을 세울 작정이다. 또한 그들은 건물이 근처에 아무도 없을 때 무너져내렸고, 건물이 완공되기 전에 위험하다는 것을 알게 된 셈이니 오히려 감사하단다. 이 얼마나 낙천적인가?

#ﾠ1ﾠ9ﾠ1ﾠ3ﾠ.ﾠ6ﾠ.ﾠ1ﾠ0ﾠ. 한국의 메시지

오늘 위치타에 있는 제일교회의 주일학교에서 연설을 했다. 쌍둥이들에게는 한복을 입혔다. 수요일에는 이곳에 있는 새뮤얼 씨 집에서 열린 여선교회 모임에서 연설을 했다. 그 집에 모인 여성들은 100명이 넘었다. 많은 사람들이 특별히 한국의 메시지에 감동을 받는 것 같았다. 한 여성은 한국을 방문할 것이라고 했고, 또 한 여성은 돈을 모으는 대로 전도부인을 위한 후원금을 보내겠다고 말했다.

> 노블 가족은 1914년 2월 14일 안식년에서 돌아온 후 서울에서 선교활동을 다시 시작했다.
> 노블 부인의 기록에 의하면, 아서 노블 선교사는 1909년부터 1915년까지 감리교 선교회의
> 여러 거점 지역들을 1년씩 순회하는 순회감독직을 맡고 있었다.

#ﾠ1ﾠ9ﾠ1ﾠ4ﾠ.ﾠ4ﾠ.ﾠ2ﾠ6ﾠ. 평양 전도부인들과의 만찬

지난 2월 14일 안식년을 마치고 서울로 돌아온 후 처음으로 쌍둥이들을 데리고 평양을 방문했다. 일요일 오후에 평양에 도착했는데, 많은 남녀 신도들과 저학년 여학생들이 역에까지 나와 따뜻이 맞아주었다. 막달리아와 몇몇은 기뻐서 눈물을 흘렸다. 모리스 부인은 그날 오후 4시 30분에 여선교사들을 위한 티파티를 마련했다. 저녁에는 성경학원에서 졸업식이 있었다. 일요일에는 여덟 개의 예배에 참석했다.

토요일 저녁에는 모리스 부인이 우리가 처음 평양에 갔을 때 만났던 전도부인들을 초대하여 만찬을 열어주었다. 수산나 오, 수산나의 어머

니 몽성 오, 에비 조가 와 있었다.

새디 또한 초기 기독교인들 중 한 사람이다. 그녀는 우리가 평양에 온 후 기독교인이 됐다. 아비가일 조는 유일하게 믿음이 적은 여성이다. 그녀는 지금도 교적을 유지하고 있지만 가끔씩 교회에 나올 뿐 전도사업에 적극적이지 않아서 초대되지 않았다.

몽성은 89세 된 매우 나이든 여성으로 지팡이를 짚고 있다. 수산나의 이야기로는, 몽성은 사람들을 만날 때마다 내가 가르쳐준 청결에 대해 이야기를 해준단다. 지난 17년 동안 그녀는 항상 옷을 깨끗이 입고, 매일 얼굴 · 목 · 손을 씻고, 매주 토요일에는 스폰지 목욕을 하고 발은 매주 두 번씩 씻으라고 말해주었다고 했다.

사람들은 우리가 '타이타닉' 호를 탔다가 내렸다는 이야기를 듣고 크게 놀라며, 우리가 간신히 살아난 이야기를 하고 또 해달라고 했다. 수요일 저녁 기도 모임에서도 그들은 나를 불러내어 그 이야기를 또 해달라고 했다. 수산나는 만일 하나님께서 한국이 우리를 이렇게 필요로 하는데도 우리 가족을 수장시키셨다면 하나님을 믿지 않을 뻔했다고 말한 한 사경반의 여성과 또 다른 이들의 말을 전해주었다.

우리가 처음 평양에 선교관을 지을 때 주변에는 나무 한 그루, 아니 작은 관목 하나도 없었다. 그러나 지금은 나무들과 푸른 풀들이 우거져 있다. 전도부인들은 그 나무들을 보면 우리들과 함께 했던 선교 시절이 생각난다고, 또 나와 함께 있는 것이 천국에서 예수를 만나는 기분이라는 말을 하고 또 했다.

역에서 다른 이들과 함께 만났던 막달리아는 모리스 부인 집에 늦게 도착했는데, 우리 쌍둥이들을 보고 싶어했다. 그녀는 나를 만나 너무 기쁜 나머지 눈물을 흘리다가 아이들을 미처 보지 못했다고 했다.

다른 지역에서 온 친구들도 모리스 부인 집에서 만났다.

#1914.6.11. 뱀 이야기

이 헤스터[이혜시도, 李惠施道]와 함께 가정 방문을 다니던 중 어느 배교자 집의 대문 안으로 들어가게 됐다. 안으로 막 들어서니 입구의 툇마루에 집주인이 커다란 항아리를 옆에 놓고 앉아 있었다. 집주인 앞에는 뱀장수가 서 있었다. 흥정이 막 끝난 참이라서, 뱀장수는 한 번에 한 마리씩 모두 열두 마리의 뱀을 집주인의 항아리에 쏟아부었다. 나는 그 위로 뚜껑이 덮일 때까지 지켜보고 서 있다가 안마당으로 들어갔다. 알고 보니 이 뱀들은 약으로 쓰기 위해 구입한 것으로, 뱀을 죽여서 말린 후 가루로 만든다고 한다.

만일 여자가 이런 뱀을 한 마리 죽이면, 그 여자는 앞으로 병에 걸리지 않고, 죄를 용서받고, 죽으면 천당에 간다는 이야기가 있단다.

#1914.8.8. 앨든의 선택

지난 6월 루스[큰 딸]가 편지를 보냈는데, 앨든이 향수병과 좌절감에 빠져 있고 모든 과목에서 낙제할 것이 뻔하다며 학기가 끝나기도 전에 벨 아주머니 댁으로 갔단다. 우리는 무척 걱정하며 그를 위한 최선이 무엇일지 고민했다. 아서는 해리스 감독과 그에 대해 이야기하고 그를 오게 해서 1~2년 더 우리가 함께 생활하는 것이 좋겠다는 결론을 내렸다. 지난 6월 24일 선교회 본부에 해리스 감독의 사인을 받은 전보를 쳐서 그를 보내달라고 요청했다. 이후 우리는 앨든에게서 내년에 하고 싶은 훌륭한 학업계획을 적은 편지를 받았다. 우리는 앨든에게 학교에 남고 싶다면 엘스워즈와 상의해보라고 전보를 보냈다. 그러나 라이드에게서 온 전보에는 "앨든이 오기를 원함."이라고 쓰여 있었다. 그래서 아서는 앨든에게 한국에 오게 하는 데 드는 큰 부대비용에 대해 편지를 보냈고, 앨든이 편지를 받을 때까지 기다렸다가 7월 31일 "앨든, 결심을 해라!"라는 전보를 다시 보냈다. 그는 8월 1일쯤 이 전보를 받을 것이다. 우리는 그의 최종 결정을 몹시 알고 싶지만, 오는 8월 말까지는 알 수가 없다. 그가 오거나 아니면 남기로 결정했다는 편지가 올지도 모른다. 우리는 이 일을 하나님께 맡기기로 했다. 주님은 우리 아들이 가장 잘 발달할 수 있도록 모든 길을 인도해주실 것이다.[6]

나는 6월 말 어린이 주일학교의 교사들과 모임을 가지고, 9월 초 다시 모임을 소집할 것이라고 말했다. 나는 이번 겨울 서울의 주일학교들이 주일학교 교습법을 따라 진행될 수 있도록 미리 도움을 주려고 한다. 서울에서는 일의 핵심으로 들어가기가 평양보다 힘든데, 전도부인이 없어서 더욱 어렵다.

1914. 9. 6. 서울의 어린이 주일학교 운영 감독

나는 평양에서 내가 개발한 주일학교 교수법이 서울의 여러 교회에서 제대로 적용될 수 있도록, 각 교회마다 한 달씩 돌아가며 감독하는 일을 시작했다. 오늘 정동의 어린이 주일학교가 첫 시작이다.

1914. 9. 9. 교회를 세우는 사람들

이 씨 경순이 방학 동안 자신이 한 일을 이야기해주려고 방문했다. 그녀는 올봄에 동대문의 간호사양성학교를 졸업했다.

그녀의 고향 이웃 마을인 능리에는 많은 신자들이 있었는데, 그들은 교회를 짓고 싶으니 그녀더러 와서 도와 달라고 했다. 경순이 능리에 갔을 때는 단지 열 명의 신자들만이 남아 있었다. 그녀가 그 교회를 떠나기 전에는 신자들이 50~60명 정도였다. 그녀는 25명 규모의 여학교도 운영했지만, 이제는 아무도 남지 않았고 학교 건물도 없어졌다. 그들은 한 기독교인의 집에서 모였지만 장소가 좁고 비위생적이었다. 기독교인들은 경순을 내내 붙들고 싶었지만, 그녀는 병원에서의 일 때문에 돌아가야만 했다. 그러나 그녀는 의사와 수간호사에게 교회를 짓기 위한 긴급한 요구에 대해 이야기하고 거의 세 달 동안 거기에 남아 있었다. 만일 그녀가 한 달이나 두 달 만에 돌아간다면 신앙이 약한 사람들 대부분이 떨어져 나갈 것이라고 사람들이 말해서 그녀가 머물게 된 것이다.

그들은 자신들이 가진 전부를 바쳐서 교회와 여학교를 위한 새 건물을 구입했다. 그들은 구 교회건물을 1400엔에 팔았고 모금으로 80엔을 모았다. 평양의 한 사경반에 있는 남성 지도자들이 다른 친구들의 헌금까지 모아서 35엔을 보내왔고, 나 또한 친구들로부터 6.50달러, 그러니까 약 13엔을 모아 전달했다. 그렇게 여러 정성이 모여 새로운 교회 건물을 구입하는 데 필요한 2020엔이 거의 지불됐다.

경순의 조카인 엘리자베스가 학교에서 가르치기 위해 갔고, 엘리자베스의 남편은 농장을 떠나 주의 양들을 먹이러 갔다. 두 부부는 쥐꼬리만 한 월급을 받게 될 것이다. 교회는 너무 가난해서 정규 목사나 교사를 확보할 수 없었다. 엘리자베스는 서울의 성서훈련학교에서 장학금을 주겠다고 했지만 교회를 위해 올해 학교에 가는 큰 기쁨을 포기했다.

#1915.5.3. 바보 아이의 선물

한국 전도사인 공주 출신의 오씨의 말이다.

"거듭난다는 것은 감옥에 갇힌 한 여성과 같다. 고통과 비명이 따

르겠지만, 후에 거듭나서 성령을 받게 되면 고요해진다."

그는 또한 개종 후에도 정진하여 성령을 받지 않으면, 아홉 살이 되어서도 여전히 그 어미가 업고 다녀야 하는 미움을 받는 발달부진아와 같게 될 것이라고 했다.

나 역시 언젠가 사경반에서 하나님의 사랑에 대해 그 비슷한 예를 들어 가르친 적이 있다. 그때 나는 아버지에게 꽃다발 대신 막대기들을 모아 드린 어린 바보 아이에 대해 이야기해주었는데, 비록 발달은 떨어졌어도 그 아이가 보여준 사랑에 그 아버지가 얼마나 기뻐했는지 모른다고 이야기했다.

#1915.8.25. 원산 해변 별장

아서는 이 새로운 여름 휴양지에 땅을 사서 중국인 류 씨와 건축계약을 맺고 우리들의 별장을 짓고 있다. 우리는 원래 아무런 칸막이도 없는 방 하나와 앞에 베란다가 있는 집을 지을 계획으로 360엔 미만에 계약을 했지만 손님방을 하나 추가해서 400엔 미만의 비용이 들었다. 우리는 면 커튼을 사용한다. 내년에는 슬라이딩 도어로 칸막이들을 만들어서 원할 때는 사생활을 지킬 수 있도록 할 것이다. 남쪽에는 현관을 추가할 것이다. 우리는 모두 방 네 개와 큰 거실 하나, 베란다를 만들 것이다. 베란다는 여러 사람들이 원할 경우 접이침대를 놓고 잠을 잘 수 있도록 만들 것이다. 우리는 땅 주변에 소나무와 아카시아 나무 몇 그루를 심었다. 현재는 우리 외에 데밍 씨 가족만이 집을 지었지만, 내년에는 더 많은 사람들이 집을 지을 것이다. 참 멋진 해변이고, 훌륭한 수영 장소다. 약 38개의 필지가 팔렸고, 아직 50개의 필지가 남아 있다. 앞으로 원하기만 한다면 더 많은 땅을 살 수 있다.

1916．8．9．원산 해변에서의 1년

올해 많은 사건들이 일어났다. 내가 마지막으로 일지를 쓴 지가 거의 1년이 되어 온다는 사실이 믿기지 않는다.

올해 들어 현재까지 일시적인 방문객들을 빼고 약 123명이 해변에 거주하고 있다. 이제 해변에는 일곱 가족이 사는 아파트를 제외하고, 열네 가정이 산다. 새로운 부지들을 많이 구입해서, 내년 봄에는 열네 채의 새로운 집들이 지어질 예정이다.

한 달간의 언어학교는 성공적이었다. 나는 매일 한 시간씩 일본어를 배웠으며, 올가을에는 할 수 있는 만큼만 조금씩 꾸준히 배우려고 한다. 성서회의가 내일 시작될 것이다.

나는 해럴드와 쌍둥이와 함께 지난 6월 29일 렌터카를 타고 여기에 왔다. 앨든과 아서는 며칠 전에 도착했다. 앨든은 7월 10일 화요일에 원산에서 미국을 향해 떠났다.

우리는 매주 금요일 저녁 일종의 접대를 하고 있다. 한번은 멋진 아마추어 민스트럴 쇼[7]도 공연했다. 우리는 여기에 오고부터 하루 평균 네 명의 손님들을 우리집에서 재우고 있다. 우리집은 이제 침실 네 개와 거실, 베란다의 식사실과 부엌을 갖추고 있다.[8]

 윌리엄 아서 노블의 약력

다음은《1916년도판 일본 인명사전》의 요청에 따라 아서가 보낸 인적 사항이다.

본명 : 윌리엄 아서 노블(William Arther Noble)
직업 : 선교사
취득 학위 : 학사 및 박사
생년월일 및 출생지 : 1866년 9월 13일 미국 펜실베이니아 스프링빌

국적 : 미국

부친의 이름 및 직업 : E. J. 노블/농부

결혼 여부 : 1892년 6월 30일 매티 릴리언 윌콕스와 결혼

학력 : 몬트로스 사립학교, 와이오밍 신학교, 드루 신학교

경력 : 1892년 10월 18일 한국 서울에 옴

　　　1903년 지역 감리사

　　　1909~1915년 한국 지역 감리사로, 여러 지역을 1년씩 순회하며 감독함.

체류 기간 : 한국에서 23년째 체류 중

저서 : 《이화, 한국 이야기》

주소 : 한국, 서울

#1917.9. 박영효 후작 집 방문

　　고국의 감리교단에서 21년 동안 선교사 활동을 해온 매튜스 양과 시카고에 사는 그녀의 조카가 탄광에서 일하는 친구를 찾아와 여름내 지내다가 9월에 우리집에서 며칠 머물렀는데, 우리는 그들이 우리의 선교 활동과 한국인의 가정생활을 살펴볼 수 있게 도와주었다.

　　나의 전도부인인 헤스터는 우리가 부유한 가정을 방문하고 싶어 한다는 것을 알고는 박영효 후작의 집에 초대받도록 주선해주었다. 박영효 후작의 조카딸이 기독교인인데, 그녀는 결혼을 하게 되면 기독교인을 남편으로 맞이하고 싶다고 하였다. 그리하여 그들은 친구들 중에서 신랑감을 찾아보았으나 마땅한 사람이 없어서, 전에 감사를 지냈던 이의 아들에게 그녀를 시집보냈다. 감사 부부는 좋은 이들인데다 가족들이 모두 기독교인들이고 우리와 오랜 친분이 있는 사이였던 덕분에, 우리를 후작의 집으로 초대한 것이다.

　　후작 부인은 우리를 반갑게 맞아주고 멋지게 꾸며진 다실에서 차를 대접해주었고 우리는 아름다운 마당을 돌며 구경했지만, 그날 마침 후

작이 특별히 초대한 손님들이 와 있어서 우리는 집 안으로 들어가 볼 수는 없었다.

우리가 집으로 돌아오고 난 후, 후작은 우리를 집 안으로 초대하지 못한 데 대해 정중히 사과하면서, 노블 씨[아서 노블]를 오래전부터 알고 있고 함께 여행도 한 적이 있기 때문에 나를 만찬에 초대하고 싶으며, 또한 오랜 세월 [한국인] 이민자들에게 친절히 대해준 매튜스 양을 비롯해 그 전날 우리랑 같이 왔던 부인들도 함께 월요일(그 다음날) 만찬에 초대하고 싶다고 했다.

우리는 초대에 응했고, 월요일 오전에 떠나야 하는 해리슨 양 대신에 글렌과 엘머를 데리고 갔다. 베커 부인도 우리와 함께 갔다.

우리는 후작의 집에서 서양식으로 접대되는 맛있는 한국 음식들을 먹었다. 음식은 총 열 개의 코스로 구성되어 있었으며, 끝에서 두번째 코스로 아이스크림이 나왔고, 이어서 과일과 핑거볼이 나왔다. 핑거볼과 커피에 이어 입을 닦는 그릇이 나왔다. 이런 것은 이전에 본 적이 없었는데 매우 재미있다는 생각이 들었다. 입을 닦는 그릇은 세 부분으로 되어 있는데, 제일 아랫단은 물로 입을 가신 뒤 뱉어내는 그릇이고, 가운데 단은 입을 닦거나 가시는 그릇으로 쓰이며, 그 위로 뚜껑이 덮여 있었다.

후에 그보다 덜 부유한 집을 방문했을 때도 입 닦는 그릇을 보았는데, 그 집에서는 개인용 그릇이 아니라 상에서 서로 돌려가며 쓰는 공용 그릇을 내왔다.

저녁 식사를 마친 뒤, 우리는 새 신부의 혼수품들을 구경시켜 달라고 청했지만 이미 신랑의 집으로 보내졌다고 했다. 하지만 우리는 겨우 3주일 전에 둘째 아기를 나은 이 집 딸의 멋진 물건들을 구경할 수 있었다.

그 후 후작 부인과 큰며느리가 우리집을 방문하여 쌍둥이들에게 은수저 세트를 각각 한 벌씩 가져다주었다.

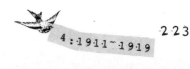

혹독한 추위가 계속 이어지고 있는 가운데 약 27명의 사람들이 동사했다. 너무도 많은 사람들이 커다란 고통에 시달리고 있기에 선교사들은 구호연합을 조직하여 사람들에게 나눠줄 음식이나 쌀, 헌 옷 등을 살 기금을 모금했다. 그 본부는 YMCA에 있었다. 많은 이들이 도움을 받았는데, 우리가 직접 찾아가 살펴보고 도움을 줄 필요가 있다고 판단되는 경우에만 도움을 주었다.

가장 가난한 이들을 찾아가서 지원하는 역할이 내게도 주어졌는데, 이렇게 도움을 받은 가정들 중 일부는 현재 교회 예배에 정기적으로 나오고 있다.

많은 가족들이 조그만 방 한 칸의 방세를 낼 돈조차 없어서 공터에 구덩이를 파고 그 위에 지푸라기를 지붕으로 얹은 곳에서 겨우내 살고 있으며, 불이라고는 보잘것없는 음식을 익히는 화로가 전부였다. 가로세로 3미터 정도의 한 구덩이에서 부부와 노모, 아이들 넷이 지내고 있었다. 이들에게는 밤에 덮을 낡은 넝마 하나가 있을 뿐이었다. 또 다른 구덩이 속에서는 남자 둘과 어린 사내아이 둘이 살고 있었다. 아이들의 어머니는 몇 주 전에 죽었다. 우리가 그곳에 갔을 때는 남자 열 명과 어린 사내아이 둘이 나오고 있었다. 남자들은 다른 구덩이에서 놀러온 이들이었다. 이들은 일거리를 찾아 매일 거리로 나오지만 일거리를 찾기는 어렵다.

1917년 크리스마스에는 윤성열 목사가 내게 오래된 그릇 두 개를 선물했다. 강화도와 송도의 고분에서 출토된 것이라고 한다. 놋그릇은 1916년에 출토된 것인데, 900년 이상 됐을 것이라고 했다. 같은 무덤에서 나온 돈들도 그릇에 들어 있었다. 또 다른 그릇은 고려자기로 700년 이상 된 것이다.

#1919. 초. 나의 심장병

몇 년 동안 나는 등산을 하지 못하고 천천히 걸어서 높은 언덕에만 올라갔다. 그러나 이번 겨울 휴가 동안에 독감을 앓고 난 후 몸이 훨씬 나빠졌다. 계단을 오르고 내리는 것도 숨이 차고 맥박이 매우 빨라졌다. 스튜어트 박사가 나를 철저히 진찰하더니 심장이 매우 커졌다고 말했다. 몸 전체의 근육이 약하게 늘어졌는데, 심장이 특히 그렇다고 했다. 3월 1일부터 한 달간 조용히 누워 있어야 한단다. 나는 2층에 있는 침실에서 때때로 일어나 앉기도 하고, 같은 층에 있는 사무실에서 물건들을 가져올 수 있었다. 나는 그녀가 준 약과 처방을 그대로 따랐다. 4주가 거의 다 됐을 무렵 그녀는 반 버스커크 박사에게 진찰을 의뢰했고, 두 사람은 내 심장의 신경 통제력이 약하다는 사실을 알아냈다. 이제 조용하게 지낸 지도 5주가 돼오지만 조금도 나아지지 않고 있다.

시어머니의 친구분이자 필리핀 선교사인 미스 밀드레드 블레이크리가 2월 하순에 우리를 방문하러 왔다.

#1919. 전도부인들의 삶

김 에버니아[김애빈녀]는 기독교인이 된 지 21년째이다. 알코올중독인 남편에게 10년 동안 박해를 당했고 아이들과 함께 집에서 자주 쫓겨났다. 아픈 여동생이 그들과 잠시 살러 왔으나 그녀는 아픈 여동생과 함께 쫓겨났다. 갈 곳이 없어 여기저기 정처 없이 돌아다니다 일곱 달 만에 여동생이 죽었다. 한번은 그들이 서 있던 현관 아래로 벼락이 쳤지만 그들은 안전했다. 두 아들과 딸 하나가 있었다. 10년 후 남편도 신자가 됐으며 신앙 가운데 죽었다. 아이들은 중학교를 마쳤으며 지금은 모두 좋은 기독교 직장에서 일하고 있다.

이 헤스터는 17세에 불교도 집안과 혼인했으며 불경을 공부했다. 30세가 될 때까지 철저한 불교도였던 그녀는 비웃는 마음으로 교회에 갔다가 유리 창문이 열려 있는 곳에 서서 최후의 만찬에 대한 이야기를 듣고 대단하다고 생각했다. 남편의 허락으로 다시 교회에 갔다가 영생에 대한 이야기를 들었다. 일본인들이 한국을 삼켰을 때 그녀의 가족은 모든 재산을 잃었으며, 그녀는 가난 때문에 매우 고통스러웠다. 그녀가 자주 울자 그녀의 남편은 기독교회가 그녀를 즐겁게 하리라 생각하고 그녀에게 가라고 했다. 영생에 대한 이야기를 들은 후 그녀는 더 이상 울지 않았다.

하지만 남편은 그녀가 그리스도를 받아들이려 하자 화를 내며 그녀를 박해하기 시작했다. 전도부인은 그녀에게 신약과 찬송가를 빌려주었다. 남편은 그녀가 그것으로부터 위안을 얻는 것을 보고는 그것들을 태워버렸다. 그는 앞으로 부자가 되어서 누구보다 행복해질 것이라고 말하면서, 그녀가 새로이 찾은 종교를 포기하라고 명령했다. 그러나 전도부인은 그녀에게 더욱 영적인 것을 위해 기도하라고 말했으며 그녀는 이를 따랐다. 그녀는 교회로 돌아갈 수 있는 힘을 달라고 기도했으며 강한 기독교인이 됐다.

남편은 장모에게 재정적 도움을 얻기를 기대하며 가까이 이사가기를 원했지만, 헤스터는 친정어머니에게 빌붙어 사는 것을 원치 않았기 때문에 이를 거부했다. 그는 만일 그들이 거기로 이사를 가게 된다면 그녀를 구박하지 않을 것이며 자신도 교회에 나가겠다고 말했다. 그래서 그들은 이사를 했고 그는 그녀를 더 이상 구박하지 않았다.

성경도 찬송가도 없었기 때문에 무척 아쉬워하던 헤스터는 그곳 작은 셋방의 벽지가 신약성서를 뜯어 붙인 것이라는 것을 알고는 너무나 기뻤다. 바로 그녀의 눈앞에 〈마태복음〉 24장을 비롯해 다른 성서의 구절들이 붙어 있었다. 그녀는 그 모든 구절을 외웠다. 특히 〈마태복음〉 24~26 장을 좋아했다. 비록 그녀에게 먹을 것, 마실 것은 부족했지만 그 구절들은 영혼의 양식이 됐으며 그녀는 행복했다. 그녀의 어머니는 그녀가 교회에 갈 수 있도록 신발을 주었다. 하지만 남편은 결국 그녀를 떠났으며, 그녀는 어머니와 함께 두 아이를 키웠다. 그녀의 어머니는 그녀에게 우리 여자성경학교의 교장인 미스 앨벗슨을 소개해주었다. 그녀는 그 학교의 학생이 되어 4년을 공부하고 졸업했다.

이 시기에 그녀의 남편은 첩과 함께 살고 있었으나 매우 가난하고 불행했다. 첩은 결국 그에게서 도망을 갔으며, 후에 헤스터의 오빠가 그를 찾아내어 집으로 데려왔다. 그는 여전히 좋은 사람이 아니지만 그녀를 더 이상 구박하지 않는다. 그녀는 현재 정동교회의 전도부인이다.

손 메례는 성격도 아름답고 외모도 아름다운 상동교회의 전도부인이다. 유복한 가정 출신으로, 자신의 봉급을 교회 사업에 헌납하고 있다.

그녀는 기독교도라는 이유로 이단인 부모와 남편, 시부모로부터 무수한 박해를 당했다. 그러나 결국 이들의 허락을 얻어냈고 정규적으로 전도부인의 일을 맡고 있다. 그녀의 남편은 애가 없다는 이유로 그녀를 자주 때리고 집안에 대해 한 일이 뭐냐고 반문하곤 한다.

새 옷을 만들 때마다, 그녀는 하나님의 사업을 위해 옷을 한 벌 더 만들어 자신의 옷을 보관하는 옷장에 넣어두곤 한다. 그녀는 이 장을 "주님의 장"이라고 부른다. 혼인 당시 그녀는 좋은 비단옷들을 많이 받았다. 기독교 사역자로서 그녀는 그것들을 입을 수 없다고 생각하고는 그 옷들을 주님의 장 속에 넣어두었다. 그러고는 주님의 사업을 위해 특별 헌금이 필요할 때마다 그 옷들 중에서 한두 벌을 팔아서 자신이 내야 할 몫이라고 생각하는 것을 봉헌한다.

그녀는 대단히 명랑하고 예절 또한 바르다.

#1919.3.1. 한국의 위대한 날

오늘은 한국의 위대한 날이다. 한국인들의 기쁨이 얼마나 이어질
수 있을까? 오후 2시, 중학교를 비롯한 각급 학교들이 일본의 한국 지배
에 항거하는 시위를 벌였고, 거리로 나가 양손을 위로 올리고 모자를 흔
들며 '대한독립 만세'를 외치며 행진을 하기 시작했다. 거리의 사람들 역
시 이 대열에 합류했고, 도시 전역에 기쁨의 외침 소리들이 울려 퍼졌다.
나는 긴 행렬 하나가 궁궐 담장의 모서리를 지나는 광경을 우리집 창문을
통해 볼 수 있었다. 관립 여학교의 학생들도 대열에 합류했다. 이화학당
앞을 지나던 한 무리의 남학생들은 학교 안으로 몰려가 이화학당의 학생
들에게 나오라고 했다. 이화학당의 여학생들은 밖으로 나가려고 했으나
기모노 차림을 한 월터 양이 달려와 대문의 빗장을 걸어 잠그고 학생들을
저지했다. 테일러 씨와 아펜젤러 씨가 월터 양을 도와 학생들을 밖으로
나가지 못하게 했다. 학생들은 울음을 터뜨렸고, 몇몇 남학생들은 몹시
화를 냈으나 결국 발길을 돌릴 수밖에 없었다.

고종 황제가 일본의 한국 통치가 부당함을 알리는 친서를 파리 평
화회의에 전하는 것을 막기 위해 일본 정부가 고종 황제를 시해했다는 내
용의 전단들이 오늘 오전 길거리에 뿌려졌다. 오후 2시부터 '한국은 해방
됐다'는 게시문들로 거리는 홍수를 이루었고, 사람들은 이를 사실로 믿고
기뻐하고 있다.

또한 같은 시각, 교회의 목사들은 한국이 일본과 동등한 권리를 갖
게 해줄 것을 요청하는 청원서에 서명하여 보냈으며, 오늘 벌어지고 있는
시위는 그것이 파리 평화회의 앞으로 전달되기 위한 수단이라고 한다. 오
늘의 일을 알리기 위해 한국과 하와이와 미국 본토에서 파리 평화회의장
으로 사람들을 보냈는데, 나라 전체가 그들과 하나 되는 모습을 보여줌으

로써 파견된 이들이 동맹국 대표들에게 하는 말에 무게를 실어줄 것이라 기대된다.

고종 황제의 운구 행렬에는 440명의 인원이 동원됐으며 장식이 된 끈을 사방에서 사람들이 잡고 옮기게 된다. 행렬은 3킬로미터가량 이어질 것이며 커다란 목각 말이 수레에 실려 운반될 것이고, 커다랗고 이국적인 가발을 단 남자들을 태운 구식의 1인용 가마와 수레들도 따르게 되는데, 이는 악귀들에게 겁을 주어 쫓아버리기 위함이다. 장례 행렬을 볼 수 있도록 길에는 학교와 각 기관들을 위한 자리가 마련될 예정이다. 한국식의 불교 예식뿐 아니라 일본식 신도(神道) 예식도 치러질 것이다. 행렬의 일부 과정에서는 일본 복식이 쓰여질 것이고, 옛날 군인들의 훈련터 자리에 이르러서는 한국 복식으로 바꿔 입을 것이다. 임금의 상여를 내려다보는 것은 불경한 짓이기 때문에 구경하는 이들은 상여보다 더 높이 서 있어서는 안 된다.

1 9 1 9 . 3 . 2 . 독살된 고종 황제

한국이 일본과 동등한 주권을 지녔음을 주장하는 독립선언서에 서명한 목사들은 긍지를 가지고서 조용히 그들의 몫을 한 것이다. 장로교와 감리교 및 조합교회의 목사들 그리고 불교계 및 천도교계의 인사까지 모두 서른세 명이 서명을 했다. 이들은 어제 모두 수감됐고, 만세를 부르며 행진하던 남학생들도 수감됐다. 가엾은 사람들. 이들은 그저 한국을 사랑하는 마음을 세상에 알리고 싶었던 것이다.

고종 황제는 3월 2일 밤에 15킬로미터 떨어진 곳에 있는 그의 새로운 능에 묻혔다.

매일 전단들이 거리에 뿌려지고 있다. 초기에 뿌려진 전단을 보면

이들의 시위에 폭력적인 의도가 전혀 없음을 알 수 있다. 폭력적인 행위는 한국의 자유를 늦어지게 할 수 있으므로, 폭력적인 행위를 일절 금할 것을 모든 단체들에게 강조하고 있다.

일본과 한국은 함께 움직일 때 더욱 발전할 수 있으며, 한국은 일본으로부터 분리되기를 원치 않는다는 내용의 문서에 거의 강제적으로 서명이 이루어졌다. 고종 황제가 이에 격노하며 서명하기를 거부하자, 강제적으로 서명을 받아낸 이들은 그에 따른 파장이 두려워 고종 황제를 독살하고 궁녀들도 살해했다. 바로 윤덕영과 호상학[당시 전의였던 안상호]의 짓이었다.

한국과 일본의 관계를 담은 문서에 이완용, 조중응, 김윤식, 송병준, 임태영, 신흥우가 서명을 했고 그 내용을 담은 전단이 온 거리에 뿌려졌다.

#1919.3.5. 일본 경찰의 잔인한 폭력

오늘 아침 9시에 남녀 학생들은 인파가 모여 있던 남대문 역전에서 시위를 벌였다. 학생들은 해방가를 불렀다. 학생들은 그 자리에서는 제지를 받지 않았지만, 학생들이 이동을 하여 덕수궁 앞에 다다르자 경찰들이 진압에 들어갔고, 사복 차림의 이들이 가게에서 쏟아져 나와서는 몽둥이로 학생들을 때리기 시작했다. 많은 학생들이 무자비하게 구타당했다. 이화학당의 한 여학생이 등을 몽둥이로 맞는 것을 보고 우리 비서인 김봉율 군이 다가가 이를 말리려 했다. 그러자 신분을 위장한 경찰로 의심되는 사복 차림의 일본인들이 김봉율 군을 때리기 시작했다. 그의 머리를 때린 몽둥이가 세 동강으로 부러지자 그들은 그의 목을 주먹으로 때리고 고개를 뒤로 꺾어서는 감옥에 집어넣었다.

이들은 학생들을 끌고 가서 밧줄로 손을 묶고 다시 온몸을 칭칭 감아 포승을 지웠다. 기마경찰들을 비롯한 경찰들도 학생들을 때렸지만 사복 입은 무리들만큼 잔인하게 때리지는 않았다. 한국인 경찰들은 이를 제지하려 했지만 그럴 만한 힘이 이들에게는 없었다. 일본 경찰은 여학생의 머리채를 잡고 휘휘 돌리더니 여학생을 바닥에 내동댕이쳤다. 우리 아들 해럴드가 위에서 이 모든 광경들을 목격했다. 이화학당의 교사들은 학생들을 나가지 못하게 했으나 20여 명이 밖으로 빠져나갔다.

 만세 만세 한국민족 만세 만만세

다음은 1919년 3월 5일 서울의 거리에서 학생들이 부르는 노래를 문자 그대로 번역한 것이다. 찬송가 206장 혹은 〈예수 가는 곳마다〉에 붙여 부를 것. 시로 만든 것은 아니며, 각 구절의 사상만을 옮긴 것이다.

1. 한국민족의 기원을
   하나님께 드립니다.
   우리의 기도를 들어주소서
   이 불쌍한 백성들
   이 죽음의 장소에서
   당신의 정의로운 손으로
   우리를 구하소서, 기도합니다.

후렴 : 만세, 만세
        한국민족,
        만세, 만만세.

2. 하나님께 기도합니다.
   당신을 우리 마음 속에 채우소서
   우리는 비록 약하나
   하나님은 강하시므로
   모든 한국민족

구하소서, 기도합니다.

3. 모든 나라의 구세주
   모든 동방국에
   축복을 주소서.
   하나님의 능력으로
   이곳을 천국으로 만드소서
   영원에서 영원까지
   항상 보호하소서, 기도합니다.

한구석에 낡은 한국기가 걸려 있었는데, 그 밑에 다음과 같은 구절이 있었다.
"한국 깃발의 빛이 한국을 비추네
이 기를 높이 들라. 오, 한국민족이여.
그리고 독립을 선언하라.
이 깃발은 자유로운 대한민국을 비추고 있다."

#1919.3.7. 외국인들에 대한 검문

한국인들의 만세시위에 외국인들이 관여한 증거가 없는지 알아내기 위해 평양에서 일본 경찰들이 한밤중에 외국인들의 집에 들어가 염탐을 했다고 한다. 무어 부인과 트리셸 양이 평양에서 병원에 가던 중에 총검을 겨눈 군인들로부터 각각 세 차례와 한 차례 검문을 받았고, 선교사들은 버골츠 씨에게 이를 알리기 위해 서울에 왔다.

#1919.3.9. 한국 전역으로 번진 만세시위

한국 전역에서 만세시위가 벌어지고 있다. 동대문에서도 시민들이 만세를 외치다가 무장 경찰들에 의해 해산당했다. 며칠에 한 번씩 유인물들이 거리에 뿌려지고 있다.

오늘 하루 동안 한국인들이 운영하는 상점들은 해방에 대한 자신들의 염원을 보여주기 위해 휴업을 했다. 얼마 전에는 사람들이 전차에서 만세를 외치다가 구속되어 감옥에 갇히기도 했다. 일요일에 상점들이 문을 닫은 것은 잘한 일이다. 상점 문을 닫는 날을 일요일로 정한 데는 기독교인들의 역할이 있지 않았을까 짐작해본다.

총독부의 우사미 씨가 오늘 밤 서울 및 지방의 선교사 대표들과의 모임을 요구해왔다. 지금 스미스 씨의 집에서 모임이 열리고 있다.

빌링스 부인이 남대문 거리에 갔다가 열 명가량의 어린아이들이 각자 손에 회초리를 들고 있는 것을 보았다고 한다. 한 양반이 거리에 나타나자 아이들은 그에게 다가가 만세를 부르라고 했다. 그가 이를 그냥 무시하고 지나가려 하자 아이들은 그를 회초리로 때리며 그에게 다시 만세를 외칠 것을 요구했고 결국 그는 만세를 외쳐야 했다.

북쪽에 있는 어느 경찰서에서는 한 한국인 경찰이 들어와 순식간에 코트와 바지를 벗기 시작하더니 그곳에 있던 일본인 경찰에게 "한 달 7엔 봉급이나 지켜라."라고 외치며 옷을 집어던졌다. 그는 자신의 유니폼을 버리고 속옷 차림으로 나가버렸다. 한국인 경찰들은 일본인 경찰 봉급의 3분의 1 정도를 받는다.

만세시위가 벌어질 때면 사람들은 전차를 세우고 모든 승객들에게 만세를 외치게 했고, 차장과 운전기사도 손을 들고 만세를 외쳐야 했다. 이때 일본인들도 '반자이'라고 외쳐야 했다.

며칠 전 한국인 학생들의 졸업식 예행연습이 벌어졌을 때, 한 남학생이 연설을 하기 위해 자리에서 일어섰다. 그 학생은 교장 선생님과 교사들에게 인사를 하고 짧은 연설을 잘 마쳤다. 그런 다음, 그 학생은 한국의 독립에 대해 가장 큰 감사의 마음을 느낀다면서 태극기를 꺼내더니

'대한 독립 만세'라고 외쳤고, 학생들이 전부 자리에서 일어나 각자 태극기를 흔들며 동참했다. 이들은 가장 나이가 많은 이가 열세 살에 불과한 아이들이었다.

#1919.3.10. 파업과 불매운동

한국인 전차 운전사와 차장들이 파업을 선언하여 오늘은 거리에 차량이 별로 없다. 또한 오늘은 한국인들이 일본 상품에 대해 불매운동을 벌인 날이기도 하다. 오늘은 아무도 일본 상품을 구입하지 않았다.

#1919.3.14. 심문받은 이 헤스터

우리 신학교의 조교인 이봉갑 군(학교에서 부르는 이름으로는 이상진 군)과 나를 도와주는 전도부인인 이 헤스터가 구속되었다. 경찰이 이 헤스터의 집을 수색했을 때 그녀가 주워왔던 유인물이 발견된 것이 구속 이유였다. 경찰은 유인물이 등사된 곳을 이 헤스터에게서 알아내려 했으나 그녀는 길에 떨어져 있는 것을 주워왔을 뿐이라고 말했다. 경찰은 그녀를 반나절 동안 붙잡고 있다가 풀어주었다.

이 헤스터와 인 프리실라가 오늘 아침 찾아왔다. 헤스터는 지난주 수요일 자신이 감옥에 갇히던 날의 이야기를 해주었다.

그날 사복 차림의 한국인 두 명과 일본인 두 명이 그녀의 집에 들이닥쳤다. 그들은 처음에는 사랑채를 뒤지더니 여자들이 지내는 안방으로 들어왔다. 그들은 모든 것을 다 들춰보고 책들을 페이지마다 펼쳐보고 옷들을 펴보며 방 안을 뒤졌다. 헤스터와 그녀의 어머니와 올케가 가만히 있자 일본인들은 화를 냈다. 그들은 만세시위가 있던 날 헤스터가 길에서 주워온 유인물들을 찾아내었고, 누군가가 그녀에게 그려준 손에 태극기를 들고 있는 학생이 그려진 그림을 보게 됐다.

그들은 그녀를 종로 경찰서에 끌고 갔고, 그녀는 어느 방으로 들어가 일본인 경찰과 책상을 사이에 놓고 마주앉게 됐다. 경찰은 그녀에게 질문을 던지기 시작했는데, 그녀가 미처 대답을 하기도 전에 기다란 막대기로 그녀의 머리와 귀를 몇 차례 때리더니 다시 그녀에게 질문을 던졌고, 그녀는 다시 매를 맞을까 봐 얼른 대답을 했다. 그녀는 문제의 유인물이 자신의 집에서 만든 것이 아니며, 어디에서 만들어진 것인지 알지 못한다고 대답했다. 경찰은 그녀에게 다가와서 그녀의 머리를 막대기로 때렸고 막대기는 세 동강으로 부러졌다. 그러자 경찰은 주머니에서 밧줄을 꺼내면서 자신들이 묻는 것에 자백을 하지 않으면 그 밧줄을 세게 휘둘러 그녀를 때리겠다고 했다. 감옥에 2000여 명이 갇혀 있는데, 경찰은 그들에게 그녀가 선동 유인물을 배포했다고 말했고, 이에 그녀는 그 사실을 증명할 이를 데려오라고 되받았다. 그러자 경찰은 그녀의 머리와 얼굴을 손바닥으로 때렸다. 경찰은 그녀를 감방으로 끌고 갔고, 흙바닥인 그 감방에 그녀를 집어넣겠다고 겁을 주었다. 여러 개의 감방에 사람들이 수감되어 있었는데, 그들 역시 고문을 당했음을 알 수 있었다.

경찰은 그녀를 다시 심문실로 데리고 가서는, 그녀를 조금 전에 본 것 같은 감방에 가두겠다고 다시 위협했다. 구타로 인한 고통으로 녹초가 된 그녀는 감방에 들어가면 몸이라도 눕힐 수 있겠다는 생각에 자신을 어서 빨리 감방에 넣어달라고 경찰에게 사정했다. 그녀가 조국을 위한 순교자가 되기 위해 감옥행을 자청하고 있다고 생각한 경찰은 다시 또 불같이 화를 냈으나, 그녀에게서 더 이상 증거를 찾아낼 수 없었던지라, 앞으로는 만세시위에서 유인물을 습득하게 되면 경찰서로 가지고 오라고 명령하고는 그녀를 풀어주었다. 그녀는 며칠이 지나서야 몸을 간신히 추스를 수 있었다.

한국인들은 일본인들의 치하에서 행복하게 지내고 있으며 이전보다 오히려 더 나아진 생활을 하고 있다는 내용의 서류를 가지고 해리스 감독이 평화회의에 참석할 예정이라고 한다. 해리스 감독은 실제로 한국인들이 일제 치하에 있게 된 것에 행복해하고 있다고 믿고 있다. 그는 일본인들이 주장하는 것을 그대로 믿고 있지만, 그가 한국에 다시 돌아오기는 매우 힘들 것이라는 소문을 들었다.

이 서류에 배재학당의 유능한 학당장인 신흥우 씨가 서명을 했고, 이 사실에 많은 이들이 크게 노했다는 소문이다. 신흥우 학당장 본인은 이를 단호히 부정하고 있다. 그는 매우 어려운 처지에 놓여 있는 듯 보인다. 아마도 그는 침묵을 지키는 것이 최선이라고 생각하는 듯하지만, 현재 양쪽 진영으로부터 미움을 사고 있다.

1 9 1 9 . 3 . 1 5 . 문을 닫은 가게들

예전에 우리집에서 일하던 인용길이 오늘 오전에 찾아왔다. 그는 최근에 친구와 공동으로 그릇 가게를 열었는데, 하필 시위 사태가 벌어지는 때에 가게를 시작하게 되어 어려움이 많다고 했다. 총독부에 저항하는 표시로 대부분의 가게들이 문을 닫고 있기 때문이다.

어떤 가게 주인은 경찰서에 끌려가서 가게 문을 닫은 이유를 추궁받았다. 한동안 먹고 살 만큼 벌어놓았기 때문에 문을 닫았노라고 그는 대답했다. 경찰이 그에게 가게 문을 열라고 명령하자, 다른 가게들이 문을 열면 자신도 문을 열겠으며 한 달 정도는 놀아도 먹고 살 만큼의 여유가 있다고 그는 대답했다. 경찰은 그를 풀어줄 수밖에 없었다. 경찰이 가게 문을 열라고 명을 내리면 가게 주인들은 잠깐 열어놓았다가 다시 닫는다.

파리 평화회의에 파견된 이들이 3월 20일경에 현지에 도착할 것이라는 해외전보가 왔다고 한다. 한국의 왕자들 중 한 명이 독립운동을 선두 지휘한다면 모두들 따를 거라고 하지만, 영친왕은 이미 일본으로 돌아갔고 의친왕은 별 행동을 취하지 않고 있다.

1919 . 3 . 17 . 고문과 탄압

오늘 아침 장낙도 목사[당시 협성신학교 교수]가 감옥에 갔다 온 이래 처음으로 방문했다. 그들은 지난 2일 일요일 아침 5시 30분에 그의 집으로 들이닥쳐서 종로경찰서로 데리고 갔으며, 12일이나 구금했다. 그들은 그에 대해 어떠한 죄과도 묻지 않았다. 그는 그들에게 왜 자신을 잡으러 왔는지 물었다. 그들은 총독으로부터 그를 잡아오라는 명령을 받았다고 말했다. 그가 똑똑한 사람이고 지도자이기 때문에 만일 그렇게 하지 않는다면 사람들이 시위에 참여하도록 지도할 수도 있기 때문이라는 것이다. 그들은 수갑을 채우기를 원했지만 그는 거부했다. 그가 법에 저항하지 않고 순순히 따라갈 것이라고 하자 그들은 수갑을 채우지 않았다.

그들은 처음 며칠 동안 그를 감옥에 가둔 채 어떠한 심문도 하지 않았다. 이윽고 그들이 심문을 시작하자 그는 자신은 학생들과 만세를 부른 적도 없고, 동료 목사들과 같이 독립신문을 만든 적도 없다고 말했다. 그들은 모든 분개한 한국인들이 그렇게 하는데 왜 그러지 않았느냐고 물었다. 그들은 또한 만일 풀어주면 일본정부를 돕겠느냐고 물었다. 그는 선한 일이라면 그렇게 하겠다고 대답했다. 만일 그들이 그의 과거 기록을 본다면, 그들은 그가 정직과 선함과 지배권력에 대한 복종을 설교함으로

써 일본을 도운 데 대해 메달을 받을 자격이 있다는 것을 알게 될 것이다. 그들은 만일 나가게 되면 독립운동의 배후에 있는 한국인들을 찾아내어 그들에게 보고하겠느냐고 물었다. 그는 "아니오. 그것은 나의 노선이 아닙니다."라고 대답했다.

그들은 그를 가로세로 12×14미터 정도의 방에 다른 30~40명의 사람들과 함께 가두었다. 밤에는 누울 틈이 없었다. 그들은 매우 거칠고 부실한 음식을 주었다. 기장을 넣은 잡곡밥에 김치가 다였고, 그나마 많지도 않았다. 물은 식사 때만 제공됐으며, 이를 닦을 물도 없었다. 밤에는 낡고 얇은 조각이불이 나와서, 엉성하게 깔린 마룻바닥 위에서 요도 베개도 없이 서로에게 기대어 잠을 잤다. 조각이불은 더러웠으며 이가 들끓었지만, 이 남자들에겐 무엇도 깨끗이 할 수 있는 기회가 없었다. 장 목사는 엄청난 고통을 겪었다. 그의 말에 따르면, 감옥은 그 어떤 짐승들도 들어갈 수 없을 정도로 더러웠으며 냄새 또한 지독했다.

그들 중에 일본인이 한 명있었다. 그는 아편을 팔다가 잡혀왔다. 그러나 그는 일본인이었기 때문에 매번 그랬듯이 지배민족에 대한 예우가 적용됐다. 그에게는 질 좋은 하얀 쌀밥과 함께 맛있게 먹을 수 있는 네다섯 가지 종류의 반찬이 나왔다.

감옥 안에서는 말은 물론 속삭이는 것도 허용되지 않았다. 감시원이 잠시도 쉬지 않고 문을 지키고 있다가 조그만 소리라도 들리면 누가 말을 했느냐고 물었으며, 누군지 알게 되면 손에 들고 있던 채찍으로 때리거나 그의 손을 앞으로 혹은 뒤로 묶곤 했다. 그 일본인을 제외하면, 모두가 정식 고소도 재판도 없는 상태에서 갇혀 있었다. 장 목사는 경찰에게 왜 자신들이 그런 대접을 받아야 하느냐고 따졌다. 그 경찰의 말이 그들은 재판 전에 있는 그 어느 죄수보다도 최상급의 대접을 받는 거라고 했다. 그러니까 대부분의 사람들이 채찍질과 고문을 당한다는 것이었다.

그것은 재판을 받기 전에 그들의 영혼을 위협하고 몸을 약화시키기 위한 것이다.

우리는 진실한 증인들로부터 세 명의 여성들이 평양에서 잔인한 고통을 당했다는 소식도 들었다. 저들은 여성들을 발가벗겨 기둥에 묶었는데, 발가벗긴 후 찬물을 끼얹고 그들의 머리카락으로 기둥에 묶었다고 한다.

도시의 가장 큰 한국인 상점들은 여전히 문을 닫고 있으며, 경찰들이 문을 열라고 하면 그들은 해방을 위해 고통을 겪고 있는 한국인들이 풀려나면 문을 열겠다고 대답했다.

이화학당 학생 일곱 명이 아직도 감옥에 있다. 경찰이 박인덕을 불러내어 다른 사람들을 위한 증인이 되어 달라고 해서 미스 프라이〔당시 이화학당 교장〕가 그녀와 함께 갔다. 미스 프라이는 자신이 할 수 있는 한 최선을 다했으며 인덕을 자신의 집에 두겠다고까지 했지만 인덕은 결국 구금됐다. 아무도 그들을 도울 수가 없다.

경신학교의 마고 루이스 양이 가르치던 한 여학생은 조용히 앉아서 아무것도 먹지 않았으며, 질문을 받으면 대답도 하지 않더니 죽고 말았다.

한성전기회사[9]에서뿐만 아니라 동양담배회사에서도 파업이 일어났다.

오늘은 경찰이 세브란스 주택지구로 가서 빌딩과 집들을 이리저리 수색하며 그곳에 사는 선교사들을 시위 사태와 연루시키려 하거나 데모를 주동한 증거를 잡고자 했다.

며칠 전에는 평양의 외국인 사택들이 수색을 당했다. 부산에서는 호주선교회의 미스 호킹과 미스 데이비스가 경찰서로 끌려가서 데모를 도와주었다는 혐의로 구속당했다. 그들은 사람들이 시위를 할 때 거리로 나가서 자기 학교 여학생들이 감옥으로 가기 전에 그들을 데려오려고 했다.

일간신문에 따르면 3월 1일부터 11일까지 군인과 경찰이 쏜 총에 의해 아무런 방비책도 없이 해방을 외치다 죽은 군중이 105명이다.

한국인들이 일본과의 분리를 원하는 이유로 제기한 불만들은 다음과 같다.

1. 일본의 압제 밑에서는 발전의 희망이 없다.

2. 현재의 교육제도는 노예 훈련과 다를 바가 없으며, 과목들을 모두 일본어로 가르치고 있다.

3. 신앙의 구속을 받아 진정한 종교의 자유가 없다.

4. 경찰은 포악하며 한국인을 보호하지 않는다.

5. 재판에서 고문이 사용되며 죄수들을 잔인하게 다룬다(일단 구속되면 무죄를 증명할 때까지 죄가 있는 것으로 간주되기 때문에 죄인 취급을 당한다).

6. 언론 · 출판 · 집회의 자유가 절대적으로 금지되어 있다.

7. 직업의 기회가 없다(고위직들은 그들에게 개방되지 않는다).

8. 일본 농민들의 한국 이민.

9. 한국인들을 만주로 은밀히 추방하고 있다.

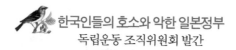 한국인들의 호소와 악한 일본정부
독립운동 조직위원회 발간

I. 한국인들이 일본의 통치에서 해방되기를 요청하는 우리들의 요구에는 크게 두 가지 이유가 있다.

1. 한국은 일본보다 훨씬 오래된 나라다. 한국은 4300년에 걸친 조정의 역사를 가지고 있다. 그동안 한국은 중국 왕실에 조공을 바쳤지만, 이것은 두 국가 왕족들 간의 관계에 대한 외형적 표현에 지나지 않았다. 한국은 한국인에게만 속했으며 어떠한 외국 민족이나 정부의 실질적인 통제하에 있어본 적이 없다.

2. 일본민족은 전적으로 한국인과 다른 인종에 속한다. 일본민족은 섬족이며, 일본의 벌거벗은 몸과 마음은 과거 수세기 동안 한국과 중국으로부터 받은 문명에 의해 수혜를 받았다. 일본의 관습, 문학, 의상은 모두 한국을 거쳐 간 것이다. 최근 몇 년 동안 일본은 서구문명의 분칠을 했다. 따라서 일본은 동양의 회칠한 무덤이 됐다. 일본은 도덕적 힘에 대한 어떠한 증거도 보여주지 않고 있으며, 일본의 한국민족에 대한 행위들은 일본이 잔인함의 화신임을 증명했다. 이는 일본과 한국민족의 통일은 불가능하다는 증거로서 충분하다.

II. 한국에 대해 일본이 저지른 다섯 가지 자명한 불의가 있다.

1. "개가 자신을 키워준 주인의 손을 물었다." 1894년 중국과의 전쟁 결과 일본은 한국의 독립을 엄숙히 승인했다. 영국, 미국, 프랑스, 독일, 러시아 또한 이를 반복해서 승인했다. 이를 증명하기 위해 일본과 여기 열거한 다른 나라들은 이 독립을 보장하는 조약을 인준했다. 한국민족은 이를 기뻐했으며 개혁과 민족발전의 과정에 전념하기 시작했다.

   불행히도 이 시기에 러시아는 군대를 남하시키기 시작하여 동양의 평화와 한국의 안전을 위협했다. 이에 대한 반응으로 일본은 한국과 동맹을 맺었으며 군사력으로 러시아에 맞섰다. 일본과 맺은 친밀한 관계에 충실하여 한국의 온 민족은 재정적 지원과 노동을 통해 최선을 다했으며, 교통문제에서도 일본군은 극진하고 명예로운 대접을 받았다. 전쟁의 대부분은 한국 땅에서 이루어졌으며, 이 협력의 결과 일본은 러시아에 승리했다. 그러나 전쟁이 끝났을 때 일본은 전 한국을 삼키려는 무도한 의도를 드러내어 결국 우리 왕가와 맺은 개인적 조약들과 역도 이완용의 반역 행위에 의해 한일합병조약이 성립됐다.

2. 파기된 약속. 합병조약에는 "일본은 한국의 왕실을 극진히 존중할 것이며, 한국민족의 권리를 보존할 것이다."라는 명백한 언급이 있다. 그러나 어떤 일이 일어났는가? 일본은 우리 왕실을 파괴했으며 한국 전체를 일본인들이 득실거리는 쓰레기 하치장으로 만들고 말았다. 이는 모든 국가들의 눈에 숨길 수 없는 사실이다.

3. 졸렬한 법집행. 우리 민족은 평화로운 성정을 가졌다. 그러나 이는 우리를 반문명화된 민족으로 표현해야 할 이유가 되지 못한다. 법정에서 한국인이 일본인에 반대할 경우 공정한 대우를 받는 것은 불가능하다. 그리고 경찰의 심문을 받을 때 우리 민족은 이루 말로 다 표현하지 못할 고통을 견디고 있다. 우리의 젊은이들을 타락시키려는 결정적 정책들도 있다. 담배, 술을 하지 않는 젊은이에게 "완고하고" "반일적"이라는 딱지를 붙이고 그들의 생활원칙을 결단코 무너뜨리기

위해 애쓰고 있다. 게으른 자들을 마을에서 추방한다는 명분하에 많은 지조 있는 젊은 남성들이 체포됐으며 그들을 타락시키기 위한 시도들이 행해졌다. 이에 대한 예들은 부지기수다.

4. 자유의 파괴. 언론의 자유가 존재하지 않는다. 목적이 무엇이든 간에 집회에는 한 명 혹은 여러 명의 스파이가 반드시 있고 그들이 지목하는 어떠한 모임이든지 해산시킬 수 있는 권위가 있기 때문에 열 명 혹은 스무 명의 사람들이 모이는 집회는 열 수가 없다.

언론의 자유 또한 부정되고 있다. 당혹스럽고 독자의 지성을 오도하는 신문이나 잡지를 빼고는 어떠한 것도 출판이 허용되지 않는다. 교육제도는 미완성이다. 우리 학생들의 지성을 연마하는 대신 그들의 지식을 제한하려는 편향이 있다. 악의에 찬 손이 어린 묘목들을 뽑아내고 있다.

5. 33인의 구속. 일본인들은 1919년 3월 1일 독립선언문에 서명을 한 자들을 구속했다. 그들은 33인이 받은 부당한 처사에 분개한 수백 명의 민간인들과 남녀 학생들을 체포했다. 이들 수백 명의 사람들이 옥에 갇혀 2~3일씩 먹지 못하고 잔인한 상처들을 참고 있다. 우리는 압제자들에 반대하는 인도주의에 호소한다. 그들은 정의의 하나님으로부터 벌을 받아 마땅하지만 그보다 우리는 그들을 위해 기도할 것이다.

III. 한국의 미래

현재 우리들의 데모와 엄숙한 선언은 외부의 영향에 의한 것이 아니다. 그것은 우리 민족 내부에 있는 정신적 힘으로부터 솟아난 것이다. 일본정부는 이 민족운동의 지도자들이 누구인지에 관한 정보를 얻기 위해 돈을 제안했다. 그 보상금 제안은 헛된 것이다. 지도자는 하나님 자신이기 때문이다. 이 운동은 이천만 민족의 가슴 속에 뿌리내리고 있다. 우리들의 남녀 젊은이들조차도 이를 위해서라면 기꺼이 체포되고 구금되고자 한다. 그들은 너무 어려서 외부의 영향력을 받을 수가 없다. 그들은 단결된 우리 민족의 깊은 정신 운동에 반응하고 있다.

우리는 이것이 우리 민족의 자기표현의 기회이자 하늘이 우리에게 부여해준 민족 자결권을 재천명할 수 있는 기회라고 확신한다. 지금은 우리가 일본 압제자들의 손 아귀로부터 벗어나야 할 시간이다. 우리는 지상의 국가들에게 우리의 처절한 상황에 제한을 가하고, 우리가 보편적 인간의 권리를 되찾을 수 있게 해주기를 진심으로 호소한다.

하나님, 우리에게 귀 기울여주시고 우리를 압제자들로부터 구원해주소서. 주는 우리의 힘이요, 구원이십니다. 우리를 도우시는 하나님, 우리는 당신을 믿습니다. 아멘.

어제는 역사〔서울역〕주변에서 노동자들의 데모가 있었다. 그들은 일본인들과 동일한 임금과 권리를 보장해줄 수 있는 새로운 정권을 희망하고 있었다. 그들은 거리로 나갔다. 그들 중 세 명은 낡은 태극기를 들고 있었다. 그러고는 마을 사람들까지 모두 나와서 독립 만세를 외치라는 전언이 퍼져 나갔다.

수많은 사람들이 나와 거리를 내려가면서 운동에 탄력이 붙고 있을 때, 일본인 경찰과 헌병들이 나타나서 칼을 휘두르며 사람들을 체포했다. 우리집 요리사가 돌아와서 그에 대해 이야기해주었는데, 자신의 친구 하나가 끔찍하게 난도질당한 후 경찰서로 끌려갔다고 한다.

몇몇 외국인들은 헌병들이 사람들을 약간 가파른 제방 너머로 밀어내는 것을 목격했다. 해럴드가 뭔가 보려고 내려갔으나 일은 이미 끝나 있었다. 그가 본 전부는 귀신처럼 피를 흘리는 사람들이 경찰서로 끌려가는 장면이었다. 그들 중 일부는 의식이 없어서 인력거에 실려 갔다.

교도소에서도 데모 때문에 잡혀온 기결수들과 신참 죄수들이 모두 재판소로 들어가 "대한독립 만세!"를 외쳤다고 한다. 물론 그들은 그 때문에 더욱 고통을 당할 것이다.

그러나 어떤 한국인이 내게 말해주었듯이, 그들은 한국을 구할 수만 있다면 자신들의 목숨은 개의치 않을 것이다.

연합신학교의 교수들은 학교가 기말까지 어쩔 수 없이 폐쇄됐기 때문에 출소한 졸업 예정자들을 졸업 예정일에 조용히 불러 모아서 총장이 졸업장을 주기로 결정했다. 그것은 좋은 생각인 것 같았지만, 남학생들은 그 이야기를 듣자 졸업장을 받을 수 없다고 말했다. 그 계획은 매우 고마운 일이나 조국이 고통을 받고 있고 친구들이 감옥에 있으며 아직 정부는 변한 것이 없는 상황에서, 자신들은 정부 변혁을 위한 일이라면 모든 것을 다하겠지만 기쁨이나 이득은 취할 수 없다고 결의했기 때문이라고 했다.

어느 날 밤 몇몇 한국인들이 남산에 있는 높은 나무에 한국의 국기를 게양했다. 그리고 그들은 일본인들이 그것을 끌어내리는 것을 아주 어렵게 만들기 위해 국기가 있는 곳에 이르는 나무의 몸통과 가지에 온통 인분을 발라놓았다.

어제 몇몇 고위 관리들이 현 시국을 논의하기 위해 감리교와 장로교의 몇몇 지도급 선교사 대표들을 오후 2시부터 시작되는 티파티에 초대했다. 그들은 선교사들이 기독교인들에게 모종의 방법으로 데모와 독립운동을 중지하도록 압력을 넣어주기를 원하는 것처럼 보였다. 그들은 오후 늦게까지 이 문제를 논의했으나 그들이 원하는 결론에 이르지 못하자 월요일 저녁에 다시 모임을 잡았다.

우리 선교사들은 종교적 선전을 위해서나 자신들이 정치적 각광을 받기 위해 교인들에게 그러한 노선을 강요해야 한다고는 생각지 않는다. 일본인들은 그것이 한국인들에게는 큰 반역죄라고 했다.

어제 혹은 그제 밤 극장 두 곳에서 자유를 위한 만세운동이 있었다. 한 극장에서 남학생이 일어나 태극기를 흔들며 만세를 외치자 모든 청중들이 그를 따랐다. 경찰들이 와서 25명을 그 자리에서 체포했으나 다른 극장에서는 아무도 체포하지 않았다.

평양 부유층 출신의 김명백이라는 한국 여성이 친척과 장래에 친척이 될 사람들(조카와 그의 정혼녀, 사위)과 목사를 보러 내려왔다. 그녀는 감옥을 이리저리 다니며 그들을 찾아내어 옷가지들을 영치하고 감옥에서 매식을 하는 죄수들을 위해 일하는 조리사들을 찾아내어 각각 10엔씩을 주면서 열심히 뛰어다녔다. 그렇게 해서 그녀는 네 사람 모두에게 보름이 채 못 되는 기간의 식비를 제공했다. 그들 중 한 사람이 우리집의 봉갑이였기 때문에 나도 그를 위해 5엔을 내주었다. 그녀는 나중에 다른 사람들의 친척들로부터도 도움을 받았다. 나는 또한 한 전도사를 통해 우리 봉갑이에게 줄 내의와 양말을 사서 넣어주도록 돈을 보내고 낡은 담요 한 장도 내주었다.

한 신문에 죄수들을 위한 옷과 음식과 같은 필수품들을 반입할 수 있다는 안내문이 나왔다. 그들을 체포한 지 2주 후의 일이었다. 하지만 그런 후에도, 누구도 그들을 면회하지 못했으며 편지나 책도 보낼 수 없었고 음식도 반입할 수 없었다. 그들은 친구들이 옷과 음식과 필수품 일체를 갖추어 보내지 않으면, 일부는 받지 않으려 했다. 나는 사과와 과자를 얼마 보냈지만 되돌아왔다.

감옥에서 제공되는 유일한 음식은 속에 기장을 약간 섞은 콩밥이었다. 점심에는 콩밥과 약간의 소금물이 반찬이고, 아침저녁으로는 콩밥을 넘길 수 있도록 약간의 저민 야채를 주었다. 매일 똑같은 음식이 나왔으며 그것도 허기를 채우기에는 충분치 않은 양이었다. 그래서 친구들은 할 수 있는 한 자신들이 아는 죄수들에게 다른 음식을 제공해야 한다고 생각한다.

이 맨손의 혁명을 지휘하는 서로 다른 당파들이 있으며 각 당파에는 하부 조직들이 있다. 각 당파는 자신들만의 계획을 하부 조직들에게 전달한다. 그러나 그 당파들 중 어느 집단도 다른 당파들의 계획을 알지 못하며 그 하부 조직들도 서로의 계획이나 다른 조직에 누가 있는지에 대해 알지 못한다. 그래서 만일 어떤 동지가 재판을 받거나 고문을 당해도, 그들은 어떠한 갈고리나 회초리에 의해서도 서로를 배신할 수가 없는 것이다.

#1919.3.24. 외국인들에 대한 폭행

어제 저녁 일요일, 서울 서부의 몇몇 동네와 종로에서 동대문에 이르는 서울 시가에서 수백 명의 사람들이 한국의 독립을 외치는 데모가 있었다. 많은 사람들이 경찰과 헌병들에 의해 베임을 당했고, 몇몇은 죽임을 당했다. 토요일 아침에는 다섯 명이 살해됐다.

토요일에 105명의 학생들이 교도소에서 출소했다. 듣자니 그들은 학교로 돌아가서 다시는 데모를 하지 않겠다는 서약을 요청받았다고 한다.

미스 프라이는 오늘 이화 학생 하나를 데려가라는 통고를 받았다.

미스터 가일즈라는 세계통신원이 서울에 머물고 있는데, 오늘 웰치 감독이 몇몇 대표적인 외국인들을 집으로 초대하여 그를 만나게 했다. 그는 중국 무크덴에서 곧장 이리로 왔다. 그가 무크덴에 도착했을 때, 한 사람이 그에게 트렁크를 강제로 열라고 하더니 그가 쓴 몇몇 기사들과 대부분의 신문기사 스크랩들을 가져갔으며, 역에서는 한 일본인 경찰이 올라오더니 그의 뺨을 때렸다. 그는 일본 영사관에 가서 그 일에 대해 이야기했다. 영사는 그에게 그 일을 기사화하지 말아 달라고 부탁했다. 그는 그러지는 않겠지만 사람들에게 말하겠다고 했으며, 영사에게 그 경찰을 다른 사람으로 대치해서 다른 외국인들에게 똑같은 일이 반복되지 않게 하라고 충고했다. 미스터 가일즈는 영국 사람이다.

며칠 전에 동양신성선교회의 J. H. 토머스 목사가 자신이 신뢰하는 한국인 조수와 함께 지방의 한 선교지부로 나갔다. 그들은 교회 부지에서 새로 지을 교회건물이 들어설 자리에 표시를 하고 있었다. 몇몇 경찰들이 오더니 그를 미국인이라 부르며 욕설을 퍼부었다. 그들은 그의 머리를 때렸고, 그의 조수와 그 자리에 있던 다른 남자도 때렸다. 그는 자신의 여권과 여행허가증을 꺼내서 그들에게 보여주었지만, 그들은 그것들을 땅에 던져버리고 그의 얼굴을 내리쳐서 그의 틀니를 망가뜨렸다. 그는 잠잠해진 틈을 타서 자신의 여권과 허가증을 집어서 다시 그들에게 보라고 하며 자신은 영국인이라고 했다. 그들은 서류들을 받아 들고 토마스 씨와 그의 조수를 경찰서로 데려가서 그의 신분증들을 조사하고 몇 시간 후 풀어주었다. 그는 서울행 기차를 타고 와서 영사를 찾아 그 이야기를 전했다. 영국의 영사, 아니 영사대리 로이즈 씨는 그를 외무대신인 히사미츠 씨에게 데려가서 그 이야기를 전했다. 그 다음 이야기는 더 듣지 못했다.

만일 그가 미국인이었다면 더한 일을 당했을 것이다. 일본인들은 미국인들이 이번 일을 조정하고 있다고 보고 있기 때문이다.

토요일에 우리 해럴드는 에드워드 에비슨과 함께 세브란스 병원에서 서소문 너머 성벽 바깥쪽으로 난 새 길을 따라 집으로 오고 있었다. 그들은 어느 일본인 남녀가 이야기하는 쪽으로 올라가고 있었는데, 약간 취한 듯한 남자가 아이들을 심술궂게 불러 세웠다. 그 남자는 미국인과 한국인에 대해 일본말로 뭐라 소리를 지르며 해럴드를 붙들었다. 해럴드는 일본말로 "잘 몰라요." 하고 말했다. 해럴드는 그 남자가 악의를 품고 있음을 눈치 채고 몸을 빼내어 급히 달렸다. 그때 그 남자는 자기가 들고 있던 양배추 피클 한 사발을 그가 달리는 쪽으로 던졌다.

심장 때문에 억지로 침상에 누워 있는 동안, 나는 《폴리아나》를 번역하기 시작하여 거의 3분의 1을 끝냈다. 우리의 비서 봉갑이가 그 번역본을 가져가서 검토하고 수정하고 있었다. 불행히도 그는 종이 위에 번호를 써두는 것을 잊었다. 누군가 그것들을 건드리지 않았더라면 좋았겠지만, 그가 감옥에 갇힌 후 일본인 경찰들이 와서 그가 기숙하는 장소를 조사했다. 아니 수색했다는 말이 더 맞을 것이다. 그들은 거기서 번역원고를 발견하고는 즉시 모든 페이지들을 뒤섞어버렸기 때문에 그것이 무엇인지 이해할 수 없었다. 그들은 원고를 경찰서로 가지고 가서 원고지들을 그야말로 뒤죽박죽으로 만들었다. 그들은 거기서 반역의 흔적을 찾았지만 결국 다시 가져와서 봉갑이와 같은 방에 수감된 젊은 목사에게 건네주었다. 이 이야기는 그가 와서 내게 전해준 것이다.

#1919.3.28. 방화 사건

학생들이 투옥되어 있는 동안 가게를 닫기로 한 계획을 따르지 않은 부유한 한국인 상점들과, 수업과 오락을 하지 않기로 한 계획을 어기고 수업을 계속한 몇몇 관립 학교들 여러 곳에서 노선이 같지 않을 경우 좋지 않은 일이 있을 것이라는 위협의 일종으로 방화 사건이 일어났다. 불은 사람들이 주변에 있을 때 일어나서 큰 손실이 있기 전에 진화됐다. 한국인들은 일본이 허가한 진영에 있는 악명 놓은 상점들을 얼마나 경멸하는지를 보여주는 증거로서 그 지역에 방화를 한 것이다. 불이 진화되기 전에 세 채의 집이 타서 주저 앉았다고 한다. 하마터면 더 많은 손실이 있을 뻔했다.

오늘부터 일본정부는 한국인들을 거리연사로 채용하여 특정 시간에 특정 장소에서 정부가 바라는 바대로 현재 소요가 미친 짓이라는 것을 골자로 강연을 하도록 했다. 연사들은 헌병들의 보호를 받는다. 그들은 '자제회'라는 조직을 결성할 것이라고 한다. 그들은 오늘 첫 거리연설을 했다.

오늘 험악한 자동차 사고가 났다. 장로교 선교회의 유진 벨 목사와 부인, 크레인 목사, 녹스 목사가 벨 목사의 새 차를 타고 그의 집으로 가기 위해 서울을 떠났는데, 시골에서 철도 건널목에 다가가고 있을 때 자동차 한 대가 달려오더니 차를 들이받았다. 벨 부인과 크레인 목사가 즉사했으며, 녹스 목사는 중태다. 그들은 따로 차를 타고 내려 간 에비슨 박사에게 전보를 쳐서 녹스 씨를 병원으로 데려오게 했으며, 오늘 밤 벨 목사는 기차에 두 시신을 싣고 올라올 것이다. 그는 지난 일 년간 자신의 중고차를 몰았던 솜씨 좋은 운전자였다.

어제 우리들의 선한 한국인 기독교도들이 한 한국인 소녀의 장한 행동에 대해 이야기해주었다. 그녀는 경찰서에 가서 당돌한 질문을 던졌다.

"이곳이 사람들이 무엇인가를 잃거나 누군가에게 무언가를 도둑질당하고서 찾고자 하면 오는 곳입니까?"

경찰이 대답했다.

"그렇지. 누가 네 물건을 훔쳐갔느냐?"

그녀가 대답했다.

"네, 그들은 우리나라를 훔쳐갔어요. 나는 그것을 되찾고 싶습니다."

1919.3.26. 시위의 부상자들

저녁 8시 45분. "대한 독립 만세!" "조선 독립 만세!" 다시 거리의 군중들의 감동적이고 비통스러우며 용감한 외침들이 우리집 창문을 통해 들려온다. 아, 맙소사! 이 거리 저 거리에서 외침은 거의 30분이나 계속됐다. 여기저기의 침묵은 경찰, 헌병 그리고 일본 민간인들이 그들을 잡으러 나왔다는 뜻이다. 여기저기서 지도자가 총대에 맞거나 총검에 베어져 쓰러진다. 날마다 이런 일이 생기고, 병원들은 시위에서 부상당한 환자들로 완전히 엉망이 되고 있다.

평양의 감리교 선교회 병원에는 소방관들이 쓰는 갈고리로 얻어맞아 살점이 뜯겨져 나간 환자들이 있다. 남자들은 그 때문에 절단수술을 해야 했다. 한 남자는 허벅지 위 부분까지 잘라내야 했고, 한 남자는 어깨에서 팔을 잘라내야 했다.

#1919.3.27. 만세시위와 무력 진압

어젯밤 일지 서두에서 나는 30분 동안 만세 소리를 들었다고 했다. 그렇지만 그것은 새벽 2시까지 계속됐다. 시위는 도시와 변두리의 모든 언덕에서 진행됐다. 이러한 만세시위 계획에 대해 아무것도 알지 못했던 우리들의 한국인 친구는 어젯밤 길거리에 있었다. 그는 이미 두 번이나 죄 없이 구속된 적이 있기 때문에, 한 친구 집으로 들어가서 집에 가도 안전할 때까지 수 시간을 거기에 머물러야 했다.

어젯밤 데모 진압에는 50명의 기마경찰과 200명의 일반 경찰 그리고 수많은 헌병들이 참여했다. 경찰과 헌병들은 맨손의 시위대 사람들을 총검으로 내리쳤다.

#1919.3.28. 자유를 위한 독립전쟁

몇몇 기독교 여성들이 오늘 아침에 나를 보러 왔다. 그들은 교회에 가기 위해 집을 나오는 순간부터 다시 집 안으로 들어갈 때까지 줄곧 감시를 당한다고 했다. 한 여성은 23세가량 되어 보이는 젊은 남자가 데모가 있던 어느 날 밤 이웃에 있는 그의 집으로 조용히 들어오다가 이마에 칼을 맞아 깊은 상처가 났다는 이야기를 해주었다. 그들은 외치는 소리를 쫓다가 거리에서 걷고 있는 누구라도 보면 때린다는 것이다.

또 다른 여성은 손이 잘린 이웃집 소녀에 대해 이야기해주었다.

또 한 명의 여성은 이웃집의 남편이 감옥에 갇혀 있었는데, 나중에 경찰들이 그의 부인도 잡으러 왔다고 말해주었다. 그 부부의 아기는 태어난 지 3주밖에 안 됐지만 그들은 아기를 강제로 떼어 두고 그녀를 데려갔다. 후에 한 기독교 여성이 감옥으로 찾아가서 아기를 받아서 엄마가 돌보게 해달라고 간청했지만 거절당했다. 몇몇 여성들이 적은 돈들을 모아서 아이를 양육해줄 사람을 구할 돈을 마련하고 있다.

강화도에서는 한 남자가 데모를 주도한 혐의를 받았다. 경찰이 그를 찾아 집으로 갔으나 허탕을 치자 그의 아내를 대신 체포하여 투옥했으며, 그녀를 잔인하게 때려서 그만 뱃속의 아이가 유산되어버렸다.

평양에 있는 우리 홀기념병원과 서울의 세브란스 병원에는 처참하게 칼에 베인 환자들이 매일 이송되고 있다. 세브란스 사람들은 그 옆 자리에 있는 교회를 임시 병원으로 사용해야 할 것이라고 생각한다. 현재 병원의 병실과 복도는 부상자로 득실거린다. 어제 세브란스에서 60장의 침대 시트와 많은 붕대를 요청하는 비상전화가 왔다. 우리 적십자사 부인들은 관대하게 응했다. 루들로 박사에게 방금 들어온 환자가 있으니 급히 오라는 전갈이 왔다. 그 남자는 머리부터 눈썹 위까지 칼에 베였는데 미국 인디언들과의 전투 시절을 떠올리게 했다. 그의 몸에도 여러 군데 칼에 베인 상처가 있었다. 물론 그 남자는 죽었다. 그들은 맨손으로 단지 "자유, 우리에게 자유를!"을 외쳤던 사람들이다.

열다섯 살의 한 소년 또한 심한 자상을 입고 실려 왔다. 한국의 소년들은 열다섯 살이라도 아주 작다.

제물포에 있는 최근의 한 일본신문은 벨 부인과 크레인 목사가 죽고 녹스 목사가 중상을, 벨 목사가 경상을 입은 오토바이 사고-10에 대한 설명기사를 실었다. 그 기사의 제목은 "그럴 만했다. 미국의 불한당들"이었다. 일본어로 나온 만주의 한 신문은 이 모든 한국인들의 문젯거리들이 "저급하고 무지한 미국의 선교사들에 의해 교사당하고 지원을 받은 것"이라고 보도했으며, 많은 일본어 신문들이 자주 미국인들을 중상하는 발언들을 싣고 있다.

그저께 만난 교육을 잘 받은 한국인 남성 기독교도인이 내게 말하기를, 한국인들은 미국이 예전에 했던 것과 같은 독립전쟁을 시작했으며 전쟁은 약 8년 정도 걸릴 것이고, 비록 맨손이지만 자신들은 전쟁에서 승리할 때까지 싸울 것이라고 했다.

마펫 박사는 북쪽의 경찰과 헌병들이 한 시골 교회로 가서 교회 종을 울린 사건에 대해 말해주었다. 사람들이 특별 예배를 열기 위해 부르는 줄 알고 오자, 경찰들은 그들을 경찰서로 데려가서 많은 사람들을 투옥했다.

일본어 신문들은 계속해서 미국인들이 이 데모의 교사자들이라고 비난하고, 미국인들에 대해 매우 불쾌한 말들을 하고 있다.

선교사 대표들은 일본인 고위직 공무원들과 지도자들의 요청으로 지난밤 조선호텔에서 회합을 가졌다. 그들은 선교사들이 이 데모를 진압할 수 있도록 일본인들을 도와줄 것을 약조받기 위해 애썼다. 이에 감독은 미국의 선교사들을 대표하여 대답했으며, 미국의 선교위원회 산하의 영국인·캐나다인들도 그것이 그들의 대답이기도 하다고 말했다. 감독은 우리 미국의 국무장관이 우리에게 요청한 것은 정치와 거리를 두라는 것이었고, 우리 영사도 같은 조언을 했고, 우리는 어디까지나 종교 사역자로서 이 일이 우리의 영역이 아니라고 생각한다고 대답했다. 마지막으로 다른 이유가 하나 더 있었는데 기억이 나지 않는다.

일본인들은 선천에 있는 한 선교사가 북경의 한 신문에 일본인 경찰들이 저지른 무서운 일들에 대해 기고해서, 사람들로 하여금 일본인들을 '훈족'처럼 나쁘게 보도록 했다고 말했다. 이에 마펫 박사는 자신의 눈으로 본 대로, 훈족들이 행한 것과 똑같은 잔학한 몇 가지 일들에 대해 아무런 논평도 없이 단지 사실들만을 언급했다.

한 거리에서는 어린아이들이 모여서 '대한 독립 만세'를 외쳤다. 그들은 모두 여덟 살 미만의 아이들이었다. 경찰이 그들에게 가서 누가 그렇게 하라더냐고 물었다. 그들은 아무도 아니고 스스로 그렇게 하고 싶었다고 말했다.

🌿 투옥됐던 미션계 여학교 학생들이 목사와 선교사들 앞에서 한 증언들

경찰서에서 그들은 몸수색을 하기 위해 옷을 벗으라는 명령을 받았다. 그것은 굴욕감을 주기 위한 것이었다. 잠시라도 머뭇거리면 금줄 세 개를 단 네다섯 명의 남자들로부터 매를 맞았다. 감옥에서도 그들은 벌거벗겨진 채 지내며 간부들의 사무실로 불려가서 심문을 당하고 매를 맞았으며, 다시 알몸으로 감방으로 돌아와야 했다. 한번은 한 소녀가 알몸으로 돌아왔는데 손에 옷이 들려 있었다. 그들은 방금 감옥에 잡혀온 일군의 청년들을 지나가야 하는 그녀의 처지를 보고 옷을 줘서 팔에 두르도록 허용했지만 입지는 못하게 했다.

감옥에 아직도 남아 있는 두 소녀는 고문을 당해야 했다(출옥한 소녀들의 증언이다). 한 소녀는 양쪽 엄지손가락을 한데 묶여 매달렸다. 다른 소녀는 이화학당에서 가장 총명하고 예쁜 여학생으로 진남포에서 내가 시작한 최초의 여학교 출신인 박인덕이다. 그녀는 옷을 벗기우고 심한 채찍질을 당했다. 그녀는 또한 무릎을 꿇고 앉아 무거운 의자를 들고 있어야 하는 고문도 당했다. 만일 떨려서 손이 내려오면 팔을 맞아야 했다. 풀려나온 한 소녀는 두 손을 쳐들고 무거운 판대기를 들고 한 시간가량 있어야 했는데 더 이상 그렇게 할 수 없어서 팔을 떨게 되면 팔을 얻어맞았다고 했다.

이러한 고문들은 각 여학교에서 누가 데모에 참여했으며 누가 주동을 했는지를 알아내기 위한 것이었다. 고문을 통해 자백을 받아내려는 것이었다.

몇몇 소녀들은 맨손으로 단순히 "대한 독립 만세!"를 외치는 학생 해방시위에 친구들과 함께 나갔던 날 경찰서로 잡혀 갔다. 많은 여학생들이 학교로 찾아온 경찰에 의해 다른 사람들을 위한 증인으로 잡혀 갔다. 박인덕은 후자의 경우였다. 미스 프라이는 그녀와 함께 경찰서로 가서 온갖 방법으로 인덕이 경찰서에서 밤을 지새는 것만은 막아보려 했다. 그녀는 자신도 함께 있겠다고 했으나 경찰은 그들이 원하는 것은 그녀가 아니라 인덕이라고 했다. 그것이 몇 주 전의 일인데, 인덕은 그 후 며칠 안 되어서 경찰서에서 독립문 근처에 있는 서대문 형무소로 송치됐다.

독립문에 대해서 이야기하자면, 그것은 수년 전에 자신들을 독립당이라 불렀던 진보적인 한국 청년들에 의해 세워진 것이다. 요즘 그것을 둘러싸고 미신들이 떠돌고 있다. 밤에 누군가가 그 위로 올라가서 한국의 독립에 대해 무언가를 붉은 페인트로 써놓았다. 다음날 아침에 떠돌았던 소문은 초자연적 힘이 그것을 썼다는 것이었다. 그 바로 옆에는 경찰서가 있고 경찰이 밤낮으로 경비를 서는데 누가 그렇게 할 수 있었겠느냐는 것이다. 그날 경찰은 사다리를 놓고 올라가 붉은 글씨를 지워버렸는데, 다음날 밤 똑같은 일이 또 일어났다. 사람들이 그것을 보러 몰려들자 군인들이 군중들을 쫓아내기 위해 주둔했다.

＃1919.3.29. 토머스 목사의 부상

최근에 J. H. 토머스 목사가 헌병에게 맞아 머리를 다쳤고, 그 충격으로 인해 신경 손상의 조짐이 나타나고 있으며 시력을 잃을 위험에 처했다는 소식을 들었다. 어떤 사람이 "그가 겁에 질려 있다."고 표현하자 쌍둥이들 중 한 명이 그 사람에게 "토머스 씨는 신경조직이 마비되고 있는 거예요."라고 말했다.

#1919.3.30. 가짜 한국인

요즘은 밤에 한국인이 거리를 걷기만 해도 경찰에게 매를 맞는다. 지난 사나흘 동안은 밤에 데모가 없었다. 그러나 한국인 행세를 하는 일본인들이 거리로 나가 한국인들만 보면 "만세!"를 외쳤다. 그가 한국 사람인 줄 알았던 사람들이 따라서 "만세!"를 외치면 그들을 때리고 체포하고 투옥했다. 어젯밤 거리를 걷던 사람들 가운데 만세를 부르지 않았음에도 불구하고 세 명이 살해됐으며 많은 사람들이 다쳤다.

#1919.3.31. 감옥 안의 여학생

샤프 부인이 들러서 공주 지역의 스웨어러 부인이 운영하는 여학교에 다니는 한 학생의 경험을 이야기해주었다. 그녀는 (어디에 있는 형무소인지 그 지명은 잊었지만) 한 형무소의 작은 감방에 갇혔는데, 열두 명의 죄수들 중에 유일한 여자였다. 그 방은 모든 사람들이 한꺼번에 눕기에도 너무 비좁았다. 남자들은 그 방에서 대소변을 다 보아야 했다. 그녀도 소변은 거기서 보아야 했고 대변만 나가서 볼 수 있었다. 이러한 날이 닷새나 계속됐다.

#1919.4.1. 일본인들의 극악한 행동

30일 수원에서 30명이 죽었다. 최근 『서울 프레스』는 몇몇 미국인들이 보도한 바 있는 일본인들에 의해 저질러진 극악한 행동에 대한 기

사를 실었다. 『서울 프레스』는 이제까지 한국 전역에서 들려오는 그러한 보도들을 부인해왔다. 그것은 묵과하면서 신문은 (데모와 아무런 상관이 없는) 한 사건을 언급했는데 몇몇 한국인들이 한 일본 여성을 폭행했다는 것이다. 그러고는 미국에서는 그러한 일을 저지른 흑인들을 처형했는데 일본인이라고 미국인보다 더 잘할 수 있으리라 기대할 수 있겠느냐고 했다.

서울에서 10~15리 떨어진 한 마을에서 며칠 전 데모가 있었다. 경찰이 사람들을 잡으러 그리로 갔다. 300명가량의 데모대들 중에서 80명이 앞으로 나오더니 "우리를 데려가라. 우리를 데려가라."라고 했다. 그들은 모두 체포됐다.

그곳의 구역장이었던 최 씨가 오늘 아침 나를 방문해서 일 때문에 혹은 심부름으로 그 감옥에 가라는 명령을 받은 이웃에 사는 한 경찰에 대해 이야기해주었다. 그는 그곳에서 일을 보는 동안 100명가량의 성인 남성들과 소년들이 발가벗겨진 채 매를 맞는 것을 보았다. 한 늙은 남자는 70대를 맞았으며, 학생들은 90대를 맞았는데 가장 어린 소년은 한국 나이로 14세였다. 그들은 처음에는 신음소리를 냈지만, 매가 계속되자 의식을 잃었으며 매가 끝나면 마당의 한구석으로 질질 끌려가서 쓰러져 있었다.

#1919.4.2. 불타버린 마을들

3월 31일 저녁 한 한국인 남성이 시골에서 올라와 남대문에서 기차를 내려 집으로 걸어가고 있었다. 그는 정부에 고용된 소위 일본 재향군인들(순전한 악당들)에게 잡혀서 매를 맞았다. 어떠한 구실도 없었다. 다만 공포체제를 조성하자는 것이었다. 그 남자는 너무 심하게 맞아서 밤사이에 죽었다. 이것은 하나의 예외적 사건이 아니다. 이러한 경우가 수도 없이 많고 증거도 확실하다.

지난번에 거리에 다니는 차들에 돌을 던진 남자들이 한국인 옷을 입은 일본인이었다는 증거도 있다. 그 목적은 한국인들이 폭력을 사용하고 있다는 소문을 퍼뜨리기 위한 것이었다.

경찰 진영에서 진행되고 있는 더욱 나쁜 음모는 이 일본인 재향군인들이 한국인들처럼 차려입고 몇몇 미국인들을 공격해 살해한다는 것이다. 이것은 미국인들로 하여금 한국인들에 대한 연민을 끊도록 하는 데목적이 있다. 우리들의 영사 버골츠 씨는 이러한 보고를 받자마자 부영사인 레이몬드 커티스 씨와 함께 외무를 담당하는 히사미츠 씨를 만나 미국인들의 생명이 위협을 받고 있다는 전언을 보내며, 일본이 한국에서 미국인들을 보호할 수 있는지의 여부에 대해 48시간 이내로 답하라고 했다. 그들은 더 많은 경찰력을 배치할 것이며 우리를 보호하겠다고 답했다.

며칠 전 노춘택 씨가 베커 씨를 길거리에서 만나 몇 분 동안 이야기를 주고받았다. 베커 씨가 가자 경찰이 와서 그 미국인에게 무슨 말을 했느냐고 따지며 무섭게 화를 냈고 노 씨에게 매우 흉측한 욕을 해댔다. 그들은 또한 노 씨에게 무슨 일을 하고 있느냐고 물었다. 그가 자신은 연합신학교의 총무이고 베커 씨는 학장이며 그와 수년 동안 함께 일했기 때문에 할 말이 많았다고 대답했다. 노 씨는 데모에 가담한 일이 없었음에도 불구하고 자신의 집에서 체포됐다.

결국 노 씨는 그의 친한 친구이자 그 대학의 기독교인 교수인 이치야 씨를 통해 풀려났다. 이치야 씨는 처음 데모가 일어났던 날 노 씨가 베커 씨 집에서 조용히 그를 기다리고 있는 것을 보았다고 증언했다. 다른 사람들이 증언을 했다면 결코 받아들여지지 않았겠지만, 이치야 씨는 고위 정치관료들 중에 친구가 많았다.

이제 외국인이건 한국인이건 밤거리는 안전하지 못하다.

며칠 전 열여섯 살 난 소년이 평양의 밤거리를 혼자 걷고 있었는데, 여섯 명의 일본인들이 덮쳐서 얼굴을 때리고 발로 차고 총의 개머리판으로 때려서 팔을 부러뜨렸다. 그 소년은 아직도 앓고 있다.

세브란스 병원에 들어온 한 환자는 칼로 40군데나 난자당해 있었다.

아들이 험악하게 난자당하여 죽은 나이든 부모가 있었는데(그 아들은 우리 교인이었다), 그들은 정부로부터 출두하라는 명령을 받았지만 그 아버지는 만일 그들이 아들과 같이 자신도 죽이기를 원한다면 자신의 집으로 와서 그렇게 하라고 말하며 가기를 거절했다. 그러자 그들은 그에게 돈을 좀 줄 수도 있다고 했다. 그는 아들을 죽인 살인자들에게 돈을 받을 수 있느냐고 반문했다. 그러나 아내에게는 "나라를 위해 죽을 만큼 훌륭한 아들을 두었으니 얼마나 장하냐!"라고 했다.

딸이 기독교인인 어떤 집에서는 그녀를 잡아 감옥으로 보내려는 경찰이 와서 이렇게 말했다.

"당신들 기독교인들은 참으로 용감합니다. 비록 고난을 당하고 있지만 당신들은 믿음으로 행복하군요. 우리 모두가 기독교인이 되어야겠군요."

이러한 고백들이 수도 없이 계속해서 들려오고 있다.

거리에서 잡혀서 경찰에게 심문을 당한 수많은 사람들이 기독교인이냐는 질문을 받았으며, 만일 그렇다고 하면 그들은 언제나 죄를 의심받고 경찰서로 끌려갔다. 지방에서 계속해서 우리에게 들려오는 소식은 경찰이 독립운동에 가담한 자들을 색출하기 위해 집에 들어와서 성경이나 찬송가를 보게 되면 그들은 더 이상 수색도 않고 그들을 감옥으로 끌고 간다는 것이다.

최근 일본정부는 소위 '역도들'을 제압할 수 있는 더 '근본적인 대책'을 마련했다고 한다. 우리는 맨손으로 단순히 '독립 만세'를 외치는 사람들에게 얼마나 더 가혹할 수 있을지에 대해 상상할 수 없었다. 그러나 보병대 2사단, 포병대 1사단, 기병대 2사단이 일본으로부터 파병되고 난 후 우리가 처음 알게 된 사실은 마을들이 불타고 있다는 소문이 무성하다는 것이다. 그리고 특정 마을들이 불타버렸다는 결정적 소식은 그곳에서 서울로 도피해온 사람들에 의해 전해졌다.

지난주 수요일 우리의 부영사인 레이몬드 커티스 씨와 호레이스 언더우드, A. W. 테일러 씨가 파괴된 마을의 실상을 직접 보기 위해 제암리[11]를 방문했다. 그 마을은 아서가 관할하는 수원구에 있었다. 그들은 실상이 전해 들은 그 어떠한 소문보다도 훨씬 참혹하다는 사실을 알게 됐다. 그들은 재가 되어버린 교회와 숯덩이가 된 시신들을 보았으며, 살이 타면서 나는 냄새를 맡고 병이 날 지경이었다. 곡물 창고와 가축들도 모두 불에 탔다. 군인들은 가정을 방문하면서 남자들을 모두 교회로 모이라고 했는데, 그들이 다 모이자 교회에 불을 붙이고 안에 있던 사람들을 모두 불살라버렸다. 누군가 도망을 치려고 하면 그들은 총으로 쏴 죽였다. 남편들이 어떻게 됐는지 교회로 보러 왔던 두 여성이 있었는데, 하나는 19세였고 다른 하나는 42세였다. 군인들은 그들도 총살했다. 후에 아들이 죽은 한 여자가 군인에게 다가가서 자신도 죽여 달라고 했다. 그는 그 자리에서 그녀를 총살했……. 방문단은 전소된 두 마을을 목격했다.

19일 토요일에는 영국의 영사대리 로이즈 씨가 방문단을 만들어 전소된 마을들을 방문했다. 모두 수원지부 남양리에 있는 마을들이었다. 그곳은 아서의 관할이었기 때문에, 그는 아서도 같이 가자고 했으며 스미스 씨가 통역으로 동행했다. A. W. 테일러 씨는 그날 모우리 목사에 대한 재판에 참석하기 위해 평양에 갈 예정이었다. 테일러 씨는 국제적인 뉴스 통신원이었다. 우리의 영사 버골츠 씨는 그에게 자기 대신 이 방문단과 같이 가서 보고 기사를 미국 정부에 전문으로 보내달라고 요청했다. 그래서 그도 일행과 함께 갔다. 케이블 박사는 그의 차에 베크 씨와 빌링스 씨를 태웠다. 아서는 스미스 씨를 태우고 스코필드 의사가 발견한 총상 환자를 데려오기 위해 사이드카는 빈 채로 남겨놓았다.

그곳 사람들은 너무나 많이 다쳤기 때문에 아무도 그 남자를 수 킬로미터 밖에 세워둔 자동차까지 데려올 수 없었다. 사람들은 만일 그 일을 돕다가 자신들과 가족들이 살해될까봐 두려워하고 있었다. 매번 아무런 잘못도 증거도 없이 사람들이 여기저기서 살해됐기 때문에 놀랄 만한 일도 아니다.

자동차에는 로이즈 씨와 몇몇 다른 사람들이 있었다. 그들은 다른 다섯 마을[12]의 상황이 시체들을 매장한 것만 빼고는 위에서 이야기한 제암리의 상황과 비슷하다는 것을 발견했다. 열흘 전 부상을 입은 한 남자는 그동안 아무런 도움도 받지 못했기 때문에 위급한 상태에 있었다.

그들은 그곳에서 전멸된 열여섯 마을을 알아냈다. 마을에는 끝자락에 있던 몇몇 집들만이 남아 있었는데, 그 집들에는 몇몇 여성들과 아이들이 숨어서 살고자 애쓰고 있었다. 일부는 산으로 도망쳐서 야영을 하며 나무뿌리를 캐서 연명하고 있었다. 아서는 살해된 목사의 아들을 만났는데, 황망한 눈으로 머리는 헝클어진 채 불타버린 집과 죽은 자들의 잿더미를 파내고 있었다. 아서는 불철주야로 계속되는 군인들의 정찰을 피해 몇몇 여자들을 찾아내어 죽은 기독교인들이 누구인지를 알아내고자 했다. 한 여자가 총살을 당하거나 타 죽은 열한 명의 신도 이름을 적어주었다.

아서는 작은 구릉을 넘어 여자들이 모여 있는 한 작은 무리를 보았는데 그가 다가가자 도망쳤다. 그가 두려워 말라고 소리치자 절반가량이 멈춰 서서 그를 기다려주었다. 그들은 그가 누군지 알아보고는 크게 안심하고 기뻐했지만 군인이 있는지 은밀히 살피고 나서 아서에게 만일 그가 온 것에 대해 누군가 물으면 뭐라 말해야 하느냐고 물었다. 아서는 아무도 자신이 오는 것을 못 보았으니 걱정할 필요가 없다고 말해주었다. 그러고는 한 여자에게 그곳에 사는 가난한 여성들을 위해 써달라고 10엔을 건네주고는 급히 작별인사를 고했다.

처음에는 군인들이 일행을 가까이 좇아오며 모든 말을 엿들었다. 하지만 일행이 흩어지자 개개인들을 가까이서 감시하기가 힘들어졌다. 일행은 그날 저녁 돌아왔다.

스코필드 박사는 홀로 남아 그곳에서 밤을 새며 더 세밀한 진상을 알고자 했다. 그는 자전거를 타고 있었는데, 한 일본 군인이나 헌병이 자전거를 타고 내내 그를 따라다녔다. 그가 이야기해준 상대방 따돌리기 작전들과 이상한 대화 내용들은 재미있었다. 그는 그제 밤에 돌아왔으며 어제 아침 기차를 타고 그가 갈 수 있는 한 멀리까지 간 다음 자전거를 탔다.

미국인 한 명과 영국인 한 명, 프랑스인 한 명, 아서, 데이비슨 씨, 플레상트 씨가 오늘 아침 우사미 씨를 방문했다. 미국, 영국, 프랑스의 적십자사가 합동으로 이 일본의 만행으로 인한 불쌍한 피해자들을 돕기 위해 인가를 받기 위해 간 것이다.

정동교회 여신도 중의 한 사람이 그 지역에 사는 아버지를 방문하기 위해 내려갔다. 그의 집은 광활한 평야가 내다보이는 산기슭에 있었다. 그녀는 거기서 아홉 개의 마을이 동시에 불타는 것을 보았다. 그녀는 아기와 열다섯 살 난 아이를 데리고 서울로 다시 도망왔다.

이 '선동자들' 중에서 총상이나 자상으로 죽게 되어 친구들이 매장을 인가받고자 할 경우 그들은 서명을 해야 했는데, 만일 그들이 자상이나 총상이라고 적으면 승인이 나지 않았다. 그들은 매장에 대한 인가를 받기 위해 '자연사'라고 써야 했다.

＃１９１９．５．１３．여학생들의 고문에 관한 기사

서울의 장로교 미션스쿨 여학생 네 명과 이화학당 학생 한 명이 쓰고 인증을 거친 진술서가 작성된 후, 그들이 겪은 감옥에서의 처우에 관한 진술서가 『고베 신문』에 실렸다. 그들은 각각 다른 방에 있었으며 서로 사전에 그러한 질문을 받는지도 알지 못했다. 그러나 그들의 진술은 매우 유사했으며 모두가 험악한 대우와 고문 그리고 남자들 앞에서 발가벗겨진 채로 복도를 걸어갔다는 이야기를 하고 있었다. 그에 관한 다음의 기사는 조선총독부의 기관지인 『서울 프레스』에 난 것이다.

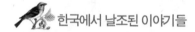 한국에서 날조된 이야기들

일본 신문은 한국의 통신원들로부터 사악한 일본인들이 불쌍하고 순한 양과 같은 한국인들에게 저지른 극악한 행위들에 대한 생생한 기사들을 받아 연일 게재하고 있다. 최근 이 정직한 동시대인이 쓴 '뉴스'는 일부 한국 여성들이 몇몇 일본인에 의해 '모종의 장소'에서 받았다고 하는 끔찍한 처우에 대한 진술이었다.

이 이야기는 통신원들에 따르면 관련 여성들이 맹세한 증언에 근거한 것으로 절대적으로 진실임에 틀림없다. 이러한 천사 같은 여성들의 정직성을 의심하는 것은 물론 죄일 것이다. 우리는 그들이 주먹질과 발길질을 당했으며 잠을 자지 못하게 하는 벌을 받았고, 발가벗겨져서 매를 맞고, 한 공무원 앞에서 나체로 서서 수사를 받았다고 들었다. 그들이 마침내 그러한 극악한 처우에도 불구하고 멀쩡히 석방됐다는 것을 알리게 되어 기쁘다. 그 통신원이 10년 전 한국이 계몽되고 문명화된 정부 밑에서 독립했을 때는 한국의 감옥에서 그러한 잔학행위가 목격된 바 없다고 첨언하지 않은 것이 이상하다.

＃１９１９．５．１５．방화사건의 전말

일요일 밤 아서가 전소된 남양리에서 돌아와서, 다시 화요일 아침에 반하트 씨를 사이드카에 태우고 떠났다. 그는 죽도록 매를 맞은 후 불태워진 아버지의 뼈를 받아오려 했던 한 젊은 남자에 대해 이야기해주었다. 그는 뼈를 지게에 메고 집으로 가서 적절한 장례를 치르려고 30킬로미터를 걸어오는 도중이었다. 군인들이 그를 따라가서 그가 마을에 당도하여 채 집에 이르기 전에 그를 체포하고는 그의 아버지의 뼈를 다시 그가 불태워진 마을 혹은 그 근처의 감옥으로 지고 가도록 했다. 그러고는 그 아들을 2주 동안 감옥에 가두었다. 그 후 그는 다시 아버지의 유해를 모시고 집으로 돌아왔다. 아서는 그의 불쌍한 아내와 어머니의 얼굴처럼 슬픈 얼굴은 보지 못했다고 했다.

우리집 요리사는 최근 '그곳'에 살던 세 친척 집이 불에 탔으며 그의 장모가 군인들의 총에 맞아 살해됐다는 소식을 들었다. 그의 장인장모와 아이들은 주변의 산에 숨어 있었다. 그들은 집이 불탄 후 최선을 다해 살고자 했으나 어느 날 아침 장모가 고개를 넘어가다가 군인들에게 발각되어 그들이 쏜 총에 맞아 죽었다. 요리사는 그저께 다른 친척들을 만나러 떠났다.

오늘 나는 야마가타 씨가 조선호텔에서 위대한 박애주의자이자 맹인들을 위한 봉사자인 요시모토 씨를 기리며 초대한 티파티에 갔다. 그는 한국의 맹인들을 위한 사업을 계획하고 있다.

나는 또 이 헤스터의 집으로 그녀의 막내아들의 새 신부가 신행을 오는 것을 맞으러 갔다. 나는 그녀가 구식의 이교도 복장을 한 것을 보고 매우 실망했다. 하얗게 분칠한 얼굴에 이마와 뺨에 빨강색으로 동그란 점을 찍고 입술은 새빨갛게 칠하고 눈은 감고 있었다.

나는 내일 요시모토 씨를 우리집에서 여는 티파티에 초대하여 몇몇 선교사들이 그를 만나보도록 할 것이다.

아서와 테일러 씨, 프라이 양, 마커 양은 지금 수원교구에 내려가서 집이 불에 탄 이재민들에게 의복과 조리기구, 접시 등을 나눠주는 위원들로 활동하고 있다. 인근 마을들에 있던 우리 감리교회 다섯 채가 불에 타버렸다. 아서가 세 교회만이 불타버린 줄 알고 있었을 때, 그는 하세가와 총독에게 찾아가서 세 교회의 손실에 대해 말했다. 하세가와 총독은 재건축을 위해 한 건물당 500엔을 보상하겠다고 약속하면서 그 사실을 알리지 말아 달라고 부탁했다. 짐작컨대 그는 불타버린 모든 교회에 대해 보상하기를 원치 않았던 것이다.

정부는 불탄 집들을 재건하겠다고 말하고 있지만, 이제 보니 그들은 개별 가구주들에게 집 재건을 위해 50엔을 주고 있었다. 아무리 싼 집이라도 재건하는 데는 250엔이 들고 더 잘 지으려면 1000엔까지도 드는 상황에서 말이다.

앞에서 제암리 교회의 방화에 대해 이야기했는데, 그곳에는 그들〔일본군〕이 할 말이 있으니 교회로 오라고 부른 열한 명의 기독교 남성들과 열두 명의 천도교 남성들이 있었다. 교회 뒤편에 살던 '강'이라는 청년은 군인들이 와서 교회로 가라는 이야기를 할 때 막 저녁식사를 하려던 참이었다. 그는 아내와 어머니, 할머니, 고모를 부양하고 있었다. 그는 다른 사람들과 함께 교회에서 총살된 후 불태워졌다(다른 사람들이란 노 씨와 홍 씨를 뺀 나머지 모두를 말한다).

마을이 불타고 있을 때, 그의 부인은 불타는 집에서 침구를 들고 나와 마을 동쪽에 있는 성벽으로 달려갔다. 그녀는 깨끗하고 밝은 치마와 밝은 색깔의 윗도리를 입고 있었으며 젊고 영리해서 학생으로 오인되기 쉬웠다. 그녀는 짐을 아래로 던지고 성벽 뒤에 숨어서 부숴진 틈 사이로 그녀의 남편이 총살을 당한 자리와 불타는 집을 바라보고 있었다. 갑자기 한 군인이 언덕 위에서 그녀에게 달려왔다. 그녀가 돌아서서 저항하려고 입을 열자 그는 두 번 칼을 휘둘러 그녀의 목을 잘라버렸다. 이 이야기는 그녀에게서 불과 몇 미터 떨어지지 않은 자리에서 마찬가지로 성벽 뒤에 숨어 있던 한 늙은 여자가 해준 것이다. 그 군인은 시신을 그 침구와 다른 집에서 가져온 이불들로 덮고 그 위에 주변에 있던 짚더미를 올리더니 모두 불태워버렸다.

홍 씨(불타는 교회로부터 도망은 쳤으나 마을을 지나 집으로 뛰어가다가 총살당함)의 아내는 총소리를 듣자마자 마을을 지나 교회로 달려갔다. 그리고 온 마을이 불타는 것을 보고 집을 향해 다시 달렸다. 그녀가 마을을 지나가는 동안 한 군인이 그녀에게 총을 두 발 발사했다. 나중에 그녀의 두 아들이 그녀를 집으로 데려갔으나 그녀는 그날 밤 사망했다.

그날 기독교도였던 여섯 명의 남자들이 집에서 불려 나와 마을 너머에 있는 오두막에서 총살당했다.

군인들은 제암리에서 20리 정도 떨어진 아찬리로 들어가서 마을을 불태웠다. 한 여성이 추적자들을 피해 달아나자, 군인들은 그녀를 쫓아 2킬로미터 가까이 달려가서 그녀를 쏘았다. 총알은 그녀의 목 뒤에서 관통하여 앞으로 나갔으며, 그녀는 한마디도 못하고 죽었다.

1 9 1 9 . 5 . 김귀순의 석방

위대한 배제 학생 김귀순이 두 달 만에 석방됐다. 그중 한 달은 구치소에서 주는 음식으로 살아서 매우 야위어갔다. 다음 달에는 그의 선생님들이 보내준 매일 두 끼의 식사를 먹고 지냈다. 그가 서대문 형무소로 보내지기 전 2주 동안 그는 종로경찰서에 있었다. 거기서 그는 밤낮으로 매일 네 번씩 다른 사람들과 함께 꿇어앉아야 했다. 그들은 허벅지와 종아리 사이에 긴 널빤지를 끼고 앉아 손은 한데 묶여 머리 위쪽으로 들려져서 무엇인가에 매달린 채로 등에 매를 맞았다. 그는 피가 바지를 흠뻑 적실 만큼 맞았다.

1919 . 5 . 25 . 파리에서의 희소식

　　파리에서 한국인들의 청원이 알려졌다는 뉴스가 들어오면서, 23일 밤 또 다시 만세 데모가 일어났으며 많은 사람들이 새로 체포됐다. 여하튼 연일 많은 구속자들의 수가 보도됐다. 어제 원산에 있는 한 전도사의 아내가 남편에게 보내는 음식 속에 그 뉴스에 대한 전언을 보냈으며, 어젯밤 서대문 형무소의 죄수들이 거의 밤이 새도록 만세를 불렀다! 그들은 그 때문에 무척 맞았다.

　　영국 영사의 네 살 난 어린 딸이 영사관 대문 앞으로 내려가며 연거푸 만세를 외쳐서 그곳의 경찰들이 당황했으나 행인들은 즐거워했다.

　　일주일 전에 배재학당 졸업생인 최봉진 군이 찾아왔다. 그는 3월 5일에 구속됐다. 고종 황제의 장례식 때문에 내려왔다가 서대문 형무소에 한 달간 수감되어 있다가 풀려난 것이다. 풀려난 지 사흘 만에 그는 발진 티푸스에 걸려 한 달간 앓아누워야 했다. 그는 세 평 남짓한 방에 다른 열다섯 명과 함께 수감됐다.

　　그는 열 때문에 매우 아파서 나흘간 먹지도 못하고 있는 한 소년에 대해 이야기해주었다. 벽 여기저기에는 아픈 사람들을 보고하라는 게시문이 있었다. 그들은 그 소년에 대해 오고가는 간수들에게 수도 없이 보고를 했지만, 그들은 점점 죄수들에게 불편하게 대할 뿐이었다. 왜 의사를 데려오지 않느냐고 묻자 그들은 보고하는 것은 좋지만 그 일은 잊고 더 이상 소란을 피우지 않는 것도 너희들의 의무라고 했으며, 보고 후 어떻게 되는지에 대해서는 죄수들이 관여할 바가 아니라고 했다. 결국 그 소년의 병세가 극도로 악화되고 나서야 의사가 왔다. 의사는 방문에서 얼마간 떨어진 곳에 서서는 환자더러 걷지 못하겠으면 기어나오라고 했다. 의사는 약을 좀 주었으며 뭔가 먹기 시작하라고 했다. 다행히 소년은 회복됐다.

죄수들은 비누도 없이 목욕을 했으며, 더운 물로 몸을 씻을 시간도 없이 욕탕에서 나가라는 명령을 받곤 했다. 이렇듯 급한 목욕의 기회도 1~2주에 한 번 정도였다.

#1919.4.8. 모우리 목사의 투옥

평양에 있는 미국 장로교 선교회의 E. M. 모우리 목사[13]가 현재 소요를 주동한 한국 지도자들을 피신시키고 숨겨준 혐의로 체포됐다. S. A. 마펫 박사도 그와 함께 경찰서로 불려갔는데, 저녁 8시부터 자정까지 심문을 받고 풀려났다. 모우리 목사는 작은 방에 갇혔지만 다행히 혼자였다. 음식은 집에서 두 번 가져와 넣을 수 있다는 허락도 받았다. 그는 성경과 종교잡지 한 권을 가지고 있어도 좋다는 허락도 받았다.『서울 프레스』의 몇몇 기사들은 그가 "착하고 고분고분했다."고 썼다.

#1919.4.18. 재판

평양법원에서 모우리 목사 사건에 관한 심리가 있었다. 그는 다른 죄수들과 마찬가지로 새장 모양의 바구니를 머리에 뒤집어쓰고 경찰서에서 법원으로 이송됐다. 그날 아침 한 일본인 장교가 홀 박사 기념병원의 수간호사인 베시 김을 찾아와서 재판통고문을 주면서 마펫 박사에게 알리라고 요청했다. 그녀는 그 일본인에게 직접 그렇게 하라고 했으나 그는 안 된다고 하면서 그녀가 알려야 한다고 했다. 마펫 박사와 또 한 사람이 법원으로 갔으나 모우리 목사는 변호사나 다른 도움을 전혀 받을 기회가 없었다. 검사는 6개월의 수감과 중노동형을 구형했다. 오는 19일 판결이 내려질 테지만, 모우리 목사는 '무죄'를 호소하며 고등법원에 항소했다.

　　20일 선고가 내려졌다. 6개월간의 수감과 중노동형이었다. 그러나 누군가가 그의 보석금을 내주어서 그는 다음 재판 때까지 집에서 지낼 수 있게 됐다.

#1919.5.10. 유죄 판결

　　평양에서 항소심이 있었다. 이번에는 두 명의 일본인 기독교도 변호사와 우리의 부영사 그리고 많은 사람들이 참석했다. 유죄 판결이었다. 그의 변호사들은 그가 무고하다는 것을 증명하면서 그는 그 네 사람이 경찰에 쫓기고 있다는 사실을 모르고 있었으며 그들은 거리를 지나다가 그의 사무실에 들른 것이지 숨은 것이 아니었다고 말했다. 검사는 그것은 입증되지 않았다고 말했다.

제 5 권

1919~1925

불타버린 마을에서

1 9 1 9 . 7 . 1 2 . 제암리 구호작업

　　지난번에 일지를 쓴 이후로 많은 일들이 있었다. 6월 초에 아서는 화재 현장의 구호작업을 돕기 위해 현장에 가게 됐다. 코윈 테일러 씨는 오토바이를 타고 가기로 했고, 모리스 씨도 갈 예정이었으나 가지 못하게 되어 내게 가보고 싶으면 다녀오라고 했다. 나는 20분 만에 준비를 마치고 길을 나섰다. 마침 집에 루스와 외손녀 마가렛이 와 있어서 집의 아이들을 돌봐줄 이를 구하지 않아도 됐다. 사위인 헨리[1]도 아서와 함께 갔다. 도중에 우리는 제암리에서 폐허가 된 교회터 위에 있는 산에서 텐트를 치고 지내고 있던 프라이 양과 마커 양을 태웠다. 아서와 헨리와 내가 한 오토바이에 타고, 테일러 씨와 두 여선교사가 다른 오토바이에 탔다.

　　우리는 집들이 여러 채 불에 탄 화주리에 갔다. 전도부인 한 사람이 전날 미리 그곳에 가서 구호품 지급을 위한 사전작업을 해놓은 상태였다. 가진 것을 모두 잃게 된 사람들은 마을에서 약간 벗어난 곳에 있는 한 집으로 모여들었다. 전도부인은 도움이 필요한 가정마다 식구들의 이름과 나이, 성별을 모두 기록해두어 각 가정의 가장들에게 구호품과 의류를 고루 나누어줄 수 있게 해놓았다. 제시 마커 양이 사람들의 이름을 부르면, 룰루 프라이 양과 전도부인을 비롯한 몇 사람이 물건들을 정리하여 마커 양에게 넘기고, 마커 양은 이를 나눠주는 식으로 구호품 지급 작업을 진행했다. 그러는 동안 남자 선교사들 셋은 한 켠에 남자들을 모아놓고 이야기를 나누었고, 나는 길 건너편 작은 숲의 나무 아래에 여자들을 모아놓고 이야기를 나누었다.

이 마을에는 교회가 없고 나무 밑에 있었던 한 여성이 유일한 기독교인이었지만 기독교인으로 불리는 것을 두려워했다. 도처에 염탐꾼이 있어서 기독교인이라는 것이 발각되면 비기독교인들보다 더 심하게 박해를 받았고 더 서둘러 감옥에 갇히게 되기 때문이었다. 사람들은 내가 그들에게 기독교의 메시지를 전하는 것에 모두들 고마워했고 예수님을 믿고 싶다고 말했으나, 좀더 안전해질 때까지 기다려야 한다고들 했다. 그들은 자신들을 돕기 위해 온 선교사들에게 감사를 표했다. 나는 모여 있는 이들 중에 이번 일로 가족이 죽은 사람이 있는지를 물었고, 내 옆에 앉아 있던 여성이 자신의 아버지가 '대한 독립'을 외치다가 총에 맞아 숨졌다고 말했다. 그녀를 좀더 가까이에서 살펴보니 그녀는 천연두에 걸렸다가 나아가는 중이어서 얼굴과 팔에 아직 발진이 있었다.

구호품 지급 작업을 마친 뒤, 아직 받지 못한 이들이 있는지 알아보았다. 주인은 따로 살고 하인 부부만 행랑채에서 기거하는 이들이 있었는데, 이들은 구호품 지급 대상자 명단에 이름을 올리지 못했으나 가진 것을 화재로 모두 잃어버린 똑같은 처지라서 나는 이들 부부에게도 의복을 나눠주었다. 또 어린아이 하나도 구호품 지급 대상자 명단에 이름이 올라가지 못했는데, 아이가 고아라서 이름을 올려줄 사람이 없었기 때문이었다. 마을 사람 하나가 이 아이를 키워주고 있었기 때문에 이 아이에게도 옷을 나눠주기로 했다.

우리는 제암리로 다시 돌아갔다. 나는 여성들과 함께 군인들이 교회 안에 사람들을 모아놓고 총을 쏘아 스물한 명을 죽이고 교회에 불을 질렀던 폐허의 현장을 보기 위해 그곳에 가보았다. 당시 현장에서는 두 사람만이 뒤쪽 창문을 통해 간신히 빠져나왔는데, 그중 한 사람은 집으로 도망치다가 총에 맞아 죽었고, 유일하게 탈출에 성공한 노 씨는 숲으로 달아나 몸을 숨겼다. 마커 양은 그때 일로 부모를 잃은 홍 씨를 찾아갔고, 유일하게 탈출에 성공했던 노 씨의 어머니와 아내도 만나보았다. 우리를 만나기 위해 길에 나왔던 많은 여성들이 우리에게 고마움을 표했다. 나는 이들에게 성경의 뜻을 전했고 홍 씨의 집에서 기도 모임을 가졌다. 홍 씨는 이제 겨우 스무 살이었고 그의 어린 아내는 아직도 어린 소녀처럼 보였다. 홍 씨에게 남은 유일한 피붙이는 16세 된 남동생이 전부였다. 우리는 불타버린 교회의 잿더미를 보았고, 총에 맞아 숨진 사람의 새까맣게 탄 뼈도 보았다.

🪷 불타버린 선교구역 2

일전에도 일본 군인들이 수원 지역에서 저지른 잔학 행위들에 대해 일지에 적은 바 있는데, 교회와 집이 불타는 등 기독교인들이 심하게 고초를 겪고 있는 마을들을 직접 찾아가 볼 기회가 있었다. 스물세 명이 총을 맞고 교회와 함께 불에 태워진 제암리에 찾아갔다. 나는 그 현장에서 유일하게 탈출하여 목숨을 건진 노 씨를 몇 차례 만났다. 나는 제암리가 내려다보이는 언덕 중턱에 텐트를 치고 프라이 양과 마커 양과 함께 밤을 보냈다. 그곳에서 2킬로미터쯤 떨어진 곳에 있는 어느 집의 경우에는 그때의 사건으로 노인과 아들 셋, 손자 셋과 며느리 한 명이 죽었다. 한 집에서 여덟 명이나 희생된 것이다.

마커 양과 나는 이곳의 가정 몇 곳에 들러 가족들과 이야기를 나누고 복음을 전하며 이들을 위로했다. 그중 한 곳이 홍 씨의 집이었다. 홍 씨의 아버지 역시 교회에서 숨졌고, 그의 어머니는 남편에게 무슨 일이 일어났는지 알아보기 위해 나갔다가 역시 총에 맞아 숨지고 말았다.

사람들은 또 다시 학살과 방화가 일어날까봐 두려워하고 있었다.

헨리와 나는 아서의 오토바이와 사이드카를 타고 마커 양과 프라이 양은 테일러 씨의 오토바이와 사이드카를 타고 화서리에 가서 집이 불탄 사람들에게 옷을 나눠주었다. 전도부인인 착실이가 그곳에 미리 가서 옷가지들을 정리하고, 집이 불탄 사람들을 한곳으로 모이게 하여 각 가정의 가장들을 통해 가족들의 이름과 성별, 나이를 파악하여 적어 명단을 작성했고, 마커 양이 이 명단을 보고 사람들에게 옷을 나눠주었다. 나는 이 작업을 잠시 지켜본 뒤, 건너편의 작은 숲으로 가서 그곳에 여성들을 모이게 한 뒤 이야기를 나누었고, 그들 중에 기독교인이 한 사람 있음을 알게 됐다. 그녀는 자신이 기독교인임을 일본 군인들이 알게 될까봐 두려워했다. 내 바로 옆에 앉아 있던 여성은 천연두에서 막 회복되어 가는 중이었다.

가난한 하인 부부는 명단에 이름이 올라가지 못했으나 나는 그들에게도 옷을 나눠주었다.

사람들은 다들 우리에게 고마움을 표했다. 프라이 양은 물건을 나눠주느라고 너무 바빠서 마을 사람들의 감사 인사를 제대로 듣지 못했기에 우리는 마을 촌장이 우리에게 했던 말을 그녀에게 이야기해주었고 많은 이들이 예수님을 믿고 싶다고 했다는 말도 전해주었다.

몇 달 뒤, 전도부인이 나를 찾아와 수원 지역 마을과 사람들의 근황에 대해 내게 이야기해주었다.

동백리에서는 일본 군인들이 교회를 불태우겠다고 위협하는 바람에 교회 건물을 해체했다고 한다. 전에는 100여 명이 교회에 출석했으나 지금은 75명가량이 출석한다고 한다.

경대리에서는 불탄 교회 대신 새로 교회를 지었고, 교인이 아닌 이들도 와서 기초공사를 하고 일꾼들에게 밥을 해 먹였다고 한다. 다가올 추운 겨울 걱정으로 곳곳에서 사람들이 울고 있다고 한다.

남양리에서는 무당이었던 사람이 교인이 됐다고 한다. 이 여성에게는 남편과 아들, 며느리가 있었다. 그 며느리는 시집오기 전부터 교인이었는데, 이제는 그녀의 시어머니도 교인이 된 것이다. 무당들은 사탄에 의해 철저히 그리고 끊임없이 이용당하기 때문에, 무당이 기독교인이 되면 사탄이 가족을 죽일 수도 있지만 그녀는 "설사 누가 죽게 된다고 해도 나는 그리스도를 믿겠다."라고 말했다고 한다. 그녀는 무당옷과 잡귀를 섬길 때 쓰던 것들을 모두 불태워버렸다. 그녀는 기독교인으로서의 삶을 시작하면서 몸이 아파온다고 했다. 그녀는 이것이 기독교를 포기하게 만들려는 사탄의 짓거리라고 믿었지만, 자신이 죽게 된다 해도 계속 믿겠다고 말했다. 그녀와 그녀의 가족은 지금 강건한 기독교인이 되어 있다.

🌷 1919년 봉갑이 이야기

우리 비서로 일했던 김봉률 군과 이봉갑(이상진) 군이 3월 5일 이후 아직까지 감옥에 있다. 봉률 군의 재판은 몇 주 전에야 시작됐고, 봉갑 군의 재판은 아직 시작도 되지 않았다. 재판이 시작되기 전까지는 면회도 허용되지 않았다. 재판이 시작된 학생의 경우에는 그가 재학하고 있는 학교의 교사들과 교장만이 면회할 수 있었고, 면회할 때마다 입회인이 감시를 하기 때문에 대화도 매우 제한적으로 이루어질 수밖에 없었다.

우리는 수감되어 있는 학생 비서들의 옷을 정기적으로 감옥에서 받아와 빨아서 다시 감옥에 넣어주었고 하루에 한 끼씩 사식도 넣어주었다. 하루 세 끼도 허용됐지만 비용이 너무 비쌌다. 그래도 그곳의 음식이 형편없다는 것을 알기 때문에 하루 한 끼라도 넣어주어야 한다고 생각했다. 형이 확정되면 그때부터는 더 이상 외부에서 넣어주는 것을 받지 못한다. 수감된 이들에게 책은 두 권까지만 넣어줄 수 있는데, 간수가 그 내용을 파악할 수 있는 책이어야 하기 때문에, (영어나 한국어로 된 책은 안 되고) 중국어나 일본어로 된 책만 넣어줄 수가 있다. 한동안은 도서 반입 자체가 허용되지 않았다.

나는 봉갑 군으로부터 두 차례 소식을 들었는데, 자신은 잘 있으니 걱정하지 말라면서 〈고린도 후서〉 4장 16절에 나오는 구절인 "우리의 겉사람은 낡아지나 우리의 속사람은 날로 새로워지도다."라는 특별한 메시지를 보내왔다. 메시지는 물론 아주 비밀스러운 방법으로 보내졌다. 그는 한국인 친구에게 삶은 달걀 안에 몽당연필을 몰래 집어넣어 보내달라고 부탁했던 것이다.

누군가가 감옥에 있는 이들에게 서울 전역에서 특정 일시에 만세 시위를 벌이려 한다는 소식을 전했고, 이에 감옥에 있던 이들도 만세를 외치다가 혹독한 고초를 겪었다. 한편 경찰과 군인들이 첩자들을 통해 그 같은 계획이 진행되고 있다는 사실을 파악하고 시위가 벌어질 장소마다 보병들을 배치시켜서 만세를 외치는 사람들을 죽일 준비에 들어가는 바람에 만세시위 계획은 이루어지지 못했다. 때문에 현재 한국은 겉으로는 비교적 평온해 보이지만 곳곳마다 총을 든 군인들이 눈에 띈다.

8월에 봉갑 군으로부터 아프다는 전갈을 받았다. 감옥에 더 오래 있으면 살아남지 못할 것 같다며 감옥에서 나오기를 기원한다고 했다.

뒤에 봉갑 군은 친구에게 다음과 같은 편지를 보냈다.

"나는 잘 있다네. 내 걱정은 하지 말게. 내게 일주일에 두세 차례 소식을 전해주게. 말린 생선 속에 넣어서 전해주게. 그리고 달걀 속에 몽당연필을 넣어 보내주게. 한국말로 된 신약성경과 육법전서(감옥 안에 역사책 반입은 금지되어 있다)를 좀 보내주게. 그리고 집 소식을 알려주게."

봉갑 군은 4년간 우리의 학생 비서로 일했다. 연합성경학교를 졸업한 뒤 그해 봄부터 서울의 신학교에서 학생 비서로 일해왔다.

3월 5일 저녁 6시경, 봉갑 군은 신문사 앞을 지나다가 두 명의 경찰에게 연행됐다. 그들 중 한 사람이 그날 오후에 학생들이 남대문 역전에서 만세를 외칠 때 봉갑 군이 시위를 주도하고 있음을 보고 그를 잡으려고 벼르던 참이었다. 그들은 길거리에서 그의 몸을 뒤졌고 그의 주머니 속에서 유인물 하나를 찾아냈다. 그 유인물은 그가 길에서 주워 주머니에 집어넣었던 것이었다. 경찰은 그의 팔을 뒤로 묶고 몸을 포승줄로 칭칭 감았다. 경찰이 양옆에서 그를 붙잡고 뒤에서는 무장경관이 말을 타고 따르며 종로경찰서까지 끌고 갔다. 그곳에서 경찰은 봉갑 군에게 독립운동이 벌어질 것을 미리 알았는지 그리고 그것을 도왔는지를 물었다. 그는 첫번째 물음에는 그렇다고 대답을 했지만 두번째 물음에는 그렇지 않다고 대답했다. 경찰은 그에게 친구들의 이름과 그들이 어떤 일을 했는지를 물었다. 그는 친구들 몇 명의 이름을 댔으나 그들이 독립운동에 참여하려 했는지에 대해서는 부정했다. 그는 자신의 고용주가 노블 박사라고 밝혔고, 이에 경찰은 우리를 관련시키려는 시도를 하기도 했다.

그들은 세 시간 동안 봉갑 군을 결박한 채로 마당에 앉혀놓았다. 9시에 경찰은 그를 조사실로 데리고 갔다.

경찰 : 만세시위에 몇 차례나 참여했나?

봉갑 : 3월 1일 첫째 날에는 미국 영사관 앞에서 참여했고, 둘째 날인 3월 5일에는 동대문에서 덕수궁 대한문 앞까지 참여를 했다.

경찰 : 언제부터 독립운동에 대한 생각을 품고 있었나?

봉갑 : 10년 전 일본이 한국을 합병하면서부터다.

경찰 : 그렇다면 10년간 독립운동 활동을 해왔다는 것인데, 무슨 일들을 해왔나?

봉갑 : 그러한 일을 할 수 있는 좋은 기회를 갖기를 희망했으나 지난 10년간 그런 기회가 내게 주어지지 않았다.

경찰 : (화를 내며) 거짓말하고 있군. 너는 분명 무언가를 해왔어.

봉갑 : 일이 이루어지기 위해서는 바람과 기회가 합치되어야 하는데, 그러한 기회가 주어지지 않아서 나는 지금까지 아무것도 할 수가 없었다.

경찰 : 그렇다면 네가 만세를 부를 때, 너는 한국이 이제 정말로 독립이 된다고 믿었는가?

봉갑 : 사람들이 갈망한다고 해서 한 나라의 독립이 이루어지는 것은 아니다. 하나님의 도우심이 있어야 한다. 그 시기는 하나님께서 결정하실 일이지만, 나는 지금이 바로 그 시기라고 진실로 믿었다.

경찰 : 어째서 그렇게 믿는가?

봉갑 : 지난 10년간 한국인들은 일본의 노예로 있으면서 많은 고통을 겪었다. 이제 세계대전으로 인해, 약한 나라를 처부수려는 오만하고 이기적인 강한 나라들의 힘은 줄어들었고, 윌슨 대통령은 약하고 고통받는 나라들이 받는 해악은 바로 잡혀야 하며 이를 위해 국제연맹이 창설되어야 한다고 발표했다. 일본 역시 평화회의에 참석했다. 만일 일본이 약소국인 한국이 자신들의 권력에 의해 흡수되는 것을 그대로 방치한다면, 어떻게 그 사명을 다할 수 있겠는가? 일본은 한국을 해방시켜서 이 새롭고 올바른 이타주의를 따라야 한다.

경찰 : 너는 그런 것에 대해 외국인으로부터 조언을 들었나? 그 외국인이 너를 도왔나?

봉갑 : 그들은 한국 사람들에게 종교를 가르치기 위해 왔고, 그 일로 매우 바쁘기 때문에 통치 문제에 관여할 시간이 없다.

경찰 : 그게 무슨 문젠가. 그들은 자유를 갖고 있고, 네게 그것에 대해 많이 가르

쳐주고 너를 그런 쪽으로 유도했을 것이다. 그렇지 않은가?

봉갑 : 아니다. 그렇지 않다.

　　이로 인해 봉갑 군은 뺨을 열 차례 정도 맞고 1차 조사를 마쳤다. 그 뒤 그는 뒤쪽의 작은 방으로 끌려갔는데, 그곳에는 열여섯 명이 갇혀 있었다. 방의 폭이 사방 2미터 정도에 불과하여 제대로 앉아 있을 자리도 없어서, 사람들은 서로의 무릎에 발을 올린 채 있어야 했다. 방의 한쪽 구석에는 칸막이도 없는 변기가 하나 있었다. 사람들은 그곳에서 닷새간 갇혀 있었고 서로 이야기를 나눌 수도 없었다. 누군가가 속삭이기라도 하면 경관이 차가운 물 양동이를 사람들에게 부어버렸다. 누가 속삭였는지 적발되면 대나무 막대기로 머리를 맞았다.

　　봉갑 군은 3월 8일에 같은 취조실에서 또 다시 조사를 받았다. 이때도 1차 조사를 받을 때와 비슷한 질문을 받았다. 조사를 받은 뒤 그는 다시 같은 방에 집어넣어졌다.

　　다음날 날도 밝기 전에 그와 함께 아홉 명의 사람들이 호명되어 나갔다. 이들 열 사람은 포승줄로 묶여 감옥에 갇혔다. 그날은 일요일이었다. 경찰은 그들의 옷을 모두 벗게 한 뒤 의복을 샅샅이 검사했고, 심지어 대님까지 검사했다. 그런 다음 코트와 바지만 입게 한 뒤 봉갑 군은 조그만 독방에 가두고 삶은 콩과 소금물이 아침으로 나왔다. 그는 그것을 먹을 수가 없어서 도로 물렸다. 오후 4시에 경찰은 그를 마당으로 데리고 나갔고, 다른 죄수 및 경찰과 함께 죄수 호송차에 태워 서대문 형무소로 보냈다. 그곳의 마당에서도 다시 또 심문을 받고 신체검사를 받았다. 그가 입었던 바지와 상의는 벗겨지고 조그만 기모노가 지급됐다. 기모노의 길이는 무릎까지밖에 오지 않았고 소매도 팔꿈치까지밖에 닿지 않았다. 그런 다음 그는 57호 감방에 수감됐고, 그에게는 죄수번호 2013번이라는 번

호가 붙여졌으며, 각종 규칙들이 적힌 종이를 받았다. "그대로 지켜라."라는 소리가 들렸고, 그곳에서 6일을 지냈다. 그에게는 엎드려서 기도를 하거나 휘파람을 부는 것도 허용되지 않았다.

감방 안은 몹시 추웠다. 바닥은 차가운 맨바닥 위에 널판 조각이 엉성하게 붙어 있었고, 방 안에는 온기 하나 없었다. 짧은 기모노만을 입고 있던 그는 거의 얼어 죽을 지경이었고 팔다리에는 감각이 없었다. 그는 한 자세로만 앉은 채 하루에 두 번 음식이 넣어지는 문의 구멍을 바라보며 간수들이 끊임없이 지나가는 모습을 볼 뿐이었다. 너무 추워서 감각을 못 느낄 지경이 된 그는 자리에서 일어서서 조그만 방 안을 서성였다. 그러자 간수가 와서 그의 머리를 때렸다. 왕겨가 섞인 콩과 기장이 유일한 식사였다. 마시는 물은 더러웠고 벌레가 득실거렸다. 뒤에 봉갑 군은 찾아온 의사에게 물에 대해서 이야기하고 벌레와 세균을 죽이는 약을 달라고 했으나 여전히 끔찍한 맛의 물을 넣어주었다.

그는 닷새간 혼자 수감되어 있었는데, 엿새째 되던 날 불교 승려 한 사람이 그가 있는 감방으로 들어왔다. 봉갑 군에겐 하나님께서 그를 얼어 죽지 않게 하려고 그 승려를 보내신 것처럼 보였다. 불교 승려는 솜을 넣어 누빈 옷을 입고 있었고 담요를 덮는 것이 허용됐기에, 밤이면 두 사람은 한 장의 담요를 함께 덮고 꼭 붙어서 잠을 청했다.

주중에는 전혀 운동을 할 수가 없었고, 감방 안을 1분도 벗어날 수가 없었다. 간수들은 일요일이나 공휴일에 죄수들에게 30분간 운동을 시키라는 명령을 받았지만 실제로는 5분 이상 나와 있지 못하게 했다. 그들은 죄수들을 불러 마당을 한 바퀴 돌게 하고는 곧바로 감방으로 돌려보냈다. 운동이나 목욕을 하기 위해 감방 밖을 나올 때에는 죄수용 빌짚모자나 대나무로 된 얼굴 가리개를 써야 했다.

목욕은 일주일에 한 번씩 할 수 있었지만, 여러 사람이 사용한 구정물로 씻어야 했고 비누도 없었다. 죄수들은 감방에서 옷을 벗고 나와서 목욕탕까지 100미터 가량을 알몸으로 걸어가야 했다. 먹는 것, 씻는 것, 운동하는 것 모두가 흉내만 내는 것이었다.

그는 6월과 7월에 설사로 고생했다. 의사가 사흘에 한 번씩 찾아왔는데, 설사가 도지자 의사는 약을 먹지 말고 물만 마시라고 했다.

수감 중 그는 세 차례 규칙 위반으로 벌을 받았다.

첫번째는 〈내 주를 가까이 하게 함은〉이라는 노래를 휘파람으로 불다가 걸려서 뺨을 맞았는데, 이로 인해 얼굴이 부어오르고 통증이 심해서 닷새간 앓았다.

두번째는 감방 벽 너머의 친구와 이야기를 나누다가 걸려서 밤새 무릎을 꿇고 앉아 있어야 했는데, 그의 몸이 흔들리기라도 하면 간수는 막대기로 그를 때렸다.

세번째는 벽을 통해 이야기를 나누고 벽을 기어올라가 칸막이 너머를 보다가 걸려서 밖으로 끌려나가 시멘트 바닥에 무릎이 꿇린 채 누구와 이야기를 나누었는지 질문받았다. 그는 누군가가 자신의 이름을 부르기에 누군지 보려고 벽을 올라갔다고 대답했다. 간수들은 그가 의식을 잃고 쓰러질 때까지 그의 얼굴을 때렸다. 그가 쓰러지자 간수들은 그를 일으켜 그를 부른 이가 누구인지를 다시 물었고, 그는 친구를 구하기 위해 누구인지 모른다고 다시 대답했다. 덕분에 그의 친구는 무사할 수 있었다. 그가 너무 기운을 잃었기 때문에 간수들은 그를 다시 감방으로 데려다 놓았다.

그는 한동안 읽을 것이 없었고 너무도 외로웠다. 나중에 죄수에게 책 한 권의 반입이 허용되어 나는 그에게 일본어로 된 성경책을 넣어주었다. 한국어로 된 책은 그로부터 한참 뒤까지도 반입이 허용되지 않았기 때문이다. 그는 성경을 넣어준 것에 무척 고마워했다. 처음에 그는 너무 아파서 성경을 읽지 못하고 그때그때 한 절씩만 읽었다. 이런 식으로 매일 절들을 외워나가게 된 그는 어둠 속에서도, 아픈 가운데도 성경 구절을 반복해서 읊었다. 그는 특히 〈시편〉 1장과 〈요한복음〉 15장, 〈고린도전서〉 13장을 좋아했다.

그는 불교 승려와 많은 대화를 나누었고, 그에게 그리스도에 대해 알려주었다. 나중에 천도교도가 그들의 감방에 들어오게 됐는데, 이 사람은 뒤에 기독교인이 됐다.

그는 간수가 자리에 없을 때면 양옆 감방의 사람들에게 그리스도에 대한 이야기를 들려주었는데, 특히 〈고린도 후서〉 4장 16절과 〈이사야서〉 4장 1~10절을 즐겨 이야기했다. 옆 감방에 있던 허울만 기독교인이었던 사람이 진정한 기독교인으로 개심하게 됐고 다른 두 사람도 주님을 섬기게 됐다.

어느 날 밤인가 어느 소년소녀가 감옥 위쪽에 있는 언덕에 와서 〈내 주를 가까이 하게 함은〉을 불렀고, 또 다른 날 밤에도 죄수들에게 희망을 주기 위해 누군가가 언덕에서 노래를 불렀다. 봉갑 군은 이렇게 회상한다.

"노랫소리에 잠에서 깬 나는 너무도 행복하여, 간수가 표범처럼 배회하며 내 앞에 나타날지도 모른다는 사실도 잊은 채 구석의 변기통 위에 올라가 기쁨에 차서 아멘과 할렐루야를 외쳤습니다. 이 소리에 다른 방의 사람들도 아멘과 할렐루야를 외쳤습니다. 마당 건너편에는 학생들이 100명 정도 수감되어 있는 커다란 감방이 있었는데, 그곳에서는 언덕 위에서 들려오는 찬송가 소리를 듣지 못했으나 기쁨의 외침 소리가 들려오자 한국에 축복이 내려졌다고 생각하고 만세를 불렀습니다. 그 소리는 벽을 타고 울렸고 공기를 가득 채운 만세 소리는 넓은 바다에서 힘차게 파도치는 소리와 같았습니다. 놀란 간수들이 후다닥 일어나 경보음을 울렸고, 군인들이 뛰어와 열을 맞추어 섰습니다. 간수들이 감방을 샅샅이 조사했으나 달아나기 위해 문을 부수려고 한 시도는 찾아볼 수 없었고, 처음에 어디에서 외침이 시작됐는지도 알아낼 수 없었으며, 모든 수감자들이 잠든 척하며 자리에 누워 있었기 때문에 다행히 무사히 넘어갈 수 있었습니다."

감방에서도 매일 기도 시간을 가졌다. 그곳에서는 아침이면 전등이 켜지고 밤이면 전등이 꺼졌고, 정오에는 대포가 발사됐는데, 누군가가 이를 신호 삼아 기도하는 시간을 갖자고 제안하자 다들 이를 따랐고, 기독교를 믿지 않는 이들조차도 이 시간에는 조용히 하며 고개를 숙였다. 나중에 알게 됐는데, 이 같은 제안을 내놓고 감방 벽을 통해 전달하여 이루어지게 한 이가 바로 우리 감리교단의 젊은 목사이며 독립선언문에 서명한 33인 중의 한 사람인 김창준³ 목사였다. 그는 일요일 아침과 수요일 저녁 기도 모임 때 읽을 성경 구절을 골라 감방 벽을 통해 전하기도 했다.

한번은 내가 솜을 누빈 옷과 담요를 넣어주자 봉갑 군은 몹시 기뻐했다. 그는 감사의 눈물을 흘리며 주님께 기도드렸다.

수감되어 있던 8개월 동안 봉갑 군은 여러 차례 간수 사무실에 불려가 신체적 고문과 모욕을 당했다. 8월 6일에 간수가 그에게 따라 나오라고 했을 때도 그는 이번에는 또 어떤 벌이 그를 기다리고 있을지 그리고 간수들이 그에게 또 어떤 규칙을 위반했다고 트집을 잡을지 궁금해했다. 어디로 가게 될지, 어떤 일이 그에게 일어날지 알지 못한 채 그는 끌려나왔다. 손에는 사슬이 묶여지고 머리에는 죄수용 모자가 씌워진 채 맨발로 그는 사무실 안으로 들어갔다. 그가 문으로 들어설 때 무장한 경찰이 그의 옆에 서 있었다. 그는 죄수용의 커다란 대나무 모자 아래서 눈을 내리깐 채 이번에는 저들이 어떤 심문을 할지 걱정하며 잠시 서 있었다. 경찰은 모자를 벗으라고 했다. 그는 모자를 벗었고 맞은편에서 들어오는 나를 보았다. 뒤에 그는 그때 일에 대해 이렇게 얘기했다.

"저는 무척 놀라고 기뻤습니다. 사랑과 연민이 가득한 사모님의 얼굴을 보니 제게 감사의 마음이 차 올랐습니다. 저는 감방으로 돌아와서 감사의 눈물을 흘리며 하나님께 기도를 드렸습니다. 천사의 얼굴을 한 사모님의 얼굴이 감방 벽에 새겨진 듯 계속 떠올랐고, 그 모습은 그 어떤 사진이나 영화보다도 더 생생했습니다."

그는 감옥에 있으면서 6개월간 아무하고도 면회를 하지 못했다. 그 뒤 두 달 동안에는 그의 형이 한 번 면회했고, 나를 한 번 더 보았고, 친구가 한 번 찾아와 총 세 차례 외부인과의 면회가 이루어졌다. 나를 면회한 뒤 그는 〈요한복음〉에 나오는 "내가 너희를 사랑한 것 같이 너희도 서로 사랑하라."라는 구절을 떠올리며 그리스도의 사랑에 대해 생각하게 됐다고 한다. 그는 감옥에서 고통받고 있을 때 내가 찾아온 것이 그리스도의 사랑과 같다고 여겼고, 이전에 다른 이들에게 베풀어진 바가 없는 사랑이라고 생각했다.

그는 여섯 차례 재판을 받았다. 다섯번째 재판에서 강도 높은 노역이 포함된 징역 6개월형이 그에게 구형됐는데, 형을 선고받기 전에 수감되어 있던 기간은 여기에 포함시키지 않는다고 했다. 여섯번째 재판에서는 보안법 위반이라는 죄명으로 구속되어 있던 죄수들에게 한꺼번에 선고가 내려졌다. 11월 6일의 재판에는 나도 방청객으로 가 있었다. 봉갑 군에게는 집행유예 3년이 선고됐다. 그는 그날 밤 형무소로 다시 보내질 예정이었으나, 검사가 봉갑 군을 위험인물로 간주하여 그에게 내려진 형에 불만을 느끼고 노역을 수반한 징역 6개월형이 다시 선고되도록 상고하려고 한다는 말이 나왔다. 11월 9일에 봉갑 군은 다시 호송차에 태워져 재판정에 가서 동일한 검사 앞에 서게 됐으나 증거 부족으로 다시 집행유예 3년이 선고됐다.

11월 10일 밤은 그가 감옥에서 보내는 마지막 밤이었고, 그는 벌을 받게 될 수도 있다는 것을 알면서도 큰 소리로 〈우리 다시 만날 때까지 주님이 함께 하리〉를 부르며 죄수들에게 안녕을 고했다.

재판정을 오갈 때 그는 호송차 안에서 웅크린 채 앉아 있어야 했다. 이른 아침에 나가서 어두운 밤에야 돌아왔는데, 하루가 그에게는 10년처럼 느껴졌다. 그는 지옥이 이런 것인가 하는 생각이 들었고, 다른 이들이 이 같은 끝없는 고통 속에서 벗어날 수 있도록 돕기 위해 더 열심히 일하고 살아야겠다는 결심을 하게 됐다. 자유와 바깥세상이 그렇게 소중하게 느껴질 수가 없었다. 그는 감옥에 있는 동안 한국어로 된 노래 열다섯 곡과 한시 두 편을 지었다.

#1920.1.1. 크리스마스에 체포된 교인들

배재학당의 학생이었던 최봉진 군이 왔다. 그는 크리스마스에 영변에서 붙잡혀 그곳 경찰서 유치장에서 3일간, 다시 서울로 끌려와 종로 경찰서에서 이틀간 구금되어 있다가 나왔다고 한다. 그는 유치장에서의 숙식비용을 물어야 했다고 한다.

그가 경찰서에 끌려가게 된 경위는 이렇다. 그해에 많은 이들이 고초를 겪었기에 영변의 기독교인들은 크리스마스 축하 행사를 통해 이들에게 힘을 불어넣어 주고자, 가족이 감옥에 갇혀 있는 이들을 위해 크리스마스 헌금을 모으기로 했다. 크리스마스 헌금을 거두는 문제는 우리 교단의 연례회의에서 결정된 것이었고 교단 소속의 모든 교회에서 그렇게 하기로 한 것이었다. 헌금은 순조롭게 걷혔다.

아침예배 시간에 최 군은 교회 부근에 있는 어떤 이의 집에서 일정을 짜고 있다가 뒤늦게 소식을 전해 듣게 됐는데, 50명가량의 경찰과 군인들이 영변으로 몰려와 교회를 포위했다고 한다. 그중 세 명이 문으로 와서 버딕 씨-4에게 나오라고 했다. 버딕 씨가 나오자 그들은 교회 안에 들어가야겠다고 하더니 여교사 한 명과 남자 세 명을 구속한 뒤, 다시 교회 안으로 들어와서는 여자 한 명과 남자 두 명을 끌어냈고, 다시 최 군까지 끌고 갔다고 한다.

경찰은 잡아온 이들에게 애국단체를 결성했다는 혐의를 씌우고 이들의 집을 수색했으나 아무것도 찾아내지 못했다. 이틀 뒤 여자들은 풀려났으나 남자들은 서울까지 끌려갔다. 그동안 이들에게는 식사가 단 세 차례만 제공됐다.

> 노블 가족은 1920년 안식년을 얻어 3월 초에 한국을 떠나서 그해 9월 초에 평양으로 돌아왔다. 아서 노블은 떠나기 전 1920년 2월 서울에서 열린 감리교 연회에서 대표로 선출됐다.

#1920.3. 안식년 휴가 직전의 환송연

한국인 감리교 목사들이 YMCA에서 우리를 위한 환송연을 열어주었다. 그들은 몇 차례의 연설을 하고 우리 부부에게 선물을 주었는데, 아서는 멧돼지 가죽을 이용하여 만든 여행용 가방을 받았고 나는 은으로 된 촛대를 받았다. 이 촛대는 시장에서 팔리는 일반인들이 쓰는 종류가 아니라 궁중에서 사용됐던 것이라고 한다.

연설한 이들 중에서 수원에서 온 목사의 연설이 특히 인상적이었다. 그는 오래 전부터 지역 감리사인 노블 박사에 대한 이야기를 들어왔다며, 교인인 이들도 교인이 아닌 이들도 하나같이 노블 박사를 칭찬하더라고 했다. 그는 한국 전역을 여행했는데, 어느 고장에 가든 그가 만나는 이들은 모두 노블 박사의 훌륭한 과업에 대해 말했다고 한다. 그는 노블 박사를 만나본 적이 없었기에, 노블 박사가 어떤 사람인지 그리고 그가 지닌 힘의 비결이 무엇인지 늘 궁금해했고 노블 박사를 만나게 되기를 바라왔다. 그 뒤 그는 서울에 왔다가 노블 박사의 사무실에 들를 일이 생겼다. 그곳에서 그는 다른 이들과 함께 앉아서 회의에서 돌아올 노블 박사를 기다렸고, 마침내 노블 박사가 들어왔다. 그는 그때의 일에 대해 이렇게 말했다.

"다들 그에게 인사를 했고 그도 모든 이들에게 인사를 한 뒤, 한 명씩 차례로 이야기를 나누기 시작했습니다. 한 사람씩 노블 박사의 책상 앞으로 가 앉아서 당면하고 있는 문제들에 대해 면담을 가졌습니다. 나는 그의 얼굴을 보았으나 그의 외모에서는 그의 힘을 느끼게 할 만한 단서 같은 것은 전혀 찾아볼 수 없었습니다. 그는 체격이 크지도 않았고, 특별히 잘생긴 얼굴도 아니었습니다. 그의 외모에서는 내가 계속 들어온 끝없는 찬사를 이끌어낼 만한 구석이 전혀 없었기에 대체 그가 지닌 비결이 무엇인지 더욱 궁금해졌습니다. 나는 계속 기다리며 관찰했고, 마침내 내가 면담할 차례가 왔습니다. 그는 상대의 지위 고하를 막론하고 모두에게 한결같이 친절하게 관심을 기울였고, 자신에게 주어진 문제나 상황에 대해 금방 이해를 했고 신속하게 판단을 내렸으며 무엇이 옳은지 어떻게 해야 하는지를 잘 알았습니다. 모든 이들에 대한 헤아림과 빠르고 올바른 판단력 그리고 자신을 아끼지 않는 태도가 비결임을 마침내 알아낼 수 있었고, 나는 그를 흠모하는 이들 중 한 사람이자 충실한 친구가 됐습니다."

수원 지역의 전도부인 한 사람도 그 자리에 와 있었는데, 끔찍한 박해로 인해 고통받는 그곳 사람들에 대해 내게 이야기했고, 아서가 그곳에 와서 피해자 구호 활동을 도운 일과 아서가 그들 곁에 온 인정 넘치는 예수 그리스도 같아 보였다는 그곳 사람들의 말을 전했다.

#1920.9. 다시 평양에 부임하다

김봉률 군이 역에 나와 있었다. 그는 다른 이들과 함께 우리집에 들렀다. 나는 잠시 시간을 내어 식당에 그와 함께 앉았다. 나는 그에게 손을 보여 달라고 했다.

우리가 미국에 가 있는 동안 그는 왼손을 다쳤던 것이다. 그는 다친 손을 보여주기를 꺼렸다. 많은 이들은 이 일에 대해 모르고 있다면서 내일 아침에 다시 와서 내게 이야기해주겠다고 했다. 그의 새끼손가락 두 번째 마디가 잘려나간 것이 눈에 들어왔다.

다음날 아침, 그는 내게 그간의 일들을 들려주었다. 지난 겨울방학 때 그는 평양에서 기차를 타고 가족들이 사는 진남포로 갔다. 그는 옷가방을 들고 있었다. 그가 진남포 역에 내렸을 때, 경찰이 오더니 가방 안에 있는 것을 열어서 보여 달라고 명령했다. 그는 경찰에게 가방 안에는 옷가지만 들어 있을 뿐이라고 말했다. 그러자 경찰은 그가 가방을 열어 보이기만 하면 되는데 건방지게 말대꾸를 한다면서 구타를 가한 뒤 그를 경찰서 뒤쪽의 조그만 감방에 처넣었다. 경찰은 그를 다시 심하게 구타했고 그는 기절해버렸다. 그는 한동안 의식이 없는 상태로 유치장 바닥에 방치되어 있었다. 그가 다시 의식을 찾았을 때 손가락에 심한 통증이 느껴져 살펴보니 손가락이 베어진 채 피가 나고 있었다. 다친 손가락에는 세균이 침투하여 점점 더 악화되어갔다. 그는 엿새 만에 풀려났으나 그동안 아무런 치료도 받지 못했다. 그는 곧바로 기차를 타고 평양으로 되돌아가 감리교 병원을 찾아갔다. 의사는 손가락을 절단하는 수밖에 다른 방법이 없다고 했고, 결국 그는 새끼손가락의 두번째 마디를 잃고 말았다.

우리는 9월 2일 금요일 저녁에 서울에 도착했다. 다음 날 빌링스 씨 댁 잔디밭에서 감리교 여선교사들이 우리와 새로운 선교사들을 위한 큰 환영회를 열어주었다. 월요일에 우리는 쌍둥이들을 먼저 평양의 앤더슨 씨5 집으로 보냈다. 6일 화요일부터 학교에 다녀야 했기 때문이다. 화요일에는 아서도 갔다. 그는 9월 28일에 시작되는 연회 전에 많은 회의를 열어야 했기 때문이다. 그는 열일곱 개의 계삭회를 인도할 예정이며, 이를 위해 자신을 도와 줄 몇몇 사람을 확보해야 했다. 그는 선교거점들을 순회하다가 26, 27일에는 지방연회도 열어야 하는 곡예와 같은 일정을 소화해야 했지만 모두 성공적으로 해내었다.

나는 서울에 남아서 평양에서 1년 동안 사용할 물건들을 꾸렸다. 우리는 요코하마에서 웰치 감독을 만나 평양으로 발령을 받았다.

평양에 도착하자 많은 한국인 친구들과 외국인 선교사들이 우리를 맞으러 역에 나와 있었다. 한국인들은 내가 올까 해서 두 번이나 역에 나왔었다고 한다. 따뜻한 환영이 우리를 기다리고 있었다.

그 후 2주 동안은 집안일로 무척 바빴다. 연회기간 동안 우리집에 머물기로 한 열한 명의 손님을 맞기 위한 준비를 마쳐야 했기 때문이다. 쌍둥이들과 아서와 나는 다락방에서 요를 깔고 자고, 손님들은 우리들의 3개의 침실과 베란다의 침상에서 지내야 했다.

얼마 동안 나는 매주 다른 교회로 가서 그들의 주일학교 활동을 감독하고 연설을 했다. 가는 곳마다 따뜻한 환영을 받았다.

#1921.12.4. 시위자들에 대한 재판

다음은 지난 만세시위운동으로 구속된 이들이 서울지방법원에서 받은 재판 상황을 내가 방청하며 기록한 것이다. 이 재판은 이들의 구속과 수감이 이루어지고 7개월이 지난 10월 14일에 있었다.

각 피고인들의 재판은 3분에서 7분 정도 소요됐으며, 피고인을 위한 변호인도 없었다. 재판정 안에는 10~14명가량의 경찰들이 사복 차림을 하고 방청석에 앉아서 재판 상황을 감시하고 있었다.

60명의 피고인이 재판을 받았다.

검사 : 다시는 이런 짓을 않겠다고 말하면 형을 감량받게 될 것이다.

피고 갑 : 아무리 가혹한 벌을 받게 될지라도 나는 우리 조국에 옳다고 생각되는 행위를 할 것이다.

피고 을 : 우리는 일본의 법으로 다스려지는 세상에서는 이름도 가질 수가 없다.

검사 : (어느 기독교인 남학생에게) 기독교 학교는 학생들에게 정치적인 행동을 하지 말라고 가르치지 않았는가?

기독교인 학생 : 한국과 일본의 관계와 관련된 문제에서는 나는 침묵할 수가 없었다.

또 다른 남학생 : 누울 수도 없고 책을 읽거나 글을 쓸 수도 없는 감방에서 우리에게 입을 다물라고 하는 것은 소용없는 짓이다.

(검사는 성난 얼굴로 그 남학생에게 버릇없는 놈이라고 소리를 질렀다.)

검사 : (또 다른 학생에게) 독립을 외치는 시위를 다시는 하지 않겠다고 맹세하겠는가?

장로교인 여학생 : 자기 나라의 자유를 소망하는 것이 죄인가? 나는 대한 독립을 다시는 외치지 않겠다고 맹세할 수 없다. 그것은 우리나라가 처한 상황과 필요에 의해 결정할 일이다.

판사의 얼굴은 분노에 차올랐고, 그 여학생은 중노동이 수반된 장기 징역형을 선고받았다. 그런가 하면 어떤 남학생은 앞으로는 어리석은 폭동에 참여하기 않겠다고 대답하여 석방됐다.

한편 우리 감리교단의 첫번째 한국인 지역 감리사였던 김영진 씨

의 차례가 됐을 때는 그의 아들도 재판정에 불려 나왔고, 검사는 그의 아들에게 "너는 너무 어려서 지금은 이해하지 못하겠지만, 네가 좀더 나이를 먹게 되면 이해하게 될 거다."라고 말했다.

또 다른 피고인의 아들은 다음과 같은 질문을 받았다.

"너는 한국의 독립을 외치는 시위를 너희 아버지에게서 배웠느냐?"
"아닙니다. 제 스스로 해야겠다고 느꼈습니다."
"너희 아버지가 감옥에 계시는 동안 너희 가족을 누가 부양하느냐?"
"제가 합니다."
"더 이상 독립운동을 하지 않겠다고 약속하면 너는 풀어주겠다. 약속하겠느냐?"
"지금은 그런 약속을 할 수 없습니다."

1922. 4. 23. 수감자 면회

어제 김세지와 박영박, 김복렬과 함께 평양의 감옥에 수감되어 있는 남성 감리교 신자들을 두번째로 면회했다. 내일은 여성 감리교 수감자들을 면회할 예정이다. 그들은 우리가 찾아오는 것을 무척 고마워한다.

금요일 저녁에는 이웃의 고아원 아이들 절반을 초대하여 우리집에서 파티를 열었다. 28명의 고아들과 교사 둘이 왔다. 우리는 별빛 아래 잔디밭에서 놀면서 즐거운 시간을 가졌다. 다음 주 금요일이나 토요일에는 나머지 아이들을 위한 파티를 열 계획이다.

> 1922년 7월 노블 일가는 다시 서울로 발령을 받고 이사하게 된다.

1923 . 1 . 18 . 이태원 가정 예배

새로 전도부인으로 임명된 김성덕과 함께 이태원에 가기로 했다. 몇 년 전 이곳의 옛 교회 건물이 팔리는 바람에 일요 예배를 보지 못하고 있다. 교회를 이끌었던 이가 첩을 얻는 잘못을 저지르는 일이 있었다. 그 뒤 김성덕은 주중과 일요일마다 이 집 저 집을 찾아다니고 있다. 배재학당의 교목인 김진호 목사가 시간을 내어 가정집에서 예배를 인도해왔고, 배재학당 학생들이 주일학교 교사로 일하며 또 다른 가정집에서 아이들을 지도해주고 있는 실정이다. 예배에는 21명의 신자들이 모이는데, 3분의 1은 새로 신자가 된 이들이다.

성덕은 내게 그 동네의 언덕 위에 있는 일본식 가옥에 대해 이야기해주었다. 귀신 나오는 집이라고 하여 집주인이 반값에라도 팔려고 한다는 것이다. 괜찮은 기회인 것 같아서 어제 교인들의 집을 찾아다니며 예배를 드리기 위한 10칸짜리 집을 구입하려 하는데 도와줄 의향이 있는지 알아보았다. 비서인 오위명, 김성덕과 함께 다녔다. 번갈아가며 예배를 진행했던 집 다섯 곳을 찾아갔다. 집집마다 환대를 받았고, 네 집에서는 성경 구절도 읽고 가족들과 기도도 하고 찬송가도 불렀지만, 한 집은 바빠 보이기에 찬송가를 부르지 않았는데, 밖으로 나왔을 때 전도부인은 그 집 가족들이 이에 대해 서운해하는 것 같더라고 말했다.

우리가 들렀던 집 중 한 곳은 문으로 들어가려면 고개를 숙이고 허리를 굽혀서 들어가야 했다. 집 안에는 아이 엄마와 어린 사내아이 셋이 화로 앞에 웅크리고 앉아 있었는데, 영하의 날씨에도 난방 기구라고는 화로뿐이었으나 그나마도 화기가 시원치 않았다.

또 다른 집은 어머니와 아들, 며느리는 교인이었으나 아버지와 할머니는 교인이 아니었다. 집에서 실권을 쥐고 있는 것은 그들이었지만 교인들이 그곳에서 모임을 가질 수 있게 허락을 해주었다. 그 집의 할머니는 내게 "이 방에서는 예배를 보지 말고 건넛방에서 보구려. '귀신을 섬기는' 가족이 이쪽 편, 우리 옆에 사는데, 그 사람들은 찬송가와 기도 소리가 들리는 것을 싫어한다오." 하고 말했다. 나는 세상 어느 곳에서나 악한 사람들은 찬송가와 기도를 좋아하지 않지만 기독교인들은 모든 사람들이 예수님을 알게 될 때까지 기도를 드리고 찬송가를 부를 것이라고 말했다.

또 한 집은 다섯 식구가 사는데, 모두 최근에 교인이 됐다.

그 다음으로 찾아간 집에서는 할머니와 엄마, 아이들 셋이 있었는데, 갓난아기는 엄마 품에 안겨 있었고, 그보다 조금 더 큰 아이는 엄마 치마를 잡고 매달려 있었고, 맏이인 다섯 살배기는 할머니 무릎에 앉아 있었는데, 열이 높고 심하게 앓고 있었다. 아이는 사흘간 변을 보지 못했다고 했다. 내가 아이에게 약을 주었느냐고 가족들에게 물으니 주지 않았다고 하기에 아주까리기름을 아이에게 주어보라고 하니까 기름이 집에 없다고 했다. 나는 그들에게 기름을 사라고 돈을 주었으나 기름을 사려면 4리나 가야 하기 때문에 밤에나 집에 돌아올 수 있을 거라고 했다. 그래서 나는 전도부인에게 기름을 사오게 하여 아이에게 아주까리기름을 먹이게 한 뒤 그 집을 나왔다.

그런 다음 귀신이 나온다는 집을 둘러보았는데, 우리가 잘만 관리한다면 그곳을 활용하는 것이 괜찮을 것 같았다. 그 집 위쪽에 있는 숲에는 '악마의 집'이 있었는데, 지어진 지 2년이 채 되지 않은 집이었다. 이 지역에 사는 300가구 중 거의 모두가 흠치교(증산교)라는 새로운 '악마의 종교'를 믿고 있다. 이 종교는 1919년 이후에 새로 등장한 종교다.

아서는 서울 지역의 감리사이자 수원 지역의 선교 책임자로 일하고 있을 뿐 아니라 영변 지역도 자주 오가며 여성들을 위한 성경학교 건물을 짓는 일을 돕고 있다. 또한 만주에 가서 그곳에서의 한국교회 선교

활동을 감독하고 있으며, 11월부터는 러시아난민원조협회의 회장도 맡고 있다. 적군(赤軍)이 블라디보스토크를 정복하자 백군(白軍)은 살기 위해 도주를 했고, 수천여 명의 러시아인들이 궁지에 빠져서 원산에서 굶주리며 죽어가던 중, 외국인 단체가 이들을 위한 활동을 하게 됐다. 나중에는 일본 정부가 그 책임을 맡았다. 원산에 있는 러시아인들과 이 협회는 만주의 러시아인들을 돕기 위해 애쓰고 있다. 추운 겨울에 수천 명의 러시아인들이 피난처를 찾아 만주의 눈밭 속에서 수백 킬로미터를 헤매 다니고 있다.

복음이 한국의 기독교 가정에 미친 영향

*여성 지위의 향상

진정한 여성성의 이로움이 인정되어, 가정과 학교와 교회에서 그 중요성이 커지고 있다. 과거에는 여성들에게 어떤 일을 지도하거나 어떤 일을 함께 할 권리도 허락되지 않았으나, 이제는 남편과 나란히 교회에 다니고 남편과 함께 식사도 할 수 있게 됐다.

유복한 집의 여성들은 이제 더 이상 안방에서 몸을 숨기고 있을 필요가 없어졌고, 계층을 막론하고 젊은 여성들은 자신을 숨기기 위해 장옷이나 지름이 2미터가 넘는 큰 모자를 뒤집어쓰고 다니지 않아도 된다. 장옷이나 큰 모자 같은 것들은 빠르게 사라져가고 있다. 여성들은 야외에서 햇빛을 느끼기 시작했다. 지금이 전환기인 것은 사실이다. 그러나 여성들의 빛과 자유는 복음을 통해서 오는 것이다.

*어린이 보호의식의 고취

어린이 보호 및 교육의 필요성과 가정에서의 자녀에 대한 관심, 자녀의 건강 및 도덕 발달을 위한 특별한 보살핌의 필요성도 일깨워졌다. 부모들이 자녀를 대하는 태도도 좀더 신중해졌다. 아직 부족한 부분들이 있지만, 그래도 몇 년 전과 비교하면 그 차이가 분명하게 드러난다.

예전에는 유아 세례를 받기 위해 아기들이 나올 때 알몸뚱이인 경우가 많았지만, 지금은 예쁘게 차려입고 나오는 것도 그 한 예라고 볼 수 있다.

여자 아기가 태어나면 과거에는 부모에게 위로의 말을 건넸지만, 이제는 '하나님으로부터 선물을 받았다' '새로운 여성 학자가 나왔다' 같은 말을 건넨다(주일학교가 그들의 집에 이른 것이다). 한국 최초의 어버이날에는 200여 명 정도의 아기들이 엄마들과 함께 교회에 나왔는데, 아빠들이 함께 앉아 있는 이들도 있었고, 그들의 딸을 자랑스럽게 안고 있는 이들도 있었는데, 참으로 아름다운 광경이었다. 이것은 가정의 진보에 대한 하나의 상징이다.

*교육의 촉진
과거에는 기생학교에 있는 부녀자들만이 글 읽기를 배울 수 있었다. 그러나 이제는 아내나 딸이 글 읽기를 배우는 것이 체통을 깎아내리는 것으로 여기는 풍조는 사라졌다. 70세가 다 되어서 글자를 배우는 여성들도 있고, 한국에서 가장 훌륭한 전도부인 중의 한 사람은 서른이 넘어서 글자를 배웠는데 지금은 성경 지식도 깊고 신앙심도 두터운 여성이 되어 있다.

*문화 및 사교 생활의 기회 부여
과거에는 남녀가 모여서 음악이나 강연, 설교를 듣거나 여흥을 즐길 수 있는 장소가 존재하지 않았으나, 기독교가 들어온 후로 남녀가 같은 방에서 만나서 음악을 듣고 여흥을 즐길 수 있게 됐다. 물론 이때 남녀는 자리를 달리하여 앉으며 대개는 남녀석 사이에 칸막이가 설치되어 있다. 여성들을 위한 성경 교육이 끝날 때는 우리집에서 나이 많은 여성부터 젊은 부녀자들까지 한데 모여 여러 가지 놀이들을 즐긴다. 놀이라는 것을 새로 접하는 여성들은 웃느라고 눈물까지 흘릴 정도다. 한 늙은 여성은 내게 이런 말을 하기도 했다.
"내가 이런 걸 접할 때까지 살아 있는 것이 참으로 기쁘다오. 여자라는 이유로 즐거움을 억누르지 않고, 교육을 받을 수 있고, 여자라는 속박으로부터 벗어나게 해주는 새로운 기독교인의 환경 안에서 우리 손녀가 자기 삶을 발전시켜 나가는 것을 보게 되어 고마울 따름이라오."

*비복의 해방
부유한 집에서는 종을 많이 부렸으나, 성경에 나오는 이야기를 듣고 종들을 풀어주고 그들에게 자비로운 자리를 내어주게 됐다.

*남편이 아내를 학대하는 악습의 근절
이제는 남편이 아내의 잘못을 구실로 혹은 아내를 의심하여 아내의 코를 베는 일은 더 이상 있을 수 없다. 기독교인 가정에서는 여성을 존중하는 의식이 높아져 가고 있으며, 아내에 대한 구타는 비난을 사게 됐다. 과거에는 남자들이 과부를 마음대로 보쌈하여 자기 집으로 데려갈 수 있었다.

*혼인 연령의 상승
수년 전 교회는 남자의 경우 18세 이전에 그리고 여자의 경우 16세 이전에 결혼하지 못하게 했다. 어린 소년이 흰말을 타고 혼인을 치르러 가는 광경이나 어린 소녀가 울면서 부모 집을 떠나 강요에 의해 시집에 들어가는 광경은 이제 거의 볼 수 없게 됐다. 기독교인이 아닌 이들의 혼인에서도 신부의 눈을 풀로 붙여 앞을 보지 못하게 하는 풍습이 요즘은 거의 사라졌다.

*노래 부르는 습관의 일반화
과거에는 기생이나 남자들만 노래를 부를 수 있었고 대개는 술과 춤이 함께 곁들여졌으나, 이제는 복음이 전도되는 곳에서는 어디에서나 기쁨의 노래를 들을 수 있게 됐다.

*축첩 풍습의 근절
부부는 한 몸이라는 가르침을 받은 교인 가정에서는 축첩 풍습으로 인해 일어나는 불행과 고난이 사라졌다.

*위생 관념의 확립
18년 전에 내가 가르쳤던 모녀를 최근에 다시 만나게 됐다. 귀도 멀고 등도 굽은 노모는 나를 진심으로 반기며 예전 일들을 추억했는데, 그녀의 딸은 내가 가르쳐주었던 청결의 중요성을 노모가 항상 철저히 따르며 청결한 생활을 하고 있고, 남들에게도 가르쳐주고 있다고 귀띔했다. 과거에는 아픈 이들과 나이든 이들은 물을 거의 쓰지 않았다.

*장애인에 대한 인식의 전환
부모가 죄를 많이 지어 자식이 불구자로 태어나는 것이라는 잘못된 믿음 때문에 장애인을 집 안에 가두어두곤 했지만, 이제 기독교인 가정에서는 더 이상 그런 짓을 하지 않는다.

*구세주 예수를 알게 됨
그러나 위의 그 어떤 것들보다 가장 위대한 기여는 오랜 세월 이교에 속박되어 있던 한국인들의 가정에 구원과 평화와 기쁨과 희망을 주시는 구세주 예수를 임하시게 한 것이다. 이제 그분을 받아들인 한국인들에게 하나님의 영광이 깃들게 됐다.

#1924.12.26. 선교자금 삭감

　　내년에는 선교자금이 40퍼센트 삭감될 것이라는 소식이 요즘 화젯거리다. 재정위원회는 이곳의 사역을 위한 충당금 삭감 문제로 매우 어려운 시간을 보내야 했다. 많은 전도사들이 일을 그만두어야 하고, 모든 초등학교는 문을 닫아야 하고 중학교도 축소해야 한다. 우리는 특별 헌금과 등록금 인상으로 중학교를 유지할 수 있을 것이라 믿는다.

미국에 선교자금을 요청하는 아서 노블의 편지들

　　현재 20달러의 기부금은 여기서 45엔에 환전됩니다.

　　저는 내일 아침 서울을 떠나 한 달 동안 일련의 계삭회와 지부 두 곳의 연회에 참석하러 갈 것입니다. 내일 첫번째로 열리는 회의는 그곳 제일교회의 선한 교우들이 보내준 포드차를 타고 150킬로미터를 달려가야 하는 곳에서 열립니다. 저는 이번 여행에서 거의 800킬로미터를 차를 타야 하고, 걸어서 300킬로미터, 대중교통으로 100킬로미터를 가야 합니다. 이번 여행지는 저의 활동 지역은 아니지만, 위원회의 재정난으로 C.D. 모리스 씨와 함께 가지 못하고 제가 혼자 한반도를 돌아야 합니다. 가장 다행인 것은 저의 충실한 포드차가 경쾌하게 달각거리며 달려줘서 이러한 여행이 가능하다는 것입니다. 저는 포드차를 타고 좋은 경험을 많이 했습니다. 한번은 시내를 건너야 했는데, 물이 차의 앞문 한쪽으로 흘러들어와 다른 쪽 문으로 빠져 나갔습니다. 또 한번은 진흙탕에 빠져서 스무 명의 한국인 농부들을 불러와서 차를 밀어내야 했습니다. 며칠 전에는 길이 아주 좋아 보이는 마을을 지나 갔는데, 그만 마을 한 가운데서 차가 빠지더니 차축까지 땅에 박혀버렸지요. 저는 수소 한 마리와 몇몇 장정들을 불러내어 한 시간 만에 다시 계삭회 장소로 달릴 수 있었습니다. 달라진 점이 있다면 우리가 달리는 동안 내내 진흙덩이를 묻히고 간 것이지요.

이러한 여행 동안 저는 귀하가 보내주신 휴대용 타이프라이터를 가져갑니다. 이게 없다면 어떻게 살까요? 저의 선교생활에서 한 가지 놀라우면서도 행복한 일은 한국인 전도사들이 정말 약소한 봉급을 마다 않고 보여주는 훌륭한 정신입니다. 이 모든 것에 대해 다음에 다시 글을 쓰겠습니다.

저는 오랫동안 귀하께 한국에 투자하시라는 편지를 쓰는 일에 대해 심사숙고했습니다. 제가 말씀드리는 것은 영적인 일에 대한 투자입니다. 오늘까지 저는 이 일에 대해 한 글자도 쓸 수 없었습니다. 한 무리의 사람들이 와서 오랜 시간 제게 호소하는 바람에 결국 저는 손을 들고 말았습니다. 저는 위치타의 사업가들이 책을 쓰자면 한도 없을 만큼 얼마나 갈급한 요구들에 둘러싸여 있는지 압니다. 저 또한 이곳의 교회와 학교를 지원하기 위해 필요한 자금 요구들에 둘러 싸여 머리가 하얗게 세고 주머니가 텅 빌 정도입니다. 이것이 현재의 상황입니다.

동양에서 가장 아름다운 대학교 부지인 조선기독교대학[지금의 연세대학교] 캠퍼스와 인접한 곳에 낮은 초가집 건물이 있는데 창내북감리교회[지금의 창천감리교회]라고 합니다. 그 건물의 건평은 100제곱미터입니다. 가로세로 8×12미터쯤 되지요. 교인들은 800명입니다. 그러니까 한 사람당 약 0.03제곱미터밖에는 안 되는 넓이지요. 곡식부대를 담는 것처럼 포개어 놓지 않고서는 그들 모두를 한꺼번에 들여

놓을 수가 없다는 말입니다. 그들은 인내심이 많은 사람들이기 때문에 그렇게 포개어 있으라면 순순히 그렇게 할 테지만, 그러고 있으면서 설교말씀에 크게 교화될 수는 없겠지요. 등록교인들은 210명입니다. 그들에게 모든 재정 부담이 떨어지고 있습니다.

교인들이 바닥에 모두 앉을 수 있도록 14×19미터의 벽돌건물을 짓는 데 건설업자들이 부르는 가격이 4000달러입니다. 교인들은 1500달러를 모금할 것입니다. 나머지 2500달러도 모아야겠지요. 이런 건물을 미국에서 지으려면 4000달러가 아니라 4만 달러가 들 것입니다.

#1925.5.5. 볼셰비키를 교화함

오늘 오후에 금강산 온정리에 사는 윤성렬 목사가 찾아왔다. 그는 며칠 전 그곳에 연례총회를 열 수 있는 목사휴양관 건립과 관련된 일들을 의논하기 위해 서울에 왔다. 윤 목사는 땅을 내놓았고, 건물을 위한 기부금을 걷고 있다. 한국에서는 이런 일이 처음이다. 윤 목사는 다리의 심한 통증으로 의료치료도 받아야 했다. 그는 겸사겸사 우리집을 방문하여 그곳에서 있었던 기독교인의 승리에 대해 훌륭한 이야기를 해주었다.

러시아의 볼셰비즘이 금강산 휴양지까지 침투했다. 그곳 도시에 남성 두 명이 와서 볼셰비키 모임을 시작했다. 그들은 자랑스러운 듯이 자신들은 종교나 지배자, 다른 사람들의 권리에 대해서 관여하지 않는다고 말했다. 그러나 그 중 한 사람이 말하기를, 한 남자가 음식이 잘 차려진 상에 앉아 있고, 손님이 지나가다가 들러 그의 상머리에 마주 보고 앉았는데, 주인이 길손에게 음식을 나누어주려 하지 않는다면 손님은 주인을 때려눕히고 상을 뒤엎거나 가져가거나 음식을 먹어치우는 것이 당연하다고 했다.

지난 2월 윤목사의 부인은 한 볼셰비키 지도자의 부인을 조용히 불러 남편이 볼셰비키 협회에 다니는 것을 말리라고 말했다고 한다. 그 부인은 가서 남편에게 전했고 그는 매우 화를 냈다. 그날 윤 씨는 쪽지를 받았는데 볼셰비키들이 자신들에게 나쁜 감정을 가지고 있는 그에게 매우 화가 나 있으니 와서 그 말을 취소하라는 것이었다. 윤 목사는 그 쪽지에 별다른 관심을 두지 않았지만 그날 아침저녁으로 그는 볼셰비키 협회에 와서 그의 잘못에 대해 해명하라고 쪽지를 받았다.

윤 목사는 그들의 집요함에 좀 불안했지만 응하지 않고 단지 심부름꾼에게 가지 않겠다고만 전했다. 협회의 회원은 약 40명이었다. 오후 2시경 그가 낮잠을 자고 있을 때, 다른 심부름꾼이 와서 그가 당장 오지 않으면 40명의 장정들이 데리러 올 것이라고 했다. 윤 목사는 그들이 오면 자신의 집이 해를 입게 될 것이므로 그들에게 가기로 했다. 그는 일어나 옷을 입고 하나님의 돌보심과 축복을 기원하며 두려움과 떨리는 마음으로 심부름꾼과 같이 갔다. 그의 부인은 집에서 기도하며 기다렸다. 40명의 남성들이 그를 기다리고 있었다. 그들은 그가 도착하자마자 자신들에게 반하는 일을 한 그를 비난하고, 불같이 화를 내며 부인의 말에 대해 사과하라고 큰 소리를 쳤다. 윤 목사는 그들 앞에 서서 많은 일들에 대해 억울하게 비난을 받는 동안, 그들이 가엾다는 생각에 가슴이 답답했으며 그들을 불쌍히 여기게 됐다. 그는 우리 주님께서 빌라도 앞에서 억울하게 비난받으셨던 일을 떠올리며 눈물을 머금고 그들에게 말했다.

"여러분, 우리는 한 형제입니다. 왜 우리가 서로 싸우기만 하고, 평화롭게 지낼 수 없습니까? 여러분, 나는 당신들을 사랑하며 당신들에게 봉사하며, 사랑의 우리 주께로 인도하고 싶습니다. 싸움과 성냄을 멈추고 진정한 형제들이 됩시다."

증오에 찼던 그들의 얼굴이 그의 말에 냉정을 되찾았고 겸연쩍어하며 한 사람이 말했다.

"당신은 듣던 대로 좋은 목사군요."

그리고 그 지도자는 "당신에게 무례했던 것에 대해 사과합니다."라고 말하며 악수를 청하며 잘 가라는 인사를 했다. 그들은 문 앞까지 다시 나와 인사를 했다. 주님께서 그 사도에게 주신 또 하나의 승리였다. 선함으로 포악함을 이기고 제압한 것이다.

#1926.3.28. 홍수 이재민 구제

제물포역에서 기차를 타고 오리동 역에서 내려 인근 마을을 찾아갔다. 역에서 언덕을 넘어가서 도착한 마을에서 어려운 처지에 놓여 있는 집들을 찾아보았다. 그중 한 집에서는 두 어린아이가 불씨도 없는 화로 앞에서 몸을 움츠리고 있었다. 이 아이들은 그날인가 그 전날인가부터 굶고 있었다. 아이들의 부모는 일거리를 찾아보기 위해 나가고 없었다.

길에서 만난 한 남자는 내가 이전에 자기 마을을 도와주었다는 얘기를 듣고, 그때 도움을 받지 않았더라면 자신은 죽었을 거라며 자신의 목숨을 구해주어 고맙다면서 내게 감사를 표했다. 그 다음으로 찾아간 집에서는 어린 소년이 아픈 여동생을 보살피고 있었다. 집에는 덮을 만한 이불 같은 것도 전혀 없었으며, 과부인 아이들의 엄마는 일거리를 구하기 위해 나가고 없었다.

또 어느 집에 갔더니 두 아이들이 한 방에 있었고, 다른 작은 방은 세를 줄 수 있었을 텐데 방을 절반씩이나 차지하는 상이 펴져 있고 두 개의 헝겊인형이 놓여 있었다. 그것은 남자와 여자의 영을 상징하는 것으로 아들을 보내달라고 치성을 드리기 위해 모셔둔 것이었다. 투명한 검은 커튼이 그 앞을 가리고 있었는데, 그 인형들은 크기가 아기 정도쯤 되어 보였다.

지난 8월 홍수로 인해 이들의 작은 농장에 있던 작물들은 흙더미와 함께 쓸려 내려가고 없었다. 그날 내가 방문했던 대부분의 집들이 주물들을 가지고 있었다.

그날 우리는 열두 집에 옷과 이불, 담요 등을 나누어주었다. 쌀도 나눠주고 싶어서, 나의 조수인 김동석 군을 시켜 쌀 한 가마니를 사서 마을 사람들에게 나누어줄 수 있도록 마을 촌장에게 돈을 주었다. 촌장은 우리가 마을의 어려운 사람들을 도와준 것에 무척 고마워했다.

그날 40리를 걸어서 집으로 돌아오는 기차에 올랐다. 기차역의 직원 한 사람이 맞은편 좌석에 앉아서 우리가 한 일에 대해서 사의를 표했다. 그의 옆에 앉아 있던 승객은 우리의 이야기에 관심을 보이는 듯하더니, 자신의 목에서 금 십자가 목걸이를 내밀어 보이며 우리도 그런 것을 가지고 있는지를 물었고, 우리는 그에게 우리 마음속에 항상 십자가를 기억하고 있다고 말했다. 그는 우리에게 자신이 시베리아에서 지내던 이야기와 그리스정교회에 다니며 아침과 정오, 밤에 그리스도에게 기도를 했다는 이야기를 했다.

그는 배고픔이란 게 어떤 것인지 잘 안다고 했다. 1년 전 겨울에 그는 일거리를 구하지 못해 배고픔의 고통에 시달렸고, 이는 그와 함께 지내는 20여 명의 동료들도 마찬가지였다고 한다. 일을 구하지 못하여 그는 한동안 빈약한 식생활을 이어갔고, 급기야 아무것도 먹지 못하는 날이 이틀이나 이어졌다. 일거리를 찾아 동대문에 간 그에게 한 일본 사람이 짐을 옮겨 달라고 했다. 그는 지게에 짐을 실으려 했으나 너무 기운이 없어서 짐조차 실을 수가 없었고, 이 모습을 본 일본 사람은 "배가 고파서 기운이 없는 것 같구려." 하고 말했다. 그가 그렇다고 하자, 일본 사람은 그에게 짐을 옮기지 않아도 된다면서 50전을 주었다. 그는 그 돈을 받아서 먹을 것을 사왔으나 기진맥진하여 음식을 다 먹기도 전에 누워버렸다. 하지만 그에게 50전을 준 일본 사람을 절대 잊을 수 없다고 했다. 이에 동석군이 말했다.

"그가 당신에게 50전을 주어 당신을 먹였기 때문에 당신은 그 사람을 잊지 못할 겁니다. 예수님에 대해 이야기해주기 위해 찾아오는 선교사들로부터 생명의 빵을 받는 이들이 많이 있지만, 많은 이들이 돌아서서는 잊어버립니다. 하지만 당신은 당신에게 50전을 준 사람을 절대 잊지 않겠지요?"

그는 대답했다.

"그렇습니다. 나는 절대 잊지 않을 것입니다."

1926.9.13. 아서의 환갑잔치

오늘은 아서의 환갑이었다. 한국식으로는 예순한번째, 미국식으로는 예순번째 생일을 맞은 것이다. 동양에서는 60년을 한 주기로 보기 때문에, 예순한번째 해에 들어서게 되는 생일을 맞이하면 자녀나 친지들이 큰 잔치를 벌여준다. 오늘이 아서의 예순번째 생일임을 알게 된 서울 지역 감리교회의 한국인 목사들은 교회에서 일하는 이들을 초대하여 환갑잔치를 벌일 계획을 세웠다.

다음에 소개하는 글은 한국말로 작성된 환갑잔치 과정을 우리 비서인 김형삼 씨와 김태원 씨가 번역한 것을 내가 발췌한 것이다.

환갑잔치는 서울 지역 교회 일꾼들의 후원으로 9월 13일 피어선기념연합성
경학교_6에서 열렸다. 최병헌 목사가 사회를 맡았다. 노블 박사가 안내를 받

으며 단에 오르자 모인 하객들이 자리에서 일어났다. 요청에 의해 노블 박사의 가족들 역시 단으로 올라가 앉았다. 노블 박사의 부인과 아들, 딸, 며느리 모두 한국에서 [선교사로 일하며] 1년 넘게 지내왔다. 선교사 사회에서는 무척 보기 드문 사례라고 볼 수 있다. 노블 박사의 딸과 사위, 큰아들 역시 선교 활동을 위해 한국으로 돌아왔고, 슬하의 세 아들은 그들 옆에 앉아 있었다.

찬송가를 부른 뒤, 이익모 목사가 축도를 하고 홍 목사가 〈빌립보서〉 3장 7절부터 14절까지를 봉독했고, 최 목사가 인사말을 했다.

"34년 전, 노블 박사는 우리를 죄로부터 구원하기 위해 사랑하는 가족과 친지 곁을 떠나 태평양을 건너 이 땅에 오셨습니다. 박사님은 우리를 낙원에서 살도록 만들어주시는 우리 주 예수 그리스도의 복음을 우리에게 전해주셨습니다. 김창식 목사님은 노블 박사님이 너무 빨리 걸으셔서 그분을 따라 걷기가 아주 어려웠다고 이야기하곤 하셨는데, 노블 박사님은 그렇게 잰걸음으로 어떤 모임에든 항상 제시간에 참석하셨습니다. 노블 박사님이 제물포에서 일하실 적에, 한번은 김 목사님과 함께 김포에서 동진으로 가실 일이 있었는데, 배가 다니지 않자 하루 종일 걸어서 동진에 제시간에 도착하셨습니다. 노블 박사님은 처음부터 지금까지 똑같은 걸음과 똑같은 열의를 가지고 우리들에게 봉사하고 계십니다. 우리가 우리 주 그리스도와 함께 할 수 있게 된데에는 노블 박사님의 공이 크고, 그 때문에 우리는 그분의 환갑연을 우리 한국의 풍습대로 벌여드리기로 한 것입니다."

이어서 이화전문학교 학생들이 노래를 불렀고 R. S. 배 목사가 축사를 했다.

"이 자리에 참석하기 위해 저는 만주의 중국인들을 대표하여 중국에서 왔습니다. 무엇보다도 노블 박사님의 예순번째 생신을 진심으로 축하드립니다. 그분의 이름은 늙은 부처를 뜻하는 한국어인 '노불(老佛)'과 발음이 같은데, 사실 노블 박사님은 노불과 다르지 않습니다. 불교에서는 사람이 종교적인 삶을 살아가면 나이가 들었을 때 산의 풀과 나무와 자연도 그 사람의 도덕이 지닌 힘의 영향을 받게 된다고 말합니다. 우리는 그런 얘기를 믿지는 않지만, 노블 박사님의 도덕적 힘은 한국 전역의 교회들에 영향을 끼쳤고, 이를 인지하지 못하는 기독교인은 없습니다. 한국에는 노블 박사님의 발자국이 찍히지 않은 곳이 없습니다. 제가 어느 곳을 가든 노블 박사님으로부터 세례를 받았다는 사람들을 만나게 됩니다. 제가 박사님에게 이 땅에 오신 이후 얼마나 많은 이들에게 세례를 주셨느냐고 물으니 박사님은 그 수를 기억할 수가 없다고 대답하셨습니다. 만주에서도 박사님으로부터 세례를 받았다는 사람들을 여럿 만났습니다. 그분이 이 땅에서 지난 34년 동안 해내신 위업들을 일일이 열거하기란 불가능하다는 것을 저는 알고 있습니다. 저는 노블 박사님과 사모님을 외국인, 미국인으로 보지 않습니다. 제게는 그분들이 같은 나라 사람으로 느껴집니다.

노블 박사님과 사모님이 한국 땅에서 해오신 헌신적인 봉사를 기억하기 위하여, 그리스도 안의 우리 한국인 형제자매들은 이 땅 전역에 쇠나 돌로 동상을 만들어 세워야 하겠으나, 우리가 가난하다는 것을 주님도 아시는지라 주님께서는 다른 방법으로 그분들의 상(像)을 우리에게 내려주셨습니다. 그것은 바로 단 위에 있는 그분들의 자녀들입니다. 네 아들과 딸 그리고 사위와 며느리가 오늘 우리와 함께 있습니다. 이들은 노블 박사님 부부에게 자연스러운 상이 됐습니다. 이들이 한 곳에 모여 살지 않고 이 땅 이곳저곳에 흩어져 살기를 저는 희망합니다. 우리가 이들을 볼 때마다 노블 박사님 부부를 떠올리고 주님과 우리들을 위해 하신 그분들의 위대한 과업을 떠올릴 수 있을 테니까요."

이어서 김 목사가 축사를 했다.

"노블 박사님 가족 분들의 얼굴을 보면 나이든 이를 찾아낼 수가 없습니다. 그분들은 다들 젊은 분들 같아 보입니다. 보시다시피 노블 박사님의 얼굴은 환갑을 맞으셨음에도 웬만한 젊은이처럼 환하기만 합니다. 그 이유는 전적으로 그분이 주님과 함께 일하는 우리 억압받는 사람들을 위해 살고자 오신 하나님의 종이기 때문에 늦지 않으시기 때문입니다. 또한 노블 박사님은 미국인이 아니라, 한국인을 위해 열심히 일하시는 진정한 한국인이라고 확신합니다. 그분의 사무실에 가 보면 책상 오른쪽 위에 승하하신 고종 황제 폐하의 사진이 걸려 있습니다. 그분은 자신의 조국을 사랑하는 만큼이나 고종 폐하와 이 나라를 사랑하고 존경하고 기억하시는 겁니다. 그분이 지닌 한국의 정신은 그분의 행동과 일에서도 보입니다. 한국인들에 대한 그분의 태도는 그분이 한국에서 활동을 시작하신 이래 전혀 변하지 않으셨습니다. 한국에서의 헌신은 그분 자신뿐만 아니라 그분의 아들로까지 이어져, 아드님이신 앨든 노블 박사는 현재 연합기독전문학교-7에서 생물학 교수로 일하고 계십니다.-8 그분의 모든 자녀분들이 우리나라에서 살면서 그들의 부모님들이 하셨던 것처럼 한국 사람들을 위해 일해주기를 우리는 바랍니다."

사회자는 다른 지역에서 온 이들도 발언을 해보라고 했다. 그러자 수원에서 온 방 씨가 나와서 말했다.

"저는 수원 지방의 대표로서 오늘 노블 박사님의 환갑을 삼가 축하드리며, 우리 아버지 하나님의 보살핌 안에서 장수하시기를 바라고 기도드립니다. 노블 박사님의 육순 잔치를 가까운 시일 내에 수원에서도 벌이게 되기를 기대하는 바, 많은 말씀을 드리지는 않겠습니다. 우리 지역에서 다시 뵐 수 있으면 참으로 기쁘겠습니다."

서울 중앙교회의 김동순 목사가 한국과 중국의 여러 지방에서 보내온 축전들을 읽었고, 이어서 멋진 선물들이 노블 박사에게 선사됐다. 서울 지방에서는 은으로 된 꽃병을, 이천 지방에서는 은 주전자와 컵을 선물했고, 김 목사는 황동 촛대를, 홍 목사는 냅킨 고리를, 만주 지방의 교회들에서는 손으로 수를 놓은 청색 비단 누비이불을 선물했다. 평양 지방의 교회 일꾼들은 노블 박사를 위한 잔치를 나중에 따로 벌였고, 수원 지방에서는 10월 5일에 잔치를 준비하기로 했다.

#1926.10.5. 수원에서 열린 환갑연

　　수원 지방에서 아서의 환갑잔치가 열렸다. 그날은 하루 종일 비가 와서 많은 이들이 올 수는 없었지만, 좋은 사람들끼리 오붓하게 모여 아름다운 잔치를 즐길 수 있었다. 아서와 나는 기차를 타고 수원에 내려갔다. 아서는 오전 중에 교회 일꾼들과 회의를 가졌고, 나는 룰루 밀러 양이 운영하는 요양원에 들렀다.

　　환갑잔치는 2시에 시작됐다. 사회는 송덕구 목사가 맡았으며, 홍형채 목사와 제암리의 전도부인인 송 씨, 1919년에 제암리에서 일본 군인들에 의해 딸과 사위를 잃은 김 씨를 비롯한 몇 사람이 축사를 했다. 김 씨는 힘들 때 자신들을 도와준 아서를 수원 지역의 모든 이들이 항상 기억할 것이라고 말했다.

　　축사 끝머리에서 아서가 원기왕성하게 백세까지 살기를 홍 목사가 기원하자, 만세운동 때문에 주변 사람을 잃은 다른 이는 아서가 은총과 은혜가 가득한 만세의 삶을 누리기를 기원했다.

　　홍 목사는 아서가 처음으로 자전거를 탔을 때 사람들이 귀신인 줄 알고 다가가기를 두려워했으나 이제는 아서를 자신들의 친구로 여기고 그가 온다고 하면 기뻐하게 됐다는 이야기를 했다. 그는 정동교회에서 아서를 처음 보았던 때와 그가 하는 설교를 들었던 때를 기억한다고 말했다. 그는 아서가 돌아온 탕아에 대해 설교했던 것까지 기억을 하고 있었으며, 아서가 탕아라는 단어의 한국말인 '허랑방탕'이라는 낱말을 천천히 발음하던 것을 떠올렸다. 당시 홍 목사는 열세 살이었는데, 그때나 지금이나 아서의 얼굴과 목소리는 변한 것이 없다고 말하면서 아서의 마지막

숨이 다할 때까지 하나님이 아서를 지켜주시고 축복을 내려주시기를 기도했다. 또한 그는 복음서에서 바울이 디모데를 아들이라고 부른 것처럼 복음 안에서 아서도 그를 아들이라고 부를 수 있다는 말을 하기도 했다.

송 목사는 1902년 아서가 영변 북쪽의 회천으로 처음 순회 설교를 갔을 당시 자신의 부친(그의 부친 역시 목사가 되었다)과 함께 만났던 이야기를 했다. 당시 아서와 김창식 씨는 자전거를 타고 다녔는데, 그들이 가는 곳 어디에서나 대단한 관심을 불러일으켰다. 송 목사는 자신이 다녔던 평양의 주일학교에서 내가 했던 일에 대해서도 이야기했다. 한번은 내가 바울의 생애에 대해 가르치면서 예수님에게 영혼들을 인도하는 것이 인간이 할 수 있는 가장 훌륭한 일이라고 이야기하는 것을 듣고 그때 목사가 되기로 결심을 했단다.

수원 지역의 일꾼들은 아서에게 아름다운 은그릇을 선물했다. 그것은 빨간 공단 케이스에 들어 있었는데, 홍 목사는 이생에서 위안이나 아름다운 것을 접하지 못했던 그의 부친이 항상 자신이 천국에 가서 주님을 만나게 되면 빨간 상자에 선물을 담아 드리고 싶다고 말씀하셨다고 말했다. 천국에서는 모든 것이 밝고 즐거울 것이니 검은색이나 칙칙한 색은 맞지 않는다는 것이었다. 그래서 이 선물도 빨간 케이스에 담겨진 것이다. 또 홍 목사는 둥근 것은 그리스도의 사랑을 상징하기 때문에 둥그런 그릇이 마음에 든다는 얘기를 했다. 인간의 사랑은 각이 져서 사람을 차별하지만, 그리스도의 사랑은 둥글기 때문에 끝이 없으며, 사람을 차별하지 않고 흑인, 백인, 황인을 모두 사랑하신다는 것이다.

"그래서 우리는 모든 것을 둥글게 감싸 안으시는 예수님의 사랑, 그 둥근 그릇 안에 우리의 육신과 영혼과 정신을 담아 당신께 드립니다."

제**6**권

1927 ~ 1934

승리의 생활

#1927·6·《승리의 생활》출간

6월의 연례회의 기간 중에 한국의 기독교인들의 생애를 정리한 최초의 책《승리의 생활》[1]이 마침내 출판됐고, 회의 마지막 날에 서점 진열대 위에 올랐다.

그 책에는 훌륭한 한국 기독교인들의 생애 열예닐곱 편이 소개되어 있다. 나는 그들의 이야기를 4년간 모으고 기록해왔으며, 1926년부터는 비서의 도움을 받아가며 그 책의 출판을 위한 준비 작업에 들어갔다. 나의 벗 에밀리 패커 양 덕분에 김태원 씨를 나의 비서로 고용하여 매일 오전 9시부터 12시까지 일 년여 동안 바쁘게 작업을 했다. 김태원 씨와 나는 문장 하나하나를 세밀히 살피고, 고치고 또 고치고 다듬기를 거듭했으며, 혹시라도 정치적으로 해석될 수 있을 만한 부분들이 들어가지 않도록 신경을 썼다. 책에 소개된 이들 중 몇 명은 독립운동에 참여하거나 뜻을 두었다는 이유로 수감되어 있기에, 나는 일부 문장과 단락들을 싣지 않았다.

내 책은 조선기독교창문사[2]에서 출판됐는데, 외국인이 쓴 책은 사전 검열을 받지 않기 때문에 경찰에게 검사를 맡기 전에 먼저 인쇄가 이루어졌다. 경찰은 책을 검사할 때 나나 비서를 경찰서에 오라고 했다. 나는 김태원 씨를 보냈다. 사람들은 검열을 받는 편이 나을 거라고들 했다. 다행히 김태원 씨가 경찰에게 이야기를 잘하여 경찰도 관대한 태도를 보이며 일곱 군데만 검열을 했고, 그 일곱 군데에는 다른 글자들이 위에 덧입혀졌다. 이에 나는 처음에는 오싹 소름이 끼쳤지만, 한국에서는 검열을 받게 되면 작품의 가치가 더 올라갈 것이라고 비서는 말했다. 그럴지도 모르지만, 한국에서는 아직 독서 인구가 그렇게 많지 않기 때문에 책이 얼마나 팔릴지는 의문이다.

그 책은 아름다운 신앙과 위대한 승리의 기록이자 이제는 이미 사라진 옛 풍습들을 소개하고 있다는 점에서 정말로 필요하고 가치 있는 책으로, 한국에 필요한 기록들이다. 이 같은 은혜를 베푸신 하나님께 감사드린다. 이 책이 나중에 영어로도 번역될 수 있기를 희망해본다.

지난해에 비서와 나는 1926년도 주일학교 어린이 교안도 번역했다. 여러 자료들에서 발췌했는데, 타벨이 쓴 《국제주일학교 수업을 위한 교사 지침서》를 특히 많이 참고했다. 이 책은 1928년부터 한국에서 이용될 것이다. 사진 및 그림 자료들도 모아두었다. 나는 우리집과 지방의 주일학교에서의 일들과 상동교회에서 업무를 보는 것 외에도 한국 신문과 잡지들에 실을 여러 편의 기사들을 준비했다.

1927년 7월 노블 부부는 글렌과 엘머를 데리고 세번째 안식년 휴가를 떠난다. 당시 그녀의 아들 해럴드와 딸 루스와 그녀의 아이들은 원산 해변에 있었으며, 사위 헨리 아펜젤러는 배재학당의 교사로 일하고 있었다.
일지는 역으로 환송나왔던 수많은 한국인들과 외국인들, 두세 명의 일본인들의 이름들과 그들이 받은 선물들, 송별회를 베풀어주었던 여러 단체들을 기록하고 있다. 그리고 20년대

후반이 되면서 겪게 된 미국 선교회의 자금 부족으로 배표를 선불하고 선교회에 지불 청구를 해야 했던 일, 시노마루라는 일본 선박의 2등칸을 타고 고생스럽게 갔던 항해, 그들이 월 45달러에 임대했던 칼튼 가의 한 주택과 주인의 이름 등을 기록하고 있다.

노블 부부는 데려갔던 쌍둥이 아들들을 캘리포니아 버클리 대학에 자리잡은 아들 앨든과 펄 부부에게 맡기고, 1928년 9월 19일 서울로 돌아왔다.

#1928.11.10. 새로운 천황의 즉위식

오늘 일본 천황〔쇼와천황 히로히토〕이 교토에서 즉위식을 치렀다. 요 며칠간 한국에서는 동요와 불안의 기운이 있었고, 경찰과 첩자들은 밤낮으로 가정집들을 돌면서 집에 누가누가 있는지, 식구 중에 집에 없는 이들은 없는지, 집에 방문객이나 낯선 이들은 없는지 조사하고 다녔고, 각급 학교에도 들어와 학생들에 대해 조사하고 즉위식 주간에 문제가 발생하면 학교도 불이익을 받게 될 것이라고 으름장을 놓고 다녔다. 경찰에 의해 위험인물이라고 의심을 받게 된 이들은 경찰서에 끌려가 유치장에 수감됐는데, 며칠이나 그곳에 갇혀 지내야 되는지는 알 수 없지만 적어도 즉위식이 끝날 때까지는 가둬두게 되므로, 전국의 경찰서 유치장들은 만원을 이루고 있다. 새로 즉위한 천황은 퇴학이나 정학을 당한 학생들을 전원 구제한다며 학교로 돌아가라는 성명을 발표했다. 특히 과거 학생 시위에 참여하여 기소당한 학생들이 그 대상이었다.

오늘 오후 3시, 각 학교별로 학생들을 집결시켜 사이렌과 종을 울린 뒤, 새로운 천황을 위해 '반자이'를 외치게 했다. 이때 입을 다물고 있던 학생들이 몇몇 학교에서 일부 있었을 것이고, 관청 직원들이 이들을 감옥으로 끌고 갔을 것이며, 그로 인해 해당 학교도 곤란한 상황에 처하게 되겠지만, 아직까지는 그것에 대한 소식이 들어온 게 없다.

오늘밤 모든 학생들은 불을 밝힌 랜턴을 들고 거리를 행진해야 했고, 교사들 역시 랜턴을 들고 학생들을 인도해야 했다. 나는 거리에 나가 그 행렬을 구경했고, 배재학당의 교장인 헨리 아펜젤러가 학생들을 이끌고 행진하는 모습을 보았다. A. L. 베커 박사도 연희전문학교 청년들과 걷고 있었다. 거리의 풍경이 섬뜩하게 밝았다.

#1929.1.30. 주일학교의 성과

최근 나는 '한국의 주일학교에 대한 36년간의 개인적 회상' 이라는 원고를 썼다. 토요일에는 3차 주일학교 어린이들을 위한 파티를 끝냈다. 1차는 1년 동안 가장 성경 구절을 많이 외우고 가장 많이 새로운 학생들을 주일학교로 인도한 50명의 소년소녀들을 위한 것이었다. 다음 두 번은 1년 동안 꼭 한 번 빠졌던 아이들을 위한 것이었는데, 각각 50명, 30명의 아이들이 대상이었다. 우리는 다과를 먹고, 아름답고 간단한 종교 프로그램을 가졌다.

지난해 연회보고서를 보니 현재 한국의 북감리교 교회에는 272개의 주일학교 초등반이 있고, 성인반과 초등반을 합치면 615개의 주일학교에 3만 1238명이 다니고 있다. 이것은 1923년보다 약 4000명이 빠져나간 수치다. 영아부에는 3828명이 있다고 보고되어 있다. 그러나 명단을 보니 아이들이 영아부를 이미 마쳤는데도 그대로 남아 있다. 결국 많은 교회들이 영아부에 대해 아무런 노력을 하지 않고 있다는 것이다.

#1929.2.10. 세례받고 '환장이 된' 젊은이

때때로 한국인이 세례를 받으면, 일부 방관자들은 '환장이 됐다'

〔노블 부인이 직접 한글로 표기〕고 하거나, 외국 향수를 머리에 바르더니 전혀 딴 사람이 됐다고 말한다.

크게 낙담했던 한 젊은이가 있었다. 그는 자신이 생각하는 한 거의 모든 것을 다 해보았지만 삶에 대한 희망을 찾지 못하자 한강에 빠져죽기 위해 갔다. 그는 몸을 던지기 전에 기독교에 대해 들었던 기억이 났지만 한번도 교회예배에 참석해본 적도, 목사와 말해본 적도, 성경을 읽어본 적도 없었다. 그는 몸을 물에 던지기 전에 서울의 한 교회를 찾아가서 목사와 이야기해보기로 결심했다. 그는 어느 큰 감리교회의 목사를 찾아가서 기독교가 희망이 없는 사람에게 무엇을 해줄 수 있느냐고 물었다. 그는 세상의 희망에 대해 배웠고, 하나님의 약속을 확실히 믿게 됐다. 모든 것을 이길 수 있는 힘을 얻고 그는 삶을 다시 시작했다.

🌿 일본의 매춘부들

일본에는 3만 5000명의 매춘부들이 있다. 법에 따르면, 어떤 소녀가 그 일이 수치스럽다고 말하고 빚(그녀를 산 돈)을 갚겠다고 하면, 영업주는 그녀를 가게 해주어야 한다(경찰서장이 해준 말이다). 그러나 그녀에게는 빚을 갚을 만한 기회가 전혀 없다. 공창과 사창에 있는 여성들의 85퍼센트가 농촌 출신이다.

유괴자들을 추적하지 못하도록 소녀들은 서너 명의 주인을 거쳐 목적지로 보내진다. 때때로 그들은 서너 가지의 일을 거쳐 창부일을 하게 된다. 그녀가 강제로 서명한 서류는 자유의사로 그리된 것처럼 경찰서에 제출된다. 그들은 그녀에게 일주일에 한 번 신당에 가서 빚을 갚게 해달라거나, (불교도들이 말하는) 지옥에 가지 않도록 해달라고 기도하는 것을 허락한다. 그녀가 의사나 치과의사를 만나러 갈 때는 두 시간 안에 돌아와야 하며, 아니면 혹독한 벌을 받게 된다. 그들 중 45퍼센트가 매독에 걸려 있다.

1 9 2 9 . 2 . 1 6 . 신식 결혼식

어제 나는 정동교회에서 손 씨와 윤 양의 결혼식에 참석했다. 윤 양이 윤성렬 목사의 조카였기 때문이다. 신부측 사람들이 교회 결혼식이 끝나고 우리집에서 다과를 접대할 수 있으면 좋겠다고 해서, 나는 50명 이상이 넘지 않으면 기꺼이 해도 좋다고 말했다. 그러나 신랑이 130명 정도는 꼭 식사에 초대해야 한다고 해서 명월관에서 하기로 했다. 그들은 피로연을 위해 세 대의 자동차를 빌렸다. 일부 손님들은 그 차들을 타고 연회장으로 갈 것이고, 나머지는 전차를 타거나 걸어가야 했다. 나는 자동차를 타고 가는 특권을 누렸다.

연회 전에 모든 사람들이 큰 홀에 모여 신랑과 신부 측으로 서로 마주보고 갈라 앉았다. 얼마 있자 연희전문 학생 몇몇이 한국의 전통혼례처럼 절을 해야 한다며 신랑신부에게 나와서 맞절을 하게 하자는 의견을 표결에 붙였다. 결국 그들이 앞으로 나왔다. 하지만 누가 먼저 절을 해야 하는지 의견이 분분했다. 좀처럼 결론이 나지 않자 그들은 앞에 있는 꽃동 소녀 둘이 나와서 누가 먼저 절을 해야 할지 가위바위보로 결정하라고 했다. 그중 한 명이 신부의 여동생이고 분명 '신여성'이었기 때문에 다른 소녀에게 귓속말로 신랑이 먼저 절을 하게 하도록 무언가 코치를 했다. 결과는 뻔했다. 신랑이 먼저 약간 고개를 숙였다. 학생들은 그것으로는 안 된다면서 다시 절을 시켰다. 다시 신랑이 좀더 구부려서 절을 했지만 전통적 방법은 아니었다. 세번째 절은 무릎을 구부리고 팔을 뻗었지만 요구한 대로 머리를 바닥에 대지는 않았다. 그러나 그들은 그대로 봐주었다. 다음은 신부가 절을 해야 했다. 그녀는 천천히 몸을 아래로 우아하게 구부리고 손을 바닥에 대고 고개를 숙여 큰절을 했다. 젊은 여성들은 그녀가 신랑에 비해 너무 잘했다고 속삭였다. 남성들은 손 씨가 좋은 신부를 얻었다고 축하해주었다.

신랑신부가 시내를 드라이브하고 야경을 보기 위해 남산으로 가려고 밖으로 차를 타러 나가려 하자, 대학생들은 신랑더러 신부를 내버려두고 자기들과 함께 가서 놀며 다른 식당에서 저녁도 먹고, 그 비용은 신랑이 내야 한다고 졸랐다. 그는 그들을 떼어내기 위해 발버둥을 쳤다. 그는 몇몇 친구들의 도움으로 서둘러 자동차에 있는 신부 곁에 올라탔고 떠들썩한 학생들을 멀리하고 먼지바람을 일으키며 가버렸다.

#·1 9 2 9 · 2 · 23 · 아름다운 설빔

2주 전 설 때, 나는 버스 종점에서 걸어서 5킬로미터 거리에 있는 시골의 주일학교에 갔다. 명절을 맞아 모두들 깨끗하고 예쁜 새 옷 차림이었다. 집으로 돌아올 때에는 버스 대신 전차를 탔는데, 아름답게 차려입은 여자 아기를 보았다. 초록색 공단 두루마기의 겨드랑이 부분부터 끝동까지는 살짝 넓어지면서 빨간색 공단이 대어져 있었고, 푸른색 비단 허리띠를 매고 있었으며, 소매 부분에 버찌색, 노란색, 파란색, 빨간색, 녹색 등의 다양한 색깔이 들어간 색동저고리를 입고 있었다. 두루마기 밑으로는 빨간 비단 치마가 보였으며 머리에는 붉은색의 굴레를 쓰고 있었다.

내 맞은편에 앉아 있던 소년은 선홍색 두루마기 차림에 검은색 모자를 쓰고 있었고, 어린 소녀는 분홍색 비단 치마저고리와 두루마기 차림에 선홍색 방울이 위에 달리고 금실로 장식된 검은색 비단 모자를 쓰고 있었으며, 하얀 버선과 전통 가죽신발을 신고 있었는데, 신발의 표면에는 선홍색 비단이 덮여 있고 코와 발뒤꿈치 부분에는 밝은 파란색이 칠해져 있었다.

　　김종은 목사가 전도사들에게 중요한 질문들을 가지고 오는 학생들을 어떻게 만날 것인지에 대해 이야기하고 있었다. 그는 먼저 그들을 반갑게 맞고, 점잖게 묻고, 예절 바르게 귀를 기울이라고 했다. 학생들이 이상한 질문을 할 때는 그들이 물은 것이 하나님에 관한 질문이냐고 친절하게 묻고, 만일 아니라면(아닌 경우가 많지만) 가서 기도하며 하나님에 대해 진실하게 묻고 다시 와서 함께 생각해보면 좋겠다고 대답하라고 했다.

#1929.11. 하루 동안 우리집에 들어온 부탁들

　　한 가난한 여성이 등에 아기를 업고 치마를 붙든 어린아이를 데리고 부엌으로 들어왔다. 그녀는 동대문 밖의 구덩이 속에서 사는데 먹을 것을 구걸하기 위해 왔다면서, 가진 게 아무것도 없으니 무어라도 도와달라고 사정했다.

　　일이 없다는 한 남자가 딱해서 우리는 한 시간짜리 일거리를 주었는데, 그는 우리집 난로에서 옥수수를 익혀 먹기 위해 가지고 왔다.

　　전도사 세 사람이 아서를 찾아와서 약 한 달 전에 열린 연회 이후 겨우 1엔씩을 받았다고 하소연했다.

　　아서의 비서가 이불 한 개만 더 줄 수 없느냐고 청했다. 그의 아내가 심한 결핵을 앓고 있어서 한 이불을 덮기가 곤란하다는 것이다.

　　가난한 노 서방이 수레를 사서 자기 사업을 할 수 있도록 70엔만 달라고 부탁했다.

　　김 솔로몬의 어머니가 찾아와서 자기 아들이 장학금을 받을 수 있게 해달라고 간청했다.

　　노 서방의 아내가 와서 지난 며칠간 고약을 발랐더니 팔에 났던 종

기가 거의 다 나았다며 팔을 보여주었다.

1929 . 12 . 11 . 배재학당의 만세 소리

오후 1시 반, 선교회 총회의 선교재정위원들이 우리 사무실에서 모임을 갖고 있었다. 어제 낮부터 계속된 이 회합에서 많은 것들이 논의됐다. 일반적으로 이러한 모임들은 우리 사무실에서 열린다. 이 기간 동안 지방에서 온 교회지도자들을 만나기에 좋은 장소이기 때문이다. 어제는 그 모임의 회원들과 우리 모두를 크게 긴장시킨 날이었다.

아침 9시쯤 만세 소리가 배재학당에서 터져나왔다. 헨리 교장과 교사들은 소년들을 통제하기 위해 노력해서 거의 성공할 무렵, 주변에 있는 기마경찰들을 보게 됐다. 이는 소년들을 분노하게 했다. 정부의 스파이들이 확인해준 바에 의하면, 학생들은 9시 40분 쉬는 시간이 되면 구호를 외치면서 정치적 봉기에 참여하도록 계획하고 있었다. 누군가가 이 사실을 교사들에게 알려줘서 그들은 쉬는 시간을 주지 않고 곧바로 다른 수업을 시작하기로 했고, 소년들은 교실에 그대로 남아 움직이지 못하게 하고 교사들만 교실을 바꿔 들어가기로 했다. 헨리는 학교 건물을 교사들에게 맡기며 진행 상황을 그에게 수시로 보고하라고 이르고, 재무위원회에 참석하기 위해 사무실로 건너왔다.

루스는 배재에서 일어나는 일을 지켜보고자 우리집으로 왔다. 우리집처럼 배재 운동장이 잘 보이는 장소가 없었기 때문이다. 나는 루스와 함께 지켜보면서 귀를 기울이다가 벽에서 가장 가까운 건물에서 소년들이 만세를 외치는 소리를 들었다. 수백 명이 외치는 말들은 부분부분만 알아들을 수 있었다. 사방에서 경찰들이 몰려와 정문 앞에 서서 호루라기를 불고 계속해서 증원 요청을 하는 전화를 했다. 우리집 마당에도 세 대의 경찰차가 왔다. 열두 명의 기마경찰들이 배재 길을 파헤치며 달려왔다. 우리가 센 경찰만도 대략 80명이었으며, 다른 쪽에도 경찰이 있음을 알 수 있었다. 우리는 당연히 재정위원회에 보고를 했다. 그들은 모두 베란다로 나와 계단 아래로 내려와 지켜보았다. 한국인 전도사 김종우 씨와 김창우 목사, 김영섭 목사의 아들들이 그 건물에 있었다. 모든 사람들이 긴장하고 있었다. 우리는 몇 시간을 지켜보았다.

후에 경찰들은 우리집에서 보이지 않는 반대쪽 문으로 학생들을 나가라고 하면서 한 사람씩 심문하여, 약 20명의 학생들을 유치장으로 끌고 갔다. 그 전에 우리가 볼 수 있었던 것은 그들이 일부 학생들을 건물에서 데려가는 모습이었다. 이들 소년들 중 일부는 유치장에서 심하게 맞았다. 그들 대부분은 며칠 만에 풀려났지만 몇몇은 아직도 그 안에 있다.

#1930.1.18. 거국적인 학생들의 만세시위

9시 45분, 마지막 황제의 서거기념일[3]에 배재학당에서 만세운동이 시작됐다. 내가 침실에 누워 있을 때, 수백 명의 학생들이 배재에서 다시 함성을 지르는 소리를 들었다. 창밖을 내다보니 전 학교가 문밖으로 나와서 만세를 부르고 있었다. 그들 모두는 우리집을 향하고 있었는데, 실제로는 우리집 뒤의 이화학당이었다. 행사 시작 이전에 모든 이화학당 여학생들은 경사진 우리집 뒤쪽에 와 있다가 배재를 마주하고 만세를 불렀으며 소년들은 계획된 대로 이에 응했다.

그런데 이 일은 서울에 있는 거의 대부분의 학교에서 일어났다. 다른 곳들이 어딘지는 아직 모르겠지만, 지금 같이 하고 있지 않다면 곧 그들도 합세할 것이다. 이런 운동은 일반적으로 거국적으로 일어나기 때문이다. 데모는 일본과 세계에 한국이 여전히 살아 있으며 독립을 원한다는 사실을 보여주기 위한 것이며, 최근 광주에서의 사례4와 같이 한국인 학생들을 차별하고 일본인 학생들에게 더 나은 대우를 해주는 일본에 대항하는 것이다. 광주에서는 한국인 학생들과 일본인 학생들 사이에 싸움이 벌어졌는데, 일본인 학생들은 처벌받지 않고 풀려나고 한국인 학생들만 처벌을 받았다.

이화와 배재 운동장에 다시 군인들과 경찰들이 모였다. 나는 급히 이화 여학생들을 돌아봤고, 그들이 중학교 건물 옆에서 함성을 지르며 그들을 저지하는 흥분한 경찰들 사이에서 흔드는 손과 손수건, 깃발들을 보았다. 경찰들은 그들을 쫓아가서 앞장섰던 사람들을 끌고 갔는데 아마도 감옥이지 싶다. 하지만 얼마 후 그들 대부분이 학교 건물 안으로 밀쳐 넣어졌고 경찰이 문 앞에서 지키고 있었음을 알게 됐다. 여전히 여학생들은 고함을 치며 밖으로 나가려고 애를 썼다. 나중에 나는 여덟 명의 이화 여학생들과 수많은 배재 남학생들이 감옥으로 끌려갔다는 사실을 알게 됐다.

#1930.1.22. 동맹휴업과 성직자의 길

우리집 정면 쪽에 있는 방 창문 옆에서 작업을 하게 될 때마다, 나는 배재에 있는 보초들과 스파이들의 위치 이동이나 건물 밖으로 급히 나오는 학생 무리들을 계속해서 지켜보게 된다. 경찰들은 매일 출입문과 주요 길목들을 지키고 있다.

현명한 일인지는 모르겠지만 학생들은 이 땅에서 일본인과 한국인 사이의 차별에 대해서 그들의 불만을 토로할 유일한 길이라 여기기에 항의운동을 하고 있다. 특히 최근 광주의 길거리에서 일본인과 한국인 중학생들 사이에 난투극이 벌어졌을 때, 소방관들이 투입되어 한국인들에게 물대포를 쏘는 바람에 많은 한국인 학생들이 부상을 입었고 감옥으로 보내졌지만 일본인 학생들은 그대로 가도록 한 차별사건에 대해 항의를 하고 있다.

　　어제 한 신학생이 와서 나와 이야기를 나눴다. 학생들은 그가 없었던 아침시간에(신학교는 월요일이 휴일이다) 회의를 열고 감옥에 갇힌 많은 학생들과 동조하여 학업을 중단하기로 결의했으며, 오늘 아침 채플에서 한 학생이 일어나 교수들에게 그들의 결정사항을 전달할 예정이라고 한다. 모든 정치범들이 감옥에서 풀려날 때까지 각자의 집으로 돌아가 기다리기로 했다고 말이다. 그 학생은 나에게 이것은 일종의 파업이지만, 신학도들은 다른 학생들이 그런 생각을 가지고 있다 하여 파업에 관여할 필요가 없음을 깨달았다면서 그는 성직자 생활에 헌신하기로 한 이상 그러한 파업에 동참해서는 안 된다고 생각한다고 말했다.

　　나는 만일 그가 동참하는 것을 과감히 거절한다면 다른 학생들도 그의 본보기를 따르려 하리라고 생각하느냐고 물었다. 그는 어린 학생들 중에는 한 명도 따르지 않을지 모르지만 한두 명쯤은 용기를 내어 그렇게 할지도 모른다고 말했다. 그는 오늘 채플에서 리더가 일어나 그들의 계획을 말하고 나면 자신이 뒤이어 일어나서 이렇게 말할 것이라 했다.

　　'앞에서 얘기한 학생이 모두의 의견을 대변한 것은 아니다. 자신은 성직자가 되어 하나님의 사역에 헌신하기로 결심하고 지금껏 수많은 어려움을 겪으며 이만큼 교육을 받아왔다. 현재 신학교에서 공부할 수 있는 기회도 하나님이 주셨다고 믿으며, 성직자로서 하나님의 사역을 하는 것은 어떠한 정치적 활동보다도 우선하는 것이라 생각하기 때문에 다른 학생들의 결정에 그대로 따를 수 없다.'

　　만일 그가 그들과 함께 한다면 수년간 투옥되지 않는다고 장담할 수 없는 일이고, 투옥됐다가 풀려나면 건강이 나빠져서 공부할 수 있는 기회, 목사가 될 수 있는 기회도 사라질 수도 있다. 그는 하나님의 인도하심과 하나님을 섬길 기회를 이렇게 저버리는 것이 하나님이 원하시는 것이라고 믿지 않았다. 그는 다른 모든 학생들이 그를 경멸할 것이며 그를 배척하고 조국을 사랑하지 않는 비애국자라고 비방할 것을 알지만, 하나님과 함께 홀로 설 준비가 되어 있었다.

나는 오늘 아침 그를 위해서 그리고 다른 모든 이들을 위해서 기도하고 있다.

#1930.2.4. 게이샤들의 방미 초청 반대

지난 몇 주일 동안 일본 신문들은 연일 일본인들과 외국인들이 선교사들을 비방하는 글을 실었다. 일본의 선교사연합위원회가 우리 미국 정부에 전신을 보내어 게이샤들은 매춘부이기 때문에 올 봄 〔워싱턴의〕 포토맥 강에서 열리는 복사꽃 축제에 게이샤들을 연예인으로 초대하지 말 것을 요청했기 때문이다. 선교사 비방 기사들을 쓴 자들은 무의식중에 게이샤가 매춘부라는 것을 인정하고 있다. 만일 우리의 법이 매춘부들의 입국 허용을 금지하는데도 그대로 밀어붙여 그들을 초대한다면 유감스러운 일이다.

게이샤들은 두 부류로 나뉜다. 한 부류는 일반 연예인들이고 또 한 부류는 고급 연예인들이다. 고급 게이샤들은 일반인들을 대상으로 하지 않고 몇몇 남성들만 상대한다.

#1930.4.17. 류머티즘 발병

1929년 초에 F. G. 클라크 씨[5]가 한국의 기독교도들의 후원으로 농촌사업 개발을 돕기 위해 한국에 왔다. 그는 미국의 페니 농장에서 일했고, 페니 씨는 그가 하는 이곳의 사업을 위한 후원을 약속했다. 그는 YMCA에 의해 파송됐으며, 이후 농촌사업은 빠른 속도로 확산됐다. 아서도 이 방면에서 꽤 많은 일을 하고 있다.

1929년 가을 동안 일요일마다 외딴 도시와 농촌에서 주일학교 일로 10~20킬로미터를 걸어다녀서인지 내 다리는 예전보다 더 빨리 피곤해졌고 걸음을 내딛을 때마다 뒤꿈치가 아팠다. 1월에는 걸을 때면 다소 절룩거리게 됐다.

1930년 1월 21일 맥스 베커가 미국에서 집으로 돌아온 다음날, 나는 역에서부터 그들의 집까지 걸어갔는데 심하게 절룩거렸다. 다행히도 저녁식사 직후 오는 차량이 있어서 그 차를 타고 곧바로 파운드 박사에게로 갔다. 그의 치료를 받고 일주일 정도 지나가 좀 나아지는 듯했는데, 파운드 박사가 그만 독감에 걸려버렸다. 그래서 나는 아픈 다리를 한동안 그대로 방치해두었다. 하지만 점점 악화되어 신경이 쓰이게 됐다. 셔우드 박사와 매리언 홀이 뒤꿈치의 쑤심과 아픔이 무슨 조짐인지를 알아보기 위해 왔다. 하지만 항상 가장 큰 문젯거리는 내 왼쪽 무릎의 크나큰 통증이었다.

나는 M. S. 스튜어트 박사에게 갔고, 2월 17일쯤부터 첫 주는 매일 갔고 그 후부터는 지금까지 일주일에 3일 정도를 갔다. 그녀는 문제의 본질적인 원인〔류머티즘〕을 찾아냈다. 나는 지금 캘리포니아 대학 3학년에 재학 중인 쌍둥이들이 한 달 반 동안의 방학기간을 보내기 위해 오게 될 6월 5일쯤에는 자유로이 돌아다닐 수 있을 만큼 낫게 되기를 바랄 뿐이다.

1930년 5월 31일 스튜어트 박사가 병이 완치됐으니 오지 말라고 했다. 그러나 그 후로도 세브란스에서 열 번 더 치료를 받았다. 다시 마음대로 걷게 되어 힘차게 걸으니 행복하다.

<table>
<thead>
<tr><th></th><th>서울</th><th>수원</th><th>인천</th><th>원주</th><th>강릉</th><th>합산</th></tr>
</thead>
<tbody>
<tr><td>교역자</td><td>21</td><td>6</td><td>7</td><td>8</td><td>4</td><td>46</td></tr>
<tr><td>특별 봉사자</td><td>271</td><td>59</td><td>18</td><td>70</td><td>37</td><td>475</td></tr>
<tr><td>남녀 선교사</td><td>34</td><td>1</td><td>1</td><td>1</td><td>1</td><td>38</td></tr>
<tr><td>입교인</td><td>1183</td><td>408</td><td>409</td><td>595</td><td>364</td><td>2989</td></tr>
<tr><td>총 신도 수</td><td>5353</td><td>2339</td><td>2311</td><td>2799</td><td>1727</td><td>14529</td></tr>
</tbody>
</table>

⟨1930~31년도 우리 교단의 한국 내 5개 지역 통계 자료⟩

5개 지역의 총 교회 수 : 155개

채플 수 : 63개

교단 소속 소학교 수 : 15개

#1931.8.26. 세계 최초의 여자목사 안수

새로이 출범한 기독교대한감리회의 첫번째 연회가 7월 10일부터 19일 새벽 1시까지 송도에서 열렸다. 총감독인 양주삼 목사가 의장 역할을 맡아 진행했다. 첫번째 날은 기도의 날이었고, 지역 연회의 성원들인 목사들과 평신도들은 매일 아침 6시에 모여, 이번 회의에 하나님의 은총이 내려지기를 간구하는 기도 모임을 가졌다. 총회 기간 중에 특별한 문제들은 발생하지 않았고, 한국 교인들은 이번 회의가 기독교대한감리회의 첫번째 연회인 만큼 선한 마음으로 평화롭게 잘 진행되도록 서로 돕자고 의논했으며, 실제로 그렇게 진행됐다.

이번 연회의 새로운 특징은 여성들에 대한 목사 안수식이었다. 여성들에게 목사 안수를 준 것은 아마도 다른 나라의 어떤 연회나 교회에서도 유례가 없던 굉장한 일이다. 새로운 교회는 여성에게도 목사 안수를 주게 될 것이며, 몇 년 내에는 전도부인들 중 몇 사람도 목사 안수를 받게 될 것이다. 일단 한국의 감리교 총회는 남감리교 선교회와 북감리교 선교회 출신의 선교사로서 한국에서 14년 이상 활동한 여성들에게 본인들이 받아들일 경우에 목사 안수를 주기로 했다. 14명의 여성들이 신청하여, 연회 주간인 지난 14일 일요일에 한국인 목사 안수 바로 전에 안수를 받았다.

우리 지역의 감리사인 김창구 목사를 비롯한 많은 목사들이 나도 그녀들과 함께 목사 안수를 받아야 한다고 주장했지만, 나는 실제로 교회 목사 임명을 받을 준비가 되어 있지 않는 한 그런 일에 신경 쓰지 않겠다고 말해주었다. 나는 목사 안수를 받지 않고도 내게 맡겨진 일들에 대해 언제까지나 최선을 다할 것이라고도 말해주었다. 14명의 여선교사들은 하얀 옷을 입고 안수를 받았다. 한국의 전도부인들이 앞으로 안수를 받게 하려면, 일부 여선교사들이 먼저 안수를 받는 것도 좋은 일이다.

이번 회의에서 아서는 이전처럼 남북감리회 연합 전권위원이자 지방 감리사로 임명됐다. 그는 수원 지방의 감리사이자 동시에 원주와 인천, 강릉과 서울 지방의 선교사로 일하게 되었다. 그가 해야 할 일은 차고 넘치도록 많고, 그는 맡겨진 모든 일들을 해내고 있지만 그의 건강은 그리 좋지 못하다.

1 9 3 1 . 1 2 . 3 . 연꽃 이야기

로레인 헤델스턴 부인의 크레인 플라워[극락조화과에 속하는 관상용 식물]라는 꽃에 관한 큰 책이 있는데, 미국에서는 권당 10달러에 팔리지만 이곳에서는 10엔이다. 매우 아름답긴 하지만 크고 두껍고 무거운 사치품이다. 이 책에는 연꽃에 대한 두 가지 이야기가 실려 있다.

분홍색 연꽃은 한국에서는 '태양의 딸' '말하는 꽃'이라고 한다. 시인은 이 꽃에 대하여 "목욕하는 왕의 시녀들"이라 말한다. 스님이나 불자들은 죽은 후 그들의 영혼이 연꽃 속에서 쉬었다가 열반에 이르게 될 것이라 믿는다. 연꽃은 사찰에서 많이 자라며, 건물이나 조각상에 다양한 모양으로 새겨진다. 뿌리와 씨앗 모두 먹을 수 있으며, 특히 씨앗은 강장제로 효험이 있다.

옛날 한 족장이 나무 밑에서 잠이 들었는데, 멋진 무지개 아래 아름다운 꽃이 피어 있는 꿈을 꾸었다. 하루는 꿈속의 꽃이 연꽃이었다는 것을 알아내고는 날마다 그 꽃을 보러 갔고 사랑하게 됐다. 어느 날 족장은 그 꽃의 꿈을 꾸게 됐고, 꽃은 그에게 "나는 하늘에서 왔는데 이곳은 시끄러워서 견딜 수가 없어요. 좀 조용하고 편안한 곳으로 나를 데려다줄 수는 없나요?"라고 말했다. 족장은 그 연꽃을 큰 산들이 있는 깊은 골짜기로 옮겨 심어주었다. 하지만 연꽃이 족장의 꿈에 다시 나타나 말하길 "이 산속에는 너무 많은 동물들이 있고 나를 밟기 때문에 여기를 떠나고 싶어요."라고 했다. 그리하여 족장은 그 연꽃을 호수로 옮겨 심어주었다. 행복하고 만족하여 그 후로는 수중식물이 됐다.

흰 연꽃에는 다음과 같은 이야기가 전해온다. 오래전 심청이라는 소녀가 있었다. 엄마는 돌아가셨고 아버지는 눈 먼 거지였다. 스님은 공양미 삼백 석을 절에 시주하면 아버지의 눈이 뜨일 거라고 말했다. 아버지는 그러겠노라고 약속했지만 그럴 만한 여유가 없었다. 심청은 어부에게 재물로 몸을 팔게 됐다. 어부는 심청을 물에 던져 해신의 노여움을 가라앉히려 했으나, 해신은 심청을 물속의 연꽃봉우리 속에 숨겼다. 다음날 왕이 이 꽃봉우리 옆을 지나다가 꽃이 막 피려는 것을 보게 됐다. 왕은 그 꽃을 꺾어 왕궁에 있는 큰 화병 속에 넣었다. 그날 밤 왕은 꽃 속에서 처녀를 발견하게 됐고 그녀를 왕비로 삼았다. 다행히 왕비가 됐음에도 불구하고 그녀는 슬펐다. 그녀가 거지들을 위해 연회를 열 것을 왕에게 간청하자 그녀의 아버지가 오게 됐다. 그녀가 아버지를 끌어안고 이야기를 하자 그 아버지는 깜짝 놀라 눈을 뜨게 됐다. 그 후로 왕비는 행복했다.

윤 전도사 기일에 예배인도자는 그의 아들들에 대해 칭찬을 많이 했다. 윤 전도사가 결혼하여 두 아들을 낳았는데 모두가 교회의 성실한 일꾼이라고 말이다. 그러나 그 두 아들 밑으로 딸들이 있고 이들이 아무리 어리다고 하지만 이들 또한 독실한 크리스천들이었는데, 이들에 대해서는 아무런 언급도 하지 않았다.

#1931.12.6. 강 마리아의 인생 소묘

마리아 강은 7년 동안 우리집에서 살았는데, 매우 신앙심이 깊고 선한 일꾼이며 좋은 요리사다.

오늘 아침 몸이 안 좋아 교회에 갈 수 없었다. 심장근육이 녹초가 되어 조금만 움직여도 박동수가 너무 빨라지는 바람에 많은 일들을 취소해야 했다. 4주 전쯤 버스 안에서 마신 매연가스가 원인이었던 것 같고, 지난 3주간 몸조리를 하여 나아지고 있으며 저녁식사는 루스네 집에서 하고 있다.

어쨌든 마리아가 저녁식사 준비를 끝낸 후 스탠더드 석유회사의 로저 윌리엄스 씨가 오기를 기다리면서 나는 마리아에게 곁에 앉아서 그녀의 인생 이야기를 해달라고 했다.

그녀는 한국 나이로 마흔 살이며 1892년 이교도 집안에서 태어났다. 동대문에 있던 그녀의 집은 그녀가 열 살 때 공업학교를 지을 땅으로 매수됐다. 아버지는 생계를 위해 짚신을 삼았고 그녀가 열네 살 때 죽었다. 그녀에게는 언니와 오빠가 있었다. 그녀의 어머니는 너무 가난했기 때문에 가족의 생계를 도울 수 있는 딸의 신랑감을 찾으려 애썼다.

엄마의 친구들이 서른네 살 먹은 홀아비인 강 씨를 수소문 끝에 알아내었다. 강 씨는 과일과 견과류를 파는 가게의 점원이었다. 강 씨가 스물다섯 살에 결혼한 첫째 부인은 당시 열네 살이었는데 결혼 후 얼마 지나지 않아 죽었으며 자식은 없었다. 마리아는 한 번도 본 적이 없는 그 남자에 대해 몹시 두려워했지만, 결국 그와 결혼했다. 그녀는 열일곱 살이 될 때까지 그에 대한 두려움이 있었다. 왜냐하면 그가 좀 멀리 떨어진 곳에서 일을 해서 5일에 한 번씩밖에 집에 들르지 않았기 때문이다. 그녀가 열일곱 살이 되던 해부터 그들은 매일 같이 살 수 있게 됐고 그때야 비로소 서로 가까운 사이가 됐다. 남편은 심한 말더듬이였다.

마리아는 스물한 살이 되기 전에 세 번 유산했고, 아기를 둘 낳았으나 몇 달 못 가서 죽어버렸다. 그녀는 스물두 살이 되던 해에 현재 이화고보에 다니는 딸 선녀를 낳았다. 마리아와 그녀의 어머니는 아이가 살수 있을지 몹시 걱정이 됐다. 그래서 그녀의 어머니는 마리아를 대신해서 아기가 태어나기 전후로 일정기간 시간을 정하여 서울에서 약 10킬로미터 떨어진 곳에 있는 각심사의 한 점쟁이에게 어찌 해야 할지를 물으러 가곤 했다. 그녀는 매번 걸어서 그곳을 왕복했다.

점쟁이는 어머니에게 강 씨의 죽은 전처가 마리아와 강 씨 사이에 애가 생기는 것을 싫어하여 매번 복수로 아이를 죽이는 것이라고 했다. 유일한 방책은 복수심에 찬 전처와 삼신할머니를 달래기 위한 제물이었다. 어머니는 제물을 바치는 날마다 한국식 빵과 과일을 바치러 갔다. 그들은 가난했기 때문에 점쟁이는 비싼 제물을 바치거나 무당을 불러 주문을 외우라고는 하지 않았다. 그러려면 한번에 20~30엔의 비용이 들었을 것이다.

출산과 아이들을 주관하는 세 신령 곧 삼신에게 제물을 바치는 날은 3월 3일과 7월 7일이며, 1월과 8월에 충분한 제물을 바치지 않으면 삼신할머니가 아이들을 병들게 하거나 죽게 할 수 있단다._6

1916년 손정도 목사는 당시 대부흥운동이 한창이던 서울 정동교회 목사였다. 손 목사는 길에서 남편 강 씨를 만나 대부흥회에 대해 이야기해주면서 예배에 참석할 것을 권했고 구원받기 위해 조금도 지체해서는 안 될 것이라고 말했다. 강 씨는 예배에 참석하여 예비신자가 됐으며, 아내와 아이들도 데리고 오라고 해서 그렇게 했다. 그해 크리스마스에 그들은 기독교 신앙 속에서 세례를 받았다.

어디를 가나 항상 몹시 무서워하던 마리아는 처음 교회에 갈 때나 교회를 나설 때 그리고 밖에 나가서 나무그늘에 앉을 때면 공포에 떨었다. 그녀는 어디를 가나 자신을 해치려는 귀신이 기다린다고 생각했다. 그러한 두려움은 그녀가 개종한 후 사라졌다. 그녀는 겨울의 이른 아침 어두울 때 집에서 나오지만 이제는 두려운 초자연적 힘을 느끼지 않아 편안하다. 단지 술 취한 남자를 만나게 될까봐 걱정이란다. 그렇게 평화가 그녀의 삶에 깃들었다. 여섯 아이들은 모두 예쁘고 총명하며, 비록 남편이 아무것도 미리 챙기지 못하고 스스로 먹고 살 만큼도 벌지 못하여 가족 부양을 위해 밖에서 일을 해야 하지만 행복하다.

1 9 3 2 . 1 . 2 8 . 하루 동안에 벌어진 일들

아서가 수원, 아산 지방의 계삭회에 참석하기 위해 아침 7시에 떠나는 것을 도우려고 일찍 일어났다. 하녀가 준비해놓은 아서의 점심 싸는 것을 도왔다. 아서를 수행하기 위해 집으로 온 비서에게 그것을 주었다.

아침식사 후에는 손녀 캐롤 아펜젤러의 머리를 빗겨 곱슬곱슬하게 해주었다. 캐롤의 어머니인 루스가 병에서 회복 중이기 때문이다. 일본의

'일본 관광' 홍보물을 포장해서, 캘리포니아 대학의 여름방학 공개강좌에 참여할 학생들을 모집하고 있는 해럴드에게 보냈다.

빨랫감을 분류하고 치웠다.

아침 10시 15분에는 나의 주일학교 전도부인이 와서 그녀가 이번 달에 일주일에 네 번씩 방문하고 있는 한 지방 교회에 대한 구두 보고를 했다. 그녀가 유아부를 맡고 있는 상동교회의 일부 기독교인들 사이에 일어난 새로운 분란에 대한 이야기도 들었다. 이번 주에 나머지 3일 동안 했던 일들도 듣고, 특별한 어려움에 처해 있는 여성들을 도울 수 있는 방법과 수단에 대해 충고하고 함께 기도했다.

그녀가 11시 45분에 가자마자 나는 독감에서 회복 중인 딸을 만나러 갔다.

서울외국인학교에 다니며 점심으로 늘 찬 음식만 먹는 한 선교사의 딸을 우리집으로 불러 함께 따뜻한 저녁식사를 했다.

올리브가 떠나기 전, 한 감리교 목사가 어찌할 바를 몰라 하며 아서의 사무실로 왔다. 그는 한두 가지 이유로 자신이 받는 박봉에 더하여 미국으로부터 보조금을 좀더 받을 수 있을지 그리고 자기 구역의 절박한 문제들에 대해 아서에게 조언을 구하러 왔다. 아서가 없다고 하자, 그 목사는 나에게 같은 조언을 구했다. 한 시간 15분 동안 우리는 그 문제들을 이해하고 도움을 줄 수 있는 방법을 찾고자 애를 썼다. 아버지 하나님께 인도를 구하는 많은 기도와 의논 끝에, 그는 눈물을 글썽이며 큰 도움을 받았다며 감사를 표했다. 그는 교회라는 큰 짐을 홀로 짊어지고 가면서 매우 외로웠는데 주님께서 축복하여 여기로 오게 하셨고 그 짐을 나눌 수 있는 좋은 기회를 주셨다면서, 여기서 하나님께 은혜를 받았으니 가벼운 마음으로 돌아가 문제에 도전하여 승리를 얻을 수 있다는 큰 희망이 생겼다고 말했다. 나는 그 짐을 가볍게 하는 데 조금이라도 도움이 되게 하신 하나님께 감사를 드렸다.

한 선교사 부부가 한국에 있는 일본인들 사이에서 일하기 위해 일본으로부터 왔다. 스튜어트 목사 부부였다. 스튜어트 목사가 일본에서 건강이 나빠지자 커언 감독은 한국 날씨가 더 도움이 될 거라며 그가 포교지에 있어 주기를 바랐다. 나는 곧 스튜어트 부인을 방문할 것이고, 오후 5시에는 조선기독교창문사에서 열리는 외국인 기도 모임에 참석할 것이다. 많은 한국 사람들이 낮 시간 동안 우리집을 방문했으며 밤이 되기 전까지 더 많은 사람들이 방문할 것이다. 아서는 저녁 7시쯤 돌아올 것이다. 배재 남학생 둘이 지금 이곳에 와 있고 나는 그들에게 무언가 할 일을 줘야 한다. 오늘은 더 이상 일지를 쓸 시간이 없을 것 같다.

#1932.3. 한국 선교 40주년 축하연

서울에서 기독교대한감리회 연회가 개최됐다. 우리는 셔우드 박사, 매리언 홀 박사와 그들의 아들인 윌리엄 제임스, W. E. 쇼 목사, C. S. 데밍 여사를 우리집에 묵도록 초대했다. 그밖에 점심식사 때는 A. G. 앤더슨 박사, E. W. 드마리, A. L. 베커 박사, 많은 한국인 전도사들을 식사에 초대했으며, 다른 선교사들과 손님들을 번갈아 가며 음식을 접대했다.

연회는 하루 오후를 잡아 아서와 나의 한국 선교 활동 40주년을 기념하는 축하연을 베풀어주었다. 남감리교 선교회의 전임목사였던 박원백 목사가 북감리교 선교회 전역에서 아서가 해온 일들에 대해 많은 시간을 할애하며 연설을 했다. 왜냐하면 아서는 한때 공주 지방을 맡고 있었으며, 그는 한국의 북감리교 선교회를 총괄하는 선교감독관이자, 동시에 모든 다른 지방들에서 지역감리사를 맡았으며, 지금은 수원 지방의 감리사이자 대한감리회와 관련해서는 서울, 인천, 원주, 강릉 지방의 지방선교사로 되어 있기 때문이다.

축하연에서 우리는 은으로 된 차 세트(주전자, 설탕 통, 크림 넣는 그
릇)를 선물로 받았다. 기독교대한감리회 연회에서 개인들에게 그러한 축
하연을 베푼 것은 처음 있는 일이었다.

#·1 9 3 2 · 5 · 7 · 제암리 살던 노 서방의 새집 공사

노 서방은 전에는 수원 제암리에 살았지만 요즘은 휴 밀러 씨의 집
앞에 있는 언덕 위 평지에 토막집을 짓고 살고 있다. 오늘 나는 그를 따라
그 언덕 위의 새 주택 부지를 방문했다. 그곳에는 150명의 토막집 무단거
주자들과 그들보다 가난하여 토막집에 세 들어 살던 50명의 세입자들에
게 각각 10평씩 분할된 택지들이 있었다.

노 서방의 집은 건물 뼈대만 잡혀 있었다. 그의 어린 아이들과 아
기를 업고 있는 아내는 진흙을 떠서 미장이에게 건네주고 있었으며, 미장
이는 노 서방의 한 칸짜리 방 벽의 옥수수대와 사탕수수대를 엮어 만든
틀 위에 건네받는 진흙을 바르고 있었다. 거실 바닥 위에 깔아놓은 구들
장 위로 진흙 반죽이 잘 펴 발라져 있었고, 부엌 아궁이에는 이미 불이 지
펴져 있어 방에 있는 구들장을 통해 들어가서 구들장 위의 흙과 벽, 천장
이 빠르게 말랐다.

보잘것없이 빈약한 가재도구들은 좁은 도로를 가로질러 다른 부지
위에 놓여 있었다. 가장 가엾은 일은 그 가족이 집이 완성되는 동안 매일
밤을 습하고 찬 땅 위에 볏짚을 깔고 자야만 한다는 것이다.

다른 부지에서 온 여자들은 집짓는 데 필요한 물건들과 방바닥에
깔 넓적한 구들돌과 무거운 흙더미를 머리에 이고 위험하고 가파른 길을
힘겹게 올라오고 있었다.

#·1 9 3 2 . 6 · 1 0 · 이천에서의 축하연

이천 지방 교회 사역자들이 아서와 나의 한국 선교 40주년을 축하해주었다. 우리는 기차로 수원을 거쳐 내려갔고, 가는 길에 아서는 새 교회 건축을 감독하기 위해 한 시간 동안 수원에 머물렀다. 수원에서 전차를 타고 이천까지 1시간 45분을 달렸다. 이천 지방은 미 감리교 여선교회 출신인 거트루드 스네블리 양7이 유일하게 목사로 파견되어 목회를 하고 있는 곳으로, 아서가 유일한 총회이사다.

스네블리 양은 이천에 한 번에 몇 주간씩 머물며 살 수 있도록 마련한 숙박소를 가지고 있다. 그녀가 마련한 훌륭한 저녁식사가 우리를 기다리고 있었다. 우리는 집에서 아침 7시 25분에 출발하여 마침 시장하던 참이었다.

축하연은 교회에서 열렸고 무척 훌륭했다. 목사와 여섯 구역의 남성·여성 대표들이 예쁜 선물상자와 축사를 준비해 연단으로 올라왔다. 홍형준 목사는 아서의 생애 약력과 나의 일부 약력을 말해주었고, 이천 지방은 별도로 선물을 마련해주었다.

이천 지방 감리사인 임 목사가 사회를 보았고 우리는 그와 함께 연단 위에 앉았다. 교역자들과 이천 교회의 여학교 학생들과 지역 신도들 외에도 그곳에는 이천 전현직 행정관과 이천의 일본인 저명인사들이 참석했다. 이교도인 현직 행정관이 한국인들을 위한 우리들의 40년간의 봉사에 대해 감사하며 매우 유쾌한 연설을 했다. 아서와 나는 그들의 감사에 대해 각각 응답하는 연설을 했다.

저녁식사 후 스네블리 양의 집에서, 나는 찬송가 〈갈릴리의 추억〉에 맞춰 작사를 해서, 연설을 짧게 끝낸 후 그 찬송을 불렀다. 그 후 나는 여러 축하연에서 이 노래를 불렀다.

#1932.10.18. 서울에 도착한 지 40년째 되는 날

오늘은 우리가 한국의 서울에 도착한 지 40년째 되는 날이다. 저녁에 정동제일교회에서 우리를 위한 축하연을 열어주었다.

많은 찬송과 축사와 우리가 한 일들에 대한 짧은 소개가 있었고, 몇몇 교회로부터 다음과 같은 선물들을 받았다.

· 창내교회 : 가죽으로 된 한국어 신약성서와 찬송가 합본
· 박원백 목사 부부 : 조각이 새겨진 은 티스푼 두 개.
· 김형삼 씨(아서의 비서) : 조각이 새겨진 은 티스푼 두 개.
· 금강산의 윤성렬 목사 : 진주를 박아넣은 칠기와 뚜껑 한 세트.
· 용두리교회 : 놋접시
· 홍제원교회 : 놋주발 2개
· 아현교회 : 놋접시와 놋주발
· 상동교회 : 놋촛대 한 쌍
· 공덕리교회 : 액자가 있는 그림
· 정동교회 : 축하 편지

이들 지방 사역자들은 지난봄 연회의 기념식에도 모두 참석했었다.

#1933.2.7. 만주로 향하는 일본군

서울에 있는 한국의료선교협회에서 열리는 총회기간이다. 우리는 해주의 셔우드 홀 박사와 매리언 홀 박사 부부와 올해 2월 17일이면 여섯 살이 되는 그들의 아들 윌리엄과 작년 11월에 태어난 아기 조 그리고 평

양의 A. G. 앤더슨 박사를 우리집에 묵도록 초대했다. 가족들이 모두 미국에 있는 A. L. 베커 박사는 안식년 휴가를 받아 가족들에게 갈 때까지 우리와 함께 살고 있고, 캐나다연합교회 출신의 롤랜드 바컨 목사 부부가 두 달 동안 계속되는 한국어 교실에 다니기 위해 이곳에 머물고 있다. 바컨 여사는 함흥에 있던 캐나다 장로교선교회의 매크레 목사 부부의 딸로서 2세대 선교사다. 현재 매크레 목사는 함흥에서 새로운 교회를 맡고 있고, 매크레 부인만이 캐나다에 있다.

앤더슨 박사는 많은 열차들이 날마다 일본 병사들을 싣고 만주로 향하고 있다고 말해주었다. 운산 금광의 포웰 여사는 최근 일본 여행을 했는데, 고베와 시모노세키에서 돌아올 때 많은 군인들과 같은 배를 타고 왔다. 일본 술 사케를 보급 받은 군인들은 점점 술에 취하자 들떠서 추악하게 변했다. 그중 한 명이 칼을 휘두르며 복도를 오르내리는 바람에 그녀는 놀래서 점심을 먹으러 밖으로 나갈 엄두도 내지 못하고 자리에서 매우 불안해했다고 한다.

🌸 한국식 결혼 케이크

전에도 종종 보기는 했지만 이번에는 서울의 전차 안에서였다. 한 한국인 여성이 머리 위에 나무로 만든 커다란 쟁반을 이고 있었다. 그녀는 그 무거운 쟁반을 머리 위에 이고 사람들의 도움을 받아 차에 올라탔다. 그녀는 그것을 머리 위에서 내려 옆 좌석 위에다가 올려놓았고, 모든 승객들이 그것을 흥미롭게 바라보았다. 떡의 높이는 50센티미터나 됐다. 그 떡은 먹기 위한 것이 아니라 장식용이었다. 그러나 결혼식이 끝나면 그것을 잘라서 손님들, 특히 아이들에게 나눠줘서 먹게 한다. 그것은 발효시키지 않고 치댄 반죽으로 만들어지고 아름다운 문양들이 새겨진 틀로 모양을 만든다. 떡에는 예쁜 꽃 무늬, 나뭇잎 무늬, 기하학적 문양, 두 마리의 백조 문양이 있었다. 정말로 환상적이었다.

#1933.7. 우리집 어멈 아들의 결혼

우리집 어멈의 아들은 독실한 기독교 청년이다. 지금은 서울에 있는 은행에서 일을 하지만 전에는 기차에서 사탕 등을 팔았다. 그의 어머니는 가난한 과부다. 아들은 스물네 살로 한국 풍습에 따르면 노총각이다.

어느 부유한 한국 이교도 집안에 스물두 살이지만 아직 결혼을 하지 않아 부모가 골머리를 앓는 젊은 여성이 있었다. 중매를 통해 혼인 의사를 물어본 젊고 유복한 남자들은 그 딸과 같이 무학인 여성이 아니라 교육을 어느 정도 받은 여성을 신부감으로 구하려고 했다. 그녀의 아버지는 부녀자들이 밖으로 나다니거나 학교에 다니는 것을 허용하지 않고 집안에 은둔시켜 놓는 전통을 따랐다. 그들의 친척이 이 가난한 과부의 훌륭한 외아들에 대해 이야기를 했을 때 그들은 자포자기 상태였다. 혼사가 결정되고 마침내 그들은 결혼하게 됐다.

청년과 어머니는 신부가 시집을 와서 교인이 되어야 한다고 했고, 그녀는 교회 예배에 참석하겠다고 약속했다. 신부는 출가하여 잘 알지도 못하는 가난한 남자와 결혼해야 한다는 것에 속상해했지만, 지금 그녀는 행복하다. 그는 그녀가 기독교 야간학교와 사경반을 활용하여 교육받기를 원한다. 그녀는 교인이 되고 싶다고 하며, 비록 집이 작아서 자신의 아름다운 옷장과 옷을 가져올 수는 없지만 행복하다고 말했다.

🌿 한국의 기독교가 절대로 근절될 수 없을 것이라는 신호

어느 날 아서의 비서 김형삼 씨에게 한국에 깊이 뿌리 내린 기독교의 구체적인 예를 들어달라고 했다. 그는 자신의 가족이 좋은 예라고

했다.

그들은 매일 아침(아침에 모일 시간이 없을 때는 저녁에) 가족기도회를 갖는다. 처음에는 찬송가를 부르고, 성서를 읽고, 성경 구절을 외우고, 기도를 한 후 주기도문으로 끝낸다. 그 가족은 김 씨, 김 씨의 부인, 열두 살 난 큰 딸, 열 살 난 아들, 여덟 살 난 딸이 돌아가며 예배를 인도한다. 하루는 이제 세 살이 된 딸아이가 자신도 예배를 맡겠다고 해서, 아버지의 도움으로 모든 순서를 인도했다. 그 아기의 기도는 "하나님, 우리는 당신께 감사합니다. 아멘."이고, 언제나 〈예수 사랑하심은〉이라는 찬송가를 선택하며, "네 아버지와 어머니를 공경하라."라는 성경 구절을 외운다고 한다.

그렇다. 기독교 가정들이 주님을 경외하고 그의 말씀을 지키도록 아이들을 이렇게 키운다면, 기독교는 한국에서 절대 뿌리 뽑히지 않을 것이다.

1 9 3 3 ․ 8 ․ 7 ․ 마을 전체가 안식일을 지키다

김홍삼의 아버지가 자란 집은 수원 지방의 당모 요모리에 있다. 그곳에는 집이 40채에 320명 정도가 산다. 가구 대부분이 기독교도이고, 그들은 안식일에는 일을 하지 않고 지킨다. 논밭에 특별한 일이 있을 때면 서로 도와가며 일한다. 이교도들이 안식일에 그들을 도우러 와달라고 하면 거절하고 다른 날로 날짜를 잡는다. 그래서 이교도들도 본의 아니게 안식일을 지킬 수밖에 없게 되었다. 그곳 교회는 날로 번창하고 있다..

한국에 개신교 선교가 시작된 지 50주년을 기념하는 행사가 1935년에 개최될 예정이다. 정동교회는 특히 한국에 세워진 첫번째 감리교회이기 때문에, 창설 50주년을 기념하기 위한 계획을 세우고 있다. 교인들은 신자가 아닌 이들을 각자 한 명씩 데려와 같이 찬송가도 부르고 성경도 읽어줌으로써 신자가 되도록 하자고 서로 독려하고 있다. 그리하여 많은 젊은이들이 교회로 인도됐고, 그렇게 교회에 왔던 사람들은 그들이 가본 어떤 곳보다도 좋은 생각을 얻는 데 도움이 됐다고 말하고 있다. 정오를 알리는 사이렌 소리가 들리자 모든 신도들은 간단히 고개를 숙여 묵념 기도를 했다.

한국어로 출판했던 내 책《승리의 생활》의 일부를 내가 영어로 번역한 영역본이 일본 동경에 있는 감리교 출판사인 교문관에서 출판됐다.

#1934.6.24. 개신교 한국선교 50주년

1934년 6월 24일 한국의 모든 감리교회에서는 한국 감리교 선교회와 개신교 선교회의 창설을 축하하는 프로그램과 설교를 진행했다. 한국의 선교사역을 위해 처음으로 한국 땅에 왔던 제1세대 선교사 매클레이 박사[8] 부부가 한국에 도착한 날이 1884년 6월 24일이었기 때문이다. 그들은 7월까지 한국에 주재하던 미국인 공사 포크 씨 부부의 집에서 살았다. 매클레이 박사는 선교를 위해 땅을 구입했으며, 한국의 왕으로부터 교육과 의료 부문에서 개신교 선교를 할 수 있도록 허락을 받았다. H. N. 알렌 박사는 장로교 해외선교회에 의해 한국에서 의료사업을 하기 위해 파송됐다. 알렌 부부는 1884년 가을에 도착했다. 장로교와 감리교 선교회에 의해 한국에 파송됐던 첫번째 복음주의 선교사들은 같은 선박을 타고 왔으며 1885년 4월 5일 부활절 아침에 제물포에 도착했다. H. G. 언더우드 목사(장로교)와 H. G. 아펜젤러 목사 부부(감리교)였다. 아펜젤러 부부는 거처할 곳을 찾기가 힘들었기 때문에 잠시 일본으로 돌아갔다. 아펜젤러 부부와 같은 선박을 탔던 W. B. 스크랜턴 박사는 어머니인 M. F. 스크랜턴 여사와 아기 어거스타와 함께 일본에 남아 있다가, 1885년 5월 혼자 한국으로 건너와서 감리교회를 위한 첫번째 의료사업을 시작했다. 그의 가족과 아펜젤러의 가족 모두는 그 다음 달에 한국으로 건너왔다.

감리교회는 1934년 6월 19일과 20일에, 장로교회는 7월 1일부터 3일간 영어로 기념식을 가졌다. 감리교도들은 배재학당의 새로운 예배당에서 19일 저녁 초창기의 모습을 보여주는 야외극을 공연했다.

기념행사에서는 많은 글들이 낭독됐다. 원래 장로교 선교회 소속이었던 애니 엘러스는 D. A. 벙커 목사와 결혼한 후 부부 모두 북감리교 선교회로 소속을 옮겨 활동했었는데, 1933년 봄 남편의 유해를 가지고 돌아와 한국 땅에 묻은 후 남아서 얼마간 더 일을 할 작정이었다. 그녀는 오늘 초창기 시절에 대한 그녀의 회상들을 담은 멋진 글을 읽어주었다. 아서는 '한국의 초창기 선교사들에 대한 회상' 이라는 글을 발표했고, 나는 '한국의 초창기 기독교인들에 대한 회상' 이라는 글을 발표했다.

#1946.6.20. 아서의 죽음

우리는 미국으로 건너가서, 우리가 살기 위해 아서가 미리 사놓은 3에이커의 목장으로 오게 됐다. 5개의 방과 별채가 딸린 괜찮은 집이었다. 우리는 나중에 6에이커를 더 사서 앨든과 그 가족이 우리와 가까이 살 수 있도록 그곳에 집을 지었다. 그 집은 앨든이 가르치고 있는 퍼시픽 대학에서 5킬로미터 정도 떨어진 거리에 있으며, 글렌도 당시 그 대학에서 일을 하고 있었다. 정착을 하자마자 아서와 나는 버클리로 갔고 나는 치료를 받기 시작했다. 아서는 먼저 목장으로 돌아가고, 나는 치료를 받으면서 내 병이 호전되었는지 결과가 나올 때까지 한 달 동안 기다렸다. 병균이 모두 제거됐고 병이 다 나았다는 결과가 나왔다.

우리는 1934년 12월에 목장에 도착했고, 아서가 목장 일과 닭 키우는 게 힘에 부쳐 더 이상 일을 할 수 없게 된 1942년 7월 9일까지 그곳에서 살았다. 아서의 건강은 매우 안 좋았다. 우리는 목장을 팔고 포도덩굴로 덮인 방 5개짜리 시골집을 샀다. 앞에는 작은 헛간이 있고 뒤에는 작은 뜰이 있었다. 아서의 건강이 좀 회복됐고 우리는 새집에서 행복했다. 아서는 헛간을 작업장으로 꾸몄고 많은 글들을 썼다. 우리는 중앙감리교회에 다니고 있다.

1945년 12월 25일 크리스마스 새벽 2시 반에 아서가 심장 발작으로 매우 고통스러워했다. 그는 거의 죽어가는 것처럼 보였고 기운도 거의 없었다. 나는 오돈웰 박사와 앨든에게 전화를 걸었다. 아서는 주사를 맞고 세인트요셉 병원으로 옮겨져 두 시간 반 동안 산소마스크를 쓰고 나서야 좀 안정을 찾은 듯이 보였다. 그는 12월 31일 일요일에 퇴원하여 집으로 돌아왔다. 그는 1월 5일 토요일에 '영광의 나라'로 떠났으며, 페어뷰 파크의 새 묘지에 묻혔다.

일전에 집에서 아서가 욕조로 천천히 걸어가다가 마룻바닥에 쓰러져서 일으켜 침대에 눕힌 적이 있었다. 또 한번은 아서가 욕실에 갔을 때 욕조 옆에 서서 환영을 보았는데, 그 아름다움을 강조하려고 손으로 제스처를 써가며 나에게 설명하던 모습이 지금도 눈앞에 선하다. 그는 그를 둘러쌌던 너무나 아름다운 큰 빛과 그가 봤던 경이로운 것들에 대해 말하려고 애썼지만 기운이 없어 침대로 부축해 눕혀야 했다. 앨든과 글렌, 해럴드는 그가 임종하기 전에 가까스로 왔고, 해럴드는 유진에서 수업을 하기 위해 바로 출발해야 했으므로 글렌이 엘머에게 알리기로 했다. 글렌은 임종이 가까워졌으니 지금 와보는 게 좋을 것이라고 했고, 엘머는 곧 출발했지만 아버지가 임종한 직후에야 도착했다. 장례는 이곳에서 했고 엘머가 거의 대부분의 일을 도맡았다. 아서는 아마도 엘머가 여기에 있었다고 생각했을 것이다. 아서는 몇 번이고 그가 왔는지 안 왔는지를 물었고 나는 곧 도착한다고 말했다. 나중에 그는 엘머의 존재를 느끼는 것 같았다.

봄이 오기 전 아서는 어린 시절의 아름답고 그리운 것들에 대해 몇 가지를 이야기했다. 그는 말하고 있는 동안 내가 그것을 메모하고 있음을 몰랐다. 나는 그가 어린 시절에 대해 이야기한 것들과 그가 어렴풋이 보았던 영광의 아름다운 환상, 이 두 가지 모두를 어딘가에다 적어놓았으며, 언젠가는 그 메모들이 발견되어 읽혀지기를 바란다.

아서가 아팠던 이유는 당뇨병으로 인해 촉진된 몇 년 동안의 심장병 때문이었다.

C. B 실베스터 박사가 장례식을 주관했다. 장례식은 장의사 월러스 씨의 예배당에서 열렸고, 프랭크 헤런 스미스 부부, A. L. 베커 부인과 맥스와 그의 아내 마거릿, 스미스 가족과 한국에서 선교사로 있는 베커 부부가 참석했다. 한국에서 몇 년 동안 싱어미싱회사에서 일하고 있지만 잠시 오클랜드에 와 있는 주버 부부를 제외하고 베이에어리어에서는 그날 단 한 사람밖에 올 수 없었다. 스톡턴에서 일곱 명의 한국 사람들이 왔는데 그들은 실제로 전부 여기에 살고 있다. 그중 한 명인 이 씨는 조위금으로 6달러를 나에게 주었으며, 아서와 내가 그의 조국에서 수십 년 동안 선교 활동을 한 것에 대해 감사를 표했다. 다른 사람들은 모두 꽃을 보내왔다. 미국 내 여러 주와 여러 나라에서 조문을 보내왔다.

#1946.6.20. 부르심과 준비

약 7년 동안 눈에 심각한 출혈이 세 번 있었다. 첫번째 출혈은 목장에 있을 때였는데 왼쪽 눈의 시력을 거의 잃었지만 큰 물체는 분간할 수 있었다. 4년 전 오른쪽 눈의 출혈로 눈에 창문 덮개 같은 줄무늬가 생겼다. 안과 전문의인 플레이어 박사가 안경을 만들어주었다. 그러다가 몇 달쯤 전에 왼쪽 눈에도 줄무늬가 생겨서 굵은 글씨 말고는 잘 볼 수가 없게 됐다. 지금 글을 쓰며 안경을 끼지만 글자들을 잘 알아볼 수가 없다. 내가 글을 알아볼 수 있도록 플레이어 박사가 더 강력한 안경을 주었으면 싶다.

"하나님은 환난 중에서도 큰 도움이시라."

나는 여전히 우리집에 머무르고 있다. 살아 있는 한 계속 그럴 수 있기를 희망하지만, 만약 주께서 나를 부르시기를 미루신다면, 또 다른 준비를 해야 할 것임을 안다.

1941년 봄 나는 '황금률협회' 9가 매년 선정하는 북 캘리포니아 주 대표 '미국의 어머니'로 뽑혔다. 뉴욕 42번가에 있는 황금률협회는 매년 미국 전체와 각 주 혹은 분야를 대표하는 '미국의 어머니'를 선정한다.

1 9 4 8 . 9 . 11 . 모든 것이 평안하다

여느 때처럼 오늘 아침에도 머리를 빗으며 라디오를 듣고 있었다. 노래가 흘러나왔다.

예수님께서 돌봐주실까?
내 마음이 깊은 상처로
깨질 듯할 때
갈 길이 험하고 멀기만 할 때

후렴)
아무렴, 예수님은 돌보시지.

예수님이 돌보심을 나는 아네.

예수님이 나의 괴로움을 어루만지시네.

낮에 지칠 때나 밤에 쓸쓸할 때나

구세주께서 돌보심을 나는 아네.

마음속에 세월의 슬픔이 가득 차올라 도저히 참을 수 없을 때, 곧바로 조용히 예수님께 도와달라고 기도한다. 그러면 다시 삶은 순조롭게 이어진다.

모든 것이 평안하다.

이 글이 연대순으로 봤을 때 가장 마지막이다. 그로부터 8년 후인 1956년 8월 5일 노블 여사는 몇 년간 머물던 스톡턴의 한 요양원에서 갑작스럽게 사망했다. 향년 84세. 사망 무렵 그녀의 기억은 예전 같지 않았고, 자기 아이들조차 알아보지 못했다.

옮긴이주

제1권

1. 1879년 엘리자베스 러셀이 세운 가쓰이가쿠인(活水學院)을 가리킨다. 일본 최초로 여학생을 위한 고등교육을 시작한 미션스쿨로서, 이화학당의 첫번째 유학생 최활란이 1903년부터 1906년까지 유학한 곳이기도 하다.

2. 스크랜턴(William Benton Scranton, 1856~1922) 박사는 이화학당을 설립한 메리 스크랜턴 여사의 아들로, 1885년 미 감리교 의료선교사로 내한하여 제중원에서 의료활동을 시작하였으며, 정동병원·상동병원·상동교회 등을 설립하였다.

3. 올링거(Franklin Ohlinger, 1845~1919) 목사는 1887년 12월 아펜젤러의 요청으로 미 감리회 선교사로 내한하였다. 배재학당 안에 삼문출판사를 창설하였고, 인천내리교회를 개척·설립했다. 정동교회 담임을 역임한 후 1893년 귀국하였다.

4. 마펫(Samuel Austin Moffet, 1864~1939) 목사는 1890년 북장로교 선교사로 내한하였다. 평양장로회신학교, 숭실학교 등을 설립했다. 한국명은 마포삼열(馬布三悅).

5. 홀(Rosetta Sherwood Hall, 1865~1951) 여사는 1889년 펜실베이니아 여자의과대학을 졸업하고 1890년 미 감리회 의료선교사로 내한, 정동 보구여관에서 진료 활동을 시작했다. 1928년 경성여자의학전문학교를 세우는 등 한국인 여자의사 양성에 기여하였다.

6. 에스더는 1886년 이화학당에 입학한 김점동(1876~1910)의 세례명이다. 이후 1892년 박유산과 결혼하여 박 에스더로 불렸다. 미국 볼티모어 여자의과대학에서 의학박사학위를 취득한 한국 최초의 여의사.

7. 메리 스크랜턴(Mary Fletcher Benton Scranton, 1832~1909) 여사는 스크랜턴 박사의 어머니로, 아들과 나란히 미 감리교 여선교사로 내한하여 1886년에 이화학당을

세웠다.

8. 벙커(Dalziel A. Bunker, 1853~1932) 목사는 1886년 7월 4일 북장로교 교육선교사로 내한하여 육영공원에서 영어를 가르쳤다. 1895년 배재학당으로 자리를 옮기며 미감리회로 소속을 옮겼다. 제2대 배재학당장으로 재직하다가 1926년 은퇴 후 귀국하였다. 한국명은 방거(房巨).

9. 1892년 미국의 볼드윈 여사가 한국 여성운동과 의료사업을 위해 기부한 자금으로 1887년 스크랜턴 여사가 이화학당 자리에 세운 보구여관의 동대문 분원인 볼드윈 시약소를 가리킨다.

10. G. H. 존스(George Heber Jones, 1867~1919) 목사는 1887년 미 감리교 선교사로 내한하여 1892~93년까지 배재학당의 당장으로 2년간 교육사업에 참여하였다. 1892년 〈The Korean Repository〉를 창간하여 1898년까지 주필로 있었고 1901년에는 〈The Korea Review〉를 창간, 1906년까지 주필을 지냈다. 1900년에는 한국어 최초의 월간지 〈신학월보(神學月報)〉를 창간하였다. 1897년 엡웟청년회가 창설될 때 총무를 맡아 산파 역할을 했으며, 황성기독교청년회(YMCA) 창립에도 일익을 담당했다. 한국명 조원시(趙元時).

11. 임진왜란 후 명나라 원병이 세운 관우(關羽)의 사당인 남묘(南廟)를 가리킨다.

12. 1892년 8월말 스트랜턴 여사가 개척한 동대문교회를 말한다. 당시의 이름은 볼드윈 예배당이었다.

13. 당시에는 남녀유별의 전통이 남아 있어 분리장막을 치고 예배를 보았다.

14. 1887년 11월 서울 정동에 세워진 한국 최초의 여성전문병원 보구여관을 가리킨다. 여성 감리교 의료선교사인 메타 하워드의 내한으로 시작되어, 1893년 당시에는 로제타 셔우드 홀 여사가 책임을 맡고 있었다.

15. 에스더의 약혼자 박유산을 가리킨다. 당시 선교사들은 한국인들의 이름을 정확히 기억하지 못해 이처럼 잘못 부르거나 에스더의 경우처럼 영어식 세례명으로 불렀다.

16. 버스티드(John Bernard Busteed, 1869~1901) 박사는 1893년 미 감리교 의료선교사로 내한하여 상동병원에서 의료 및 전도 사업에 헌신하다가 1898년 건강이 악화되어 귀국하였다.

17. 맥길(William B. McGill, 1895~1918) 박사는 1889년 미 감리교 의료선교사로 내한하여 아현, 상동병원에서 일하였다. 평양에 콜레라가 만연했을 때 3000여 명을 치료하였다. 그는 전도에도 열심이어서 함경도 원산에 정착하여 의료사업과 함께

기독교 서적을 보급하면서 200여 명에게 세례를 주어 교회를 설립하고 예배당까지 지은 바 있다.

18. 올링거 부부는 1893년 5~6월에 편도선염으로 아들 버티와 딸 윌라를 잃었다.

19. 서대문 밖 아현의 옛 이름이다. 1888년 스크랜턴 박사가 세운 시약소가 있던 곳으로 1~2년 후 일손 부족으로 폐지된 후에도 메리 스크랜턴 여사 등 여선교사들은 그곳의 여성교인들을 지도했다. 현 아현교회의 모체.

20. 헐버트(Homer Bezaleel Hulbert, 1863~1949) 목사는 1886년 내한하여 5년간 육영공원의 영어교사로 활동하다 귀국하였다. 하지만 1893년 미 감리회 선교사로 다시 내한하여, 삼문출판사를 운영하고 영문 잡지를 발간하며 한국문화와 역사를 연구했다. 1905년 을사늑약 당시 고종의 밀사로 워싱턴에 파견되기도 했다. 일제에 의해 대표적인 친한 인사로 낙인찍혀 1907년 본국으로 소환되었다. 한국명은 흘법(訖法)

21. 올링거 박사가 1887년 세운 삼문출판사에서 만든 잡지 〈Korean Repository〉와 〈Korea Review〉를 가리킨다. 〈Korean Repository〉는 1892년부터 1893년까지 발간됐으며, 1895년 복간되어 1898년까지 발행됐다.

22. 메리 커틀러(Mary M. Cutler, 1865~1948) 박사는 1892년 미 감리회 의료선교사로 내한하여, 정동 보구여관, 이화학당, 평양 광혜여자병원 등에서 의료봉사와 전도 활동을 전개하다가 1939년 귀국했다.

23. H. N. 알렌(Horace Newton Allen) 박사는 미 북장로교의 의료선교사로 1884년 내한하여 공사관 부속 의사로 임명되었다. 1884년 12월 4일 갑신정변 당시 민영익 치료로 왕의 시의로 임명되었으며, 1885년 4월 10일 광혜원을 설립하여 의료 활동을 펼쳤다. 1887~89에는 워싱턴 주재 한국공사관 서기관으로 일했으며, 1890년 해외선교부 의료선교사로 다시 내한하여 주한미국공사관 서기관, 대리공사, 주한미국공사 등을 역임한 후 1905년 6월 10일 귀국하였다.

24. 릴리언 해리스(Lillian N. Harris, 1865~1902)는 1897년 11월 10일 미 감리회 선교사로 내한하였다. 이대부속병원의 전신인 동대문 부인병원과 평양 부인병원 등에서 의료 활동과 선교 활동을 하다가 1902년 티푸스로 사망했다.

25. 동학운동 진압을 구실 삼아 조선에 군대를 파병한 일본은 조선정부에 청국과의 관계 단절과 자신들이 제시한 제도개편방안을 수용할 것을 요구하였다. 하지만 조선정부의 강한 반발에 부딪히자 일본군은 이날 밤 경복궁에 진입하여, 경복궁 주위의 조선 측 군사시설을 점령하고 무기를 압수함으로써 조선군의 무장 해제를

강행하였다. 이후 김홍집을 중심으로 한 개화파가 실권을 잡고 갑오개혁을 단행하게 된다.

제2권

1. 폴월(E. Douglas Follwell) 박사는 1895년 미 감리회 의료선교사로 내한하여 평양 기홀병원(紀笏病院)을 세우고 진료활동을 하였다. 1920년 선교사를 그만두고, 부산에서 개인사업을 시작했다.

2. 1892년 홀 박사가 개척한 진료소 겸 임시 예배처에서 출발한 평양 남산현교회를 가리킨다.

3. 김창식(1857~1929)은 우리나라 최초의 기독교 목사로, 1878년 올링거 선교사로부터 신학을 배운 후 이듬해부터 전도사로 평양에서 활동하였다. 1901년 목사가 되어 삼화·신계·연안 등지에서 목회를 하였고, 평양·수원·해주 등지의 감리사를 역임하며 마흔여덟 곳에 교회를 세웠다

4. 1896년 1월 미국에서 태어난 노블 부부의 둘째 아기 시릴은 가족이 다시 평양에 도착한 직후인 11월 4일 폐렴으로 사망했다.

5. 평양에서 활동한 전도부인 노 살롬을 가리킨다. 남편 이름이 김재찬이었기 때문에 노블 여사는 '노 살로메 김'이라고 기록하였다.

6. 문또라를 가리킨다. 1894년 향리에서 기독교에 접하고, 1896년 평양 남산현교회에서 노블 목사와 스크랜턴 목사에게 세례를 받았다. 이후 전도부인으로 활약하다가 1903년 하와이에 파송되어 50여 년 동안 하와이한인교회를 위해 봉사했다.

7. 홀 부인은 1894년 11월 남편 윌리엄 제임스 홀이 사망하자 귀국하여 딸 에디스를 낳은 뒤 1897년 11월 다시 내한하여 1935년까지 의료선교 활동을 했다. 아들 셔우드 홀(1893~1991) 역시 한국에서 오랫동안 의료선교 활동을 했다.

8. 1897년 9월에 태어난 노블 부부의 딸 메이는 1898년 8월 18일 사망했다. 당시 노블 부부는 홀 부인의 권유로 8월 25일 서울로 올라와 감리교 연례총회에 참석하고 있었다.

9. 여자사경훈련반을 말한다. 일정 기간 동안 여성 교인들이 성경공부를 하거나 성경에 대한 강의를 듣기 위하여 모이는 모임이었다.

10. 그녀의 말대로 새로운 교회는 1901년 5월 1일 착공되어 1902년 완공됐다.

11. 전삼덕(1843~1932)을 가리킨다. 전삼덕은 평남 강서군 벽위 출신으로 1893년 기독교인이 되었다. 이후 전도부인으로서 왕성한 활동을 했으며 함종과 학동에 교

회를 설립하고 함종에 숭덕여학교를 설립하는 등 많은 업적을 남겼다.

12. 감리교에서 구역 내의 평신도 전도인들이 3개월마다 한 번씩 모이는 모임.

13. 전도부인 김세지를 말한다. 1865년 평남 영유읍에서 태어나 1893년에 기독교와 접하기 시작하여 1899년부터 26년간 전도부인으로 활동했다.

14. 1889년 미국에서 창설된 감리교 청년신앙운동단체로 1897년 한국지부가 서울 정동교회에서 창설되어 그해 말까지 서울, 평양, 인천에 5개의 엡윗 청년회가 조직됐다. 이후 엡윗 청년회는 1905년 을사조약 체결 당시 수천 명이 참석하는 구국기도회를 개최하고, '을사 5적'을 척결하는 계획까지 수립하는 등 과격한 민족운동 단체로 발전했으나, 운동의 본질에서 벗어났다고 판단한 선교사들에 의해 해산됐다가 1916년 순수 신앙운동체로 재건되었다.

15. 1894년 평양에서 홀 박사에게 전도받은 첫 교인 오석형을 가리킨다.

16. 이후 노블 가족은 한국에서의 선교생활 8년 만에 1904년 5월 19일부터 1905년 10월 2일까지 안식년을 보내게 된다. 이 날짜 미상의 글은 노블 여사가 한국으로 돌아오던 길에 작성한 1904년 2~3월 당시의 상황이다.

제3권

1. 루퍼스(W. C. Rufus, 1876~1946) 박사는 1907년 미 감리회 교육선교사로 내한하여 1912년까지 평양 숭실대학 교수, 서울 배재학당 교사로 있다가 1914년 귀국하였다.

2. 헐만(Sarah B. Hallman)은 1907년 미 감리회 선교사로 내한하여, 평양 기독병원에서 간호원으로 봉사하다가 1919년 귀국하였다.

3. 노블 여사가 미 감리교 여선교회에 보낸 보고서.

4. 구약시대 이스라엘 길르앗 지방의 명산품으로, 엘리야 선지자가 병든 죄인들에게 주었다는 상처에 바르는 의약품을 말한다.

5. 날연보란 돈이나 물질을 하나님께 바치듯 시간을 바친다는 의미의 특이한 헌납 행위로서, 백만구령운동 당시 나타난 새로운 연보 방식이다.

6. 노블 여사가 세계선교회에 기고한 원고 중 일부를 발췌한 것이다.

7. 앨벗슨(M. M. Albertson, 1870~1918)은 1907년 미 감리회 여선교사로 내한하여 서울에서 활동하였다. 서울 부인성서학원(협성여자신학교의 전신) 초대 교장을 맡으며 여성계몽에 힘썼다.

8. 당시 평양, 해주, 인천, 서울, 수원, 공주, 원주 등 미 감리회 선교구역에서는 교회 여성들을 중심으로 하는 '날연보' 운동을 발전시켜 시간의 10분의 1을 자원전도에

바치는 '십일조 부인'들의 '십일조회 운동'이 있었다.

제4권

1. 록웰(Daniel Rockwell)은 1908년 미 감리교회 자비선교사로 자원해 내한하여 강화, 황해도 해주, 옹진, 강령 등지를 다니며 전도하였다. 1910년 한국에서 60세로 사망했다.

2. 아서 홈즈 노턴(Arthur Holmes Norton) 박사는 1907년 미 감리회 의료선교사로 내한하여, 황해도 해주 지방에서 개척선교의사로 활동하였다. 세브란스의학전문학교 이사, 안과학 교수, 임상안과의로 활동하다가 1928년 건강 악화로 귀국하였다.

3. 평양 교인들의 모금운동으로 1907년 건립된 숭실학당의 과학관을 가리킨다.

4. 1906년 9월 에스터 L. 실즈(Esther L. Shields)가 세브란스병원 구내에 설치한 간호원 양성전문기관으로, 1910년부터 간호원을 배출했다.

5. 돔형 지붕 밑의 공간으로, 속삭이는 소리까지 들린다고 하여 붙여진 이름이다.

6. 이후 앨든은 한국으로 돌아와서 9월부터 외국인 학교에 다니려 했지만 한 달 만에 장티푸스에 걸려 5개월간 병상에 있었으며, 그 후유증으로 심장판막 이상까지 생겨 고생했다. 그는 이듬해인 1915년 가을 평양의 외국인학교로 가서 1년간 재학하다가 1916년 원산에서 일본을 거쳐 미국으로 돌아갔으며 오하이오 주에 있는 웨슬리언 예비학교에 입학했다.

7. 19세기에 미국에서 유행했던 쇼로서 백인들이 흑인 분장을 하고 흑인 가곡들을 불렀다. 노예폐지운동 당시 등장했다고 한다.

8. 이후 노블 부인은 아이들을 데리고 8월 25일 원산에서 서울로 돌아왔다.

9. 1898년 1월 26일 한성에서 전차·전등·전화 사업을 위해 설립된 회사

10. 앞에서는 오토바이가 아니라 자동차 사고로 되어 있다. 아마도 여기서 노블 여사는 일본인들의 오보를 그대로 인용한 듯하다.

11. 지금의 경기도 화성시 향남면 제암리를 가리킨다. 노블 여사가 직접 한글로 쓴 이름은 '제임'이었다.

12. 1919년 3월 30일 정오, 제암리 발안 장터에서 일어난 독립만세운동은 기독교인들만이 조직한 운동은 아니었다. 만세운동은 팔탄면 가재리의 유학자 이정근, 장안면 수촌리의 천도교 지도자 백낙렬, 향남면 제암리의 안정옥(천도교), 고주리의 천도교 지도자 김흥렬 등이 계획했고, 30일 정오 이정근이 장터에서 '대한독립만세'를 선창함으로써 시작됐다. 장터에 모인 800여 명이 따라 불렀고, 그 과정에서 일

본 경찰의 위협사격과 군중의 투석이 이어졌다. 여기서 말하는 다섯 마을은 여기 열거된 제암리, 가재리, 수촌리, 고주리 등을 포함하는 것 같으나 정확히는 알 수가 없다.

13. 모우리(Eli M. Mowry, 1880~1971) 목사는 1909년 북장로교 선교사로 내한하여 평양을 중심으로 활동하였다. 숭실학교 교사, 평양 숭인·숭덕 등 지방 14개 소학교 교장 등을 역임하다가 1940년 강제 추방당했다. 해방 후 다시 내한하여 활동하다가 1949년 1월 은퇴하였고, 1971년 미국에서 사망했다.

제5권

1. 헨리 다지 아펜젤러(Henry Dodge Appenzeller, 1889~1953)는 한국개신교 최초의 선교 사인 H. G. 아펜젤러의 장남으로 서울 정동에서 태어났다. 1917년 노블 여사의 딸 루스와 결혼한 후 한국선교사로 내한하여 1920년 배재학교 제4대 교장으로 취임하였다.

2. 앞의 글과 상당 부분 중복되는 이 글은 노블 여사가 1919년 7월 12일 원산 해변의 별장에서 재정리한 것이다.

3. 김창준(1890~1959)은 평남 강서에서 태어나 숭실전문, 아오야마학원, 협성신학교를 졸업했다. 감리교 목사가 되어 평양과 서울에서 목회했으며, 3·1 운동 때 민족대표 33인으로 옥고를 치렀다. 해방 후 공산정권에 가담하였고 6·25 이후 월북했다.

4. 버딕(George M. Burdick)은 1903년 미 감리회 선교사로 내한하여, 수원에서 선교활동을 하였다. 1918~24년까지 강원도 영월, 평북 영변, 경기도 이천 지방까지 관할하며 순회선교를 하였으며, 1920~30년에는 인천에서 활동하였다. 1933년 은퇴 후 귀국하였다.

5. 앤더슨(Albin Gerfield Anderson) 박사는 1911년 미 감리회 의료선교사로 내한하여 원주병원, 세브란스 병원 및 의과대학에서 봉직하다가 평양 기홀병원으로 전임하여 1938까지 근속하였다. 1940년 세브란스 병원 이사를 역임했으나 일제에 의해 강제 귀국당했다. 한국명은 안도선(安道善).

6. 현 평택대학교의 전신으로, 1912년 10월 조선예수교장로회에서 서울 신문로에 설립하였다. 설립기금을 희사한 A. T. 피어슨 목사를 기념하기 위하여 그의 이름을 따서 지었다.

7. 1906년 평양의 숭실학당에 4년제 대학부를 설치하여 시작된 우리나라 최초의 대학

으로, 장로교와 감리교 선교부가 합동으로 학교 경영에 참여했으며, 한국 교명은 '평양예수교대학' 또는 '평양숭실대학'이라고 한다.

8. 노블 부부의 아들 앨든은 1923년 오하이오 주의 웨슬리언 대학교를 졸업하고 대학 동창인 펄 가든과 결혼했다. 이듬해 오하이오 주립대학에서 생물학 석사학위를 받은 그는 연희전문에 교수로 와 달라는 O. R. 에이비슨 박사의 권유를 받고 기꺼이 한국을 방문한다. 하지만 연희전문에서 가르치는 생물학은 초급 수준이었고, 그나마 학점이 인정되지도 않는 과목이었다. 일본정부는 한국의 대학이나 학교에서 생물학을 인정하지 않았으며 일본 본토에서도 이를 인정하는 대학이 드문 실정이었다.

앨든은 1925년 10월에 입국하여, 아버지의 특별 헌금에 자신의 봉급을 보태어 현미경과 실험도구들을 장만하는 등 1년 반 동안 노력을 했으나 한국에서 생물학의 어두운 전망이 좀처럼 해결될 수 없음을 확인하고 1927년 4월 8일 미국으로 돌아갔다.

제6권

1. 《승리의 생활》 한글판은 1927년 조선기독교창문사에서 출간되었고, 영어판은 1934년 《Victorious Lives of Early Christians in Korea》라는 제목으로 동경 교문관에서 출간되었다.

2. 1921년 8월 YMCA 관련 인사들인 이상재·윤치호·유성준·박승봉·최병헌 등과 3·1운동으로 옥고를 치르고 나온 이승훈·정노식·김세환·김창준·김백원 등이 기독교 문화운동의 일환으로 전문출판사 설립 발기모임을 추진하여, 1922년 1월 14일 서울 안동교회에서 광문사 창립발기인대회를 개최했고, 1923년 1월 31일 종로 명월관에서 창립총회를 열었다. 여기서 광문사의 명칭을 '조선기독교창문사'로 개칭하고, 정기간행물 『신생명』을 창간했다.

3. 대한제국의 마지막 황제 순종의 서거일은 양력 1926년 4월 25일이다. 노블 여사가 여기서 고종 황제를 지칭한다고 해도 4일의 차이가 있다. 고종의 서거일은 양력 1919년 1월 21일, 음력 1918년 12월 20일이다. 1930년 1월 15일은 음력 12월 16일로, 고종의 음력 서거일보다 4일 앞선 것이다.

4. 1929년 10월 31일 나주역에 도착한 광주발 통학열차에서 내린 일본인 남자 중학생들이 한국인 여학생들의 댕기머리를 잡아당기며 희롱하는 것을 보고 분노한 한국인 남학생들이 항의하면서 한일 학생들 사이에 난투극이 벌어졌다. 이에 대해 일본

경찰들은 일본인 학생 편을 들고 광주고보 학생들을 처벌하여 한국인 학생들의 분노를 샀다. 이렇게 시작된 한국 학생들의 전국적인 집단항거 중 하나를 노블 여사는 여기에 기록하고 있다.

5. 클라크(Francis Clark)는 1929년 3월 YMCA 국제위원회에서 파송되어 내한했다. 서울의 농촌산업 책임자로 임명받아, 신촌에 덴마크식 농민고등학교를 설립하고 축산업 발전을 위해 대규모 농장을 건설하였다. 전국적인 농촌사업을 전개하다가 1934년 미국의 경제 사정 악화로 귀국했다.

6. 출산 후 3일째 그리고 7일째부터는 매 7일마다 일곱 번까지 삼신상을 바친다는 이야기를 노블 여사가 잘못 이해하고 기록한 듯하다.

7. 스네블리(Gertrude E. Snavely)는 1906년 미 감리교 여선교사로 내한하여 해주에서 전도를 하며 계몽교육과 일일성경반을 지도했다. 1925년 서울로 전임하였고, 1928년 안식년을 맞아 귀국했다가 1929년 다시 이천 지방으로 파송되어 여자성경반 및 계몽교육에 헌신하며 1930년 기독교 학교인 양정여학교를 설립했다. 1931년 감리교 남부연회에서 집사목사 안수를 받은 후 이천에서 목회활동을 하다가, 1940년 일제에 의해 강제 추방되었다.

8. 로버트 매클레이(Robert Maclay, 1824~1907) 목사는 중국과 일본에서 선교활동을 하다가 1884년 6월에 내한하여 고종으로부터 교육과 의료사업 등에 관한 선교윤허를 받아내어 미 감리회가 한국에서 사업을 할 수 있는 발판을 마련했다.

9. 당시 미국 황금률재단(Golden Rule Foundation)의 한 분과였던 미국어머니위원회(American Mothers' Committee)를 지칭하는 듯하다. 미국어머니위원회는 현재 독립 비영리단체인 미국어머니회의 전신으로, 1905년 미국의 어머니날 제정에 큰 공헌을 한 에나 자비스를 기념하기 위해 1935년 처음 조직되었으며 "가정과 지역사회, 국가와 세계의 도덕적이고 영적인 기초를 개발하고 강화한다."는 목적으로 창설되었다. 이 조직의 초대 회장은 사라 델라노 루즈벨트였으며, 1935년부터 매년 '미국의 어머니'를 선정하여 주지사가 직접 메달 수여와 연회를 조직하고 있다. 먼저 종교단체, 교회, 라디오, 텔레비전, 신문사 등에 추천서 양식을 보내어 추천을 받은 후 배심원들의 공정한 심사를 거쳐 선정되는데, 각 주를 대표하는 50명의 '미국의 어머니'를 선정하고 다시 뉴욕 본부에서 이들 중 미 연방 전체를 대표하는 어머니를 선발한다. 이들에 대한 메달 수여식과 연회는 5월 첫째 주 어머니날 하루 전에 각 주와 중앙본부에서 동시에 진행된다.